Iwan Turgenjew

Meistererzählungen

Übersetzung aus dem Russischen
und Nachwort
von Erich Müller-Kamp

Deutscher Taschenbuch Verlag
Manesse Verlag

Oktober 1993
Deutscher Taschenbuch Verlag GmbH & Co. KG,
München

Gestaltungskonzept: Max Bartholl
Umschlagbild: ‹Die Unbekannte›
von I. N. Kramskoj (1837–1887)
Gesamtherstellung: C. H. Beck'sche Buchdruckerei,
Nördlingen
Printed in Germany · ISBN 3-423-24025-3

31. 5. 95

Iwan Turgenjew
Meistererzählungen

Liebe Heidi!
Alles Liebe zum Geburtstag
wünschen Dir
Deine
Kollegen von
Haus 13

manesse im dtv

Fahrt ins Waldgebiet

Erster Tag

Das riesige, den ganzen Horizont umfassende Waldgebiet* erinnert an ein Meer. Der Eindruck ist der gleiche: urtümliche, unberührte Kraft entfaltet sich breit und majestätisch vor dem Auge des Betrachters. Aus dem Inneren der ewigen Wälder, aus dem nie versiegenden Quell der Gewässer tönt die immer gleiche Stimme der Natur und spricht zum Menschen: «Ich habe nichts mit dir zu tun. Ich herrsche, du aber trage Sorge, dass du nicht umkommst!»

Aber der Wald ist einförmiger und trauriger als das Meer, zumal der immer gleiche, fast regungslose Tannenwald. Das Meer droht und schmeichelt, es spielt in allen Farben, spricht mit allen Stimmen. In ihm spiegelt sich der Himmel, von dem ebenfalls der Hauch des Ewigen weht, aber es ist eine Ewigkeit, die uns gleichsam vertraut ist... Der unveränderliche, finstere Wald hingegen steht uns mit mürrischem Schweigen und dumpfem Grollen gegenüber. Bei seinem Anblick wird das menschliche Herz noch tiefer und unwiderstehlicher von dem Bewusstsein unserer Nichtigkeit getroffen. Schwer erträgt der Mensch – Geschöpf eines Tages, gestern geboren und heute schon zum Tode verurteilt –, schwer erträgt er den kalten, teilnahmslos auf ihn gerichteten

* Es handelt sich um das Polessje genannte grosse Wald- und Sumpfgebiet südlich von Grodno und Minsk. (Anmerkung des Übersetzers)

Blick der unsterblichen Isis. Nicht nur die verwegenen Hoffnungen und Träume der Jugend entschwinden und verlöschen, getroffen vom eisigen Hauch des Elements; nein - alles in ihm duckt sich und erstirbt; er fühlt, auch der letzte Mensch könnte vom Antlitz der Erde verschwinden, ohne dass eine Nadel an diesen Zweigen zittern würde; er spürt seine Verlassenheit, seine Schwäche, seine Zufälligkeit, und hastig, insgeheim erschrocken, wendet er sich den Alltagssorgen und Mühen des Lebens zu. In der von ihm geschaffenen Welt wird ihm leichter, da ist er zuhause, dort wagt er an seine Bedeutung und an seine Kraft zu glauben.

Solche Gedanken kamen mir in den Sinn, als ich vor einigen Jahren auf der Treppe eines kleinen Posthofs am Ufer des sumpfigen Flüsschens Resseta stand und zum ersten Mal das Waldgebiet erblickte. In langen, ununterbrochenen Stufen erstreckten sich die bläulichen, riesigen Massen der Nadelwälder vor mir, nur hier und da von den grünen Flecken kleiner Birkenhaine aufgelockert. Im weiten Umkreis Wald, nichts als Wald. Nirgendwo traf der Blick auf eine weisse Kirche, auf helle Felder; da waren nur Baum an Baum, gezackte Wipfel, und über dem ganzen Lande schwebte ein feiner, trüber Nebel, der stetige Dunst des Waldes. Es war keine Trägheit, keine Unbewegtheit des Lebens, nein, es war die Abwesenheit des Lebens, etwas Totes, wenn auch Erhabenes, das mich von allen Seiten des Horizonts anwehte. Ich sehe es noch immer vor mir: grosse weisse Wolken zogen still und hoch über uns, ein heisser Sommertag lag regungslos auf der stummen Erde. Das rötliche Wasser des Flüsschens rann, ohne zu plätschern, zwischen dichtem Schilf dahin. Auf dem Grund sah man undeutlich die runden Hügel des Stachelmooses. Die Ufer verschwanden in sumpfigem Schlamm oder schimmerten grellweiss als Streifen feinkörnigen Sands. Neben dem kleinen Posthof führte die Kreisstrasse entlang.

Auf dieser Strasse, genau der Treppe gegenüber, stand ein mit Körben und Kisten beladener Wagen. Sein Besitzer, ein ärmlich gekleideter Mann mit einer Habichtsnase und Mausäuglein, bucklig und hinkend, spannte sein ebenfalls lahmendes Pferd davor. Er war ein Lebkuchenhändler, der sich auf dem Wege zum Karatschewoer Jahrmarkt befand. Plötzlich tauchten auf der Strasse einige Männer auf. Ihnen folgten in Abständen andere, und schliesslich kam ein ganzer Trupp angeschlurft. Alle trugen Stöcke in den Händen und Säcke über den Schultern. An ihrem müden, schleppenden Gang und den erhitzten Gesichtern sah man, dass sie von weither kamen; es waren Erdarbeiter aus dem Kreise Juchno, die von der Arbeit heimkehrten. Ein alter, weisshaariger Mann von etwa siebzig Jahren schien ihr Anführer zu sein. Er drehte sich hin und wieder um und ermunterte die Zurückgebliebenen mit ruhiger Stimme. «Weiter, weiter, Kinderchen!» rief er. «Nu-un!» Alle wanderten wortlos, still und würdig dahin. Nur einer, ein kleiner, offenbar zorniger Mann mit einer offenstehenden Pelzjoppe und einer bis auf die Augen herabgezogenen Lammfellkappe, fragte plötzlich, als er an dem Lebkuchenhändler vorüberkam: «Was kostet ein Lebkuchen, du Hampelmann?»

«Je nach der Grösse, mein Lieber», erwiderte der betroffene Händler mit einem hellen Stimmchen. «Es gibt welche zu einer Kopeke, und für manche muss man einen Groschen hinlegen. Hast du einen Groschen im Beutel?»

«Mein Beutel ist der Bauch, darin steckt er», entgegnete der Mann mit der Pelzjoppe und entfernte sich vom Wagen.

«Beeilt euch, Kinderchen, beeilt euch!» hörte man die Stimme des Alten. «Bis zum Nachtlager ist es noch weit!»

«Ungebildetes Volk!» sagte der Lebkuchenhändler, mich von der Seite anblickend, sobald die Schar vorübergezogen war. «Als ob Lebkuchen eine Speise für ihresgleichen sei!»

Er spannte rasch sein Pferdchen an und fuhr zum Flüsschen hinab, auf dem eine kleine, aus Bohlen gezimmerte Fähre zu sehen war. Der Fährmann mit der im Waldgebiet üblichen weissen Filzkappe kam ihm aus einer niedrigen Erdhütte entgegen und brachte ihn auf das andere Ufer. Der Wagen bewegte sich auf der zerfurchten, ausgefahrenen Strasse langsam weiter; hin und wieder quietschte eines der Räder.

Ich fütterte die Pferde und setzte ebenfalls über. Nachdem ich mich an die zwei Werst über eine sumpfige Wiese mühsam vorwärtsbewegt hatte, gelangte ich auf einen schmalen Knüppeldamm zu einer Schneise im Walde. Mein Reisewagen holperte auf den runden Knüppeln hin und her. Ich stieg aus und ging. Die Pferde liefen im Gleichschritt, schnoben und schüttelten die Köpfe, um Fliegen und Mücken abzuwehren.

Wir befanden uns in der Tiefe der Wälder.

Am Rande, näher zur Wiese, standen Birken, Eschen, Linden, Ahorn und Eichen. Dann wurden sie seltener. Der dichte Tannenwald stellte sich ihnen als festgefügte Wand entgegen. Rotschimmernde Kiefernstämme wechselten mit weiten Strecken gemischten Waldes, dessen Unterholz aus Haselnussbüschen, Holunder, Ebereschen und dichtem, saftigem Gras bestand. Die Wipfel der Bäume lagen im hellen Schein der Sonne, deren Strahlen zwischen den Ästen nur hier und da bis zum Boden gelangten und mattschimmernde Streifen und Flecken bildeten.

Vogelstimmen waren nicht zu hören, die Vögel mögen die grossen Wälder nicht. Nur ab und zu ertönte der schwermütige, dreimalige Ruf eines Wiedehopfes oder der zornige Schrei eines Nuss- oder Eichelhähers. Stumm und allein überflog eine Mandelkrähe die Schneise, hell leuchtete ihr schönes blaues Gefieder.

Dann traten die Bäume auseinander. Vor uns wurde es lichter, und der Reisewagen rollte auf eine sandige Rodung, auf der streifenweise dürftiger Roggen wuchs, dessen kleine, blasse Ähren lautlos hin und her schwankten. Seitlich davon stand eine altersdunkle Kapelle mit schiefem Kreuz über einem Brunnen. Eine unsichtbare Quelle murmelte friedlich gluckernd, als fliesse sie in eine leere Flasche. Eine unlängst gestürzte Birke lag quer über dem Weg. Der Wald ringsum war so alt, hoch und dicht, dass sogar die Luft verdrängt zu sein schien. Stellenweise stand die Schneise völlig unter Wasser. Ganze Strecken lang glich der Wald zu beiden Seiten einem grünen, dunklen Sumpf voller Schilf und Erlengebüsch. Enten flogen paarweise auf. Der Anblick von rasch durch die Tannen streichenden Wasservögeln war seltsam. «He, he, he, he!» ertönte plötzlich ein langgezogener Ruf. Er kam von einem Hirten, der seine Herde durch das Unterholz trieb. Eine braune Kuh mit spitzen, kurzen Hörnern brach lärmend durch die Büsche, blieb wie angewurzelt am Rand der Schneise stehen und richtete ihre grossen schwarzen Augen auf den vor mir laufenden Hund.

Ein leichter Wind trug mir den feinen, kräftigen Geruch verbrannten Holzes zu. In der Ferne schwebte ein weisses Rauchwölkchen in runden Windungen durch die blassblaue Luft des Waldes. Es deutete darauf hin, dass ein Bauer Holzkohle für die Glasfertigung oder ein anderes Gewerbe brannte.

Je weiter wir uns vorwärtsbewegten, desto dichter und stiller wurde es um uns. Im Tann ist es immer still: nur hoch über uns geht ein langes Murmeln und verhaltenes Rauschen durch die Wipfel. Man fährt und fährt, aber die ewige Stimme des Waldes verstummt niemals. Der Mensch verzagt und wird traurig; er möchte so schnell wie möglich Raum um sich haben, Licht sehen, aus voller Brust Atem schöpfen. Der Geruch von Feuchte und Fäulnis erstickt ihn...

Fünfzehn Werst legten wir teils im Schritt, teils im Trab zurück. Ich wollte noch bei Helligkeit nach Swjatoje gelangen, einem mitten in den Wäldern liegenden Dorfe. Zweimal begegneten mir Bauern, die gesplissenen Lindenbast oder lange Stämme fuhren.

«Ist es noch weit bis Swjatoje?» fragte ich einen von ihnen.

«Nein, nicht weit.»

«Wie weit?»

«An die drei Werst werden's sein.»

Anderthalb Stunden vergingen. Wir fuhren und fuhren. Da kam wieder ein beladenes Fuhrwerk angequietscht.

«Wie weit ist es noch bis Swjatoje, Bruder?»

«Bis wohin?»

«Bis Swjatoje.»

«Acht Werst.»

Die Sonne ging schon unter, als ich endlich aus dem Wald herausfuhr und das kleine Dorf vor mir sah. Etwa zwanzig Höfe schmiegten sich um eine alte Holzkirche mit grüner Kuppel und winzigen Fenstern, die vom Abendsonnenschein rot beleuchtet waren. Das war Swjatoje. Ich kam zur Dorfgrenze. Eine heimkehrende Herde holte meinen Wagen ein und lief brüllend, grunzend und blökend neben uns her. Junge Mädchen und ältere, flinke Frauen nahmen ihre Tiere in Empfang. Flachshaarige Buben jagten mit fröhlichen Rufen ungehorsamen Ferkeln nach. Längs der Strasse stieg der Staub in leichten Schwaden auf, in der Höhe rosig gefärbt.

Ich fand beim Dorfältesten Unterkunft, einem aufgeweckten, schlauen ‹Wäldler›, einem jener Waldbewohner, von denen es heisst, dass sie zwei Ellen tief in die Erde schauen können.

Zweiter Tag

Am nächsten Morgen fuhr ich in einem leichten, mit einem Paar wohlgenährter Bauernpferde bespannten Wagen gemeinsam mit dem

Sohn des Dorfältesten und einem Bauern namens Jegor zur Jagd auf Auerhähne und Haselhühner. Der Wald umgab das Dorf von allen Seiten wie ein blauer geschlossener Ring. Um Swjatoje lagen nicht mehr als zweihundert Dessjatinen Ackerland, aber bis zu guten Jagdgründen musste man an die sieben Werst fahren.

Der Sohn des Dorfältesten hiess Kondrat. Er war ein junger, blonder, rotbäckiger Bursche mit einem guten, friedfertigen Gesicht, dienstwillig und geschwätzig. Er lenkte die Pferde. Jegor sass neben mir. Über ihn muss ich ein paar Worte sagen.

Er galt als der beste Jäger im ganzen Bezirk. Alle Plätze im Umkreis von fünfzig Werst hatte er kreuz und quer durchwandert. Um Pulver und Schrot zu sparen, schoss er nur selten auf Vogelwild; es genügte ihm, das Haselhuhn zu locken und den Schnepfenstrich auszukundschaften. Jegor hatte den Ruf eines rechtschaffenen Mannes und grossen Schweigers. Er sprach nicht gern und übertrieb niemals die Zahl des von ihm erlegten Wilds - ein seltener Zug bei einem Jäger. Er war mittelgross und hager, hatte ein längliches, blasses Gesicht und grosse, ehrliche Augen. Sein Gesicht, zumal die Lippen, hatte regelmässige Züge und blieb immer unbewegt, still und unerschütterlich. Er lächelte selten und gleichsam von Herzen, wenn er einmal etwas sagte - es war ein gutes, stilles Lächeln. Er trank nicht und war ein fleissiger Arbeiter, aber er hatte es zu nichts gebracht; seine Frau war immerzu krank, die Kinder gestorben. Er war ‹verarmt› und kam nicht wieder in die Höhe. Es muss gesagt werden, dass Jagdleidenschaft nicht Bauernsache ist. Wer sich zu sehr ‹um die Flinte› kümmert, ist ein schlechter Landwirt. Kam es vom ständigen Aufenthalt im Walde, Auge in Auge mit der traurigen, strengen Natur dieses menschenleeren Gebiets, oder war es eine besondere seelische Veranlagung, jedenfalls drückte sich in allen Bewegungen Jegors eine Art bescheidener Würde aus, ja Würde und kein Trübsinn - die Würde eines stolzen Hirsches. Er hatte in seinem Leben sieben Bären erlegt. Er pflegte ihnen im Hafer aufzulauern. Auf den letzten zu schiessen, hatte er sich erst in der vierten Nacht entschlossen. Der Bär hatte ihm nie die Flanke zugekehrt, und Jegor besass nur eine Kugel. Am Abend vor meiner Ankunft hatte ihn Jegor zur Strecke gebracht. Als mich Kondrat zu ihm führte, traf ich ihn in seinem Hof an; er kauerte vor dem gewaltigen Tier und löste mit einem kurzen, stumpfen Messer das Fett vom Fleisch.

«Was für einen Burschen hast du denn da erlegt?» bemerkte ich.

Jegor hob den Kopf und sah zuerst mich, dann meinen Hund an.

«Falls Sie zur Jagd gekommen sind, im ‹Moosboden› gibt es Auerhähne - an drei Stellen, und an fünf Stellen Haselhühner», sagte er und machte sich wieder an die Arbeit.

Mit diesem Jegor also und mit Kondrat fuhr ich zur Jagd. Rasch durchquerten wir das freie Feld um Swjatoje, aber im Walde ging es wieder nur schrittweise vorwärts.

«Da sitzt eine Holztaube», sagte plötzlich Kondrat, zu mir gewandt. «Die könnte man leicht abknallen.»

Jegor blickte in die Richtung, die Kondrat wies, und sagte kein Wort. Bis zu der Holztaube waren es mehr als hundert Schritte, aber auch in einer Entfernung von vierzig Schritten erlegt man sie nicht, weil sie so starkes Gefieder hat.

Der redselige Kondrat machte noch einige Bemerkungen, aber die tiefe Stille des Waldes packte auch ihn: er verstummte. Nur ab und zu ein Wort wechselnd, nach vorn blickend und dem Schnaufen und Schnauben der Pferde lauschend, kamen wir schliesslich zum Moosboden. Mit diesem Namen bezeichnete man einen grossen Föhrenwald, in dem hier und dort Tannen wuchsen. Wir stiegen ab. Kondrat lenkte den Wagen ins Gebüsch, um die Pferde vor den Mücken zu schützen. Jegor prüfte den Hahn seines Gewehrs und bekreuzigte sich; das tat er vor jeder Unternehmung.

Der Wald, in den wir eindrangen, war uralt. Ich weiss nicht, ob ihn schon die Tataren durchstreift hatten, aber es war durchaus möglich, dass sich russische Diebe oder Litauer in der Zeit der Wirren in seinen Schlupfwinkeln verborgen hatten. In geziemendem Abstand voneinander ragten die riesigen, leicht gebogenen, bräunlich-gelben Stämme gewaltiger Kiefern in die Höhe; zwischen ihnen kerzengrade aufgerichtet andere, jüngere Bäume. Mit toten Nadeln bedecktes grünes Moos überzog den Boden, auf dem Blaubeeren in dichten Büscheln wuchsen. Ihr kräftiger, an Moschus erinnernder Geruch beengte den Atem. Die Sonne konnte das hohe Dach der Kiefernzweige nicht durchdringen. Im Walde war es schwül und dämmerig. Gleich grossen

Schweisstropfen quoll schweres, durchsichtiges Harz aus der rauhen Rinde der Bäume und rann langsam herab. Die stehende Luft ohne Schatten und Licht brachte das Gesicht zum Glühen. Alles war stumm; sogar unsere Schritte blieben unhörbar. Wir gingen über das Moos wie über einen Teppich. Jegor bewegte sich geräuschlos wie ein Schatten vorwärts. Unter seinen Füssen knisterte nicht einmal das Reisig. Er ging ohne Hast und blies hin und wieder in die Lockpfeife. Ein Haselhuhn gab bald Antwort und flog vor meinen Augen in eine dichte Tanne. Jegor zeigte es mir, aber ich konnte es nicht erblicken, sosehr ich meine Augen auch anstrengte. Jegor musste nach ihm schiessen. Wir fanden auch zwei Nester von Auerhähnen. Die scheuen Vögel flogen schon weit vor uns mit schwerem, scharfem Flügelschlag auf; es glückte uns jedoch, drei Junge zu erlegen.

An einem Maidan (Maidan nennt man den Ort, wo Teer gezogen wird) blieb Jegor plötzlich stehen und rief mich heran.

«Ein Bär hat hier Wasser gesucht», sagte er und zeigte auf eine breite, frische Kratzspur inmitten einer flachen Grube im Moos.

«Die Spur seiner Tatze?» fragte ich.

«Ja. Aber das Wasser war eingetrocknet. An jenem Stamm sieht man ebenfalls seine Spur, dort hat er nach Honig gesucht. Ein Schnitt wie mit dem Messer. Das macht er mit der Klaue.»

Wir drangen in die tiefste Tiefe des Waldes vor. Jegor schaute nur hin und wieder nach oben und ging ruhig und selbstsicher voraus. Ich erblickte einen runden, hohen Wall hinter einem halbverschütteten Graben.

«Ist das auch ein Maidan?» fragte ich.

«Nein», antwortete Jegor, «hier war einmal ein Diebeslager.»

«Schon lange her?»

«Schon lange. Unsere Grossväter erinnern sich noch daran. Hier ist auch ein Schatz vergraben, aber er ist mit Menschenblut gesichert, ein starker Schwur.»

Nach zwei weiteren Werst bekam ich Durst.

«Bleiben Sie hier eine Weile sitzen», sagte Jegor. «Ich hole Wasser, nicht weit von hier ist ein Brunnen.»

Er ging. Ich blieb allein.

Ich setzte mich auf einen Baumstamm, stützte die Ellbogen auf die Knie. Nachdem ich lange regungslos verharrt hatte, hob ich den Kopf und schaute mich um. Alles um mich war still und düster-traurig. Nein, nicht einmal traurig, sondern stumm, kalt und von bedrängender Erhabenheit. Mein Herz zog sich wie im Krampf zusammen. In diesem Augenblick, an diesem Ort verspürte ich den Hauch des Todes, ich empfand seine stetige Nähe fast greifbar. Wäre doch nur ein Laut erklungen, wäre auch nur ein kurzes Geräusch in dem unbewegten Schlund des auf mich eindringenden Waldes zu hören gewesen! Ich senkte abermals, fast aus Angst, den Kopf. Ich hatte einen Blick in eine Richtung geworfen, wohin der Mensch nicht schauen soll… Ich verschloss die Augen mit der Hand – und plötzlich, als gehorche ich einem geheimnisvollen Befehl, begann ich mich meines ganzen Lebens zu erinnern.

Da zog meine Kindheit an mir vorüber, voller Lärm und Ruhe, voller Trotz und Gefügigkeit, voll hastiger Freuden und rascher Betrübnisse. Dann tauchte die Jugendzeit auf, wirr, seltsam, voller Ehrgeiz, mit allen ihren Fehlern und Anfängen, regelloser Arbeit und erregter Untätigkeit... Ich entsann mich der Gefährten frühen Strebens... Dann funkelten einige helle Erinnerungen wie nächtliche Blitze auf... Danach begannen Schatten zu wachsen und sich zu bewegen. Dunkler und dunkler wurde es um mich; leer, still und gleichförmig verrannen die Jahre und hinterliessen nichts als Traurigkeit, die wie ein Stein auf dem Herzen lastete.

Regungslos sass ich da und schaute erstaunt und angestrengt zurück, sah mein ganzes Leben vor mir, als ob es vor meinen Augen abrolle. «Was hatte ich geleistet?» flüsterten unwillkürlich meine Lippen erbittert. «Leben, Leben, wohin und warum bist du so schnell entschwunden? Wie bist du meinen fest zusammengepressten Händen entglitten? Hast du mich betrogen, habe ich deine Geschenke nicht zu nützen gewusst? War es möglich? Und dieses Wenige, diese armselige Handvoll flüchtigen Staubs - ist das alles, was von dir geblieben ist? Dieses kalte, unbewegte, unnötige Nichts - bin ich das, ist das mein früheres Ich? Die Seele dürstete nach dem vollkommenen Glück, sie wies alles Kleinliche, alles Unzulängliche verächtlich zurück, sie wartete auf einen Strom von Glück - und nicht ein einziger Tropfen hat meine dürstenden Lippen genetzt? Meine goldenen Saiten, die ihr einst so hell, so süss erbebtet, ich vernahm nicht euren Klang - kaum ertönten sie, und schon waren sie gerissen. Oder vielleicht ist das Glück, das wahre Glück meines Lebens nahe an mir vorbeigegangen, hat mir strahlend zugelächelt, und ich habe sein göttliches Antlitz nicht zu erkennen gewusst! Oder hat es mich aufgesucht und mir zu Häupten gesessen, und ich habe es vergessen wie einen Traum? Wie einen Traum», wiederholte ich bekümmert. Unfassbare Gestalten zogen an mir vorüber und riefen bald Mitleid, bald Verlegenheit in mir wach... «Ihr lieben, ihr vertrauten, entschwundenen Gesichter, die ihr in dieser tödlichen Verlassenheit auf mich eindringt, warum schweigt ihr so tief und traurig? Aus welchem Abgrund seid ihr emporgestiegen? Wie soll ich eure rätselhaften Blicke auffassen? Nehmt ihr von mir Abschied oder grüsst ihr mich? Gibt es wirklich keine Hoffnung, keine Rückkehr? Warum entströmt ihr den Augen, karge, späte Tränen? Herz, wozu, warum noch klagen? Bemühe dich, zu vergessen, wenn du nach Ruhe verlangst; lerne, dich mit der letzten Trennung zufriedenzugeben, mit den bitteren Worten ‹leb wohl!› und ‹für immer›. Schaue nicht zurück, erinnere dich nicht, strebe nicht in die helle Zeit der lachenden Jugend zurück, als die Hoffnung sich mit den Blumen des Frühlings bekränzte, als die Taube, die Freude, ihre blauen Flügel schwang, als die Liebe von Tränen der Verzückung leuchtete wie Tau im Morgenrot. Schau nicht in die Zeit der Seligkeit, des Glaubens und der Kraft zurück - dort ist nicht dein Platz!»

«Hier, Wasser für Sie!» ertönte Jegors laute Stimme hinter mir. «Trinken Sie mit Gott!»

Ich schrak unwillkürlich zusammen. Die lebendige Stimme traf mich unvermutet und rüttelte mich beglückend auf. Ich hatte gleichsam einen Sturz in eine unbekannte, dunkle Tiefe getan, wo alles Leben erloschen und nur noch das leise, immerwährende Stöhnen ewigen Leids zu hören gewesen war..., wo ich erstarb, ohne mich dagegen wehren zu können. Plötzlich aber traf mich die Stimme des Gefährten, und mir war, als trage mich ein starker Arm mit einem Schwung wieder auf Gottes Erde zurück. Ich blickte mich um und sah zu meiner unaussprechlichen Freude das ehrliche, ruhige Gesicht meines Begleiters vor mir. Leicht und gerade stand er da, lächelte wie immer und streckte mir die feuchte, mit klarem Wasser gefüllte Flasche entgegen. Ich stand auf.

«Gehen wir, führe mich!» sagte ich überschwenglich.

Wir brachen auf und streiften bis gegen Abend umher. Sobald sich die Hitze gelegt hatte, wurde es im Walde schnell kühl und dunkel. Uns verging die Lust, länger zu verweilen. «Geht hinaus, ihr unruhigen Menschen», so schien es uns grollend von jedem Baum zuzuraunen.

Wir gingen zurück, konnten aber Kondrat nicht finden. Wir schrien, riefen seinen Namen, aber er antwortete nicht. Plötzlich, mitten in einer Stille, hörten wir jedoch deutlich aus einer nahen Schlucht sein «Prr! Prr!». Er hatte unser Rufen nicht vernommen, weil plötzlich ein heftiger Wind aufgekommen war. Ebenso schnell hatte er sich wieder gelegt. Nur an den einzeln stehenden Bäumen sah man die Spuren seiner Stösse: viele Blätter waren umgedreht worden und in dieser Stellung geblieben, so dass das Zweigicht einen aufgelockerten, bunten Anblick bot.

Wir bestiegen den Wagen und fuhren heim. Ich sass schwankend da, atmete still die feuchte, frische Luft ein, und alle meine Träume und Klagen versanken in dem einen Gefühl der Müdigkeit und in dem Wunsch nach Schlaf und baldiger Rückkehr unter das Dach des warmen Hauses, nach Tee mit dicker Sahne und in dem Verlangen, mich in das weiche, lockere Heu zu wühlen und zu schlafen, zu schlafen, zu schlafen...

Dritter Tag

Am folgenden Tag machten wir uns abermals zu dritt auf den Weg. Diesmal ging es zur ‹Brandstatt›. Vor einigen Jahren waren einige Tausend Dessjatinen Wald abgebrannt, die noch nicht wieder zugewachsen waren. Hier und da standen junge Tannen und Kiefern, sonst bedeckte nur Moos und verwitterte Asche die Fläche. Auf dieser Brandstatt, die etwa zwölf Werst von Swjatoje entfernt war, wuchsen Beeren jeglicher Art in grossen Mengen, und dort hielten sich Birkhühner auf, die Erdbeeren und Preiselbeeren besonders gern mögen.

Wir fuhren und schwiegen. Plötzlich hob Kondrat den Kopf.

«Hallo!» rief er. «Ist das nicht Jefrem, der da steht? Sei gegrüsst, Alexandrytsch!» fügte er mit erhobener Stimme hinzu und lüpfte die Mütze.

Ein untersetzter Mann in einer schwarzen, kurzen, mit einem Strick umgürteten Joppe trat unter einem Baum hervor und näherte sich dem Wagen.

«Entlassen?» fragte Kondrat.

«Sonst wäre ich nicht hier», entgegnete der

Mann und zeigte die Zähne. «Leute wie uns kann man nicht halten.»

«Und Pjotr Filippow geht's gut?»

«Filippow? Klar, gut.»

«Schau an! Und ich dachte, Alexandrytsch: na, Bruder, dachte ich, jetzt liegt die Gans in der Pfanne.»

«Wegen dieses Pjotr Filippow da? Keine Bange! Dergleichen kennen wir. Tut so wie ein Wolf und hat einen Hundeschwanz. Fährst wohl zur Jagd, Herr?» fragte mich plötzlich der Mann, wobei er seine zusammengekniffenen Augen schnell auf mich richtete und den Blick sofort wieder zur Seite lenkte.

«Ganz richtig.»

«Und wohin beispielsweise?»

«Zur Brandstatt», sagte Kondrat.

«Besser zur Brandstatt als zum Brand.»

«Wieso?»

«Habe eine Menge Auerhähne gesehen», fuhr der Mann noch immer gleichsam spöttisch fort, ohne Kondrat zu antworten. «Aber so weit kommt ihr nicht; es werden in gerader Linie an die zwanzig Werst sein. Da ist ja auch Jegor - wozu noch reden! Kennt sich im Walde aus wie daheim in seinem Haus. Aber auch der findet nicht hin. Grüss dich, Jegor, Gottes Seele zu anderthalb Groschen!» rief er plötzlich.

Neugierig betrachtete ich diesen Jefrem. Solch seltsames Gesicht hatte ich lange nicht gesehen. Er hatte eine lange, spitze Nase, aufgeworfene Lippen und ein schütteres Bärtchen. Seine kleinen blauen Augen huschten wie winzige Tiere hin und her. Er stand in lässiger Haltung da, die Arme leicht auf die Hüften gestützt. Die Mütze hatte er nicht gezogen.

«Willst wohl nach Hause und eine Weile dableiben?» fragte ihn Kondrat.

«Bleiben! Mensch! Dafür ist jetzt kein Wetter. Austoben muss man sich, in die weite Welt hinaus, Bruder. Im Winter, da kannst du auf dem Ofen liegen, da kräht kein Hahn nach dir. In der Stadt hat mir dieser Polizeimensch gesagt: ‹Lass die Finger von uns, Alexandrytsch; hau ab aus unserem Kreis, wir geben dir einen Pass erster Sorte.› Ihr tut mir leid, ihr da aus Swjatoje, einen solchen Dieb wie mich müsst ihr euch erst mal suchen.»

Kondrat lachte.

«Ein Spassvogel bist du, Onkelchen, ein richtiger Spassvogel!» sagte er und schüttelte die Leinen. Die Pferde zogen an.

«Prr!» sagte Jefrem. Die Pferde standen. Kondrat gefiel dieser Schabernack nicht.

«Mach keine Witze, Alexandrytsch!» sagte er halblaut. «Du siehst doch, wir fahren einen Herrn. Er wird böse werden, sieh dich vor!»

«Grünschnabel! Warum sollte er böse werden? Ist doch ein gutmütiger Herr. Pass mal auf, gleich gibt er mir ein Trinkgeld. He, Herr, spendiere mal ein Achtel für einen Wandersmann. Ich verdrücke es schon», meinte er, zog die Schulter bis ans Ohr und knirschte mit den Zähnen.

Ich musste unwillkürlich lächeln, gab ihm zehn Kopeken und befahl Kondrat, weiterzufahren.

«Geht in Ordnung, Euer Wohlgeboren!» rief uns Jefrem in Soldatenart nach. «Und du, Kondrat, merke dir für die Zukunft, bei wem du was lernen kannst! Mut verloren - alles verloren! Wer wagt - gewinnt! Wenn du zurückkommst, besuche mich, hörst du! Bei mir geht's drei Tage lang hoch her, wir saufen uns einen an, mein Weib macht feste mit; der Hof ist sowieso futsch... Heissa, weissgefleckte Elster, tummele dich, solange der Schwanz noch Federn hat!»

Jefrem stiess einen gellenden Pfiff aus und schlug sich in die Büsche.

«Was ist das für ein Mensch?» fragte ich Kondrat, der, auf dem Bock sitzend, immerzu den Kopf schüttelte, als ob er mit sich selbst spreche.

«Der da?» erwiderte Kondrat mit niedergeschlagenen Augen. «Der da?» wiederholte er.

«Ja. Gehört er zu euch?»

«Zu uns, einer aus Swjatoje. Das ist ein Mensch!... So einen findet man im Umkreis von hundert Werst nicht noch mal. Ein Dieb und Gauner, ach du lieber Gott! Wirft seine Blicke nur auf fremdes Gut. Vor dem ist man selbst unter der Erde nicht sicher. Zum Beispiel Geld, das zieht er dir unterm Hintern fort, ohne dass du's merkst.»

«So ein Draufgänger!»

«Draufgänger? Ja, er hat vor niemandem Angst. Sie brauchen ihn ja nur anzusehen. Visage wie ein wildes Tier, man sieht es an der Nase.» (Kondrat hatte häufig Herrschaften zu fahren und war auch schon in der Hauptstadt des Gouvernements gewesen, deshalb zeigte er bei Gelegenheit gern seine Bildung.) «Mit ihm wird keiner fertig. Wie oft hat man ihn schon in die Stadt gebracht und ins Gefängnis gesperrt, aber alles war für die Katz. Wenn man ihn fesselte, sagte er: ‹Warum umwickelt ihr mir nur das eine Bein? Umwickelt auch das andere, aber möglichst fest, ich mache derweil ein Schläfchen; ich bin trotzdem früher wieder zuhause als eure Begleiter!› Sieh einer an: da ist er also richtig wieder zurückgekommen, ist wieder da, ach du mein Gott! Wir kennen uns doch hier alle von klein auf in den Wäldern aus, aber mit ihm können wir uns nicht vergleichen. Vorigen Sommer ist er in einer Nacht von Altuchin nach Swjatoje gelaufen, das hat noch nie jemand geschafft, an die vierzig Werst werden's sein. Im Honigstehlen ist ihm keiner über; und keine Biene sticht ihn. Alle Stöcke hat er zerstört.»

«Dann lässt er wohl auch die Stöcke der Waldbienen nicht aus?»

«Aber nein, warum ihn zu Unrecht beschuldigen? Solche Sünde hat er noch nie begangen. Ein wilder Bienenstock ist uns heilig. Ein gewöhnlicher Bienenstock ist umzäunt, er wird bewacht; ihn fortzuschleppen ist Glückssache. Aber die Stöcke der Waldbienen sind Gottes Werk, sie sind unbewacht; nur der Bär rührt sie an.»

«Dafür ist er auch Bär», bemerkte Jegor.

«Ist Jefrem verheiratet?»

«Gewiss. Hat auch einen Sohn. Aus dem wird ebenfalls mal ein Dieb. Gerät ganz nach dem Vater. Vorläufig lernt er noch bei ihm. Kürzlich brachte der Vater einen Topf mit alten Fünfern angeschleppt, er hatte ihn irgendwo gestohlen. Dann vergrub er ihn auf einer Lichtung im Walde, kehrte nach Hause zurück und schickte den Sohn zur Lichtung. ‹Solange du den Topf nicht gefunden hast›, sagte er, ‹bekommst du von mir nichts zu essen, und eher lasse ich dich nicht auf den Hof!› Der Sohn blieb den ganzen Tag im Walde, übernachtete dort und fand den Topf. Ja, ja, ist nicht auf den Kopf gefallen, dieser Jefrem. Wenn er daheim ist, ist er ein freundlicher Mensch und bewirtet jedermann: ‹Trink und iss, soviel du willst!› Dann wird getanzt und Jux gemacht. Und bei der Gemeindeversammlung, wie sie bei uns im Dorfe üblich ist, urteilt keiner so gut wie er. Kommt von hinten heran, hört zu, sagt ein Wort, das trifft, und fort ist er; aber sein Wort hat Gewicht. Sobald er jedoch in den Wald geht, ach du liebe Not, dann kann man sich auf Verluste gefasst machen. Aber auch das muss gesagt werden: seine eigenen Leute rührt er nicht an, es sei denn, er wird in die Enge getrieben. Wenn er jemandem aus Swjatoje begegnet, schreit er von weitem: ‹Geh vorbei, Bruder, ich bin vom Waldgeist besessen, ich töte!› Schrecklich!»

«Warum seht ihr das mit an? Eine ganze Gemeinde sollte mit einem Einzelnen nicht fertig werden können?»

«Es ist halt so.»

«Ein Zauberer, was?»

«Wer weiss! Neulich hat er sich an den Bienenstand des Küsters im Nachbardorf herangemacht, aber der Küster war auf der Hut, packte ihn und verprügelte ihn in der Dunkelheit. Als er fertig war, sagte Jefrem zu ihm: ‹Weisst du auch, wen du geschlagen hast?› Als ihn der Küster an der Stimme erkannte, erstarrte er. ‹Na, Bruder›, sagte Jefrem, ‹das soll dir nicht geschenkt sein!› Der Küster ihm zu Füssen: ‹Nimm›, sagte er, ‹was du willst!› – ‹Nein›, erwiderte Jefrem, ‹von dir nehme ich, wonach mich gelüstet und wann es mir passt.›

Was denken Sie? Seitdem ist der Küster wie geschlagen und schleicht herum wie ein Gespenst. ‹Das Herz ist mir erstorben›, sagt er. ‹Dieser Räuber hat mich mit seinen schrecklichen Worten völlig gelähmt.› So ist es diesem Küster da ergangen.»

«Der Küster dürfte ein Dummkopf sein», bemerkte ich.

«Ein Dummkopf? Das können Sie halten, wie Sie wollen. Einmal kam der Befehl, Jefrem zu fangen. Es fand sich so ein Kommissar bei uns ein, ein ganz scharfer. Mit zehn Mann ging er in den Wald, um Jefrem zu fangen. Sie schauen umher, doch da kommt er ihnen selbst entgegen. Einer schreit: ‹Da ist er. Haltet ihn, bindet ihn!› Jefrem tritt in den Wald, fällt einen Baum, der Stamm zwei Finger dick, und springt wieder auf den Weg, ausser Rand und Band, furchterregend. Wie ein General bei der Wachtparade kommandiert er: ‹Auf die Knie!›, und alle fallen nieder. ‹Wer hat hier gerufen: ‚Haltet ihn, bindet ihn!'? Du, Serjoga?› Der springt auf und rennt fort. Jefrem ihm nach und plättet ihm immerzu die Fersen mit dem Baum. Eine Werst weit hat er ihn gejagt. ‹Tut mir leid›, hat er dann noch immerzu bedauert, ‹dass ich dich gehindert habe, zum letzten Mal Fleisch zu essen!› Die Geschichte spielte am Tage vor Philippi, an dem die Fasten vor Weihnachten beginnen. Nun ja, den Kommissar hat man bald abgesetzt. Damit endete denn auch die ganze Unternehmung.»

«Warum haben sich ihm denn alle unterworfen?»

«Warum? Das ist es ja eben...»

«Er hat euch allen einen Schreck eingejagt,

und nun kann er mit euch machen, was er will.»

«Schreck eingejagt..., ja, er schüchtert jeden nach Belieben ein. Und auf was für Einfälle er kommt, du mein Gott! Einmal begegnete ich ihm im Walde. Es regnete stark. Ich wollte seitlich ausweichen, aber er sah mich an und winkte mich zu sich. ‹Komm her, Kondrat›, sagte er, ‹fürchte dich nicht. Lerne bei mir, wie man im Walde lebt und beim Regen trocken bleibt.› Ich ging zu ihm. Er sass unter einer Tanne und unterhielt ein Feuer aus nassen Zweigen. Der Qualm stieg in die Tanne und liess den Regen nicht tropfen. Ich staunte. Und was er sich ein andermal ausdachte» (Kondrat lachte laut auf), «das war wirklich lustig. Man hatte bei uns Hafer auf der Tenne gedroschen, war aber mit der Arbeit nicht fertig geworden. Der letzte Haufen war noch nicht zusammengeharkt. Man setzte also für die Nacht zwei Wächter daneben, aber die Burschen gehörten nicht eben zu den Mutigsten. Sie sitzen also da und erzählen sich was, doch Jefrem stopft die Ärmel eines Hemds voll Stroh, bindet die Enden zusammen, stülpt sich das Hemd über den Kopf, schleicht sich in diesem Aufzug zur Getreidedarre, kommt aus einer Ecke zum Vorschein und richtet die Hörner auf. Der eine Bursche sagt zum andern: ‹Siehst du es?› – ‹Ja, ich sehe es›, erwidert der andere, und beide wimmern vor Entsetzen, wie es im Flechtzaun raschelt. Jefrem schüttet den Hafer in einen Sack und schleppt ihn heim. Nachher hat er alles selbst erzählt. Die Burschen haben sich nicht schlecht geschämt... Recht so!»

Kondrat lachte noch einmal laut auf. Auch

Jegor lächelte. «Wie es im Flechtzaun raschelte?» bemerkte er.

«Ja», bestätigte Kondrat, «und sofort gingen sie stiften.»

Wir schwiegen wieder. Plötzlich fuhr Kondrat zusammen und richtete sich auf.

«He, Väterchen», rief er, «dort brennt es doch nicht etwa?»

«Wo? Wo?» fragten wir.

«Dort vor uns, schauen Sie, wohin wir fahren... Das ist ein Waldbrand! Jefrem, dieser Jefrem hat ihn angekündigt. Wenn das nur nicht seiner Hände Werk ist! Dieser verfluchte Kerl!»

Ich blickte in die von Kondrat gewiesene Richtung. Tatsächlich stieg zwei oder drei Werst vor uns hinter einem grünen Streifen niedriger Tannen eine dicke Säule bläulichen Rauchs auf, verbreiterte sich nach und nach und dehnte sich aus; der Qualm lag wie eine Kappe über dem Erdboden. Rechts und links sah man andere kleinere und hellere Schwaden aufsteigen.

Ein Bauer, ganz rot, voller Schweiss, im blossen Hemd, mit zerzausten Haaren und entsetztem Gesicht, sprengte direkt auf uns zu und brachte sein in der Eile gezäumtes Pferd nur mit Mühe zum Halten.

«Brüder», fragte er mit japsender Stimme, «habt ihr keine Waldarbeiter gesehen?»

«Nein. Was ist denn? Brennt der Wald?»

«Ja, ein Waldbrand. Man muss Leute heranholen, sonst, wenn es auf Trossnoje zutreibt...»

Der Bauer lüpfte die Ellbogen, schlug mit den Fersen gegen die Flanken des Pferdes und galoppierte weiter.

Kondrat trieb ebenfalls seine Pferde an. Wir fuhren unmittelbar auf den Qualm zu, der sich immer stärker ausbreitete. An manchen Stellen nahm er plötzlich eine schwarze Färbung an, und man sah Flammen auflodern. Je näher wir kamen, desto mehr verschwammen alle Umrisse. Bald wurde die Luft ganz trübe, es roch immer brandiger, und jetzt züngelten bald hier, bald dort zwischen den Bäumen die ersten blassroten Flammen auf, eine seltsame und unheimliche Bewegung im Sonnenschein.

«Gott sei Dank!» bemerkte Kondrat. «Es scheint nur ein Flächenbrand zu sein.»

«Was für einer?»

«Ein Flächenbrand, einer, der über den Erdboden läuft. Mit unterirdischen Bränden wird man nur fertig, wenn man es vernünftig anpackt. Was macht man, wenn der Boden eine Elle tief brennt? Da gibt's nur eins: Gräben ziehen. Aber so leicht ist das nicht. Ein Flächenbrand hingegen - das hat nichts auf sich. Er flämmt nur das Gras und entzündet die trockenen Blätter. Das tut dem Wald ja gut. Aber seht nur, Herrschaften, wie hurtig sich das Feuer weiterfrisst!»

Wir fuhren bis dicht an den Rand des Feuers heran. Ich stieg ab und ging auf die Brandfläche zu. Es war weder gefährlich noch beschwerlich. Das Feuer lief in dem lichten Kiefernwald *gegen* den Wind; es bewegte sich in ungleicher Linie vorwärts oder, genauer gesagt, als geschlossene, gezähnte Wand rückwärts gerichteter züngelnder Flammen. Der Rauch wurde vom Winde fortgeweht. Kondrat hatte die Wahrheit gesagt: es war tatsächlich ein Flächenbrand, der nur das Gras absengte und sich weiterfrass, ohne aufzulodern; er hinterliess nur eine schwarze, rauchende, nicht einmal glimmende Spur. Wo das Feuer hier und da eine mit Reisig und trockenen Ästen gefüllte Grube erreichte, loderte es allerdings plötzlich mit einem sonderbaren, ziemlich bösartigen Prasseln in langen, erregenden Stichflammen auf, fiel aber schnell wieder in sich zusammen und lief dann wie zuvor knisternd und zischend weiter. Ich bemerkte sogar mehr als einmal, wie ein rundum erfasstes Eichengebüsch mit trockenen, hängenden Blättern unberührt blieb und nur unten ein wenig angesengt wurde. Ich muss gestehen, dass ich nicht begriff, warum sich die trockenen Blätter nicht entzündeten. Kondrat erklärte mir, es komme daher, dass ein Flächenbrand nicht bösartig sei.

«Aber Feuer ist Feuer», erwiderte ich.

«Nein, ein Flächenbrand ist harmlos», wiederholte Kondrat.

Aber wenn das Feuer auch nur die Oberfläche des Waldbodens erfasste, so tat es doch seine Wirkung. Die Hasen liefen wie besessen hin und her und kehrten ohne jede Notwendigkeit in die Nähe der Flammen zurück. Die Vögel fielen in den Qualm und drehten sich im Kreise, die Pferde sahen sich nach allen Seiten um und schnaubten, der Wald selbst schien zu summen, ja auch dem Menschen wurde es vor der ihm plötzlich ins Gesicht schlagenden Hitze ängstlich zumute...

«Warum zuschauen?» sagte plötzlich Jegor hinter mir. «Fahren wir weiter!»

«Aber wo durchkommen?» fragte Kondrat.

«Halte nach links, wir fahren über den trokkenen Sumpf.»

Wir wandten uns nach links und kamen vorwärts, obwohl es zuweilen für Pferde und Wagen schwierig war.

Den ganzen Tag durchstreiften wir das Gelände, wo ehedem der Waldbrand gewütet hatte. Gegen Abend (der Himmel hatte sich noch nicht gerötet, aber die Schatten der Bäume waren schon dunkler und länger geworden, und man spürte im Grase die Kälte, die dem Tau vorangeht) legte ich mich auf den Weg neben den Wagen, an den Kondrat gemächlich die müden Pferde spannte, und entsann mich der unerfreulichen Gedanken vom Vortage. Rundum war es genauso still wie gestern, aber es fehlte die bedrückende und beengende Schwüle des Hochwalds. Auf dem trockenen Moos, dem lilafarbenen Steppengras, dem lockeren Staub des Wegs, auf den schlanken Stämmen und hellen Blättern der jungen Birken lag das klare, sanfte Licht der nicht mehr sengenden, tiefstehenden Sonne. Alles atmete auf und überliess sich der besänftigenden Kühle. Noch war nichts in Schlaf gesunken, aber alles machte sich schon zum heilsamen Schlummer des Abends und der Nacht bereit. Alles schien dem Menschen zu sagen: «Gehe auch du zur Ruhe, Bruder; atme leicht und vergiss deinen Kummer vor dem nahen Schlaf!»

Ich richtete den Kopf in die Höhe und erblickte an der Spitze eines dünnen Zweigs eine grosse Libelle mit smaragdenem Köpfchen, langem Körper und vier glasklaren Flügeln, jenes von den Franzosen kokett ‹Wasserjungfer› genannte Geschöpf, das unser einfältiges Volk als ‹Pumpenschwengel› bezeichnet. Lange, lange wandte ich nicht den Blick von der

Libelle. Von der Sonne ganz durchglüht, sass sie regungslos da, wandte nur von Zeit zu Zeit den Kopf von einer Seite zur anderen, und die aufgerichteten Flügel zitterten ein wenig..., das war alles. Während ich sie betrachtete, glaubte ich plötzlich das Leben der Natur zu verstehen, ich begriff ihren unbezweifelbaren, klaren, obwohl für viele geheimnisvollen Sinn. Stilles langsames Wachsen, Ruhe und Verhaltenheit der Gefühle und Kräfte, Gleichgewicht des Daseins in jedem einzelnen Wesen – das ist ihre Grundlage, ihr unveränderliches Gesetz, das ist es, worauf sie steht und sich hält. Was diese Ebene verlässt, ganz gleich, ob nach oben oder nach unten, wird von ihr als untauglich verworfen. Viele Insekten sterben, sobald sie die das Gleichgewicht des Lebens zerstörenden Freuden der Liebe erkennen; ein krankes Tier verkriecht sich im dunklen Dickicht und verlöscht dort allein; es fühlt gleichsam, dass es kein Recht mehr hat, weder die allen gemeinsame Sonne zu sehen noch die freie Luft zu atmen, es hat kein Recht auf Leben mehr. Und der Mensch, dem es durch eigene oder fremde Schuld schlecht ergeht, sollte zumindest zu schweigen verstehen.

«Wo bleibst du denn, Jegor?» rief Kondrat plötzlich, der schon seinen Platz auf dem Bock des Wagens eingenommen hatte und mit den Zügeln wippte und klatschte. «Komm, setz dich! Warum so versonnen? Denkst du dauernd an die Kuh?»

«An die Kuh? Was für eine Kuh?» wiederholte ich und blickte Jegor an.

Ruhig und würdig wie immer, schien er tatsächlich in Gedanken versunken zu sein und irgendwohin in die Ferne zu blicken, auf die Felder, die schon dunkler zu werden begannen.

«Ach, das wissen Sie nicht?» erklärte Kondrat. «Seine letzte Kuh ist heute nacht eingegangen. Er hat kein Glück - was kann man da machen?»

Jegor setzte sich stumm auf den Bock, und wir fuhren heim. «Der versteht nicht zu jammern», dachte ich.

Assja

1

Ich war damals fünfundzwanzig Jahre alt – so begann N. N. –, es geht also um Dinge, die längst vergangen sind, wie Sie sehen. Ich hatte eben erst meine Handlungsfreiheit erlangt, konnte tun, was ich wollte, und reiste ins Ausland, nicht um ‹meine Bildung zu vervollkommnen›, wie man sich damals ausdrückte, sondern einfach, um mir Gottes schöne Welt anzuschauen. Ich war gesund, jung, fröhlich; Geld hatte ich genug, und Sorgen kannte ich noch nicht. Ich lebte in den Tag hinein und tat, was mir gefiel; kurz, ich befand mich in der Blüte meines Lebens. Ich verschwendete keinen Gedanken daran, dass der Mensch keine Pflanze ist und dass seine Blüte nicht lange währt. Jugend geniesst vergoldetes Zuckerwerk und meint, es sei das tägliche Brot; doch kommt die Zeit, dann bettelt man um ein Stückchen Brot. Aber wozu davon sprechen!

Ich reiste ohne Ziel und Plan, blieb, wo es mir gefiel, und fuhr sofort weiter, sobald ich den Wunsch verspürte, neue Gesichter zu sehen – namentlich Gesichter. Mich interessierten ausschliesslich die Menschen; ich hasste Denkmäler, die man gesehen haben musste, oder beachtenswerte Sammlungen. Schon der Anblick eines Lakaien erweckte in mir ein Gefühl von Schmerz und Wut. Das ‹Grüne Gewölbe› in Dresden machte mich fast verrückt. Die Natur wirkte sehr stark auf mich, aber ich liebte nicht ihre sogenannten Schönheiten: ungewöhnliche Berge, Felshänge, Wasserfälle; ich mochte nicht von ihr gefesselt, beunruhigt werden. Aber ohne Gesichter, lebendige, menschliche Gesichter, konnte ich nicht auskommen; ich brauchte Menschen, ihr Sprechen, ihr Lachen, ihre Bewegungen. In der Menge fühlte ich mich immer besonders leicht und frohbewegt; es machte mir Vergnügen, dorthin zu gehen, wohin alle anderen gingen, zu schreien, wenn andere schrien, und zugleich zu beobachten, wie diese anderen schrien. Es erheiterte mich, die Menschen zu beobachten, und auch das genügte mir noch nicht, sondern ich unterzog sie mit einer gewissen fröhlichen und unersättlichen Neugier einer ganz genauen Betrachtung. Aber ich schweife schon wieder ab.

Also: Vor zwanzig Jahren verbrachte ich einige Zeit in dem deutschen Städtchen S. am linken Ufer des Rheins. Ich wollte allein sein, denn mein Herz war soeben von einer jungen Witwe arg mitgenommen worden. Ich hatte sie in einem Kurort kennengelernt. Sie war hübsch und klug, kokettierte mit allen - auch mit mir Sünder. Zuerst hatte sie mich sogar ermuntert, aber dann grausam verletzt, als sie mich einem rotwangigen bayerischen Leutnant zum Opfer brachte. Ich muss allerdings sagen, dass meine Herzenswunde nicht sehr tief war, aber ich hielt es für meine Pflicht, mich für einige Zeit meinem Kummer hinzugeben und die Einsamkeit zu suchen - womit tröstet sich die Jugend nicht! -, und so nahm ich Aufenthalt in S.

Diese kleine Stadt gefiel mir wegen ihrer Lage am Fuss hoher Hügel, wegen ihrer verwitterten Mauern und Türme, der uralten Linden, der steilen Brücke über dem klaren, in den Rhein mündenden Flüsschen, hauptsächlich jedoch wegen des guten Weins. Allerliebste blonde Mädchen spazierten abends, gleich nach Sonnenuntergang (es war im Juni) durch die engen Strassen, sagten artig und freundlich: «Guten Abend!», wenn sie mich, den Ausländer, trafen, und manche blieben auch dann noch, wenn der Mond hinter den spitzen Dächern der alten Häuser aufging und sich in seinem milden Schein die kleinen Steine des Pflasters deutlich abzeichneten. Ich wanderte dann gern durch die Stadt. Der Mond blickte unverwandt auf sie hinab, und die Stadt spürte den Blick und lag still und friedlich da, ganz übergossen von seinem Licht, diesem ruhigen und gleichzeitig die Seele sanft erregenden Licht. Der Hahn auf dem hohen gotischen Kirchturm glänzte in mattem Gold, und ebenso golden schimmerten die Wellen des Flüsschens im Dunkel der Strömung. Dünne Kerzen (die Deutschen sind sparsam) erhellten die schmalen Fenster unter den Schieferdächern und verliehen ihnen einen matten, warmen Schein. Weinreben streckten geheimnisvoll ihre gewundenen Ranken über die Steinmauern; etwas huschte durch den Schatten des alten Brunnens auf dem dreieckigen Marktplatz; unvermutet erschallte der schläfrige Pfiff eines Nachtwächters, ein gutmütiger Hund knurrte halblaut, und die Luft streichelte das Gesicht so sanft und die Linden dufteten so süss, dass die Brust unwillkürlich tiefer, immer tiefer atmete und das Wort ‹Gretchen› – als Ausruf, als Frage – sich auf die Lippen drängte.

Das Städtchen S. liegt etwa zwei Kilometer vom Rhein entfernt. Ich ging oft dorthin, um den mächtigen Strom zu betrachten, und träumte - nicht ohne gewisse Anstrengung - von der heimtückischen Witwe, während ich stundenlang auf einer Steinbank unter einer einzeln aufragenden riesigen Esche sass. Eine Madonna mit fast kindlichem Gesicht und einem roten, von Schwertern durchbohrten Herzen auf der Brust blickte traurig aus den Zweigen hervor.

Auf dem gegenüberliegenden Ufer lag das Städtchen L., das etwas grösser als S. war. Eines Abends sass ich auf meiner Lieblingsbank und schaute bald zum anderen Ufer hinüber, bald zum Himmel hinauf, bald auf die Weinberge. Vor mir kletterten flachsköpfige Knaben über den geteerten Rumpf eines kieloben am Ufer liegenden Boots; Schiffe mit leicht geblähten Segeln fuhren still ihres Wegs, die grünlichen Wellen des Stroms glitten plätschernd und murmelnd vorüber. Plötzlich drangen Klänge einer Musik zu mir herüber. Ich lauschte. In der Stadt L. wurde ein Walzer gespielt. Man vernahm die abgerissenen tiefen Töne einer Bassgeige, die verschwommenen Klänge einer Fiedel, das muntere Geschrill einer Flöte.

«Was ist das?» fragte ich einen auf mich zukommenden alten Mann mit einer Plüschweste, blauen Strümpfen und Schnallenschuhen.

«Das?» antwortete er und schob das Mundstück seiner Pfeife von einem Winkel der Lippen zum anderen. «Das sind Studenten aus B.; sie veranstalten einen Kommers.»

«Diesen Kommers werde ich mir mal anschauen», dachte ich, «zumal ich noch nicht in L. gewesen bin.» Ich suchte einen Fährmann und liess mich zum jenseitigen Ufer rudern.

2

Vielleicht weiss nicht jeder, was ein Kommers ist. Es ist eine besondere Art festlichen Gelages, zu dem sich die Studenten einer Burschen- oder Landsmannschaft zusammenfinden. Fast alle Teilnehmer am Kommers tragen die von alters her übliche Tracht deutscher Studenten: Schnürröcke, Stulpstiefel und kleine Kappen mit den Farben der Verbindung. Zum Mahl versammeln sich die Studenten üblicherweise unter dem Vorsitz eines Seniors, eines Vorsitzenden, und zechen bis zum Morgengrauen, trinken, singen Lieder wie den ‹Landesvater› oder ‹Gaudeamus›, rauchen und beschimpfen die Philister. Zuweilen mieten sie eine Musikkapelle.

Genau solch ein Kommers fand in L. im Garten vor dem Gasthaus ‹Zur Sonne› statt. Über Gasthaus und Garten wehten Fahnen, die Studenten sassen an Tischen unter gestutzten Linden, unter einem der Tische lag eine riesige Dogge. Seitlich, in einer Efeulaube, waren die Musikanten untergebracht und spielten nach Leibeskräften, sich hin und wieder mit einem Bier stärkend.

Auf der Strasse, vor der niedrigen Gartenmauer, hatte sich eine beachtliche Volksmenge versammelt. Die braven Bürger von L. wollten die Gelegenheit nicht versäumen, die zugereisten Gäste anzuschauen. Ich mischte mich unter die Zuschauer. Es machte mir Vergnügen, die Gesichter der Studenten zu betrachten. Ihre Umarmungen, Ausrufe, das unschuldige Gehabe der Jugend, die feurigen Blicke, das grundlose Lachen - das schönste Lachen der Welt -, dieses ganze fröhliche Brausen jungen, frischen Lebens, dieser Vorwärtsdrang - gleich wohin, nur vorwärts! -, dieses wohlgemute Leben voller Ungebundenheit traf mein Herz und feuerte mich an. «Ob ich nicht zu ihnen gehen soll?» fragte ich mich.

«Hast du genug gesehen, Assja?» sagte plötzlich hinter mir eine männliche Stimme auf russisch.

«Warten wir noch ein wenig», antwortete eine zweite, weibliche Stimme in der gleichen Sprache.

Ich drehte mich schnell um... Mein Blick fiel auf einen hübschen jungen Mann mit einer Mütze und in einer weiten Jacke. Er hielt ein mittelgrosses Mädchen mit einem Strohhut, der den ganzen oberen Teil des Gesichts verdeckte, am Arm.

«Sie sind Russen?» entfuhr es mir unwillkürlich.

Der junge Mann lächelte und sagte: «Ja, Russen.»

«Das hatte ich nicht erwartet..., an einem so abgelegenen Ort», begann ich.

«Auch uns kommt es unerwartet», unterbrach er mich. «Aber um so besser! Gestatten Sie, uns vorzustellen: ich heisse Gagin, und dies hier ist meine...», er stockte einen Augenblick, «meine Schwester. Darf man sich nach Ihrem Namen erkundigen?»

Ich stellte mich vor, und wir kamen ins Gespräch. Ich erfuhr, dass sich Gagin genau wie ich zu seinem Vergnügen auf Reisen befand, vor einer Woche in das Städtchen L. gekommen und dort hängengeblieben war.

Die Wahrheit zu sagen, machte ich ungern die Bekanntschaft von Russen im Ausland. Ich erkannte sie schon von weitem an ihrem Gang, am Schnitt ihrer Anzüge, hauptsächlich aber am Ausdruck ihrer Gesichter. Selbstzufrieden und verächtlich, oft herrisch, wechselten sie plötzlich mit einem Ausdruck von Vorsicht und Scheu. Dann wurde der Betreffende plötzlich hellwach und sein Blick unruhig. «Um Gottes willen, ich habe doch nicht etwa etwas Falsches gesagt? Wird man nicht über mich lachen?» schien dieser unstete Blick zu sagen. Kurze Zeit später stellte sich die herrische Miene wieder ein, hin und wieder mit dumpfem Unverständnis wechselnd. Ja, ich ging den Russen aus dem Wege, aber Gagin gefiel mir sofort. Es gibt solch glückliche Gesichter: jedem tut ihr Anblick wohl, als ob man von ihnen erwärmt und beglückt werde. Gagin hatte so ein Gesicht, ein liebes, freundliches Gesicht mit grossen sanften Augen und weichem lockigem Haar. Wenn er sprach, fühlte man, ohne sein Gesicht auch nur zu sehen, allein am Klang seiner Stimme, dass er lächelte.

Das Mädchen, das er seine Schwester genannt hatte, erschien mir gleich auf den ersten Blick sehr hübsch. Es war etwas Eigenes, Besonderes im Schnitt ihres bräunlichen, ovalen Gesichts mit der kleinen, schmalen Nase, den fast kindlichen Wangen und den schwarzen, strahlenden Augen. Sie hatte eine graziöse, aber noch nicht völlig entwickelte Gestalt. Mit ihrem Bruder hatte sie nicht die mindeste Ähnlichkeit.

«Möchten Sie nicht mit zu uns kommen?» sagte Gagin zu mir. «Mir scheint, dass wir die Deutschen lange genug betrachtet haben. Unsere Studenten hätten sicherlich schon längst die Scheiben eingeschlagen und die Stühle zertrümmert; diese hier sind mir von allzu grosser Zurückhaltung. Was meinst du, Assja, sollen wir heimgehen?»

Das Mädchen nickte zusagend.

«Wir wohnen vor der Stadt», fuhr Gagin fort, «oben, in einem Weinberg, in einem einzeln stehenden kleinen Haus. Bei uns ist es wunderhübsch, Sie werden es sehen. Die Wirtin hat versprochen, uns saure Milch bereitzustellen. Jetzt wird es bald dunkel, und für Sie ist es besser, bei Mondschein über den Rhein zu fahren.»

Wir machten uns auf den Weg. Durch ein niedriges Stadttor (die alte Mauer aus Feldsteinen umgab die Stadt von allen Seiten, sogar die Schiessscharten waren noch nicht alle zerfallen) gingen wir ins freie Gelände, und nachdem wir etwa hundert Schritt an einer Steinmauer entlang gegangen waren, hielten wir vor einer engen Pforte. Gagin öffnete sie und führte uns einen steilen Pfad bergauf. Auf beiden Seiten wuchsen Reben auf den Abstufungen des Hangs. Die Sonne war eben untergegangen, und ein zarter rötlicher Schimmer lag auf den grünen Reben, den hohen Pfählen, der trockenen, überall mit grossen und kleinen Steinen bedeckten Erde und auf der weissen Wand eines kleinen Fachwerkhauses mit schrägen schwarzen Balken und vier blanken Fensterchen. Das Haus stand auf der Höhe des Hügels, den wir erklommen.

«Sehen Sie, hier wohnen wir», rief Gagin, sobald wir uns dem Hause näherten, «und da bringt auch unsere Wirtin die Milch. ‹Guten Abend, Madame!›... Gleich werden wir uns ans Essen begeben, aber zuerst», fügte er hinzu, «schauen Sie sich mal um!... Was sagen Sie zu der Aussicht?»

Die Aussicht war in der Tat wunderbar. Vor uns floss der Rhein, ein Silberstreif zwischen grünen Ufern. An einer Stelle glühte er im rotgoldenen Schein der untergehenden Sonne. Unter uns lag das Städtchen mit all seinen Häusern und Strassen. Weithin erstreckten sich Hügel und Felder. So schön die Landschaft unter uns war, aber hier oben war es noch schöner. Besonderen Eindruck machten auf mich die Klarheit und Tiefe des Himmels und die strahlende Durchsichtigkeit der Luft. Frisch und leicht umwehte sie uns in gleichmässig stiller, wogender Bewegung, als ob auch sie in der Höhe ungebundener sei.

«Ein ausgezeichnetes Quartier haben Sie sich ausgesucht», sagte ich.

«Assja hat es gefunden», antwortete Gagin. «Auf, auf!» fuhr er fort. «Walte deines Amts. Lass hier anrichten. Wir wollen im Freien zu Abend essen. Hier hört man die Musik besser. Haben Sie bemerkt», fügte er zu mir gewandt fort, «mancher Walzer klingt in der Nähe überhaupt nicht – eine triviale, plumpe Musik! Doch in einiger Ferne hört er sich wunderbar an und bringt alle romantischen Saiten in uns zum Tönen.»

Assja (ihr eigentlicher Name war Anna, aber Gagin nannte sie Assja, und ich bitte mir zu erlauben, sie ebenfalls so zu nennen), Assja begab sich ins Haus und kehrte bald zusammen mit der Wirtin zurück. Sie trugen ein grosses Tablett mit einer Schüssel Milch, Tellern, Löffeln, Zucker, Beeren, Brot. Wir setzten uns und begaben uns ans Essen. Assja hatte den Hut abgenommen. Ihre schwarzen Haare, gestutzt und gelegt wie bei einem Knaben, fielen in dichten Locken auf Nacken und Ohren herab. Zuerst hatte sie Scheu vor mir, aber Gagin sagte zu ihr: «Assja, hör auf, dich einzuigeln; er beisst nicht.»

Sie lächelte und begann wenig später bereits ein Gespräch mit mir. Ich hatte noch nie ein so lebhaftes Geschöpf erlebt. Keinen Augenblick konnte sie still sitzen. Sie stand auf, lief ins Haus, kam wieder, sang mit halblauter Stimme vor sich hin, lachte dann und wann auf, und zwar in ganz seltsamer Art: sie schien nicht über das zu lachen, was sie hörte, sondern über den und jenen Gedanken, der ihr in den Sinn kam. Ihre grossen Augen blickten offen, hell und ohne Verlegenheit, aber manchmal blinzelte sie ein wenig, und dann wurde ihr Blick plötzlich tief und zärtlich.

Wir plauderten an die zwei Stunden. Der Tag war längst erloschen; der Abend, zuerst voll Feuer, dann klar und rot, dann bleich und grau, schmolz still dahin und ging in die Nacht über, und unser Gespräch dauerte fort – friedlich und sanft wie die Lüfte um uns. Gagin liess eine Flasche Rheinwein kommen. Wir leerten sie ohne Hast. Die Musik klang zu uns hinauf, ihre Töne erschienen süsser und zarter. In der

Stadt und auf dem Strom wurden die Lichter angezündet.

Assja liess plötzlich den Kopf hängen, so dass ihre Locken über die Augen fielen, verstummte, seufzte, sagte, dass sie schlafen möchte, und ging ins Haus. Ich bemerkte, dass sie, ohne eine Kerze anzuzünden, lange hinter dem geschlossenen Fenster stand.

Schliesslich ging der Mond auf und spiegelte sich im Rhein. Alles wurde teils heller, teils noch dunkler, veränderte sich; sogar der Wein in unseren geschliffenen Gläsern funkelte in geheimnisvollem Glanz. Der Wind legte sich, als falte er die Flügel zusammen, und erstarb. Von der nächtlichen Erde stieg duftende Wärme empor.

«Es wird Zeit!» rief ich. «Sonst finde ich keinen Fährmann mehr.»

«Ja, es wird Zeit!» wiederholte Gagin.

Wir gingen den Pfad hinunter. Steine kamen plötzlich hinter uns ins Rollen. Assja rannte uns nach.

«Schläfst du denn noch nicht?» fragte sie ihr Bruder, aber ohne ein Wort zu erwidern, lief sie an uns vorüber.

Die letzten, von den Studenten im Garten des Gasthauses angezündeten Lämpchen verglommen und beleuchteten die Blätter der Bäume von unten, was ihnen einen feierlichen und phantastischen Anblick verlieh. Wir fanden Assja am Ufer; sie sprach mit dem Fährmann. Ich sprang zum Boot und verabschiedete mich von meinen neuen Bekannten. Gagin versprach, mich am kommenden Tag zu besuchen. Ich drückte seine Hand und streckte Assja die meinige hin, aber sie blickte mich nur an und schüttelte den Kopf. Das Boot stiess ab und trieb auf dem schnellen Strom davon. Der Fährmann, ein rüstiger Alter, senkte mit Anstrengung die Ruder in das dunkle Wasser.

«Sie sind in den Lichtstreif des Mondes gefahren, Sie haben ihn zerstört!» schrie mir Assja nach.

Ich senkte den Blick. Rund um das Boot plätscherten schwärzliche Wellen.

«Leben Sie wohl!» ertönte wieder ihre Stimme.

«Bis morgen!» rief Gagin nach ihr.

Das Boot legte an. Ich stieg aus und schaute zurück. Auf dem jenseitigen Ufer war niemand mehr zu sehen. Der Mondstreif spannte sich wieder als goldene Brücke über den Fluss. Gleichsam als Abschied schallten die Klänge eines alten Walzers von Lanner herüber. Gagin hatte recht. Ich fühlte, dass alle Saiten meines Herzens bebten und jenen einschmeichelnden Melodien antworteten. Ich ging durch die dunklen Felder nach Hause, langsam die würzige Luft einatmend, und kam in mein Zimmerchen, ganz erfüllt von zärtlicher Sehnsucht und gegenstandslosen Erwartungen ohne Ende. Ich fühlte, dass ich glücklich war... Aber warum war ich glücklich? Ich wünschte nichts und dachte an nichts... Ich war glücklich.

Fast lachend vor der Überfülle angenehmer und heiter-leichter Gefühle ging ich ins Bett und wollte schon die Augen schliessen, als mir plötzlich einfiel, dass ich den ganzen Abend nicht ein einziges Mal an meine hartherzige schöne Witwe gedacht hatte... «Was hat das zu bedeuten?» fragte ich mich. «Bin ich denn nicht verliebt?» Aber nachdem ich mir diese Frage gestellt hatte, scheine ich unverzüglich eingeschlafen zu sein wie ein Kind in der Wiege.

3

Am nächsten Morgen (ich war schon wach, aber noch nicht aufgestanden) hörte ich das Pochen eines Stocks unter meinem Fenster, und eine Stimme, die ich sofort als Gagins Stimme erkannte, sang:

Du schläfst noch? Mit der Gitarre Klang
will ich dich wecken...

Ich öffnete ihm rasch die Tür.

«Guten Morgen!» sagte Gagin, eintretend. «Ich habe Sie etwas früh aufgescheucht, aber sehen Sie nur, welch schöner Morgen! Frische, Tau, die Lerchen trillern...»

Mit seinen Locken, dem offenen Hemdkragen und den rosigen Wangen sah er selbst frisch wie der junge Morgen aus.

Ich kleidete mich an. Wir gingen in das Gärtchen, setzten uns auf eine Bank, liessen uns Kaffee bringen und plauderten. Gagin teilte mir seine Zukunftspläne mit. Im Besitz eines stattlichen Vermögens und von niemandem abhängig, wollte er sich der Malerei widmen und bedauerte nur, dass er zu spät auf diesen Gedanken gekommen war und viel Zeit für Nichtigkeiten verschwendet habe. Ich sagte ihm ebenfalls, was ich vorhatte, und vertraute ihm bei dieser Gelegenheit das Geheimnis meiner unglücklichen Liebe an. Er hörte mir geduldig und etwas herablassend zu, aber soweit ich bemerken konnte, erweckte ich in ihm kein Mitgefühl für meine Leidenschaft. Nachdem er ein paarmal aus Höflichkeit gleich nach mir geseufzt hatte, schlug er mir vor, seine Skizzen bei ihm anzuschauen. Ich stimmte sofort zu.

Assja trafen wir nicht an. Nach den Worten der Wirtin war sie zur ‹Ruine› gegangen. Etwa zwei Kilometer von L. befinden sich die Reste einer Ritterburg.

Gagin zeigte mir alle seine Mappen. In seinen Skizzen war viel Leben und Wahrheit, etwas Freies und Weites, aber keine einzige war vollendet, und die Zeichnung erschien mir nachlässig und ungenau. Ich sagte ihm offen meine Meinung.

«Ja, ja», bestätigte er seufzend. «Sie haben recht. Alles ist ganz schlecht und unreif, aber was tun! Ich habe nicht studiert, wie es sich gehört, und die verdammte slawische Ungebundenheit fordert ihren Zoll. Solange man von der Arbeit träumt, schwebt man wie ein Adler. Man meint, man könnte die Erde von der Stelle rücken, doch bei der Ausführung wird man sofort schwach und müde.»

Ich sprach ihm gut zu und ermutigte ihn, aber er winkte ab, packte die Mappen mit beiden Armen zusammen und schleuderte sie auf das Sofa.

«Wenn die Geduld reicht, wird etwas aus mir», sagte er durch die Zähne. «Reicht sie nicht, bleibe ich ein junger Mann von Adel. Kommen Sie, gehen wir lieber auf die Suche nach Assja.»

Wir machten uns auf den Weg.

4

Der Weg zur Ruine führte in Windungen am Abhang eines bewaldeten Tals entlang. Auf seinem Grund floss ein Bach und sprang brausend über die Felsen, als könne er nicht erwarten, sich mit dem grossen Strom zu vereinigen, der hinter der dunklen Linie der schroff gezackten Bergrücken hin und wieder aufglänzte. Gagin lenkte meine Aufmerksamkeit auf einige Stellen, die sehr günstig im Licht lagen. Aus seinen Worten sprach, wenn nicht ein Maler, so doch bestimmt ein Künstler. Bald kam die Ruine in Sicht. Hoch oben auf einem kahlen Fels ragte ein viereckiger Turm empor, ganz dunkel, noch fest, aber von einem langen Riss gleichsam gespalten. Bemooste Mauern stiessen an den Turm, hier und dort von Efeu umrankt; verkümmerte Bäumchen hatten in den grauen Schiessscharten und eingefallenen Gewölben einen Halt gesucht. Ein Steinpfad führte zu dem heilgebliebenen Tor. Wir waren schon dicht vor ihm, als plötzlich eine weibliche Gestalt vor uns davonhuschte, schnell über die Trümmerhaufen lief und sich auf einem Vorsprung der Mauer, genau über dem Abgrund, niederliess. «Das ist doch Assja!» rief Gagin. «So ein verrücktes Mädel!»

Wir gingen durch das Tor und befanden uns auf einem kleinen, zur Hälfte mit wilden Apfelbäumen und Brennesseln bewachsenen Hof. Auf dem Vorsprung sass tatsächlich Assja. Sie wandte uns ihr Gesicht zu und lachte, rührte sich aber nicht von der Stelle. Gagin drohte ihr mit dem Finger, und ich machte ihr laute Vorwürfe wegen ihrer Unvorsichtigkeit.

«Lassen Sie es gut sein», flüsterte mir Gagin zu, «reizen Sie sie nicht. Sie kennen sie nicht; sie könnte imstande sein, auch noch auf den Turm zu klettern. Staunen Sie lieber über den Geschäftssinn der hiesigen Bewohner.»

Ich schaute mich um. In einer Ecke sass in einer kleinen Holzbude eine alte Frau, strickte einen Strumpf und sah uns schief durch die Brille an. Sie verkaufte Bier, Lebkuchen und Selterswasser an die Touristen. Wir nahmen auf einem Bänkchen Platz und tranken ziemlich kaltes Bier aus schweren, zinnernen Humpen. Assja sass nach wie vor unbeweglich da, die Füsse untergeschlagen und den Kopf mit einem Musselinschal verhüllt. Ihre schlanke Gestalt zeichnete sich klar und schön vor dem hellen Himmel ab, aber ich betrachtete sie mit ziemlicher Missbilligung. Schon am Abend zuvor hatte ich an ihr etwas Überspanntes, nicht ganz Natürliches wahrgenommen... «Sie will uns imponieren», dachte ich. «Wozu? Welch kindlicher Einfall!» Als habe sie meine Gedanken erraten, warf sie mir einen raschen, durchdringenden Blick zu, lachte abermals, sprang in zwei Sätzen von der Mauer, ging zu der alten Frau und bat um ein Glas Wasser.

«Du denkst, ich will trinken?» sagte sie, zu ihrem Bruder gewandt. «Nein, da auf der Mauer wachsen Blumen; man muss sie unbedingt giessen.»

Gagin gab ihr keine Antwort. Mit dem Glas in der Hand kletterte sie über die Trümmer, blieb hier und da stehen, bückte sich und versprühte mit komischer Würde einige hell in der Sonne leuchtende Tropfen. Assjas Bewegungen waren sehr anmutig, aber ich ärgerte mich noch immer über sie, obwohl ich mich unwillkürlich an ihrer Leichtigkeit und Gewandtheit ergötzte. An einer gefährlichen Stelle schrie sie absichtlich auf und brach dann in Lachen aus... Das machte mich noch ärgerlicher.

«Die klettert ja wie eine Ziege!» murmelte die Alte vor sich hin und liess für einen Augenblick den Strickstrumpf sinken.

Schliesslich hatte Assja alles Wasser vergossen und kam, sich mutwillig hin und her wiegend, zu uns zurück. Ein seltsames Lächeln spielte um ihre Brauen, Nüstern und Lippen. Ihre dunklen Augen blinzelten teils keck, teils lustig.

«Ihr findet mein Benehmen unangebracht», schien ihr Gesicht zu sagen, «mir gleich; ich weiss, dass ihr euer Wohlgefallen an mir habt.»

«Gut gemacht, Assja, bist ein geschicktes Mädchen!» sagte Gagin halblaut.

Sie schien sich plötzlich zu schämen, schlug ihre langen Wimpern nieder und nahm bescheiden, gleichsam schuldbewusst, neben uns Platz. Erst jetzt betrachtete ich ihr Gesicht zum ersten Male genau; das wechselhafteste Gesicht, das ich je gesehen hatte. Einige Augenblicke danach wurde es bereits ganz bleich und nahm einen in sich gekehrten, fast traurigen Ausdruck an; selbst ihre Züge erschienen mir grösser, strenger, einfacher. Sie wurde ganz still. Wir schritten rings um die Ruine (Assja folgte uns auf dem Fusse) und hatten unsere Freude an den Ausblicken. Inzwischen nahte die Essenszeit. Gagin rechnete mit der Alten ab, erbat noch einen Krug Bier und rief, mir zugewandt, mit verschmitztem Zwinkern: «Auf das Wohl Ihrer Herzensdame!»

«Hat er denn - haben Sie denn eine solche Dame?» fragte Assja plötzlich.

«Wer hat denn keine?» erwiderte Gagin.

Assja dachte einen Augenblick nach. Wieder veränderte sich ihr Gesicht, wieder erschien auf ihm das herausfordernde, fast dreiste Lächeln.

Auf dem Rückweg lachte sie noch öfter und war voller Übermut. Sie brach einen langen Zweig ab, schulterte ihn wie ein Gewehr und schlang sich den Schal um den Kopf. Eine zahlreiche Familie blonder, pedantischer Engländer begegnete uns, und ich entsinne mich: allesamt begleiteten sie Assja wie auf Kommando kühl verwundert mit ihren glasigen Blicken, während sie, gleichsam um sie zu ärgern, laut zu singen begann. Heimgekehrt, ging sie sofort in ihr Zimmer und erschien erst zum Essen, in ihrem besten Kleid, sorgfältig frisiert, geschnürt und mit Handschuhen. Bei Tisch benahm sie sich sehr gesetzt, fast steif, nahm nur wenig zu sich und trank Wasser aus einem Weinglas. Sie wollte offenbar eine neue Rolle vor mir spielen, die Rolle einer gesitteten, wohlerzogenen jungen Dame. Gagin hinderte sie nicht daran; man merkte, dass er gewohnt war, Nachsicht mit ihr zu üben. Er warf mir nur ab und an einen gutmütigen Blick zu und zuckte leicht mit der Schulter, als wolle er sagen: «Sie ist ein Kind. Nehmen Sie ihr nichts übel.»

Sobald das Essen beendet war, stand Assja auf, machte einen kleinen Knicks vor uns, setzte den Hut auf und fragte Gagin, ob sie zu Frau Luise gehen dürfe.

«Seit wann fragst du denn?» antwortete er mit seinem ständigen, aber diesmal etwas verlegenen Lächeln. «Langweilst du dich denn mit uns?»

«Nein, aber ich habe gestern Frau Luise versprochen, sie zu besuchen. Ausserdem dachte ich, dass ihr lieber zu zweit bleiben wollt. Herr N.» (sie zeigte auf mich) «wird dir noch etwas erzählen wollen.»

Sie ging.

«Frau Luise», begann Gagin und bemühte sich, meinem Blick auszuweichen, «ist die Witwe des früheren Bürgermeisters von L., eine brave, etwas einfältige alte Frau. Sie hat Assja liebgewonnen. Assja sucht leidenschaftlich gern die Gesellschaft von Menschen aus niederen Kreisen. Ich habe festgestellt: Ursache für ein derartiges Verhalten pflegt immer der Stolz zu sein. Sie ist bei mir regelrecht verwöhnt, wie Sie sehen», fügte er hinzu, nachdem er einige Zeit geschwiegen hatte, «aber was soll ich tun? Ich bin nicht imstande, von jemandem etwas zu fordern, und von ihr schon längst nicht mehr. Ich bin *verpflichtet*, nachsichtig mit ihr zu sein.»

Ich schwieg. Gagin wechselte das Thema. Je besser ich ihn kennenlernte, desto mehr fühlte ich mich zu ihm hingezogen. Ich hatte ihn bald erkannt. Er war ein unverfälschter russischer Mensch: wahrhaftig, ehrlich, einfach, aber leider ein wenig schlaff, ohne Beharrlichkeit und inneres Feuer. Die Jugend brauste nicht in ihm, sie leuchtete in stillem Glanz. Er war sehr lieb und klug, aber ich konnte mir nicht vorstellen, was mit ihm werden würde, wenn er zum Mann herangereift war. «Ein Künstler?... Ohne harte, stete Arbeit wird man kein Künstler..., doch sich bemühen», dachte ich, wenn ich seine weichen Züge betrachtete, seine langsame Redeweise vernahm, «nein, bemühen wirst du dich nicht; du verstehst nicht, dich zusammenzureissen.» Aber es war unmöglich, ihn nicht gern zu haben: das Herz drängte sich zu ihm hin. An die vier Stunden verbrachten wir zusammen, bald auf dem Sofa sitzend, bald langsam vor dem Hause auf und ab gehend, und in diesen vier Stunden fanden wir endgültig zusammen.

Die Sonne ging unter, für mich wurde es Zeit zur Heimkehr. Assja war noch immer nicht zurückgekehrt.

«Schau einer meine Ausreisserin an!» sagte Gagin. «Wenn Sie wollen, begleite ich Sie. Wir gehen unterwegs bei Frau Luise vorbei, und ich frage, ob sie noch bei ihr ist. Kein grosser Umweg.»

Wir stiegen zur Stadt hinab, bogen in eine enge, krumme Gasse ein und machten vor einem Hause halt, das eine zwei Fenster breite Front hatte und drei Stockwerke hoch war. Der erste Stock ragte ein Stück über das Erdgeschoss hinaus, der zweite und dritte waren ebenfalls ein wenig über das darunter liegende vorgezogen. Das ganze Haus mit seinem verwitterten Fachwerk, zwei dicken Pfeilern unten, dem spitzen Ziegeldach und der wie ein Schnabel aufgesperrten Luke im Dachgeschoss sah aus wie ein grosser, krummer Vogel.

«Assja!» rief Gagin. «Bist du hier?»

Im zweiten Stock klapperte ein beleuchtetes Fensterchen und wurde geöffnet. Wir erblickten Assjas dunkles Köpfchen. Hinter ihr kam das zahnlose, kurzsichtige Gesicht der alten Deutschen zum Vorschein.

«Ich bin hier!» rief Assja und stützte sich mit

den Ellbogen kokett auf das Fensterbrett. «Ich bin hier gut aufgehoben. Fang! Für dich!» fügte sie hinzu und warf Gagin einen Geranienzweig hinunter. «Stelle dir vor, dass ich die Dame deines Herzens bin.»

Frau Luise lachte.

«N. geht», erwiderte Gagin, «er möchte sich von dir verabschieden.»

«Wirklich?» sagte Assja. «Dann gib ihm meinen Zweig, ich gehe gleich heim.»

Sie schlug das Fensterchen zu und gab anscheinend Frau Luise einen Kuss. Gagin streckte mir schweigend die Blume hin. Ich steckte sie schweigend in die Tasche, ging zur Anlegestelle und fuhr zum anderen Ufer hinüber.

Soviel ich noch weiss, ging ich heim, ohne an etwas zu denken, aber mein Herz war seltsam bedrückt. Plötzlich traf mich ein starker, mir vertrauter, aber in Deutschland seltener Geruch. Ich blieb stehen und sah neben der Strasse ein kleines Beet mit Hanf. Sein Steppengeruch erinnerte mich sofort an die Heimat und weckte in mir eine brennende Sehnsucht nach ihr. Ich hatte das Verlangen, russische Luft zu atmen, über russische Erde zu gehen. «Was tue ich hier, warum vertrödle ich meine Zeit im fremden Land unter fremden Menschen?» rief ich, und die tödliche Schwere, die ich auf dem Herzen fühlte, schlug plötzlich in bittere, flammende Erregung um. Ich kam in einer ganz anderen Gemütsverfassung heim als am Vorabend. Ich fühlte fast Zorn und konnte mich lange nicht beruhigen. Eine mir selbst unverständliche Verärgerung hatte sich meiner bemächtigt. Schliesslich setzte ich mich hin, dachte an meine hinterlistige Witwe (die Erinnerung an diese Dame bildete den offiziellen Abschluss jeden Tages) und holte eines ihrer Briefchen hervor. Aber ich entfaltete es nicht einmal; meine Gedanken nahmen sofort eine andere Richtung. Ich begann zu denken..., an Assja zu denken. Mir kam in den Sinn, dass Gagin im Laufe unseres Gesprächs angedeutet hatte, dass es Hindernisse und Schwierigkeiten gebe, die seiner Rückkehr nach Russland im Wege stünden... «Ob sie wirklich seine Schwester ist?» sagte ich laut vor mich hin.

Ich kleidete mich aus, legte mich ins Bett und bemühte mich einzuschlafen. Aber eine Stunde später sass ich wieder aufrecht da, den Ellbogen auf das Kopfkissen gestützt, und dachte abermals an dieses ‹kapriziöse Mädchen mit dem überspannten Lachen›... «Sie hat eine Gestalt wie die kleine Galathea von Raffael in der Farnesina», flüsterte ich, «ja, und sie ist nicht seine Schwester...»

Und das Briefchen der Witwe lag ruhig auf dem Boden, ein blasser Fleck im Mondschein.

5

Am nächsten Morgen fuhr ich wieder nach L. hinüber. Ich redete mir ein, nur Gagin sehen zu wollen, aber insgeheim zog mich ein anderer Wunsch dorthin. Ich wollte beobachten, was Assja anstellen und ob sie sich genauso ‹wunderlich› verhalten werde wie am Vortage. Ich traf beide im gemeinsamen Wohnraum an, und ganz seltsam – kam es daher, dass ich nachts und morgens so viel an Russland gedacht hatte? –, Assja erwies sich als ein ganz russisches, schlichtes Mädchen, ja sie kam mir fast wie ein Stubenmädchen vor. Sie trug ein altes Kleidchen, hatte die Haare hinter die Ohren gekämmt, sass still am Fenster und stickte am Rahmen, bescheiden und ruhig, als habe sie sich zeitlebens mit nichts anderem beschäftigt. Sie sagte kaum ein Wort, blickte ruhig auf ihre Arbeit, und ihr Gesicht sah so unbedeutend und alltäglich aus, dass ich unwillkürlich an irgendeine Katja oder Mascha aus der Heimat denken musste. Um die Ähnlichkeit vollkommen zu machen, hub sie auch noch an, mit halblauter Stimme ‹Mütterlein, Täubchen mein› zu singen. Ich betrachtete ihr gelbliches, erloschenes kleines Gesicht, entsann mich der gestrigen Tränen, und etwas tat mir leid. Das Wetter war prächtig; Gagin eröffnete mir, dass er heute fortgehen und nach der Natur zeichnen werde. Ich fragte ihn, ob ich ihn begleiten dürfe und ob ich ihn nicht störe.

«Im Gegenteil», sagte er. «Sie können mir gute Ratschläge geben.»

Er setzte einen Schlapphut à la Van Dyck auf, zog einen Kittel über, nahm die Mappe unter den Arm und machte sich auf den Weg; ich folgte ihm. Assja blieb zuhause. Gagin bat sie im Fortgehen, sich darum zu kümmern, dass die Suppe nicht zu wässrig gerate, und Assja versprach, in der Küche zu bleiben.

Gagin wanderte zu dem mir bekannten Tal, setzte sich auf einen Stein und begann eine alte hohle Eiche mit breitem Geäst zu zeichnen. Ich legte mich ins Gras und zog ein Büchlein hervor, aber ich las kaum zwei Seiten, und er kritzelte nur auf dem Blatt herum. Zumeist unterhielten wir uns, und soweit ich beurteilen kann, erörterten wir ziemlich klug und feinsinnig, wie man eigentlich arbeiten müsse, was man meiden solle, was festzuhalten sich lohne und welche Bedeutung dem Künstler in unserer Zeit überhaupt zukomme. Gagin entschied schliesslich, dass er heute ‹nicht in Stimmung› sei, legte sich neben mich, und nun flossen unsere jugendlichen Reden frei dahin, bald hitzig, bald nachdenklich, bald begeistert, aber fast immer blieben es verschwommene Redereien, in denen sich der russische Mensch so gern ergeht. Nachdem wir uns satt geschwatzt hatten und von dem Gefühl der Befriedigung erfüllt waren, etwas geleistet und erreicht zu haben, kehrten wir nach Hause zurück. Ich fand Assja genau so vor, wie ich sie verlassen hatte. Wie sorgfältig ich sie auch beobachtete, aber ich fand keine Spur von Koketterie, kein Zeichen einer beabsichtigten Rolle an ihr; diesmal gab es keinen Anlass, ihr Unnatürlichkeit vorzuwerfen.

«Aha!» sagte Gagin, «sie hat sich Fasten und Reue auferlegt!»

Gegen Abend gähnte sie einige Male, ohne sich zu verstellen, und ging früh in ihr Zimmer. Ich selbst verabschiedete mich schnell von Gagin, und als ich daheim war, träumte ich von gar nichts: dieser Tag war nüchtern und ohne Aufregung vergangen. Ich entsinne mich jedoch, dass ich, als ich mich schlafen legte, unwillkürlich laut ausrief: «Was für ein Chamäleon dieses Mädchen ist!» und nach einigem Nachdenken hinzufügte: «Und trotzdem ist sie nicht seine Schwester!»

6

Ganze zwei Wochen verstrichen. Ich besuchte die Gagins jeden Tag. Assja schien mir aus dem Wege zu gehen und erlaubte sich keine einzige jener Mutwilligkeiten, mit denen sie mich in den ersten beiden Tagen so in Erstaunen versetzt hatte. Sie schien heimlich betrübt oder verwirrt zu sein, und sie lachte auch weniger. Ich beobachtete sie voller Neugier.

Sie sprach ziemlich gut Französisch und Deutsch, aber an allem war bemerkbar, dass sie seit ihrer Kindheit nicht in weiblicher Hand gewesen war und eine seltsame, ungewöhnliche Erziehung erhalten hatte, die mit Gagins eigener Erziehung nichts gemeinsam hatte. Trotz seines Huts à la Van Dyck und des Kittels merkte man ihm den weichen, verzärtelten grossrussischen Edelmann an, während sie keine Ähnlichkeit mit einer adligen jungen Dame hatte. In allen ihren Bewegungen war etwas Unruhiges: dieser Wildling war erst unlängst aufgepfropft, dieser Wein gärte noch. Von Natur schüchtern und scheu, ärgerte sie sich über ihre Befangenheit und bemühte sich aus Missmut gewaltsam, ausgelassen und forsch zu erscheinen, was ihr nicht immer gelang. Ich brachte einige Male in der Unterhaltung mit ihr das Gespräch auf ihr Leben in Russland und auf ihre Vergangenheit. Sie beantwortete meine Fragen unwillig. Ich erfuhr immerhin, dass sie vor der Reise ins Ausland lange Zeit auf dem Lande gelebt hatte. Einmal traf ich sie allein mit einem Buche. Den Kopf auf beide Hände gestützt, die Finger tief in den Haaren vergraben, verschlang sie die Zeilen.

«Bravo!» sagte ich, an sie herantretend. «Wie fleissig Sie sind!»

Sie hob den Kopf und blickte mich streng und ernst an.

«Sie meinen wohl, ich verstehe nur zu lachen?» sagte sie und wollte sich entfernen.

Ich warf einen Blick auf den Titel des Buches; es war ein französischer Roman.

«Aber die Wahl Ihrer Lektüre kann ich nicht loben», bemerkte ich.

«Was soll ich denn lesen!» rief sie, warf das Buch auf den Tisch und fügte hinzu: «Dann vertreibe ich mir eben lieber die Zeit mit Albernheiten!» Sie lief in den Garten.

Am gleichen Tage las ich Gagin abends ‹Hermann und Dorothea› vor. Assja huschte zuerst nur an uns vorbei, dann blieb sie plötzlich stehen, neigte das Ohr, setzte sich still zu mir und hörte sich bis zu Ende an, was ich las.

Am nächsten Tage erkannte ich sie abermals nicht wieder, bis ich erriet, dass es ihr plötzlich in den Sinn gekommen war, so häuslich und sittsam zu wirken wie Dorothea. Kurz und gut, sie schien mir ein rätselhaftes Geschöpf zu sein. Egozentrisch bis zum Extrem, zog sie mich an, sogar wenn ich mich über sie ärgerte. Nur von einem war ich mehr und mehr überzeugt, nämlich dass sie nicht Gagins Schwester war. Er behandelte sie nicht wie ein Bruder: er war zu zärtlich, zu nachsichtig zu ihr, und zugleich war er etwas befangen.

Ein seltsamer Zufall schien meinen Verdacht zu bestätigen.

Als ich eines Abends zu Gagins Weinberg kam, fand ich die Pforte verschlossen. Ohne lange zu überlegen, ging ich zu einer verfallenen Stelle der Mauer, die ich schon vorher bemerkt hatte, und sprang hinüber. Unweit von dort, abseits vom Pfad, stand eine kleine Laube aus Akazienbüschen. Als ich an ihr vorbeiging, hörte ich plötzlich Assjas Stimme. Leidenschaftlich und von Tränen erstickt, stiess sie hervor: «Nein, ich will niemanden lieben; nur dich, nein, nein, nur dich will ich lieben, immer, immer!»

«Genug, Assja, beruhige dich!» sagte Gagin. «Du weisst, ich glaube dir.»

Ihre Stimmen kamen aus der Laube. Ich sah die beiden durch das lockere Geflecht der Zweige. Sie bemerkten mich nicht.

«Dich, dich allein!» wiederholte sie, warf sich ihm an den Hals, küsste ihn krampfhaft schluchzend und schmiegte sich an seine Brust.

«Genug, genug!» wiederholte er und strich mit der Hand leicht über ihr Haar.

Einige Augenblicke verharrte ich regungslos... Plötzlich gab ich mir einen Ruck. «Zu ihnen gehen?... Um nichts in der Welt!» ging es mir durch den Kopf. Mit schnellen Schritten lief ich zur Gartenmauer, sprang über sie auf den Weg und kehrte, fast rennend, zurück. Ich lächelte, rieb mir die Hände, wunderte mich über den Zufall, der plötzlich meine Vermutungen bestätigt hatte (ich zweifelte keinen Augenblick an ihrer Richtigkeit), und dabei war es mir sehr bitter ums Herz. «Wie gut sich die beiden verstellen können!» dachte ich. «Aber wozu? Warum sind sie bestrebt, mich hinters Licht zu führen? Das hatte ich nicht von ihnen erwartet... Und welche gefühlvolle Liebeserklärung!»

7

Ich schlief schlecht und stand am nächsten Morgen in aller Frühe auf, schnallte mir mein Ränzel auf den Rücken, und nachdem ich meiner Wirtin erklärt hatte, sie solle mich nicht zur Nacht erwarten, wanderte ich in die Berge hinauf in Richtung des Flusses, an dem das Städtchen S. liegt. Diese Berge, Ausläufer des sogenannten Hunsrück, sind in geologischer Hinsicht sehr interessant. Besonders beachtlich sind sie wegen der regelmässigen, rein zutage tretenden Basaltschichten. Aber mir war nicht nach geologischen Betrachtungen zumute. Ich gab mir keine Rechenschaft über das, was in mir vorging, und war mir nur über das eine klar: ich wünschte die Gagins nicht wiederzusehen. Ich redete mir ein, dass der einzige Grund meiner plötzlichen Missstimmung gegen sie der Ärger über ihre Heuchelei sei. «Was hatte sie gezwungen, sich als Verwandte auszugeben?» Im übrigen bemühte ich mich, nicht an sie zu denken. Ich wanderte ohne Eile über Berge und durch die Täler, rastete in ländlichen Gasthäusern, plauderte geruhsam mit Wirten und Gästen oder legte mich auf eine warme Felsplatte und schaute den ziehenden Wolken nach. Das Wetter war prächtig. In dieser Art verbrachte ich drei Tage und war vergnügt, obwohl ich von Zeit zu Zeit einen Stich im Herzen verspürte. Meine Stimmung und meine Gedanken entsprachen genau der stillen Art dieser Landschaft.

Ich ergab mich völlig dem Spiel des Zufalls, den jeweiligen Eindrücken: langsam wechselnd, ergriffen sie mein ganzes Wesen und hinterliessen schliesslich ein einziges Gefühl, in dem alles zusammenklang, was ich in diesen drei Tagen erlebte und hörte; alles: den leichten Harzgeruch der Wälder, den Ruf und das Pochen der Spechte, das nie verstummende Murmeln der klaren Bäche mit den bunten Forellen auf dem sandigen Grunde, die sanften Linien der Berge, dunkle Felsen, saubere Dörfchen mit ehrwürdig alten Kirchen, Bäume und Störche in den Wiesen, heimelig anmutende Mühlen mit fleissig sich drehenden Rädern, die treuherzigen Gesichter der Landleute, ihre blauen Wämse und grauen Strümpfe, quietschende, langsam fahrende Fuhrwerke, bespannt mit fetten Pferden, manchmal auch Kühen, junge, langhaarige Wanderburschen auf sauberen Strassen, am Rand bepflanzt mit Apfel- und Birnbäumen...

Auch jetzt noch denke ich gern an meine damaligen Eindrücke zurück. Sei gegrüsst, bescheidener Winkel deutschen Landes, mit deiner anspruchslosen Zufriedenheit, mit den überall sichtbaren Spuren fleissiger Hände, geduldiger, wenn auch geruhsamer Arbeit... Gruss dir und Friede!

Am Ende des dritten Tages kam ich wieder daheim an. Ich vergass zu sagen, dass ich vor Ärger über die Gagins versucht hatte, das Bild der hartherzigen Witwe wieder in mir wachzurufen; aber meine Anstrengungen waren vergeblich geblieben. Ich entsinne mich, als ich einmal von ihr zu träumen begann, sah ich ein kleines Dorfmädel von etwa fünf Jahren vor mir, mit einem runden Gesichtlein und unschuldig dreinblickenden Äuglein. Sie sah mich so kindlich treuherzig an..., und da schämte ich mich vor ihrem reinen Blick; ich wollte in ihrer Gegenwart nicht lügen und nahm sofort endgültig und für immer Abschied von dem Gegenstand meiner früheren Träume.

Daheim fand ich ein Briefchen von Gagin vor. Er wunderte sich über meinen unerwarteten Entschluss, schalt mich, warum ich ihn nicht mitgenommen hatte, und bat mich, zu ihm zu kommen, sobald ich zurückgekehrt sei. Ich las das Briefchen mit Unwillen, aber am nächsten Tage fuhr ich nach L. hinüber.

8

Gagin begrüsste mich herzlich und überschüttete mich mit freundlichen Vorwürfen; aber sobald Assja mich sah, brach sie wie absichtlich in grundloses Gelächter aus und lief nach ihrer Gewohnheit sofort davon. Gagin war verlegen, murmelte hinter ihr her, sie sei verrückt, und bat mich um Entschuldigung wegen ihres Benehmens. Ich bekenne, dass ich sehr ärgerlich über Assja war. Auch ohnehin war ich nicht recht in Stimmung, und nun wieder dieses unnatürliche Lachen, dieses merkwürdige Gebaren. Ich gab mir jedoch den Anschein, nichts bemerkt zu haben, und berichtete Gagin Einzelheiten von meiner kleinen Wanderung. Er erzählte mir, was er in meiner Abwesenheit getan hatte. Aber unser Gespräch kam nicht richtig in Schwung. Assja kam ins Zimmer und lief wieder fort. Ich erklärte schliesslich, dass ich eine eilige Arbeit vorhabe und es Zeit für mich zur Heimkehr sei. Gagin wollte mich zuerst zurückhalten, aber nachdem er mich durchdringend angesehen hatte, erbot er sich, mich zu begleiten. Im Flur kam Assja plötzlich auf mich zu und streckte mir die Hand hin; ich drückte leicht ihre Finger und machte eine kaum merkliche Verbeugung. Gagin und ich fuhren über den Rhein, und als wir an meiner Lieblingsesche mit der Madonna vorbeikamen, setzten wir uns auf die Bank, um uns an der Aussicht zu ergötzen. Dort entspann sich ein bedeutungsvolles Gespräch zwischen uns.

Zuerst wechselten wir einige wenige Worte, dann verstummten wir und schauten auf den hellen Strom.

«Sagen Sie», begann Gagin plötzlich mit seinem üblichen Lächeln, «was halten Sie von Assja? Nicht wahr, sie muss Ihnen einen etwas seltsamen Eindruck machen?»

«Ja», antwortete ich, nicht ohne eine gewisse Verständnislosigkeit. Ich hatte nicht erwartet, dass er von ihr sprechen werde.

«Um sie zu beurteilen, muss man sie gut kennen», sagte er. «Sie hat ein gutes Herz, aber ein unberechenbares Wesen. Es ist schwer, mit ihr auszukommen. Man darf ihr übrigens keine Schuld geben. Wenn Sie ihre Geschichte kennen würden...»

«Ihre Geschichte?» unterbrach ich ihn; «ist sie denn nicht Ihre...»

Gagin schaute mich an.

«Sie denken doch wohl nicht, dass sie nicht meine Schwester ist?... Nein», fuhr er fort, ohne auf meine Verlegenheit zu achten, «sie ist wirklich meine Schwester, sie ist die Tochter meines Vaters. Hören Sie mich an. Ich habe Vertrauen zu Ihnen und will Ihnen alles erzählen.

Mein Vater war ein sehr gütiger, kluger, gebildeter – und unglücklicher Mann. Das Schicksal verfuhr mit ihm nicht schlimmer als mit vielen anderen, aber er hielt bereits den ersten Schlag nicht aus. Er hatte jung geheiratet, aus Liebe. Seine Frau, meine Mutter, starb sehr früh, sechs Monate nach meiner Geburt. Mein Vater brachte mich auf sein Gut und verliess es ganze zwölf Jahre nicht wieder. Er kümmerte sich selbst um meine Erziehung und hätte sich nie von mir getrennt, wenn nicht sein Bruder, mein leiblicher Onkel, zu uns aufs Land gekommen wäre. Dieser Onkel lebte ständig in Petersburg und bekleidete einen ziemlich wichtigen Posten. Er redete meinem Vater zu, mich ihm anzuvertrauen, denn mein Vater war unter keinen Umständen bereit, sein Gut zu verlassen. Der Onkel hielt ihm vor, dass es für einen Knaben in meinem Alter schädlich sei, in völliger Einsamkeit zu leben, dass ich mit einem dauernd bekümmerten und schweigsamen Lehrer wie meinem Vater unbedingt hinter meinen Altersgenossen zurückbleiben werde und dass auch mein Charakter leicht Schaden nehmen könne. Mein Vater wehrte sich lange gegen das Ansinnen seines Bruders, gab aber schliesslich nach. Ich weinte, als ich von meinem Vater Abschied nehmen musste; ich liebte ihn, obwohl ich nie ein Lächeln auf seinem Gesicht gesehen hatte... Aber nachdem ich einmal in Petersburg war, vergass ich bald unser dunkles, freudloses Nest. Ich trat in die Junkerschule ein und kam aus der Schule in ein Garderegiment. Jedes Jahr fuhr ich für einige Wochen auf unser Gut und fand mit jedem Jahre meinen Vater bedrückter, versponnener und in sich gekehrt bis zur Menschenscheu. Er ging jeden Tag in die Kirche und hatte fast das Sprechen verlernt.

Bei einem meiner Besuche (ich war schon über zwanzig) erblickte ich zum ersten Male in unserem Hause ein mageres, schwarzäugiges Mädchen von etwa zehn Jahren - Assja. Mein Vater sagte, sie sei Waise und er habe sie in Kost genommen - genau so drückte er sich aus. Ich schenkte ihr keine besondere Beachtung. Sie war wild, flink und stumm wie ein kleines Tier. Sowie ich in das Lieblingszimmer meines Vaters trat, einen riesigen, düsteren Raum, in dem meine Mutter gestorben war und in dem sogar am Tage Kerzen brannten, verbarg sich Assja sofort hinter dem Voltaire-Sessel oder hinter dem Bücherschrank. Drei, vier Jahre hintereinander hinderten mich meine Dienstverpflichtungen, auf unserem Gute zu verweilen. Ich erhielt von meinem Vater jeden Monat einen kurzen Brief. Assja erwähnte er selten und dann nur am Rande. Er hatte die Fünfzig bereits überschritten, machte jedoch noch den Eindruck eines jungen Mannes. Stellen Sie sich meinen Schreck vor: plötzlich erhalte ich nichtsahnend von unserem Verwalter einen Brief, in dem er mir mitteilte, dass mein Vater tödlich erkrankt sei und mich bitte, so rasch wie möglich zu ihm zu kommen, wenn ich von ihm Abschied nehmen wolle. Ich reiste Hals über Kopf hin und traf ihn noch lebend an, aber er lag schon in den letzten Zügen. Er freute sich sehr, umschlang mich mit seinen mageren Armen, schaute mir lange in die Augen mit einem teils forschenden, teils flehenden Blick, und nachdem ich ihm mein Wort gegeben hatte, seine letzte Bitte zu erfüllen, liess er von seinem alten Kammerdiener Assja holen. Der Alte führte sie herein: sie hielt sich kaum auf den Beinen und zitterte am ganzen Leibe.

‹Hier›, sagte Vater mit Anstrengung, ‹vermache ich dir meine Tochter - deine Schwester. Von Jakob wirst du alles erfahren›, fügte er hinzu und zeigte auf den Kammerdiener.

Assja schluchzte und presste das Gesicht auf das Bett... Eine halbe Stunde danach war mein Vater verschieden.

Folgendes erfuhr ich: Assja war die Tochter meines Vaters und Tatjanas, des ehemaligen Stubenmädchens meiner Mutter. Ich entsinne mich dieser Tatjana genau, erinnere mich an ihre grosse, schlanke Gestalt, ihr feines, strenges, kluges Gesicht mit grossen dunklen Augen. Sie galt als stolz und unnahbar. Soviel ich den ehrerbietigen Andeutungen Jakobs entnehmen konnte, war ihre Verbindung mit meinem Vater einige Jahre nach dem Tode meiner Mutter erfolgt. Tatjana lebte zu dieser Zeit nicht mehr im Herrenhaus, sondern in einem Bauernhaus bei ihrer verheirateten Schwester, einer Viehmagd. Die Bindung zwischen ihr und meinem Vater war sehr fest, und er wollte sie, nachdem ich das Gut verlassen hatte, sogar heiraten, aber sie selbst willigte nicht ein, trotz seiner Bitte, seine Frau zu werden.

‹Die verstorbene Tatjana Wassiljewna›, so berichtete mir Jakob, an der Tür stehend, die Arme auf dem Rücken, ‹waren in jeder Hinsicht eine vernünftige Frau und wollten Ihr Väterchen nicht in Schwierigkeiten bringen. ‚Ich bin doch keine Frau für Sie‘, hat sie gesagt.

‚Was bin ich denn für eine Gutsherrin?' So beliebte sie sich auszudrücken. Ich habe es selbst gehört.›

Tatjana wollte nicht einmal zu uns ins Gutshaus ziehen; sie blieb mit Assja bei ihrer Schwester wohnen. Als Kind bekam ich Tatjana nur an Feiertagen in der Kirche zu sehen. Mit einem schwarzen Kopftuch, über den Schultern einen gelben Schal, stand sie in der Menge neben dem Fenster – ihr strenges Gesicht hob sich scharf von der hellen Scheibe ab –, betete demütig und innig und verneigte sich tief nach altem Brauch. Als der Onkel mich mit sich nahm, war Assja erst zwei Jahre alt, und ihre Mutter verlor sie im neunten Lebensjahr.

Gleich nach Tatjanas Ableben nahm mein Vater Assja zu sich ins Haus. Er hatte auch zuvor den Wunsch geäussert, sie bei sich zu haben, aber Tatjana hatte ihm auch diese Bitte abgeschlagen. Stellen Sie sich vor, was in Assja vorgehen musste, als man sie zum Gutsherrn brachte. Sie kann bis heute nicht die Stunde vergessen, als man ihr zum ersten Male ein Seidenkleid anzog und das Händchen küsste. Von ihrer Mutter war sie sehr streng gehalten worden, bei meinem Vater genoss sie volle Freiheit. Er war ihr Lehrer; ausser ihn sah sie niemanden. Er verzärtelte sie nicht, will heissen er bemutterte sie nicht; aber er liebte sie heiss und verbot ihr niemals etwas. Im Grunde seines Herzens fühlte er sich in ihrer Schuld. Assja begriff bald, dass sie die Hauptperson im Hause war; sie wusste, dass der Gutsherr ihr Vater war, aber ebenso schnell ward ihr die Zweideutigkeit ihrer Lage bewusst. Starke Eigenliebe und Misstrauen entwickelten sich in ihr; schlechte Gewohnheiten fassten Wurzeln in ihr, die Einfachheit schwand. Sie wollte (das hat sie mir selbst einmal gestanden) *alle Welt* veranlassen, ihre Herkunft zu vergessen; sie schämte sich ihrer Mutter, und sie schämte sich ihrer Scham und war wiederum stolz auf ihre Mutter. Sie sehen, dass sie vieles wusste und weiss, was man in ihren Jahren nicht wissen dürfte... Aber ist sie denn daran schuld? Die Kraft der Jugend entfaltete sich in ihr, das Blut gärte, und keine Hand fand sich, die sie gelenkt hätte. Volle Unabhängigkeit in allem und jedem! Ist das etwa leicht zu ertragen? Sie wollte nicht schlechter sein als die anderen jungen Damen; sie stürzte sich auf die Bücher. Konnte sich dabei etwas Brauchbares ergeben? Das falsch begonnene Leben entwickelte sich falsch, aber ihr Herz litt keinen Schaden, ihr Verstand blieb heil.

Und da stand ich zwanzigjähriger Bursche plötzlich da, ein dreizehnjähriges Mädchen an der Hand! In den ersten Tagen nach dem Tode des Vaters schüttelte sie schon beim Klang meiner Stimme das Fieber, meine Zärtlichkeiten versetzten sie in Schwermut, und nur allmählich und unversehens gewöhnte sie sich an mich. Später allerdings, als sie sich überzeugt hatte, dass ich sie wirklich als Schwester anerkannte und sie lieb hatte wie eine Schwester, schloss sie sich leidenschaftlich an mich an. Halbe Gefühle kennt sie nicht.

Ich brachte sie nach Petersburg. Und so schmerzlich es mir war, mich von ihr trennen zu müssen, aber mit ihr zusammenleben konnte ich einfach nicht. Ich brachte sie in einem der besten Pensionate unter. Assja sah die Notwendigkeit unserer Trennung ein, aber es begann damit, dass sie krank wurde und beinahe gestorben wäre. Dann gewöhnte sie sich daran und verbrachte vier Jahre im Pensionat. Entgegen meinen Erwartungen blieb sie jedoch die gleiche, die sie gewesen war. Die Vorsteherin des Pensionats beklagte sich oft bei mir über sie. ‹Sie zu bestrafen ist sinnlos›, sagte sie zu mir, ‹und gegen Zärtlichkeiten sperrt sie sich.› Assja hatte eine ungewöhnlich gute Auffassungsgabe und war weitaus die beste Schülerin, wollte sich jedoch nicht der allgemeinen Ordnung fügen; sie war trotzig und widerspenstig... Ich konnte ihr keine allzu grosse Schuld geben; in ihrer Lage musste sie sich entweder fügen oder die Menschen scheuen. Von allen ihren Mitschülerinnen freundete sie sich nur mit einer einzigen an, einem unschönen, bedrückten und armen Mädchen. Die anderen jungen Damen, mit denen sie erzogen wurde, stammten zumeist aus den besten Familien, liebten sie nicht, hänselten sie und stichelten, soviel sie konnten. Assja wich nicht um Haaresbreite vor ihnen zurück. In der Religionsstunde sprach der Lehrer einmal über die Laster. ‹Liebedienerei und Feigheit sind die schlimmsten Laster›, verkündete Assja mit lauter Stimme. Kurz, sie ging ihren eigenen Weg weiter; nur ihre Manieren wurden besser, obwohl sie auch in dieser Hinsicht keine besonderen Erfolge zu verzeichnen hat.

Schliesslich hatte sie das siebzehnte Jahr erreicht; es war unmöglich, sie noch länger im Pensionat zu lassen. Ich befand mich in einer ziemlich schwierigen Lage. Da kam mir der erlösende Gedanke, den Abschied zu nehmen, auf einige Jahre ins Ausland zu reisen und Assja mitzuführen. Gedacht, getan. Und nun sind wir also an den Ufern des Rheins, wo ich bemüht bin, mich mit der Malerei zu beschäftigen, während sie... mal übermütig, mal scheu ist, genau wie zuvor. Aber jetzt hoffe ich, dass Ihr Urteil über sie nicht mehr allzu streng ausfallen wird, denn wenn sie auch so tut, als sei ihr alles gleichgültig, so schätzt sie doch die Meinung der anderen, und die Ihrige ganz besonders.»

Gagin lächelte wieder still vor sich hin. Ich drückte ihm kräftig die Hand.

«Alles gut und schön», sagte Gagin wieder, «aber ich habe trotzdem meine liebe Not mit ihr. Sie ist das reinste Pulver. Bisher hat ihr niemand gefallen, aber wehe, wenn sie sich in jemanden verliebt! Ich weiss oft nicht, wie ich mit ihr fertig werden soll. Vor einigen Tagen kam sie auf den Gedanken, ich verhielte mich, wie sie versicherte, kälter gegen sie als früher. Sie sagte, dass sie nur mich liebe und immer nur mich allein lieben werde. Und dabei flossen ihre Tränen nur so...»

«So war das also...», begann ich und biss mir auf die Zunge. «Sagen Sie mir bitte», fragte ich Gagin, «da wir schon so offen miteinander reden: hat ihr tatsächlich bisher noch niemand gefallen? In Petersburg hat sie doch junge Herren kennengelernt.»

«Sie haben ihr überhaupt nicht gefallen. Nein, Assja, braucht einen Helden, einen ungewöhnlichen Mann - oder einen malerischen Hirten in einer Bergschlucht. Aber ich habe mich mit Ihnen verplaudert, ich habe Sie aufgehalten», fügte er hinzu und stand auf.

«Hören Sie», sagte ich, «begeben wir uns zu Ihnen, mich zieht es nicht nach Hause.»

«Und Ihre Arbeit?»

Ich gab keine Antwort. Gagin lächelte gutmütig. Wir kehrten nach L. zurück. Beim Anblick des vertrauten Weinbergs und des weissen Hauses auf der Höhe war mein Herz voller Süssigkeit. Es war, als habe man mir heimlich Honig hineingeträufelt. Nach Gagins Erzählung war mir leicht geworden.

9

Assja kam uns auf der Schwelle des Hauses entgegen. Ich erwartete wieder ihr Lachen, aber sie trat auf uns zu, bleich, stumm, mit niedergeschlagenen Augen.

«Da haben wir ihn wieder!» rief Gagin. «Und beachte, er ist von selbst zurückgekehrt.»

Assja sah mich fragend an. Ich streckte ihr die Hand hin, und diesmal umfasste ich ihre kalten Finger mit festem Druck. Sie tat mir sehr leid. Jetzt verstand ich vieles an ihr, was mir zuvor ein Rätsel gewesen war: ihre innere Unruhe, ihre Unausgeglichenheit, ihren Geltungsdrang – alles wurde mir klar. Ich hatte einen Blick in ihre Seele getan. Eine heimliche Last bedrückte sie unablässig, ihre unerprobte Eigenliebe kam dauernd in Widerspruch zu sich selbst, aber ihr ganzes Wesen strebte nach Wahrheit. Ich begriff, warum mich dieses seltsame Mädchen fesselte. Nicht die halb entwickelte Anmut ihres zarten Körpers allein war es, die mich zu ihr zog: ihre Seele entzückte mich.

Gagin begann in seinen Zeichnungen zu

wühlen. Ich schlug Assja vor, mit mir im Weinberg spazierenzugehen. Sie war sofort mit freudiger und fast gefügiger Bereitwilligkeit einverstanden. Wir stiegen bis zum halben Berg hinab und setzten uns auf eine breite Felsplatte.

«War es Ihnen ohne uns nicht langweilig?» begann Assja.

«Haben Sie sich ohne mich gelangweilt?» fragte ich.

Assja sah mich von der Seite an.

«Ja», antwortete sie. «War es schön in den Bergen?» fragte sie sofort weiter. «Sind sie hoch? Höher als die Wolken? Erzählen Sie mir, was Sie erlebt haben. Dem Bruder haben Sie es erzählt, aber ich habe nichts gehört.»

«Sie sind ja weggegangen», bemerkte ich.

«Ja, weggegangen..., weit fort... Aber jetzt bleibe ich hier», fügte sie zutraulich und mit zärtlicher Stimme hinzu. «Sie waren heute erzürnt.»

«Ich?»

«Ja, Sie.»

«Warum denn, um Gottes willen...»

«Ich weiss nicht, aber Sie waren es und sind zornig weggegangen. Ich habe mich sehr geärgert, dass Sie so fortgingen, und ich bin froh, dass Sie wiedergekommen sind.»

«Auch ich bin froh, dass ich wieder da bin», sagte ich.

Assja zog die Schultern hoch, wie es Kinder oft tun, wenn ihnen wohl zumute ist.

«Oh, ich verstehe zu erraten!» fuhr sie fort. «Papa brauchte sich im Nebenzimmer nur zu räuspern, und ich wusste schon, ob er mit mir zufrieden war oder nicht.»

Bis dahin hatte sie kein einziges Mal von ihrem Vater gesprochen. Es machte mich stutzig.

«Sie liebten Ihr Väterchen?» sagte ich und fühlte plötzlich zu meinem grossen Verdruss, dass ich errötete.

Sie gab keine Antwort und wurde ebenfalls rot. Wir schwiegen. In der Ferne fuhr ein Dampfer auf dem Rhein und stiess Rauchwolken aus. Wir folgten ihm mit den Blicken.

«Warum erzählen Sie mir nichts?» flüsterte Assja.

«Warum haben Sie heute gelacht, sobald sie mich sahen?» fragte ich.

«Weiss selbst nicht. Manchmal möchte ich weinen, doch ich lache. Sie dürfen mich nicht nach dem beurteilen, was ich tue. Was ist das übrigens für eine Sage von der Loreley? Ist das nicht *ihr* Felsen, den man da sieht? Es heisst, zuerst habe sie alle ertrinken lassen, aber als sie liebte, habe sie sich selbst ins Wasser gestürzt. Mir gefällt diese Sage. Frau Luise hat mir noch andere Märchen erzählt. Sie hat einen schwarzen Kater mit gelben Augen...»

Assja hob den Kopf und schüttelte die Locken.

«Ach, fühle ich mich wohl!» rief sie.

In diesem Augenblick drangen abgerissene, gleichförmige Laute zu uns hinauf. Hunderte von Stimmen wiederholten einstimmig und mit gleichmässiger Betonung eine Litanei. Es war eine Prozession, die mit Kreuzen und Kirchenfahnen unten auf der Strasse vorbeizog.

«Man sollte sich ihnen anschliessen», sagte Assja, während sie auf die schwächer werdenden Stimmen lauschte.

«Sind Sie denn so fromm?»

«Irgendwohin, weit fortziehen..., beten..., eine schwierige Tat vollbringen», fuhr sie fort. «Sonst vergehen die Tage, das Leben verrinnt, und was haben wir getan?»

«Sie sind ehrgeizig», bemerkte ich. «Sie möchten nicht unnütz gelebt haben..., eine Spur von sich hinterlassen...»

«Ist das denn unmöglich?»

«Unmöglich», hätte ich beinahe wiederholt, aber ich schaute in ihre leuchtenden Augen und sagte nur: «Versuchen Sie es.»

«Sagen Sie», begann Assja nach kurzem Schweigen, währenddem Schatten über ihr wieder blass gewordenes Gesicht huschten, «jene Dame hat Ihnen wohl sehr gefallen?... Sie entsinnen sich: der Bruder hat in der Ruine auf ihr Wohl getrunken, am zweiten Tage unserer Bekanntschaft.»

Ich lachte auf.

«Ihr Bruder hat gescherzt. Mir hat nie eine Dame gefallen, zumindest gefällt mir jetzt keine einzige.»

«Und was gefällt Ihnen an den Frauen?» fragte Assja und hob den Kopf mit unschuldiger Neugier.

«Welch seltsame Frage!» rief ich.

Assja war etwas verlegen.

«Ich dürfte Ihnen eine solche Frage nicht stellen, nicht wahr? Verzeihen Sie; ich bin gewöhnt, alles auszusprechen, was mir in den Kopf kommt. Deswegen habe ich auch Angst, etwas zu sagen.»

«Reden Sie, um Himmels willen, haben Sie keine Angst!» ermunterte ich sie. «Ich bin so froh, dass Sie endlich Ihre Scheu verloren haben.»

Assja schlug die Augen nieder und liess ein leichtes, leises Lachen hören: diese Art Lachen war mir neu an ihr.

«Also erzählen Sie», fuhr sie fort, ihren Rock glättend und über die Füsse ziehend, als ob sie beabsichtige, noch lange sitzen zu bleiben. «Erzählen Sie oder lesen Sie etwas vor, wie Sie uns, entsinnen Sie sich, aus ‹Onegin› vorgelesen haben...» Sie versank plötzlich in Gedanken.

Ein Kreuz im Schatten der Zweige
auf meiner Mutter Grab...

sagte sie halblaut vor sich hin.

«Bei Puschkin lautet es etwas anders», bemerkte ich.

«Ich möchte Tatjana sein», fuhr sie ebenso versonnen fort. «Erzählen Sie doch etwas», sagte sie lebhaft.

Aber mir war nicht nach Erzählen zumute. Ich blickte sie an; sie sass ruhig und sanft da, ganz umhüllt von strahlendem Sonnenschein. Alles um uns, unter uns leuchtete vor Glück: Himmel, Erde und Strom. Selbst die Luft schien zu gleissen.

«Schauen Sie nur, wie schön!» sagte ich und senkte unwillkürlich die Stimme.

«Ja, schön!» antwortete sie ebenso leise, ohne mich anzusehen. «Wenn wir beide Vögel wären, wie würden wir uns in die Lüfte schwingen, wie würden wir fliegen..., in dieser Bläue ertrinken... Aber wir sind keine Vögel.»

«Aber Flügel können uns wachsen», entgegnete ich.

«Wieso?»

«Mit der Zeit werden Sie es erfahren. Es gibt

Gefühle, die uns über die Erde erheben. Keine Sorge, auch Ihnen werden Flügel wachsen.»

«Und Sie hatten welche?»

«Was soll ich sagen... Mir scheint, bis jetzt bin ich noch nicht geflogen.»

Assja versank wieder in Gedanken. Ich neigte mich ein wenig zu ihr.

«Können Sie Walzer tanzen?» fragte sie plötzlich.

«Ja», antwortete ich, etwas verblüfft.

«Dann gehen wir, gehen wir... Ich will den Bruder bitten, uns einen Walzer zu spielen. Wir wollen uns vorstellen, dass wir fliegen, dass uns Flügel gewachsen sind.»

Sie lief zum Haus. Ich eilte ihr nach - und kurze Zeit später drehten wir uns in dem engen Zimmer zu den melodischen Klängen eines Walzers von Lanner. Assja tanzte vorzüglich, mit Hingabe. Etwas Weiches, Weibliches kam plötzlich in ihr kindlich-strenges Gesicht. Noch lange danach spürte meine Hand die Berührung mit ihrem zarten Körper, noch lange hörte ich ihren beschleunigten, nahen Atem, noch lange schimmerten vor mir ihre dunklen, unbewegten, halbgeschlossenen Augen in dem blassen, aber erregten, von Locken umrahmten Gesicht.

10

Der ganze Tag verlief so schön wie nie. Wir waren vergnügt wie die Kinder. Assja war sehr lieb und schlicht. Gagin strahlte vor Freude, wenn er sie ansah. Ich ging spät heim. In der Mitte des Rheins bat ich den Fährmann, das

Boot treiben zu lassen. Der Alte hob die Ruder, und der majestätische Strom trug uns dahin. Ringsum schauend, lauschend, fühlte ich bei der Erinnerung an den Verlauf des Tages plötzlich eine heimliche Unruhe des Herzens... Ich richtete den Blick zum Himmel hinauf, aber auch dort war es unruhig. Übersät mit Sternen, war das Firmament in steter Bewegung, wogte und zuckte. Ich beugte mich über den Rand des Boots..., auch im Wasser, in der dunklen, kühlen Tiefe flimmerten und zitterten die Sterne. Überall spürte ich erregtes Dasein, und auch in mir wuchs die Unruhe. Ich stützte mich auf den Rand des Bootes... Das Flüstern des Winds in den Ohren, das stille Plätschern des Wassers hinter dem Heck erregten mich noch mehr, und der frische Atem des Stroms kühlte mich nicht. Am Ufer sang eine Nachtigall und steckte mich mit dem süssen Gift ihrer Töne an. Tränen traten mir in die Augen, aber es waren nicht Tränen gegenstandsloser Verzückung. Was ich empfand, war nicht das unklare, noch unlängst verspürte Gefühl allumfassenden Wünschens, wenn das Herz weit wird, klingt und alles zu begreifen, alles zu lieben scheint... Nein! In mir brannte das Verlangen nach Glück. Ich wagte noch nicht, es bei Namen zu nennen - aber Glück, Glück bis zum Überschwang, das war es, was ich verlangte, wonach ich mich sehnte... Und das Boot trieb mit der Strömung. Der alte Fährmann sass da und schlummerte, über die Ruder gebeugt.

11

Als ich mich am nächsten Tage zu den Gagins begab, fragte ich mich nicht, ob ich in Assja verliebt sei, aber ich dachte viel über sie nach; ihr Schicksal interessierte mich, ich freute mich über unsere unerwartete Annäherung. Ich fühlte, dass ich sie erst gestern richtig kennengelernt hatte; bis dahin hatte sie sich mir entzogen. Und nun, da ich sie endlich ohne Verstellung erlebt hatte: in welch betörendem Licht erstrahlte ihr Bild, wie neu war es für mich, welch heimlicher, schamhaft verhaltener Zauber kam darin zum Vorschein...

Hurtig schritt ich auf dem vertrauten Weg dem weissen Haus in der Ferne zu, das ich immer im Blick behielt. Ich dachte nicht an die Zukunft, nicht einmal an den nächsten Tag. Mir war sehr wohl zumute.

Assja errötete, als ich ins Zimmer trat. Ich stellte fest, dass sie sich wieder herausgeputzt hatte, aber der Ausdruck ihres Gesichts entsprach nicht ihrem Kleid; er war bekümmert. Und ich war so fröhlich gestimmt! Mir schien sogar, dass sie ihrer Gewohnheit nach im Begriff war davonzulaufen, aber sich selbst überwand... und blieb. Gagin befand sich in jenem besonderen Zustand künstlerischer Entflammtheit und von Schaffensdrang, der Dilettanten plötzlich wie ein Anfall überkommt, wenn sie wähnen, dass es ihnen geglückt sei, ‹die Natur in den Griff zu bekommen›, wie sie sich ausdrücken. Er stand, ganz zerzaust und mit Farbe bekleckst, vor der aufgespannten Leinwand, schwang weit ausholend den Pinsel, nickte mir fast wütend zu, trat zurück, kniff die

Augen zusammen und stürzte sich wieder auf sein Bild. Ich störte ihn nicht und setzte mich zu Assja. Langsam wandte sie mir ihre dunklen Augen zu.

«Sie sind heute ganz anders als gestern», bemerkte ich, nachdem ich vergeblich versucht hatte, sie zum Lächeln zu bringen.

«Ja, anders», entgegnete sie mit ungeduldiger, stumpfer Stimme. «Aber das hat nichts zu sagen. Ich habe schlecht geschlafen und die ganze Nacht nachgedacht.»

«Worüber?»

«Ach, über vieles. Das war von Kindheit an meine Gewohnheit, schon seit der Zeit, als ich mit meinem Mütterchen zusammenlebte.»

Sie bekam das Wort nur mit Mühe über die Lippen, wiederholte es aber.

«Als ich mit Mütterchen zusammenlebte..., dachte ich darüber nach, warum niemand weiss, was aus ihm wird; manchmal sieht man sogar das Unheil und kann sich doch nicht retten. Oder warum man niemals die volle Wahrheit sagen darf... Dann dachte ich, dass ich nichts weiss, dass ich lernen müsse. Man müsse mich umerziehen, ich bin sehr schlecht erzogen worden. Ich kann nicht Klavier spielen, ich kann nicht zeichnen und nähe sogar schlecht. Ich habe keinerlei Fähigkeiten; mit mir muss es sehr langweilig sein.»

«Sie sind ungerecht gegen sich selbst», erwiderte ich. «Sie haben viel gelesen. Sie sind gebildet, und mit Ihrer Klugheit...»

«Bin ich klug?» fragte sie mit so naiver Wissbegier, dass ich unwillkürlich auflachte, aber sie selbst lächelte nicht einmal. «Bruder, bin ich klug?» fragte sie Gagin.

Er gab keine Antwort und fuhr in seiner Bemühung fort, unablässig die Pinsel wechselnd und die Hand hoch erhoben.

«Ich weiss manchmal selbst nicht, was mir durch den Kopf geht», fuhr Assja mit der gleichen nachdenklichen Miene fort. «Manchmal habe ich Angst vor mir selbst, bei Gott! Ach, ich wünschte... Stimmt es, dass Frauen nicht viel lesen sollen?»

«Viel nicht, aber...»

«Sagen Sie mir: was soll ich lesen? Sagen Sie mir, was ich tun soll. Ich werde alles tun, was Sie mir sagen», fügte sie hinzu und wandte sich mit unschuldiger Zutraulichkeit an mich.

Ich wusste nicht gleich, was ich antworten sollte.

«Langweilen Sie sich denn nicht mit mir?»

«Aber ich bitte Sie», begann ich.

«Nun, danke!» erwiderte Assja. «Und ich dachte, ich langweile Sie.» Ihre kleine heisse Hand presste sich auf die meine.

«N.!» rief in diesem Augenblick Gagin. «Ist dieser Hintergrund nicht zu dunkel?»

Ich ging zu ihm. Assja stand auf und entfernte sich.

12

Nach einer Stunde kam sie wieder, blieb in der Tür stehen und winkte mich zu sich.

«Hören Sie», sagte sie, «täte es Ihnen leid, wenn ich sterben würde?»

«Auf welche Gedanken Sie heute kommen!» rief ich.

«Ich bilde mir ein, dass ich bald sterben werde. Manchmal habe ich das Gefühl, dass sich alles ringsum von mir verabschiedet. Besser sterben als so leben... Ach, sehen Sie mich nicht so an - wirklich, ich verstelle mich nicht -, sonst bekomme ich wieder Angst vor Ihnen.»

«Haben Sie denn Angst vor mir gehabt?»

«Dass ich so seltsam bin, ist wirklich nicht meine Schuld», erwiderte sie. «Sehen Sie, auch lachen kann ich nicht mehr.»

Sie blieb traurig und bedrückt bis zum Abend. Etwas ging in ihr vor, was ich nicht begriff. Ihr Blick haftete oft auf mir; mein Herz krampfte sich unter diesem rätselhaften Blick leise zusammen. Sie schien ruhig zu sein, aber sooft ich sie ansah, hatte ich den Wunsch, ihr zu sagen, sie möge sich nicht aufregen. Ich weidete mich an ihrem Anblick, ich fand ihr blasses Gesicht, ihre unentschiedenen, langsamen Bewegungen rührend und voller Liebreiz. Sie wiederum bildete sich ein, ich sei verdrossen.

«Hören Sie», sagte sie zu mir, kurz bevor ich Abschied nahm. «Mich quält der Gedanke, dass Sie mich für leichtsinnig halten. Sie müssen in Zukunft immer glauben, was ich Ihnen sagen werde, aber seien auch Sie aufrichtig zu mir; ich werde Ihnen immer die Wahrheit sagen, ich gebe Ihnen mein Ehrenwort...»

Dieses ‹Ehrenwort› brachte mich wieder zum Lachen.

«Ach, lachen Sie nicht», sagte sie lebhaft, «sonst sage ich Ihnen heute, was Sie gestern zu mir gesagt haben: ‹Warum lachen Sie?›», und nach kurzem Schweigen fügte sie hinzu: «Entsinnen Sie sich, Sie haben gestern von Flügeln gesprochen?... Flügel sind mir gewachsen, aber ich weiss nicht, wohin ich fliegen soll.»

«Aber ich bitte Sie», sagte ich, «alle Wege liegen offen vor Ihnen...»

Assja blickte mir gerade und unverwandt in die Augen.

«Sie haben heute eine schlechte Meinung von mir», sagte sie und runzelte die Brauen.

«Ich? Schlechte Meinung? Von Ihnen?...»

Gagin rief mir zu: «Warum lasst ihr denn heute den Kopf so hängen? Wenn ihr wollt, spiele ich wieder einen Walzer wie gestern.»

«Nein, nein», entgegnete Assja und presste die Hände zusammen. «Heute nicht, um keinen Preis!»

«Ich zwinge dich ja nicht, beruhige dich.»

«Um keinen Preis!» wiederholte sie erbleichend.

«Sollte sie mich lieben?» dachte ich, als ich zum Rhein hinabschritt, dessen dunkle Wellen schnell dahinströmten.

13

«Sollte sie mich lieben?» fragte ich mich am nächsten Morgen, kaum dass ich wach geworden war. Ich wollte nicht in mich hineinblicken. Ich spürte, dass sich ihr Bild, das Bild des ‹Mädchens mit dem gezwungenen Lachen› tief in mich eingedrängt hatte und dass ich mich nicht so bald von ihm befreien würde. Ich fuhr nach L. hinüber und blieb dort den ganzen Tag, aber Assja sah ich nur flüchtig. Sie fühlte sich nicht wohl, hatte Kopfweh. Auf eine Minute kam sie hinunter, ein Tuch um die Stirn, blass, mager, die Augen fast geschlossen. Matt lächelnd, sagte sie: «Das geht vorbei, es ist nichts, alles vergeht, nicht wahr?» Dann ging sie wieder. Ich langweilte mich, und mir war traurig-leer zumute. Trotzdem wollte ich lange Zeit nicht fortgehen und kehrte erst spät heim, ohne sie noch einmal gesehen zu haben.

Den folgenden Morgen verbrachte ich in einer Art Halbschlaf und Benommenheit. Ich wollte arbeiten und konnte es nicht; ich hatte den Wunsch, nichts zu tun, nichts zu denken..., auch das gelang nicht. Ich streifte durch die Stadt, kehrte heim, ging wieder fort.

«Sind Sie Herr N.?» hörte ich plötzlich eine Kinderstimme hinter mir. Ich schaute mich um. Vor mir stand ein Knabe.

«Das soll ich Ihnen von Fräulein Assja bringen», fügte er hinzu und übergab mir ein Briefchen.

Ich öffnete es und erkannte ihre unregelmässigen, schnellen Schriftzüge.

«Ich muss Sie unbedingt sehen», schrieb sie. «Kommen Sie heute um vier Uhr zu der steinernen Kapelle auf dem Wege zur Ruine. Ich habe heute eine grosse Unvorsichtigkeit begangen... Kommen Sie um Himmels willen, Sie werden alles erfahren... Sagen Sie dem Boten: ‹Ja.›»

«Was soll ich antworten?» fragte der Knabe.

«Sage: ‹Ja›», antwortete ich.

Der Knabe lief davon.

14

Ich ging in mein Zimmer, setzte mich hin und dachte nach. Mein Herz schlug heftig. Einige

Male überlas ich den Brief. Ich schaute auf die Uhr, es war noch nicht zwölf.

Die Tür flog auf, herein trat Gagin.

Er machte ein finsteres Gesicht, ergriff meine Hand und drückte sie fest. Er schien sehr erregt zu sein.

«Was ist mit Ihnen?» fragte ich.

Gagin nahm einen Stuhl und setzte sich vor mich.

«Vor vier Tagen», begann er mit erzwungenem Lächeln und etwas stotternd, «setzte ich Sie mit meiner Erzählung in Erstaunen. Heute werden Sie sich noch stärker wundern. Mit einem anderen hätte ich mich wahrscheinlich nicht entschlossen..., so direkt... Aber Sie sind ein Mann von Ehre, ich betrachte Sie als Freund..., so ist es doch, nicht? Hören Sie also: meine Schwester Assja ist in Sie verliebt.»

Ich schrak zusammen und erhob mich.

«Ihre Schwester, sagen Sie...»

«Ja, ja», unterbrach mich Gagin. «Ich sage Ihnen, sie ist verrückt, sie wird mich noch um den Verstand bringen. Aber zum Glück kann sie nicht lügen - und schenkt mir Vertrauen. Ach, was für eine Seele hat dieses Mädchen..., aber sie richtet sich zugrunde, unbedingt.»

«Aber Sie täuschen sich», begann ich.

«Nein, ich täusche mich nicht. Gestern, Sie wissen, hat sie fast den ganzen Tag gelegen, nichts gegessen, sich aber übrigens auch nicht beklagt..., sie klagt nie. Ich habe mich nicht beunruhigt, obwohl sie am Abend etwas Fieber hatte. Heute nacht gegen zwei Uhr weckte mich unsere Wirtin. ‹Gehen Sie zu Ihrer Schwester›, sagte sie, ‹mit ihr ist etwas nicht in Ordnung.› Ich lief zu Assja und fand sie angekleidet, fiebernd, in Tränen. Ihr Kopf war heiss, die Zähne stiessen aufeinander. ‹Was ist mit dir?› fragte ich. ‹Bist du krank?› Sie warf sich mir an den Hals und flehte mich an, sie so bald wie möglich fortzubringen, wenn ich wollte, dass sie am Leben bleibe... Ich begriff nichts, bemühte mich, sie zu beruhigen... Ihr Schluchzen verstärkte sich..., und plötzlich hörte ich zwischen dem Schluchzen... Nun, mit einem Wort, ich hörte, dass sie Sie liebt. Ich versichere Ihnen, wir beide, vernünftige Menschen, können uns einfach nicht vorstellen, wie tief sie fühlt und mit welch unglaublicher Gewalt diese Gefühle in ihr zum Ausdruck gelangen. Das kommt ebenso unerwartet und unabwendbar wie ein Gewitter über sie. Sie sind ein sehr liebenswerter Mensch», fuhr Gagin fort, «aber warum sie Sie so liebgewonnen hat, das begreife ich nicht, offen gestanden. Sie sagt, es habe sie auf den ersten Blick zu Ihnen hingezogen. Deshalb hat sie auch vor Tagen so geweint, als sie mir versicherte, dass sie keinen lieben wolle ausser mich. Sie bildet sich ein, dass Sie sie verachten, dass Sie wahrscheinlich wissen, welcher Herkunft sie ist. Sie fragte mich, ob ich Ihnen ihre Geschichte erzählt hätte - ich gab es selbstverständlich nicht zu, aber ihr Spürsinn ist einfach erstaunlich. Sie hat nur den einen Wunsch: wegzufahren, sofort abzureisen. Ich sass bis zum Morgen bei ihr. Erst nachdem ich ihr mein Wort gegeben hatte, dass wir morgen nicht mehr hier sein würden, schlief sie ein. Ich überlegte hin und her und beschloss, mit Ihnen zu sprechen. Meines Erachtens hat Assja recht: es ist für uns beide das beste, wenn wir von hier abreisen. Und ich hätte es bereits heute getan, wenn mir nicht ein Gedanke gekommen wäre, der mich bleiben liess. Vielleicht - wer weiss? - gefällt Ihnen meine Schwester? Wenn es so ist, warum soll ich sie dann wegbringen? So entschloss ich mich denn, unter Verzicht auf jegliche Scham..., zudem habe ich ja selbst einiges gemerkt..., entschloss ich mich also..., von Ihnen zu erfahren...» Der arme Gagin war verwirrt. «Entschuldigen Sie bitte», fügte er hinzu, «ich bin an solche konfuse Situationen nicht gewöhnt.»

Ich nahm seine Hand.

«Sie wollen wissen», sagte ich mit fester Stimme, «ob mir Ihre Schwester gefällt? Ja, sie gefällt mir...»

Gagin sah mich an.

«Aber», brachte er stockend hervor, «Sie wollen sie doch nicht heiraten?»

«Was soll ich Ihnen auf solche Frage antworten? Urteilen Sie selbst, kann ich denn im Augenblick...»

«Ich weiss, ich weiss», unterbrach mich Gagin. «Ich habe kein Recht, eine Antwort von Ihnen zu verlangen, und meine Frage... ist überaus undelikat. - Aber was tun? Man darf nicht mit dem Feuer spielen. Sie kennen Assja nicht; sie ist imstande, krank zu werden, davonzulaufen, Sie zu einem Stelldichein zu bestellen... Eine andere verstünde alles zu verheimlichen und abzuwarten, aber sie nicht. Ihr widerfährt so etwas zum ersten Male, das ist das Unglück. Wenn Sie gesehen hätten, wie sie heute zu meinen Füssen schluchzte, würden Sie meine Befürchtungen begreifen.»

Ich dachte nach. Gagins Worte: «Sie zu einem Stelldichein zu bestellen» waren mir ins

Herz gedrungen. Es erschien mir schändlich, seine ehrliche Aufrichtigkeit nicht ebenso aufrichtig zu erwidern.

«Ja», sagte ich schliesslich. «Sie haben recht. Vor einer Stunde erhielt ich von Ihrer Schwester einen Brief. Hier ist er.»

Gagin nahm den Brief, überlas ihn rasch und liess die Hände auf die Knie sinken. Der erstaunte Ausdruck seines Gesichts wirkte sehr komisch, aber mir war nicht nach Lachen zumute.

«Sie sind ein Mann von Ehre, ich wiederhole es», sagte er, «aber was ist denn jetzt zu tun? Wie? Sie selbst will abreisen und schreibt Ihnen und zeiht sich der Unvorsichtigkeit..., und wann hat sie eigentlich Zeit zum Schreiben gefunden? Was will sie denn von Ihnen?»

Ich beruhigte ihn, und wir erörterten ohne Erregung, was wir nach Möglichkeit unternehmen könnten.

Wir kamen schliesslich überein, dass ich, um ein Unglück zu vermeiden, zu dem Stelldichein gehen und eine ehrliche Aussprache mit Assja haben solle. Gagin verpflichtete sich, daheim zu bleiben und sich den Anschein zu geben, von ihrem Briefe nichts zu wissen. Abends wollten wir wieder zusammenkommen.

«Ich vertraue Ihnen», sagte Gagin, und er drückte mir die Hand. «Schonen Sie sie und mich. Trotzdem werden wir morgen reisen», fügte er hinzu und stand auf, «denn Sie werden Assja wohl nicht heiraten.»

«Geben Sie mir eine Frist bis zum Abend», entgegnete ich.

«Bitte, aber heiraten werden Sie nicht.»

Er ging, ich warf mich auf das Sofa und

schloss die Augen. Mir drehte sich der Kopf. Zu viele Eindrücke waren zugleich auf mich eingestürmt. Ich ärgerte mich über Gagins Offenheit, ich ärgerte mich über Assja. Ihre Liebe machte mich froh und verwirrte mich zugleich. Ich konnte nicht verstehen, was sie veranlasst hatte, alles ihrem Bruder zu erzählen. Die Unausweichlichkeit einer raschen, fast augenblicklichen Entscheidung quälte mich.

«Ein siebzehnjähriges Mädchen mit einem solchen Charakter heiraten, wie könnte ich!» sagte ich und stand auf.

15

Zur bestimmten Stunde fuhr ich über den Rhein, und der erste, dem ich auf dem anderen Ufer begegnete, war der Knabe, der am Morgen zu mir gekommen war. Er hatte offenkundig auf mich gewartet.

«Von Fräulein Assja», flüsterte er und gab mir ein zweites Briefchen.

Sie teilte mir mit, dass unsere Zusammenkunft an einem anderen Ort stattfinden müsse. Ich sollte in anderthalb Stunden nicht zur Kapelle, sondern zum Hause von Frau Luise kommen, an der Haustür klopfen und in das zweite Stockwerk gehen.

«Wieder: ‹Ja›?» fragte mich der Knabe.

«Ja», wiederholte ich und ging am Ufer des Rheins entlang.

Nach Hause zurückzukehren reichte die Zeit nicht aus; ich wollte auch nicht wieder durch die Strassen wandern. Hinter der Stadtmauer befand sich eine kleine Gartenwirtschaft mit einer überdachten Kegelbahn und Tischen, an denen man sein Bier trinken konnte. Dorthin ging ich. Einige ältere Männer kegelten. Die Holzkugeln rollten und rumpelten gegeneinander, hin und wieder hörte man beifällige Ausrufe. Eine hübsche Kellnerin mit verweinten Augen brachte mir einen Krug Bier; ich sah ihr ins Gesicht. Sie wandte sich rasch ab und eilte fort.

«Ja, ja», murmelte ein neben mir sitzender dicker, rotbäckiger Mann, «unser Hannchen ist heute sehr betrübt, ihr Bräutigam musste zum Militär einrücken.»

Ich schaute mich nach ihr um. Sie hatte sich in eine Ecke gedrückt und stützte die Wange mit der Hand. Träne um Träne rann ihr über die Finger. Jemand bestellte Bier. Sie brachte ihm ein Krüglein und kehrte wieder an ihren Platz zurück. Ihr Kummer wirkte auf mich. Ich dachte an die bevorstehende Begegnung, aber meine Gedanken waren sorgenvoll und unfroh. Ich ging nicht leichten Herzens zu diesem Treffen, mir stand nicht die Freude gemeinsamer Liebe bevor, der ich mich hingeben konnte; mir stand bevor, ein gegebenes Wort zu halten, eine schwere Pflicht zu erfüllen. «Mit ihr darf man nicht spielen.» Gagins Worte hatten sich wie Pfeile in mein Herz gebohrt. Aber hatte ich mich nicht vor gar nicht langer Zeit in dem mit der Strömung treibenden Boot vor Sehnsucht nach Glück verzehrt? Jetzt wurde es möglich, aber ich schwankte, ich stiess es von mir, musste es fortstossen... Seine Plötzlichkeit verwirrte mich. Assja selbst mit ihrem Feuerkopf, mit ihrer Vergangenheit, ihrer Erziehung, dieses reizende, aber seltsame Geschöpf – sie war es, die mich erschreckte, ich muss es bekennen. Lange stritten die Gefühle in mir. Die bestimmte Stunde näherte sich. «Ich kann sie nicht heiraten», entschied ich endlich; «sie wird nicht erfahren, dass auch ich sie liebgewonnen habe.»

Ich stand auf, und nachdem ich dem armen Hannchen einen Taler in die Hand gedrückt hatte (sie dankte mir nicht einmal), begab ich mich zu dem Hause von Frau Luise. Die Schatten des Abends schwebten bereits in der Luft, und der schmale Himmelsstreif über der dunklen Gasse rötete sich im Widerschein der sinkenden Sonne. Ich klopfte leise an die Tür; sie wurde sofort geöffnet. Ich schritt über die Schwelle und befand mich in völliger Finsternis.

«Hierher!» hörte ich die Stimme einer alten Frau. «Sie werden erwartet.»

Ich tastete mich zwei Schritte vor, eine knochige Hand ergriff die meine.

«Sind Sie es, Frau Luise?» fragte ich.

«Ja, ich», antwortete die gleiche Stimme, «ich, schöner junger Herr.»

Die Alte führte mich die steile Treppe hinauf und blieb auf dem Vorplatz der zweiten Etage stehen. Im schwachen Licht, das durch ein winziges Fenster schien, erblickte ich das runzelige Gesicht der Witwe. Ein abstossend verschmitztes Lächeln zog ihre eingefallenen Lippen in die Breite und verengte die trüben Augen. Sie zeigte auf eine kleine Tür. Mit einer krampfhaften Handbewegung öffnete ich sie und schlug sie hinter mir zu.

16

Das kleine Zimmer, in das ich trat, war ziemlich dunkel, und ich sah Assja nicht sofort. In einen langen Schal gehüllt, sass sie auf einem Stuhl neben dem Fenster, den Kopf abgewandt und eingezogen wie ein ängstliches Vöglein. Ihr Atem ging schnell, und sie bebte am ganzen Körper. Sie tat mir unsagbar leid. Ich ging zu ihr. Sie wandte den Kopf noch mehr zur Seite.

«Anna Nikolajewna», sagte ich.

Sie richtete sich plötzlich gerade auf, wollte mich anblicken – und konnte es nicht. Ich ergriff ihre Hand; sie war kalt und lag wie erstorben in meiner Hand.

«Ich wünschte...», begann Assja, bemüht zu lächeln, aber ihre blassen Lippen gehorchten ihr nicht, «ich wollte... Nein, ich kann nicht», sagte sie und verstummte. Tatsächlich brach ihre Stimme bei jedem Wort.

Ich setzte mich neben sie.

«Anna Nikolajewna», wiederholte ich und wusste ebenfalls nicht weiter.

Eine Pause entstand. Ich hielt noch immer ihre Hand und blickte Assja an. Sie hatte sich wieder wie zuvor zusammengezogen, atmete mit Mühe und biss sich auf die Unterlippe, um nicht zu weinen, um die aufsteigenden Tränen aufzuhalten... Ich sah sie an: in ihrer scheuen Regungslosigkeit war etwas Rührend-Hilfloses; es schien, als habe sie vor Schwäche kaum den Stuhl erreicht und sei darauf niedergesunken. Mein Herz schmolz...

«Assja», sagte ich kaum hörbar.

Sie richtete ihre Augen langsam auf mich. Wer beschreibt den Blick einer liebenden Frau!

Sie flehten, diese Augen, sie vertrauten, baten, gaben sich preis... Ich konnte ihrem Zauber nicht widerstehen. Ich brannte; mir war, als stächen mich glühende Nadeln. Ich beugte mich hinunter und neigte mich dicht über ihre Hand...

Ich vernahm einen zitternden Laut, der einem abgebrochenen Seufzer glich, und fühlte auf meinem Haar die Berührung einer bebenden Hand, leicht wie ein Blatt. Ich hob den Kopf und sah ihr ins Gesicht. Wie hatte es sich plötzlich verwandelt! Der Ausdruck von Furcht war gewichen, der Blick ging irgendwohin ins Weite und zog mich mit; die Lippen waren ein wenig geöffnet, die Stirn weiss wie Marmor, und die Locken fielen nach hinten, als habe sie der Wind zurückgeweht. Ich vergass alles, ich zog sie an mich - willig liess sich ihre Hand leiten, ihr ganzer Körper folgte der Hand, der Schal glitt von den Schultern, und ihr Kopf lehnte sich leise an meine Brust, lag unter meinen brennenden Lippen...

«Die Ihre...», hauchte sie kaum vernehmbar.

Schon glitten meine Hände um ihren Körper... Aber plötzlich blendete mich die Erinnerung an Gagin wie ein Blitz.

«Was tun wir!» rief ich und wich zurück. «Ihr Bruder... weiss alles..., er weiss, dass ich mich mit Ihnen treffe.»

Assja sank auf den Stuhl zurück.

«Ja», fuhr ich fort, stand auf und ging in die andere Ecke des Zimmers. «Ihr Bruder weiss alles..., ich musste ihm alles sagen.»

«Mussten?» sagte sie verständnislos. Sie konnte offenbar noch nicht wieder zu sich kommen und verstand mich schlecht.

«Ja, ja», wiederholte ich mit einem gewissen Ingrimm, «und daran sind nur Sie allein schuld, Sie selbst. Warum haben Sie unser Geheimnis preisgegeben? Wer veranlasste Sie, Ihrem Bruder alles zu gestehen? Er war heute bei mir und erzählte mir von Ihrem Gespräch mit ihm.» Ich bemühte mich, Assja nicht anzusehen, und ging mit grossen Schritten im Zimmer auf und ab. Jetzt war alles verloren, alles, alles.

Assja wollte sich vom Stuhl erheben.

«Bleiben Sie», rief ich, «bleiben Sie, ich bitte Sie. Sie haben es mit einem Ehrenmann zu tun – ja, mit einem Ehrenmann. Aber, um Gottes willen, was hatte Sie so aufgeregt? Meinten Sie, ich hätte mich verändert? Aber ich konnte vor Ihrem Bruder nichts verheimlichen, als er heute zu mir kam.»

«Was sage ich eigentlich?» dachte ich, und der Gedanke, dass ich ein gewissenloser Betrüger sei, dass Gagin von unserer Zusammenkunft wisse, dass alles verdorben, enthüllt sei – dröhnte mir im Kopf.

«Ich hatte den Bruder nicht gerufen», hörte man Assjas erschrockenes Flüstern. «Er kam von selbst.»

«Sehen Sie, was Sie getan haben!» fuhr ich fort. «Und nun wollen Sie abreisen...»

«Ja, ich muss fort», sagte sie ebenso leise. «Ich habe auch Sie nur deshalb hierher gebeten, um mich von Ihnen zu verabschieden.»

«Und Sie denken», erwiderte ich, «dass es mir leicht fällt, von Ihnen zu scheiden?»

«Aber warum haben Sie es dem Bruder gesagt?» wiederholte Assja verständnislos.

«Ich sage Ihnen doch, ich konnte nicht anders handeln. Wenn Sie sich nicht selbst verraten hätten...»

«Ich hatte mich in meinem Zimmer eingeschlossen», antwortete sie treuherzig, «ich wusste nicht, dass unsere Wirtin einen zweiten Schlüssel besass...»

Diese naive Entschuldigung aus ihrem Munde, in diesem Augenblick, hat mich damals fast ärgerlich gemacht - doch jetzt kann ich nicht ohne Rührung daran denken. Armes, ehrliches, aufrichtiges Kind!

«Nun ja, jetzt ist alles aus!» begann ich von neuem. «Alles. Jetzt müssen wir uns trennen.» Ich warf einen verstohlenen Blick auf Assja - ihr Gesicht war plötzlich rot geworden. Ich spürte, wie sie sich schämte und wie entsetzt sie war. Ich selbst ging hin und her und sprach wie im Fieber. «Sie liessen ein Gefühl nicht zur Reife kommen, das sich eben erst entwickelte. Sie selbst haben das Band zwischen uns zerrissen. Sie hatten kein Vertrauen zu mir. Sie zweifelten an mir...»

Während dieser Sätze hatte sich Assja immer mehr nach vorn geneigt - und plötzlich sank sie auf die Knie, beugte den Kopf auf die Hände und schluchzte. Ich lief zu ihr, versuchte sie aufzurichten, aber sie sträubte sich. Ich kann Frauentränen nicht ertragen, sie bringen mich sofort aus der Fassung.

«Anna Nikolajewna, Assja», sagte ich, «bitte, ich flehe Sie an, um Gottes willen, stehen Sie auf!» Abermals griff ich nach ihrem Arm.

Aber zu meiner grössten Verwunderung sprang sie plötzlich auf, stürzte blitzschnell zur Tür und verschwand.

Als Frau Luise einige Minuten danach ins

Zimmer kam, stand ich noch immer in der Mitte, wie vom Donner gerührt. Ich verstand nicht, wie diese Begegnung so schnell, so dumm enden konnte - geendet hatte, obwohl ich auch nicht den hundertsten Teil von dem gesagt hatte, was ich hätte sagen müssen; als ich noch selbst nicht wusste, wie sich alles entscheiden würde.

«Ist das Fräulein gegangen?» fragte mich Frau Luise und zog ihre gelblichen Brauen bis zum Haaransatz hinauf.

Ich schaute sie an wie ein Narr - und ging hinaus.

17

Ich verliess die Stadt und stürmte ins Freie. Ärger, wütender Ärger nagte an mir. Ich überhäufte mich mit Vorwürfen. Wie konnte ich nicht den Grund begreifen, der Assja veranlasst hatte, den Ort unserer Begegnung zu ändern; wie konnte ich nicht würdigen, was es sie gekostet haben musste, zu dieser Alten zu gehen. Warum hatte ich sie nicht festgehalten? Allein mit ihr in diesem dumpfen, kaum erhellten Zimmer hatte ich Kraft und Mut genug - sie von mir zu stossen, ihr sogar Vorwürfe zu machen... Und jetzt verfolgte mich ihr Bild, ich bat sie um Verzeihung. Die Erinnerung an ihr bleiches Gesicht, an ihre feuchten, scheuen Augen, an die aufgelösten Haare über dem gebeugten Nacken, an ihren leicht an meine Brust geneigten Kopf brannte in mir. «Die Ihre», hörte ich sie flüstern. «Ich folgte meinem Gewissen», versicherte ich mir... «Falsch! Hatte ich wirklich eine solche Lösung gewollt? Bin ich denn imstande, mich von ihr zu trennen? Will ich sie denn verlieren? Wahnwitziger!» rief ich voller Wut.

Inzwischen war es Nacht geworden. Mit grossen Schritten eilte ich dem Hause auf dem Weinberg entgegen.

18

Gagin kam mir entgegen.

«Haben Sie meine Schwester gesehen?» rief er mir schon von weitem zu.

«Ist sie denn nicht zuhause?» fragte ich.

«Nein.»

«Sie ist nicht zurückgekehrt?»

«Nein. Ich bin schuld», fuhr Gagin fort. «Ich konnte es nicht aushalten. Entgegen unserer Verabredung bin ich zur Kapelle gegangen. Dort war sie nicht. Heisst das, dass sie nicht gekommen ist?»

«Sie war nicht bei der Kapelle.»

«Und Sie haben sie nicht gesehen?»

Ich musste bekennen, dass ich mit ihr zusammengetroffen war.

«Wo?»

«Bei Frau Luise. Ich habe mich vor einer Stunde von ihr getrennt», fügte ich hinzu. «Ich war überzeugt, dass sie nach Hause gehen werde.»

«Warten wir», sagte Gagin.

Wir gingen ins Haus und setzten uns nebeneinander. Wir schwiegen. Uns war schwer zumute. Wir hielten unaufhörlich Ausschau, sahen auf die Tür, lauschten. Schliesslich stand Gagin auf.

«Das ist ja nicht zum Aushalten!» rief er. «Mein Herz! Sie wird mich noch umbringen, bei Gott!... Los, suchen wir sie!»

Wir gingen. Draussen war es schon ganz dunkel geworden.

«Worüber haben Sie mit ihr gesprochen?» fragte mich Gagin und schob den Hut bis an die Augen.

«Ich bin nur fünf Minuten mit ihr zusammen gewesen», antwortete ich. «Ich habe mit ihr gesprochen, wie wir es verabredet hatten.»

«Wissen Sie was?» erwiderte er. «Am besten ist es, wenn jeder von uns für sich geht; auf diese Weise können wir sie besser finden. Kommen Sie auf jeden Fall in einer Stunde wieder hierher.»

19

Ich eilte den Weinberg hinab und rannte in die Stadt. Schnell durchschritt ich alle Strassen, schaute in jedes Gässchen, sogar zu den Fenstern von Frau Luise hinauf, wandte mich zum Rhein und lief am Ufer entlang. Hier und da tauchte die Gestalt einer Frau auf, aber Assja war nirgendwo zu sehen. Jetzt war es nicht mehr Ärger, der an mir nagte, nein, heimliche Furcht quälte mich, und nicht nur Furcht war es, die mir zusetzte - ich fühlte Reue, brennendes Mitleid, Liebe - ja, zärtliche Liebe. Ich rang die Hände, ich rief in der immer schwärzer werdenden nächtlichen Finsternis Assjas Namen, zuerst halblaut, dann immer lauter und lauter. Ich wiederholte mir hundertmal, dass ich sie liebe, ich schwor, mich nie von ihr zu trennen. Ich hätte alles auf der Welt dafür gegeben, wieder ihre Hand zu halten, wieder ihre sanfte Stimme zu hören, sie wieder vor mir zu sehen... Sie war mir so nahe gewesen, sie war mir ganz bewusst und entschlossen entgegengekommen, in der ganzen Unschuld des Herzens und Gefühls, sie hatte mir ihre unberührte Jugend dargebracht..., und ich hatte sie nicht an meine Brust gezogen, ich hatte mich der Glückseligkeit beraubt, ihr liebes Gesicht vor Freude und in stillem Entzücken erblühen zu sehen... Dieser Gedanke nahm mir fast den Verstand.

«Wohin konnte sie gehen, was hat sie mit sich getan?» rief ich vor Sehnsucht und in ohnmächtiger Verzweiflung... Etwas Weisses schimmerte plötzlich dicht am Ufer. Ich kannte diese Stelle. Dort stand am Grabe eines vor siebzig Jahren ertrunkenen Mannes ein schon halb in die Erde gesunkenes steinernes Kreuz mit einer alten Inschrift. Mir stockte das Blut... Ich lief zu dem Kreuz. Die weisse Gestalt war verschwunden. Ich rief: «Assja!» Mein wilder Schrei erschreckte mich selbst, aber niemand gab Antwort...

Ich beschloss, zu Gagin zu gehen, um zu erfahren, ob er sie gefunden hatte.

20

Als ich den Pfad zum Weinberg rasch hinaufging, sah ich Licht in Assjas Zimmer. Es beruhigte mich etwas.

Ich kam zum Haus. Die Tür war verschlossen. Ich klopfte. Das unbeleuchtete Fensterchen im Erdgeschoss wurde vorsichtig geöffnet, und Gagins Kopf wurde sichtbar.

«Gefunden?» fragte ich ihn.

«Sie ist zurückgekehrt», antwortete er flüsternd, «sie ist in ihrem Zimmer und kleidet sich aus. Alles ist in Ordnung.»

«Gott sei Dank!» rief ich in einem Ausbruch unsäglicher Freude. «Gott sei gedankt! Jetzt ist alles gut. Wir müssen miteinander sprechen.»

«Zu anderer Zeit», entgegnete er und zog das Fenster leise an sich heran, «zu anderer Zeit. Jetzt leben Sie wohl!»

«Bis morgen!» sagte ich. «Morgen wird sich alles entscheiden.»

«Leben Sie wohl!» wiederholte Gagin. Das Fenster wurde geschlossen.

Ich hätte beinahe an die Scheibe gepocht. Ich wollte Gagin sagen, dass ich ihn um die Hand seiner Schwester bäte. Aber eine Werbung zu solcher Stunde?... «Bis morgen!» dachte ich. «Ja, morgen werde ich glücklich sein...»

Morgen werde ich glücklich sein! Das Glück kennt kein Morgen, es kennt auch kein Gestern; es denkt nicht an das Vergangene, es denkt nicht an das Künftige. Es kennt nur die Gegenwart - und auch nicht den Tag, nur den Augenblick.

Ich entsinne mich nicht, wie ich nach S. gelangte. Nicht die Füsse trugen mich, nicht das Boot brachte mich hinüber: mich trugen breite, starke Flügel. Ich ging an dem Gebüsch vorbei, in dem die Nachtigall sang; ich blieb stehen und lauschte lange Zeit. Mir war, als sänge sie von meiner Liebe und meinem Glück.

21

Als ich am nächsten Tage zu dem vertrauten Haus hinaufstieg, setzte es mich in Erstaunen, dass alle Fenster und auch die Tür weit offen standen; Papierfetzen lagen vor der Schwelle herum, und eine Magd mit Besen wurde hinter der Tür sichtbar.

Ich näherte mich ihr.

«Abgereist», brummte sie, bevor ich fragen konnte, ob Gagin zuhause sei.

«Abgereist?» wiederholte ich. «Wieso abgereist? Wohin?»

«Sind heute früh um sechs Uhr abgereist und haben nicht gesagt wohin. Warten Sie, Sie sind wahrscheinlich Herr N.?»

«Ja.»

«Für Sie liegt ein Brief bei der Wirtin.» Die Magd ging nach oben und kam mit dem Brief zurück. «Da ist er, bitte.»

«Aber das kann doch nicht sein... Wie denn das?...», stammelte ich.

Die Magd warf mir einen stumpfen Blick zu und begann zu fegen.

Ich öffnete den Brief. Gagin war es, der mir schrieb; von Assja keine Zeile. Er begann damit, ihm nicht zu zürnen wegen der plötzlichen Abreise; er sei überzeugt, dass ich nach reiflicher Überlegung seinen Entschluss billigen werde. Er sehe keinen anderen Ausweg aus einer Situation, die schwierig und gefährlich werden könne. «Gestern abend», schrieb er, «als wir beide schweigend auf Assja warteten, überzeugte ich mich endgültig von der Notwendigkeit einer Trennung. Es gibt Vorurteile, die ich würdigen kann; ich verstehe, dass Sie

Assja nicht heiraten dürfen. Sie hat mir alles gesagt. Um ihrer Ruhe willen musste ich ihren wiederholten und verstärkten Bitten nachgeben.» Zum Schluss gab er seinem Bedauern Ausdruck, dass unsere Bekanntschaft viel zu schnell enden musste, wünschte mir Glück, drückte mir freundschaftlich die Hand und bat mich, mir keine Mühe zu geben, sie aufzuspüren.

«Was für Vorurteile?» rief ich, als ob er mich hören könne. «Welch Unsinn! Wer gab ihm das Recht, sie mir zu entführen?» Ich griff mir an den Kopf.

Die Magd rief mit lauter Stimme nach der Wirtin. Ihr Schreck liess mich zu mir kommen. In mir brannte nur ein Gedanke: sie suchen, sie aufspüren; koste es, was es wolle. Diesen Schlag hinnehmen, sich mit einer solchen Lösung zufriedengeben, das war unmöglich. Ich erfuhr von der Wirtin, dass sie um sechs Uhr morgens mit dem Dampfer stromab gefahren seien. Ich begab mich zum Kontor. Dort sagte man mir, dass sie Fahrkarten nach Köln genommen hätten. Ich machte mich auf den Rückweg. Ich wollte sofort packen und ihnen nachfahren. Als ich am Haus von Frau Luise vorbeiging, hörte ich meinen Namen rufen. Ich hob den Kopf und sah im Fenster des gleichen Zimmers, in dem ich gestern mit Assja zusammen war, die Witwe. Sie lächelte auf ihre widerwärtige Weise und rief mich hinauf. Ich wandte mich ab und wollte weitergehen, aber sie rief mir nach, dass sie etwas für mich habe. Diese Worte liessen mich stehenbleiben und in das Haus gehen. Wie soll ich meine Gefühle schildern, als ich das Zimmer wiedersah…

«Eigentlich», begann die Alte und zeigte mir ein Briefchen, «sollte ich es Ihnen nur in dem Falle geben, wenn Sie selbst zu mir kämen, aber Sie sind ein so netter junger Herr. Nehmen Sie!»

Ich griff nach dem Briefchen.

Auf einem Blatt Papier standen folgende, schnell mit Bleistift hingekritzelte Sätze:

«Leben Sie wohl, wir werden uns nicht wiedersehen. Nicht aus Stolz reise ich ab - nein, ich kann nicht anders. Gestern, als ich vor Ihnen weinte, wenn Sie da nur ein Wort, nur ein einziges Wort zu mir gesagt hätten - wäre ich geblieben. Aber Sie haben es nicht gesagt. Offenbar ist es besser so... Leben Sie wohl für immer!»

Ein einziges Wort! O ich Narr! Dieses Wort... Unter Tränen hatte ich es gestern immer wieder gesagt, hatte es in den Wind gerufen, in den leeren Feldern wiederholt; aber ihr hatte ich es nicht gesagt, ich hatte nicht gesagt, dass ich sie liebe. Und ich hatte es auch vor ihr nicht aussprechen können. In der Stunde, als ich mit ihr in dem schicksalhaften Zimmer zusammentraf, war ich mir meiner Liebe noch nicht deutlich bewusst gewesen. Sogar dann, als ich mit ihrem Bruder in stumpfem, lastendem Schweigen zusammensass, war dieses Bewusstsein noch nicht erwacht... Es flammte mit unwiderstehlicher Gewalt erst einige Zeit später auf, als ich, erschreckt von der Möglichkeit eines Unglücks, auf der Suche nach Assja war und ihren Namen rief... Aber da war es schon zu spät gewesen. «Aber das ist unmöglich!» wird man einwenden. Ich weiss nicht, ob es möglich ist - ich weiss nur, dass es die

Wahrheit ist. Assja wäre geblieben, wenn auch nur eine Spur von Verspieltheit in ihr und ihre Situation nicht zweideutig gewesen wäre. Sie konnte nicht ertragen, was jede andere ertragen hätte. Das hatte ich nicht begriffen. Es war mein Unstern, der bei der letzten Begegnung mit Gagin vor dem dunklen Fenster mein Geständnis verhindert hatte. So war der letzte Faden, an den ich mich noch hätte halten können, meinen Händen entglitten.

Noch am gleichen Tage kehrte ich mit gepacktem Koffer nach L. zurück und nahm den Dampfer nach Köln. Das Schiff legte schon ab, und ich nahm in Gedanken Abschied von diesen Strassen, von all den Orten, die ich nie vergessen würde - da erblickte ich Hannchen. Sie sass auf einer Bank am Ufer. Ihr Gesicht war blass, aber nicht mehr bekümmert. Ein junger, hübscher Bursche stand neben ihr und erzählte ihr lachend irgend etwas. Und auf dem anderen Ufer des Rheins schaute meine kleine Madonna so traurig wie immer aus dem dunklen Grün der alten Esche.

22

In Köln fand ich die Spur der Gagins. Ich erfuhr, dass sie nach London gereist seien. Ich folgte ihnen, aber in London blieben alle meine Nachforschungen vergeblich. Ich wollte mich nicht zufriedengeben, noch lange wehrte ich mich hartnäckig, aber schliesslich musste ich auf die Hoffnung verzichten, sie je wiederzufinden.

Und ich habe sie auch nicht wiedergesehen –

ich sah Assja nie wieder. Über ihn drangen dunkle Gerüchte zu mir, aber sie selbst blieb auf immer für mich verschwunden. Ich weiss nicht einmal, ob sie noch lebt. Einmal, einige Jahre danach, sah ich während einer Auslandsreise in einem Eisenbahnwaggon flüchtig eine Frau, deren Gesicht mich lebhaft an die unvergesslichen Züge erinnerte, aber wahrscheinlich trog mich eine zufällige Ähnlichkeit. Assja blieb in meinem Gedächtnis dasselbe Mädchen, wie ich es in der Blütezeit meines Lebens kennengelernt, wie ich es das letzte Mal gesehen hatte, zurückgebeugt auf dem niedrigen hölzernen Stuhl.

Übrigens muss ich gestehen, dass ich mich nicht lange um sie grämte. Ich fand sogar, dass es das Schicksal gut mit mir gemeint hatte, mich nicht mit Assja zu vereinigen. Ich tröstete mich mit dem Gedanken, dass ich wahrscheinlich mit dieser Frau nicht glücklich geworden wäre. Ich war damals jung - und die Zukunft, diese kurze, rasch verrinnende Lebenszeit erschien mir endlos. «Kann sich denn das Geschehene nicht wiederholen?» dachte ich. «Und noch schöner, noch wundervoller?» Ich lernte andere Frauen kennen, aber das Gefühl, das Assja in mir hervorgerufen hatte, dieses flammende, zärtliche, tiefe Empfinden wiederholte sich nicht mehr. Nein! Keine Augen ersetzten mir ihren einst voller Liebe auf mich gerichteten Blick; keinem Herzen, das sich an meine Brust presste, antwortete mein Herz mit so froher, süsser Beklemmung! Verdammt zur Einsamkeit eines Mannes ohne Familie, verbringe ich mein eintöniges Leben, aber ich bewahre wie ein Heiligtum Assjas Briefchen und den vertrockneten Geranienzweig, die Blume, die sie mir einst aus dem Fenster zuwarf. Sie strömt noch immer einen schwachen Duft aus, doch die Hand, die sie mir schenkte, jene Hand, die ich nur ein einziges Mal an meine Lippen pressen sollte, modert vielleicht schon längst im Grabe... Und ich selbst - was ist aus mir geworden? Was ist von mir geblieben, von jenen glückseligen, erregten Tagen, von jenen beschwingten Hoffnungen und Wünschen? So überlebt der leichte Duft einer unscheinbaren Pflanze alle Freuden und allen Kummer des Menschen - überlebt den Menschen selbst.

Erste Liebe

Die Gäste hatten sich längst verabschiedet. Die Uhr schlug halb eins. Im Zimmer waren ausser dem Hausherrn nur noch Sergej Nikolajewitsch und Wladimir Petrowitsch.

Der Hausherr klingelte und liess die Reste des Abendessens abräumen.

«Also», sagte er, setzte sich bequemer in den Sessel und zündete sich eine Zigarre an, «jeder von uns verpflichtet sich, die Geschichte seiner ersten Liebe zu erzählen. Sie sind an der Reihe, Sergej Nikolajewitsch!»

Sergej Nikolajewitsch, ein dicklicher Mann mit weichem Gesicht und blondem Haar, schaute den Hausherrn an und richtete dann den Blick zur Decke.

«Bei mir gab es keine erste Liebe», sagte er schliesslich, «ich habe gleich mit der zweiten angefangen.»

«Wieso?»

«Ganz einfach. Ich war achtzehn Jahre alt, als ich zum ersten Male einer ganz reizenden jungen Dame den Hof machte. Ich gab mir jedoch den Anschein, als ob mir die Sache nichts Neues sei. Auf die gleiche Art habe ich danach mit allen anderen angebändelt. Genau gesagt, habe ich mich zum ersten Male im Alter von sechs Jahren in mein Kinderfräulein verliebt; aber das ist schon lange her. Die Einzelheiten unserer Beziehungen sind meinem Gedächtnis entschwunden, und wenn ich mich ihrer auch entsänne, wen könnte das schon interessieren?»

«Wie kommen wir dann zum Thema?» sagte der Hausherr. «An meiner ersten Liebe ist auch nicht viel Bemerkenswertes. Bevor ich Anna Iwanowna, meine Frau, kennenlernte, hatte ich mich nie in eine andere verliebt, und bei uns ging alles ganz glatt. Die Väter verlobten uns, wir gewannen sehr bald einander lieb und heirateten unverzüglich. Meine Geschichte ist mit zwei Sätzen erzählt. Ich muss bekennen, meine Herren, dass ich auf Sie hoffte, als ich die Frage nach der ersten Liebe stellte. Sie sind unverheiratet, zwar keine alten Junggesellen, aber auch keine jungen mehr. Vielleicht können Sie etwas zu unserer Unterhaltung beitragen, Wladimir Petrowitsch?»

«Meine erste Liebe gehört tatsächlich zu den etwas ungewöhnlichen Vorkommnissen», antwortete Wladimir Petrowitsch ein wenig zögernd, ein Herr von etwa vierzig Jahren mit schwarzem, graumeliertem Haar.

«Aha!» riefen der Hausherr und Sergej Nikolajewitsch wie aus einem Munde. «Um so besser..., erzählen Sie!»

«Gern..., oder doch lieber nicht. Erzählen werde ich nicht, ich bin kein Meister im Erzählen; es wäre zu trocken und kurz oder weitschweifig und falsch. Wenn Sie gestatten, schreibe ich alles auf, woran ich mich erinnere, und lese es Ihnen vor.»

Die Freunde waren zuerst nicht einverstanden, aber Wladimir Petrowitsch bestand auf seinem Verlangen. Nach zwei Wochen kamen sie abermals zusammen, und Wladimir Petrowitsch hielt sein Versprechen.

Folgendes las er uns vor:

1

Ich war damals sechzehn Jahre alt. Die Geschichte ging im Sommer 1833 vor sich.

Ich lebte in Moskau bei meinen Eltern. Sie hatten ein Landhaus in der Nähe des Schlagbaums der Chaussee nach Kaluga gemietet. Gegenüber lag der Neskutschnyj-Park. Ich bereitete mich für die Universität vor, aber ich arbeitete sehr wenig, ohne mich zu überhasten.

Niemand störte meine Freiheit. Ich tat, was ich wollte, besonders nachdem ich mich von meinem letzten Hauslehrer, einem Franzosen, getrennt hatte, der sich durchaus nicht an den Gedanken zu gewöhnen vermochte, dass er ‹wie eine Bombe› (comme une bombe) auf Russland gefallen war, und sich mit verbittertem Gesicht ganze Tage lang auf dem Bett räkelte. Mein Vater verhielt sich mit gleichgültiger Freundlichkeit zu mir; meine Mutter schenkte mir keine Beachtung, obwohl ich ihr einziges Kind war; andere Sorgen nahmen sie völlig in Anspruch. Mein Vater, ein noch junger und sehr schöner Mann, hatte sie aus Berechnung geheiratet; sie war zehn Jahre älter als er. Meine Mutter führte ein trauriges Leben. Sie war immer gereizt, eifersüchtig und verärgert - aber das zeigte sie nie in Gegenwart des Vaters, vor dem sie grosse Furcht hatte. Er selbst war streng, kalt und zurückhaltend... Einen so ungewöhnlich ruhigen, selbstsicheren und sich beherrschenden Mann habe ich nie wieder getroffen.

Die ersten Wochen im Landhause werde ich nie vergessen. Das Wetter war prächtig. Wir hatten die Stadt am 9. Mai, dem Nikolaustag, verlassen. Ich ging im Garten unseres Landhauses oder im Neskutschnyj-Park spazieren oder streifte durch das Gelände jenseits des Schlagbaums, nahm irgendein Buch mit - zum Beispiel das Geschichtswerk von Kaidanow -, schlug es aber nur selten auf, sondern sprach lieber Verse vor mich hin, von denen ich sehr viele auswendig konnte. Das Blut gärte in mir, und das Herz war voll Wehmut - ein süsses und komisches Gefühl. Ich wartete immerzu auf etwas, ängstigte mich zugleich davor, nahm alles für ein Wunder und war von Kopf bis Fuss gespannt. Die Phantasie spielte und kreiste um die gleichen Vorstellungen wie die Schwalben am frühen Morgen um einen Glockenturm. Ich verlor mich in Gedanken, wurde traurig und weinte manchmal sogar. Aber auch durch die Tränen und durch die Trauer, die mich bald von einem klingenden Vers, bald von der Schönheit des Abends anwehte, drang wie ein Gräslein im Frühling das frohe Gefühl des jungen, gärenden Lebens.

Ich besass ein Reitpferd. Ich sattelte es selbst und ritt allein irgendwohin ins Weite, fiel in Galopp und sah mich als Ritter in einem Turnier - wie lustig pfiff mir der Wind um die Ohren! -, oder ich liess, das Gesicht gen Himmel gewandt, sein strahlendes Licht und seine Bläue in die weit geöffnete Seele strömen.

Soweit ich mich entsinne, zeichnete sich damals die Gestalt einer Frau, das Phantom weiblicher Liebe niemals in bestimmten Linien vor meinen Augen ab; aber in allem, was ich dachte, in allem, was ich fühlte, verbarg sich ein halbbewusstes, scheues Vorgefühl von etwas Neuem, unsagbar Süssem, Weiblichem...

Von diesem Vorgefühl, dieser Erwartung war ich ganz und gar durchdrungen: es war in meinem Atem, es durchströmte meine Adern mit jedem Blutstropfen... Bald sollte es sich erfüllen.

Unser Landhaus bestand aus einem mit Säulen geschmückten hölzernen Herrenhaus und aus zwei niedrigen Seitengebäuden. In dem linken Flügel befand sich eine kleine Werkstatt, in der billige Tapeten hergestellt wurden. Ich schlenderte des öfteren dorthin und sah zu, wie sich ein Dutzend magerer Knaben mit zerzausten Haaren in beschmierten Kitteln und mit ausgemergelten Gesichtern auf hölzerne Hebel schwang, welche die viereckigen Holzstöcke der Presse hinunterdrückten. Auf diese Weise prägten sie mit der Last ihrer schwächlichen Körper die Muster der Tapeten.

Das rechte, unbewohnte Seitengebäude stand zur Vermietung. Eines Tages - drei Wochen nach dem 9. Mai - wurden die Fensterläden des Gebäudes geöffnet, und man sah die Gesichter von Frauen. Eine Familie hatte die Wohnung bezogen. Ich entsinne mich, dass sich meine Mutter am gleichen Tage während des Essens beim Haushofmeister erkundigte, wer die neuen Nachbarn seien. Nachdem sie den Namen einer Fürstin Sassjekina vernommen hatte, sagte sie zuerst nicht ohne eine gewisse Hochachtung: «Ah so! Eine Fürstin...», fügte aber dann hinzu: «Dürfte wohl nicht zu den begüterten gehören.»

«Sind mit drei Droschken gekommen», bemerkte der Haushofmeister, während er höflich servierte, «besitzen keine eigene Equipage und sehr dürftiges Mobiliar.»

«Ja», sagte meine Mutter, «trotzdem besser so, als...»

Ein kühler Blick meines Vaters liess sie verstummen.

Die Fürstin Sassjekina konnte in der Tat keine reiche Frau sein. Das von ihr gemietete kleine Seitengebäude war so alt, beengt und niedrig, dass sich auch nur einigermassen begüterte Menschen geschämt hätten, dort zu wohnen. Im übrigen ging das Gespräch damals fast ungehört an meinen Ohren vorbei. Der Fürstentitel machte wenig Eindruck auf mich; ich hatte eben erst Schillers ‹Räuber› gelesen.

2

Ich hatte die Gewohnheit, jeden Abend mit dem Gewehr durch unseren Park zu streifen und auf die Krähen zu achten. Gegen diese vorsichtigen, räuberischen und verschlagenen Vögel fühlte ich seit langem einen Hass. An dem Tag, von dem die Rede war, begab ich mich ebenfalls in den Park. Nachdem ich vergeblich alle Alleen durchschritten hatte (die Krähen waren auf der Hut vor mir und liessen nur aus der Ferne ein kurzes Krächzen hören), näherte ich mich zufällig dem niedrigen Zaun, der unseren Teil des Parks von dem schmalen Streifen trennte, der sich hinter dem rechten Seitengebäude erstreckte und zu ihm gehörte. Ich ging mit gesenktem Kopf dahin. Plötzlich hörte ich Stimmen. Ich blickte über den Zaun und blieb stehen... Meinen Augen bot sich ein seltsames Schauspiel.

Einige Schritte von mir entfernt, stand auf

einer Wiese zwischen grünen Himbeersträuchern ein grosses, schlankes Mädchen in einem rosa gestreiften Kleid und mit einem weissen Tüchlein auf dem Kopf. Vier junge Männer drängten sich um das Mädchen, und es schlug ihnen der Reihe nach jene kleinen grauen Blumen an die Stirn, deren Namen ich nicht weiss, die aber jedes Kind kennt. Diese Blumen haben kleine Beutel, die mit einem Knall zerspringen, wenn man sie gegen einen festen Gegenstand wirft. Die jungen Herren boten ihre Stirn mit solchem Vergnügen dar, und in den Bewegungen des Mädchens (ich sah es von der Seite) war etwas so Bezauberndes, Gebieterisches, Zärtliches, Spöttisches und Reizendes, dass ich vor Staunen und Vergnügen fast aufgeschrien hätte und, so scheint mir, alles auf der Welt dafür gegeben hätte, wenn diese entzückenden Finger auch gegen meine Stirn schnippen würden. Mein Gewehr glitt ins Gras, ich vergass alles; ich verschlang mit meinen Blicken die schlanke Gestalt, den Hals, die schönen Hände, das leicht zerzauste hellblonde Haar unter dem weissen Tüchlein und die halbgeschlossenen klugen Augen, die Wimpern, die zarten Wangen...

«Junger Mann, hallo, junger Mann!» hörte ich plötzlich eine Stimme neben mir. «Gehört es sich wohl, fremde junge Damen so anzugaffen?»

Ich schrak zusammen und erstarrte... Neben mir, jenseits des Zauns, stand ein Herr mit kurzgeschorenen schwarzen Haaren und schaute mich ironisch an. Im gleichen Augenblick drehte sich das Mädchen nach mir um... Ich erblickte grosse graue Augen in einem Gesicht voller Leben und Bewegung. Und plötzlich verzog sich dieses Gesicht zu einem Lachen; die weissen Zähne blitzten, und die Brauen zogen sich spassig in die Höhe. Ich wurde flammend rot, ergriff das Gewehr vom Boden und eilte, gefolgt von lautem, aber nicht bösartigem Gelächter, in mein Zimmer, warf mich auf das Bett und bedeckte das Gesicht mit den Händen. Mein Herz hüpfte, ich war voller Scham und Fröhlichkeit und fühlte eine nie gekannte Erregung.

Nachdem ich mich ausgeruht hatte, kämmte und wusch ich mich und ging hinunter zum Tee. Das Bild des jungen Mädchens schwebte vor meinen Augen. Das Herz flatterte nicht mehr, aber es stand unter einem mir irgendwie angenehmen Druck.

«Was ist mir dir los?» fragte mich plötzlich mein Vater. «Hast du eine Krähe erlegt?»

Ich war schon im Begriff, ihm alles zu erzählen, hielt mich jedoch zurück und lächelte nur vor mich hin. Bevor ich schlafen ging, drehte ich mich, warum weiss ich nicht, dreimal auf einem Bein um mich selbst, pomadisierte mich, legte mich hin und schlief die ganze Nacht wie erschlagen. Vor dem Morgengrauen erwachte ich für einen Augenblick, hob den Kopf, schaute entzückt um mich – und fiel wieder in tiefen Schlaf.

3

«Wie könnte man mit ihnen bekannt werden?» war mein erster Gedanke, als ich am Morgen erwachte. Ich ging vor dem Tee in den Park, vermied jedoch, dem Zaun zu nahe zu kommen; aber ich sah niemanden. Nach dem Tee schlenderte ich einige Male auf der Strasse vor dem Landhaus hin und her und blickte von weitem in die Fenster. Ich meinte, ihr Gesicht hinter einem Vorhang zu sehen, erschrak und entfernte mich rasch. «Wie dem auch sei, ich muss sie kennenlernen!» dachte ich, während ich auf dem sandigen Platz vor dem Neskutschnyj-Park auf und ab lief. «Aber wie? Das ist die Frage!» Ich rief mir die winzigsten Einzelheiten der Begegnung von gestern abend ins Gedächtnis zurück. Besonders deutlich war mir ihr Lachen in Erinnerung geblieben...

Aber während ich mich aufregte und allerhand Pläne schmiedete, hatte sich das Schicksal bereits um mich gekümmert. Während meiner Abwesenheit hatte meine Mutter einen Brief von der neuen Nachbarin erhalten; er war auf grauem Papier geschrieben und mit braunem Lack gesiegelt, wie er nur für Postanweisungen und für die Korken billigen Weins verwendet wird. In diesem in unbeholfener Sprache und unordentlicher Handschrift geschriebenen Briefe bat die Fürstin meine Mutter um Fürsprache. Meine Mutter sei, wie die Fürstin schrieb, mit Menschen von Rang und Bedeutung gut bekannt, von denen ihr und ihrer Kinder Geschick abhänge, da sie sehr wichtige Prozesse führe. «Ich wende mich an Sie», schrieb sie, «als vornehme Dame an selbige, und nehme gern Gelegenheit, selbiges auszunützen.» Am Schluss bat sie meine Mutter um Erlaubnis, ihr einen Besuch zu machen.

Ich traf meine Mutter in schlechter Laune an. Mein Vater war nicht zuhause, und sie konnte sich mit niemandem beraten. Der ‹vornehmen Dame›, die noch dazu eine Fürstin war, nicht zu antworten, war unmöglich; aber über das, was sie antworten sollte, war sich meine Mutter nicht im klaren. Einen Brief in französischer Sprache zu schreiben, schien ihr nicht angebracht zu sein, und die russische Orthographie war auch nicht Mütterchens Stärke; das wusste sie selbst, und sie wollte sich keine Blösse geben. Sie war deshalb froh, dass ich zurückkam, und gab mir sofort den Auftrag, zur Fürstin zu gehen. Ich sollte ihr mündlich erklären, dass Mutter stets bereit sei, soweit es in ihren Kräften stehe, ihrer Durchlaucht einen Dienst zu erweisen, und gegen ein Uhr um ihren Besuch bitte.

Die unerwartet schnelle Erfüllung meiner geheimen Wünsche machte mich froh und erschreckte mich zugleich. Ich liess mir jedoch die Empfindungen, die mich beherrschten, nicht anmerken, sondern begab mich zuerst einmal auf mein Zimmer, um ein neues Halstuch umzubinden und ein Jackett anzuziehen. Zuhause trug ich stets eine Joppe mit umgelegtem Kragen, und so wollte ich mich nicht sehen lassen.

4

Wider Willen zitterte ich am ganzen Leibe, als ich den engen, unsauberen Flur des Seitengebäudes betrat. Ein alter, grauhaariger Diener kam mir entgegen. Er hatte ein dunkles, kupferfarbenes Gesicht, mürrisch dreinblickende Schweinsaugen und so tiefe Falten auf der Stirn und an den Schläfen, wie ich sie noch nie gesehen hatte. Er trug einen Teller mit dem abgenagten Gerippe eines Herings. Während er mit dem Fuss die ins Nebenzimmer führende Tür aufstiess, fragte er kurz angebunden: «Was wollen Sie?»

«Ist die Fürstin Sassjekina zuhause?» fragte ich.

«Bonifatius!» rief hinter der Tür die schrille Stimme einer Frau.

Der Diener kehrte mir stumm den Rücken zu, wobei der stark abgewetzte Rücken seiner Livree mit einem einzelnen ausgeblichenen Wappenknopf sichtbar wurde, und ging hinein, nachdem er den Teller auf den Boden gestellt hatte.

«Bist du auf dem Bezirksamt gewesen?» liess sich die gleiche weibliche Stimme abermals vernehmen. Der Diener murmelte etwas. «He? Ist jemand gekommen?» hörte ich fragen. «Der junge Sohn des Nachbarn? Nun, bitte ihn herein.»

«Bitte in den Salon!» sagte der wieder vor mir auftauchende Diener und hob den Teller vom Boden auf.

Ich gab mir einen Ruck und trat in den ‹Salon›.

Ich befand mich in einem kleinen, notdürftig aufgeräumten Zimmer mit ärmlichem, gleichsam in der Eile zusammengerücktem Mobiliar. Am Fenster sass auf einem Sessel mit abgebrochener Armstütze eine gewöhnlich aussehende Frau von etwa fünfzig Jahren ohne Kopfhaube. Sie trug ein altes grünes Kleid und um den Hals ein buntes wollenes Tuch. Sie musterte mich mit einem stechenden Blick ihrer kleinen schwarzen Augen.

Ich trat auf sie zu und verbeugte mich.

«Habe ich die Ehre, mit der Fürstin Sassjekina zu sprechen?»

«Ich bin die Fürstin Sassjekina; und Sie sind der Sohn des Herrn W.?»

«Ja. Ich bin mit einem Auftrag meiner Mutter zu Ihnen gekommen.»

«Setzen Sie sich bitte. Bonifatius! Wo sind meine Schlüssel? Hast du sie nicht gesehen?»

Ich teilte der Dame die Antwort meiner Mutter auf ihren Brief mit. Während sie mich anhörte, pochte sie mit ihren dicken roten Fingern dauernd auf das Fensterbrett. Als ich geendet hatte, sah sie mich noch einmal durchdringend an.

«Sehr gut; ich werde unbedingt kommen», sagte sie schliesslich. «Wie jung Sie noch sind! Darf man fragen, wie alt Sie sind?»

«Sechzehn Jahre», antwortete ich, wider Willen zögernd.

Die Fürstin zog einige eng beschriebene, fleckige Schriftstücke aus ihrer Tasche, hielt sie dicht vor die Augen und begann sie durchzulesen.

«Ein schönes Alter», stiess sie plötzlich hervor, drehte sich um und rutschte auf dem Sitz herum. «Verhalten Sie sich bitte ganz ungezwungen. Bei uns geht es einfach her.»

«Zu einfach», dachte ich und betrachtete ihre wenig ansprechende Gestalt mit unwillkürlichem Abscheu von Kopf bis Fuss.

In diesem Augenblick wurde die zweite Tür des Salons rasch geöffnet, und auf der Schwelle erschien das Mädchen, das ich gestern im Garten gesehen hatte. Es hob die Hand, und über das Gesicht huschte ein Lächeln.

«Da ist auch meine Tochter», sagte die Fürstin und zeigte mit dem Ellbogen auf sie. «Sinotschka, dies ist der Sohn unseres Nachbarn, des Herrn W. Darf man sich nach Ihren Namen erkundigen?»

«Wladimir», antwortete ich, vor Aufregung lispelnd, und erhob mich.

«Und der Vatersname?»

«Petrowitsch.»

«So, so! Ich kannte einen Polizeimeister, der hiess auch Wladimir Petrowitsch. – Bonifatius! Suche die Schlüssel nicht, sie sind in meiner Tasche.»

Die junge Dame sah mich noch immer lächelnd an, die Augenbrauen gerunzelt und den Kopf ein wenig zur Seite geneigt.

«Ich habe Msjö Woldemar schon gesehen», begann sie. Beim silbernen Klang überlief mich ein kalter, erregender Schauer. «Ich darf Sie doch so nennen?»

«Bitte!» stammelte ich.

«Wo denn?» fragte die Fürstin.

Die Prinzessin gab ihrer Mutter keine Antwort.

«Sind Sie im Augenblick beschäftigt?» fragte die Tochter, ohne den Blick von mir zu lassen.

«In keiner Weise.»

«Wollen Sie mir helfen, Wolle aufzuwikkeln? Kommen Sie mit in mein Zimmer.»

Sie nickte mir zu und verliess den Salon. Ich eilte ihr nach.

In dem Zimmer, das wir betraten, waren die Möbel etwas besser und geschmackvoller angeordnet. Im übrigen war ich in diesem Augenblick kaum imstande, etwas wahrzunehmen. Ich bewegte mich wie im Schlaf. In meinem Körper war eine so beglückende Spannung, dass ich fast benommen war.

Die Prinzessin setzte sich und langte nach einem Strang roter Wolle. Nachdem sie mir einen Stuhl vor sich angewiesen hatte, knüpfte sie mit schnellen Griffen den Strang auf und legte ihn mir über beide Hände. All das tat sie schweigend, mit einem gewissen vergnügten Zögern und dem immer gleichen strahlenden, verschmitzten Lächeln um die ein wenig geöffneten Lippen. Sie begann die Wolle um eine umgeknickte Karte zu wickeln und strahlte mich plötzlich mit einem so leuchtenden, raschen Blick an, dass ich unwillkürlich die Augen niederschlug. Als sich ihre zumeist halb zugekniffenen Augen in voller Grösse öffneten, bekam ihr Gesicht ein ganz verändertes Aussehen, es war jetzt gleichsam von Licht überflutet.

«Was haben Sie gestern von mir gedacht, Msjö Woldemar?» fragte sie ein wenig später. «Sie haben mich wahrscheinlich verurteilt?»

«Ich..., Prinzessin..., ich habe mir keine Gedanken gemacht - wie könnte ich...», antwortete ich verwirrt.

«Hören Sie», sagte sie. «Sie kennen mich noch nicht. Ich bin nicht wie die anderen. Ich will, dass man mir immer die Wahrheit sagt. Sie sind sechzehn Jahre alt - ich hörte es -, und ich bin einundzwanzig. Sie sehen, ich bin viel älter, und darum sollten Sie mir immer die Wahrheit sagen - und mir gehorchen», fügte sie hinzu. «Schauen Sie mich an - warum sehen Sie mich nicht an?»

Ich wurde noch verwirrter, hob jedoch den Blick und schaute sie an. Sie lächelte, aber nicht wie zuvor; es war ein anderes, beifälliges Lächeln.

«Blicken Sie mich an», wiederholte sie und senkte zärtlich die Stimme, «es ist mir nicht unangenehm... Mir gefällt Ihr Gesicht; ich habe es im Gefühl, dass wir Freunde werden. Gefalle ich Ihnen?» fügte sie kokett hinzu.

«Prinzessin...», begann ich.

«Erstens, nennen Sie mich Sinaida Alexandrowna, und zweitens, was ist das für eine Angewohnheit von euch Kindern» (sie verbesserte sich), «bei euch jungen Menschen, nicht frei heraus zu sagen, was ihr fühlt? Das ist gut für Erwachsene. Also, gefalle ich Ihnen?»

Obwohl es mir sehr behagte, dass sie so offen mit mir sprach, war ich doch ein wenig beleidigt. Ich wollte ihr zeigen, dass sie es nicht mit einem Knaben zu tun hatte, nahm eine möglichst ungezwungene, ernste Miene an und sagte: «Natürlich gefallen Sie mir sehr, Sinaida Alexandrowna, ich will es nicht verhehlen.»

Sie schüttelte mehrere Male den Kopf.

«Haben Sie einen Erzieher?» fragte sie plötzlich.

«Nein, ich habe schon lange keinen Erzieher mehr.»

Ich log. Es war kein Monat her, dass ich mich von meinem Franzosen getrennt hatte.

«O ja, ich sehe, Sie sind völlig erwachsen.» Sie gab mir einen leichten Schlag auf die Finger. «Halten Sie die Hände gerade!»

Dann beschäftigte sie sich eifrig damit, die Wolle zu einem Knäuel aufzuwickeln.

Ich benutzte den Umstand, dass sie den Blick gesenkt hielt, und musterte sie, zuerst verstohlen, dann immer kühner. Ihr Gesicht erschien mir noch schöner als tags zuvor; es war fein, klug und voller Liebreiz. Sie sass mit dem Rükken zum Fenster, vor dem ein weisser Store hing. Ein Sonnenstrahl, der durch den Store drang, goss weiches Licht über ihre lockeren goldenen Haare, ihren makellosen Hals, ihre abfallenden Schultern und die zarte, ruhige Brust. Je länger ich sie betrachtete, desto teurer und vertrauter wurde sie mir. Ich meinte, sie schon seit langem zu kennen; mir war, als ob ich vor der Bekanntschaft mit ihr nichts gewusst und nicht gelebt hätte... Sie trug ein dunkles, schon abgetragenes Kleid und eine Schürze. Jede Falte dieses Kleids und dieser Schürze hätte ich, glaube ich, am liebsten gestreichelt. Unter dem Kleid sahen die Spitzen ihrer Schuhe hervor; voller Anbetung hätte ich mich zu diesen Schuhen geneigt. «Da sitze ich vor ihr!» dachte ich. «Ich habe ihre Bekanntschaft gemacht..., welch Glück, mein Gott!» Ich sprang vor Entzücken fast vom Stuhl, aber ich bewegte nur unruhig die Beine hin und her wie ein Kind, das nach einer Süssigkeit verlangt.

Mir war so wohl zumute wie einem Fisch im Wasser, und ich wäre am liebsten für immer in diesem Zimmer, an diesem Platze geblieben.

Ihre Augenlider gingen langsam in die Höhe. Abermals leuchteten ihre hellen Augen vor mir, und abermals lächelte sie.

«Wie Sie mich ansehen!» sagte sie langsam und drohte mir mit dem Finger.

Ich errötete. «Sie begreift alles, sie sieht alles», ging es mir durch den Sinn. «Und wie sollte sie auch nicht alles verstehen und durchschauen!»

Plötzlich klopfte es im Nebenzimmer an. Ein Säbel klirrte.

«Sina!» rief die Fürstin im Salon. «Bjelowsorow hat dir ein Kätzchen gebracht.»

«Ein Kätzchen!» rief Sinaida, schnellte vom Stuhl hoch, warf mir den Wollknäuel auf die Knie und eilte hinaus.

Ich stand ebenfalls auf, legte Wollstrang und -knäuel auf das Fensterbrett, ging in den Salon und blieb unschlüssig stehen. Mitten im Zimmer lag, die Pfoten gespreizt, ein gestreiftes Kätzchen. Sinaida kniete vor ihm und hob ihm behutsam das Schnäuzchen in die Höhe. Neben der Fürstin, fast die gesamte Fläche zwischen den Fenstern ausfüllend, stellte sich ein blondgelockter junger Mann zur Schau, ein Husar mit rotem Gesicht und Glotzaugen.

«Wie komisch es ist!» behauptete Sinaida. «Keine grauen Augen, sondern grüne, und die grossen Ohren! Seien Sie bedankt, Viktor Jegorytsch! Sie sind sehr lieb.»

Der Husar, den ich als einen der jungen Herrn wiedererkannte, die ich gestern gesehen hatte, verbeugte sich lächelnd, wobei seine Sporen klirrten und das Säbelgehänge rasselte.

«Sie beliebten gestern zu sagen, dass Sie gern ein gestreiftes Kätzchen mit grossen Ohren haben möchten..., da habe ich es Ihnen halt verschafft. Ihr Wort ist Befehl!» Und er verbeugte sich erneut.

Das Kätzchen miaute leise und beschnupperte den Boden.

«Es hat Hunger!» rief Sinaida. «Bonifatius! Sonja! Bringt Milch!»

Das Zimmermädchen, das ein altes gelbes Kleid trug und um den Hals einen verschossenen Schal gebunden hatte, brachte eine Untertasse voll Milch herein und stellte sie vor das Kätzchen, das zusammenzuckte, blinzelte und zu schlecken begann.

«Reizend, die kleine rosa Zunge!» bemerkte Sinaida, den Kopf fast am Boden, und schaute dem Kätzchen von der Seite unter die Nase.

Nachdem es sich gesättigt hatte, begann es zu schnurren und setzte geziert eine Pfote vor die andere. Sinaida erhob sich, wandte sich dem Mädchen zu und sagte gleichgültig: «Bring es hinaus!»

«Für das Kätzchen - ein Händchen!» sagte der Husar grinsend und verbog seinen mächtigen, in die neue Uniform gepressten Körper.

«Beide», erwiderte Sinaida und streckte ihm ihre Hände entgegen. Während er sie küsste, warf sie mir über die Schulter einen Blick zu.

Ich stand unbeweglich auf einem Fleck und wusste nicht, sollte ich lachen, etwas sagen oder im Schweigen verharren. Plötzlich erblickte ich in der offenen Tür des Flurs die Gestalt unseres Dieners Fjodor. Er machte mir Zeichen. Mechanisch ging ich auf ihn zu.

«Was willst du?» fragte ich.

«Ihr Mütterchen hat mich geschickt», flüsterte er. «Sie ist zornig, weil Sie mit der Antwort nicht zurückkehren.»

«Bin ich denn schon lange hier?»

«Über eine Stunde.»

«Über eine Stunde!» wiederholte ich unwillkürlich, kehrte in den Salon zurück, verbeugte mich und machte Kratzfüsse.

«Wohin wollen Sie?» fragte mich die Prinzessin und schaute mich an dem Husaren vorbei an.

«Ich muss heim. Ich werde also sagen», fügte ich, zu der Alten gewandt, hinzu, «dass Sie zwischen ein und zwei Uhr zu uns kommen werden.»

«Richten Sie es so aus, junger Herr.»

Die Fürstin griff hastig nach der Tabakdose und schnupfte so geräuschvoll, dass ich regelrecht zusammenfuhr.

«Richten Sie es so aus», wiederholte sie, mit tränenden Augen blinzelnd und sich räuspernd.

Ich verbeugte mich nochmals, drehte mich um und verliess das Zimmer mit jenem unbehaglichen Gefühl im Rücken, das junge Menschen verspüren, wenn sie wissen, dass man ihnen nachblickt.

«Vergessen Sie nicht wiederzukommen, Msjö Woldemar», rief Sinaida und lachte abermals laut auf.

«Warum lacht sie andauernd?» dachte ich, während ich mit Fjodor heimging, der nichts zu mir sagte, aber mir missbilligend folgte. Meine Mutter schalt mich aus und fragte verwundert, warum ich so lange bei dieser Fürstin geblieben sei. Ich gab ihr keine Antwort und ging in mein Zimmer. Mir war plötzlich sehr traurig zumute. Ich bezwang mich, nicht zu weinen... Ich war eifersüchtig auf den Husaren.

5

Die Fürstin hielt ihre Zusage. Sie besuchte meine Mutter, doch gefiel sie ihr nicht. Ich war bei ihrem Zusammentreffen nicht zugegen, aber bei Tisch erzählte Mütterchen dem Vater, dass ihr diese Fürstin Sassjekina den Eindruck einer ‹femme très vulgaire› mache, dass sie ihr bis zum Überdruss mit ihren Bitten zugesetzt habe, sich für sie beim Fürsten Sergej zu verwenden, dass sie ständig mit Prozessen und Geschäften – ‹des vilaines affaires d'argent› – zu tun habe und wahrscheinlich eine grosse Ränkeschmiedin sei. Mutter fügte jedoch hinzu, dass sie die Fürstin nebst Tochter für morgen zu Tisch gebeten habe (als ich das Wort ‹Tochter› hörte, beugte ich mich tief über meinen Teller), weil sie trotz alledem unsere Nachbarin sei und einen Rang besitze. Darauf erklärte Vater, dass er sich jetzt erinnere, wer diese Dame sei. Er habe in seiner Jugend den inzwischen verstorbenen Fürsten Sassjekin gekannt, einen sehr wohlerzogenen, aber hohlen und faden Menschen, den man in der Gesellschaft ‹le Parisien› genannt habe, weil er lange in Paris gelebt hatte. Er sei sehr reich gewesen, habe aber sein ganzes Vermögen verspielt und wer weiss aus welchem Grunde, möglicherweise des Geldes wegen, die Tochter eines Angestellten geheiratet. «Er hätte übrigens eine bessere Wahl treffen können», fügte Vater hinzu und lächelte kalt. Nach der Heirat habe er sich in Spekulationen eingelassen und sich endgültig zugrunde gerichtet.

«Hoffentlich bittet sie uns nicht um ein Darlehen», bemerkte meine Mutter.

«Das wäre schon möglich», antwortete Vater ruhig. «Spricht sie französisch?»

«Sehr schlecht.»

«Hm. Übrigens ganz gleich. Du hast mir, glaube ich, gesagt, dass du auch die Tochter gebeten hast. Jemand hat mir versichert, dass sie ein sehr nettes und gebildetes Mädchen ist.»

«Aha! Dann dürfte sie der Mutter nicht nachgeraten sein.»

«Und auch dem Vater nicht», meinte Vater. «Der war zwar wohlerzogen, aber dumm.»

Mütterchen seufzte und sah nachdenklich vor sich hin. Vater schwieg. Ich hatte mich während dieses Gesprächs sehr unbehaglich gefühlt.

Nach dem Essen ging ich in den Park, aber ohne Gewehr. Ich hatte mir das Wort gegeben, mich von ‹Sassjekins Garten› fernzuhalten, aber ein unwiderstehlicher Drang zog mich dorthin - und nicht vergeblich. Kaum hatte ich mich dem Zaun genähert, als ich Sinaida erblickte. Diesmal war sie allein. Sie hielt ein Buch in der Hand und ging langsam ihres Wegs. Sie bemerkte mich nicht.

Beinahe hätte ich sie vorbeigehen lassen, aber plötzlich änderte ich meinen Sinn und hustete.

Sie drehte sich um, blieb jedoch nicht stehen, sondern schlug nur mit der Hand das breite blaue Band ihres runden Strohhuts zurück, schaute mich an, lächelte ein wenig und richtete den Blick sofort wieder in das Buch.

Ich nahm die Mütze ab, verharrte einige Augenblicke auf der Stelle und ging dann schweren Herzens weiter. «Que suis-je pour elle?» dachte ich (Gott weiss warum) auf französisch.

Schritte, die ich kannte, erklangen hinter mir. Ich schaute mich um: es war mein Vater, der mit seinem raschen, leichten Gang auf mich zukam.

«War das die Prinzessin?» fragte er mich.

«Ja, die Prinzessin.»

«Kennst du sie denn?»

«Ich habe sie heute morgen bei der Fürstin gesehen.»

Mein Vater blieb stehen, machte eine jähe Kehrtwendung auf dem Absatz und ging zurück. Als er an Sinaida vorbeikam, verbeugte er sich höflich. Sie verneigte sich ebenfalls und liess das Buch sinken. Ihre Miene drückte eine gewisse Verwunderung aus. Ich bemerkte, wie ihm ihre Blicke folgten. Mein Vater war stets sehr gewählt, schlicht und nach seinem persönlichen Geschmack gekleidet, aber nie war mir seine Gestalt so wohlgebaut erschienen, nie hatte sein grauer Hut schmucker auf seinem graumelierten lockigen Haar gesessen als heute.

Ich wollte zu Sinaida eilen, aber sie würdigte mich keines Blicks, nahm das Buch wieder in die Höhe und entfernte sich.

6

Den ganzen Abend und den folgenden Morgen war ich stumm und bedrückt. Ich entsinne mich, dass ich zu arbeiten versuchte und das Lehrbuch von Kaidanow vornahm, aber vergeblich. Die gesperrten Zeilen und die Seiten des bekannten Geschichtswerks flimmerten vor meinen Augen. Zehnmal hintereinander las ich den Satz: ‹Julius Caesar zeichnete sich durch Kampfgeist und Heldenmut aus›, verstand nichts und schob das Buch beiseite. Vor dem Essen pomadisierte ich mich mehrmals, zog das Jackett an und band eine Krawatte um.

«Warum das?» fragte meine Mutter. «Du

bist noch kein Student, und Gott weiss, ob du das Examen bestehst. Man hat dir doch kürzlich eine Joppe angefertigt. Sollen wir sie etwa wegwerfen?»

«Wir bekommen Gäste», flüsterte ich, fast in Verzweiflung.

«Unsinn! Was sind das schon für Gäste!»

Ich musste mich fügen und vertauschte das Jackett mit der Joppe, aber die Krawatte band ich nicht ab. Die Fürstin nebst Tochter erschien eine halbe Stunde vor dem Essen. Die Alte hatte über ihr grünes Kleid, das ich schon kannte, einen gelben Schal geworfen und eine altmodische Haube mit flammendroten Bändern aufgesetzt. Sie begann sogleich von ihren Geldgeschichten zu sprechen, klagte über ihre Armut und jammerte. Sie legte sich keinerlei Zwang auf, nahm keine Rücksicht, schnupfte geräuschvoll Tabak und rutschte und drehte sich ungezwungen auf ihrem Stuhl hin und her, wie ich es schon gestern erlebt hatte. Es hatte den Anschein, als sei ihr gar nicht bewusst, eine Fürstin zu sein.

Sinaida hingegen wahrte eine sehr strenge, fast hochmütige Haltung und benahm sich wie eine richtige Prinzessin. Ihr Gesicht hatte einen kühlen, starren und würdigen Ausdruck. Ich erkannte sie nicht wieder; ihre Blicke, ihr Lächeln waren anders; immerhin kam sie mir auch mit dieser neuen Miene sehr schön vor. Sie trug ein leichtes, hellblau gemustertes Seidenkleid; ihre Haare fielen nach englischer Manier in langen Locken längs der Wangen herab; die Frisur passte zu ihrem kalten Gesichtsausdruck.

Mein Vater sass während des Essens neben

ihr und unterhielt seine Nachbarin mit der ihm eigenen zurückhaltenden, ruhigen Höflichkeit. Hin und wieder blickte er sie an, und auch sie richtete ab und zu den Blick auf ihn, aber es war ein seltsamer, fast feindseliger Blick. Sie sprachen französisch miteinander, und ich entsinne mich, dass mich Sinaidas reine Aussprache erstaunte.

Die Fürstin tat sich bei Tisch genausowenig Zwang an wie zuvor; sie ass viel und lobte die Speisen. Meine Mutter fühlte sich durch sie sichtlich bedrückt und antwortete ihr mit einer gewissen griesgrämigen Geringschätzung, so dass mein Vater hin und wieder kaum merklich die Brauen runzelte. Sinaida gefiel meiner Mutter ebenfalls nicht.

«Ein dünkelhaftes Mädel!» sagte sie am nächsten Tage. «Hat grade Grund, sich so wichtig zu machen - avec sa mine de grisette!»

«Du hast offenbar noch keine Grisetten gesehen», bemerkte mein Vater.

«Gott sei Dank!»

«Versteht sich, Gott sei Dank... Nur, wie kannst du dann über sie urteilen?»

Mir schenkte Sinaida überhaupt keine Beachtung. Bald nach dem Essen verabschiedete sich die Fürstin.

«Ich hoffe auf Ihre Fürsprache, Marja Nikolajewna und Pjotr Wassiljisch», sagte sie in singendem Tonfall zu meinen Eltern. «Was tun? Die schönen Zeiten sind vergangen. Wie Sie mich hier sehen, bin ich zwar eine Durchlaucht», fügte sie mit einem unangenehmen Lachen hinzu, «aber von der Würde wird man nicht satt.»

Mein Vater verneigte sich höflich vor ihr

und geleitete sie bis zur Tür im Vorzimmer. Ich stand ebendort in meiner kurzen Joppe und schaute wie ein zum Tode Verurteilter zu Boden. Sinaidas Verhalten gegen mich hatte mich endgültig zerschmettert. Wie gross war mein Erstaunen, als sie mir rasch und mit dem früheren zärtlichen Ausdruck in den Augen im Vorbeigehen zuflüsterte: «Kommen Sie gegen acht Uhr zu uns, hören Sie, unbedingt...»

Ich konnte nur die Arme ausbreiten, aber sie hatte sich schon entfernt, nachdem sie einen weissen Schal um den Kopf gebunden hatte.

7

Punkt acht Uhr betrat ich im Jackett und mit hochgebürstetem Haarschopf den Flur des Seitengebäudes, das die Fürstin bewohnte. Der alte Diener warf mir einen mürrischen Blick zu und erhob sich widerwillig von der Bank. Im Salon erschallten fröhliche Stimmen. Ich öffnete die Tür und trat vor Verwunderung einen Schritt zurück. Mitten im Zimmer stand die Prinzessin auf einem Stuhl und hielt einen Männerhut vor sich hin. Um den Stuhl drängten sich fünf Herren. Sie bemühten sich, mit den Händen in den Hut zu langen, aber sie hob ihn hoch und schüttelte ihn kräftig. Als sie mich erblickte, rief sie: «Halt! Halt! Ein neuer Gast, er muss auch ein Los bekommen», und leichtfüssig vom Stuhl hüpfend, fasste sie mich am Aufschlag des Jacketts.

«Kommen Sie näher», sagte sie, «warum stehen Sie dort? Messieurs, darf ich bekannt machen: das ist Msjö Woldemar, der Sohn unseres Nachbarn. Und diese», fügte sie hinzu, an mich gewandt und der Reihe nach auf die Gäste zeigend, «sind Graf Malewskij, Doktor Luschin, der Dichter Maidanow, der verabschiedete Hauptmann Nirmatzkij und der Husar Bjelowsorow, den Sie schon kennengelernt haben. Bitte einander zu lieben und zu ehren.»

Ich war so verwirrt, dass ich mich nicht einmal vor jemandem verneigte. In Doktor Luschin erkannte ich den gleichen dunkelhaarigen Herrn wieder, der mich so mitleidslos im Garten beschämt hatte; die übrigen waren mir nicht bekannt.

«Graf!» fuhr Sinaida fort, «schreiben Sie für Msjö Woldemar ein Los.»

«Das ist ungerecht», erwiderte mit leichtem polnischem Akzent der Graf, ein sehr hübscher, stutzerhaft gekleideter, brünetter junger Mann mit ausdrucksvollen braunen Augen, einer schmalen, kleinen weissen Nase und einem dünnen Bärtchen über dem winzigen Mund. «Er hat sich am Pfänderspiel nicht beteiligt.»

«Ja, ungerecht», wiederholten Bjelowsorow und der verabschiedete Hauptmann, ein Herr von etwa vierzig Jahren mit einem von Pokkennarben entstellten Gesicht, kraushaarig wie ein Mohr, untersetzt, krummbeinig; sein Uniformrock ohne Achselstücke war aufgeknöpft.

«Schreiben Sie das Los, sagt man Ihnen», wiederholte die Prinzessin. «Was ist das für ein Aufstand? Msjö Woldemar ist zum ersten Male bei uns, und heute gilt für ihn kein Gesetz. Kein Grund zu murren, schreiben Sie; ich will es!»

Der Graf zuckte die Achseln, senkte jedoch gehorsam den Kopf, nahm die Feder in seine weisse, mit Ringen geschmückte Hand, riss ein kleines Stück Papier ab und schrieb etwas darauf.

«Zumindest sollten Sie gestatten, Herrn Woldemar zu erklären, um was es geht», sagte Luschin mit spöttischer Stimme, «sonst kennt er sich überhaupt nicht mehr aus. Sehen Sie, junger Mann, wir veranstalten ein Pfänderspiel. Die Prinzessin hat sich einer Strafe ausgesetzt. Wer das Glückslos zieht, hat das Recht, ihr Händchen zu küssen. Haben Sie verstanden, was ich gesagt habe?»

Ich starrte ihn nur an und stand noch immer wie benommen da. Die Prinzessin sprang wieder auf den Stuhl und schüttelte abermals den Hut. Alle streckten sich zu ihr hinauf, ich stand hinter ihnen.

«Maidanow», sagte die Prinzessin zu einem hochgewachsenen jungen Mann mit hagerem Gesicht, kleinen, trüben Augen und ungewöhnlich langen Haaren. «Sie als Dichter müssen Grossmut zeigen und Ihr Los Msjö Woldemar abtreten, damit er zwei Chancen statt einer hat.»

Aber Maidanow schüttelte ablehnend den Kopf und warf die Haare zurück.

Ich streckte als letzter die Hand in den Hut, nahm ein Los und entfaltete es... Mein Gott, wie wurde mir, als ich auf ihm das Wort las: «Kuss!»

«Kuss!» schrie ich unwillkürlich.

«Bravo! Er hat gewonnen», stimmte die Prinzessin ein. «Welche Freude für mich!» Sie stieg vom Stuhl und sah mir so strahlend und zärtlich in die Augen, dass mir das Herz hüpfte. «Freuen Sie sich auch?» fragte sie mich.

«Ich?...», stammelte ich.

«Verkaufen Sie mir Ihr Los», knallte Bjelowsorows Stimme plötzlich gegen mein Ohr. «Ich gebe Ihnen hundert Rubel.»

Ich antwortete dem Husaren mit einem so vernichtenden Blick, dass Sinaida in die Hände klatschte und Luschin ausrief: «Tüchtiger Bursche! Aber», fuhr er fort, «als Spielleiter bin ich verpflichtet, auf die Durchführung aller Regeln zu achten. Msjö Woldemar, lassen Sie sich auf ein Knie nieder. So ist es bei uns eingeführt.»

Sinaida stand vor mir, den Kopf ein wenig zur Seite geneigt, als ob sie mich besser sehen wolle, und streckte mir würdevoll ihre Hand entgegen. Alles verschwamm vor meinen Augen; ich wollte mich auf ein Knie niederlassen, fiel auf beide, und meine Lippen berührten Sinaidas Finger so ungeschickt, dass ich mir die Nasenspitze an einem ihrer Nägel ritzte.

«Gut!» rief Luschin und half mir aufstehen.

Das Pfänderspiel wurde fortgesetzt. Sinaida wies mir den Platz neben sich an. Was ersann sie für Strafen! Unter anderem stellte sie eine Statue dar. Als Sockel wählte sie sich den ungestalten Nirmatzkij. Sie befahl ihm, sich der Länge nach platt auf den Boden zu legen und auch noch den Kopf auf die Brust zu beugen. Das Gelächter verstummte nicht für einen Augenblick. Mir, dem ohne Gesellschaft und nüchtern erzogenen, in einem honorigen Herrenhause aufgewachsenen Jungen stiegen der Lärm und Radau, die ausgelassene, fast wilde Lustigkeit, das nie erlebte Zusammensein mit unbekannten Menschen einfach zu Kopfe. Ich wurde trunken, war wie von Wein berauscht, begann zu lachen und lauter als alle anderen zu schwätzen, so dass sogar die alte Fürstin, die im Nebenzimmer mit einem Winkeladvokaten vom Iberischen Tor bei einer Beratung sass, herauskam und mich anschaute. Aber ich fühlte mich derart glücklich, dass ich auf alle spöttischen Bemerkungen und schiefen Blicke pfiff.

Sinaida zog mich auch fernhin den anderen vor und liess mich nicht von ihrer Seite. Bei einer Strafe musste ich neben ihr sitzen; ein seidenes Tuch verhüllte uns beide. Ich sollte ihr *mein Geheimnis* sagen. Ich entsinne mich, wie sich unsere Köpfe plötzlich in einer dumpfen, durchscheinenden, duftenden Dämmerung befanden, wie in dem Halbdunkel ihre Augen nahe vor mir matt leuchteten, aus den geöffneten Lippen ihr heisser Atem strömte, die Zähne sichtbar wurden, wie mich die Spitzen ihrer Haare kitzelten und versengten. Ich schwieg. Sie lächelte geheimnisvoll und verschmitzt. Schliesslich flüsterte sie: «Nun, was ist Ihr Geheimnis?» Ich errötete, lachte, wandte mich ab und vermochte kaum zu atmen.

Als uns das Pfänderspiel langweilte, begannen wir das Schnurspiel. Mein Gott, welches Entzücken verspürte ich, als ich von ihr einen heftigen, scharfen Schlag auf die Finger bekam, weil ich nicht aufgepasst hatte. Dann bemühte ich mich absichtlich, so zu tun, als gäbe ich keine Obacht, aber sie neckte mich und rührte die hingestreckten Finger nicht an.

Was unternahmen wir nicht alles im Laufe dieses Abends! Es wurde auf dem Fortepiano gespielt, wir sangen, tanzten und stellten einen Zigeunertabor dar. Nirmatzkij wurde als Bär verkleidet und mit Salzwasser getränkt. Graf Malewskij zeigte uns verschiedene Kartenkunststücke und beendete die Vorstellung, indem er sich selbst nach dem Mischen der Karten alle Trümpfe im Whist austeilte, wozu ‹ihm zu gratulieren› sich Luschin die Ehre gab. Maidanow deklamierte Abschnitte aus seinem Poem ‹Der Mörder› (wir befanden uns auf dem Höhepunkt der Romantik), das er in schwarzem Einband, die grossen Buchstaben in blutroter Farbe, herauszugeben beabsichtigte. Dem Winkeladvokaten vom Iberischen Tor entwendete man den Hut von den Knien. Um ihn loszukaufen, musste er einen Kasatschok tanzen. Den alten Bonifatius schmückte man mit einer Haube, und die Prinzessin setzte einen Herrenhut auf... Alles lässt sich nicht aufzählen. Bjelowsorow war der einzige, der finster und zornig in einer Ecke stand. Zuweilen waren seine Augen blutunterlaufen; er wurde puterrot, und es schien, als ob er sich gleich auf uns alle stürzen und uns wie Späne nach allen Seiten auseinanderfegen werde. Aber sobald ihn die Prinzessin anblickte und ihm mit dem Finger drohte, verdrückte er sich in seine Ecke.

Schliesslich hatten wir uns ausgetobt und waren mit unserer Kraft am Ende. Obwohl die Fürstin, wie sie sich selbst ausdrückte, an mancherlei gewöhnt war und von keinerlei Schreien gestört wurde, fühlte auch sie sich müde und wünschte auszuruhen. Gegen zwölf Uhr nachts wurde ein Imbiss gereicht, der aus einem Stück alten, trockenen Käse und kalten Piroggen mit gehacktem Schinken bestand, die mich köstlicher dünkten als alle Pasteten. Es gab nur eine einzige Flasche Wein. Die Flasche war aus dunklem Glas und hatte einen gebauchten

Hals, der Wein war von rosa Farbe. Niemand trank ihn.

Müde und glücklich bis zur Erschöpfung verliess ich die Wohnung. Sinaida drückte mir beim Abschied fest die Hand und lächelte abermals rätselhaft.

Der schwere, feuchte Atem der Nacht berührte mein erhitztes Gesicht. Ein Gewitter schien heraufzuziehen. Schwarze Wolken ballten sich zusammen und zogen über den Himmel; man konnte verfolgen, wie sich ihre Umrisse veränderten. Unruhig erschauerten die dunklen Bäume unter leichten Windstössen. Irgendwo, weit hinter dem Horizont, grollte, gleichsam für sich, der Donner zornig und dumpf.

Über die Hintertreppe schlich ich in mein Zimmer. Mein Diener schlief auf dem Fussboden; ich musste über ihn hinwegsteigen. Er wachte auf, erblickte mich und berichtete mir, dass sich meine Mutter wieder sehr über mich geärgert hatte und mich holen lassen wollte, Vater jedoch habe es ihr ausgeredet. (Ich legte mich niemals schlafen, ohne mich von meiner Mutter zu verabschieden und um ihren Segen zu bitten.) Was war da zu tun!

Ich sagte dem Diener, dass ich mich selbst auskleiden und zu Bett gehen werde. Dann löschte ich die Kerze. Aber ich zog mich nicht aus und legte mich nicht hin.

Ich setzte mich auf einen Stuhl und sass lange da wie verzaubert. Was ich fühlte, war so neu und so süss... Ich sass da, bewegte mich nicht, sah kaum etwas, atmete langsam und lachte nur hin und wieder still vor mich hin, wenn ich mich an das eine oder andere erinnerte, oder mir wurde kalt bei dem Gedanken, dass ich verliebt sei, dass dies, ja dies die Liebe sei. Sinaidas Gesicht schwebte still in der Finsternis vor mir und entschwebte nicht. Ihre Lippen lächelten rätselhaft, die Augen blickten ein wenig von der Seite auf mich, fragend, versonnen und zärtlich - genau wie in dem Augenblick, als ich mich von ihr verabschiedet hatte. Schliesslich stand ich auf, ging auf Zehenspitzen zu meinem Bett und legte behutsam, ohne mich auszukleiden, den Kopf auf das Kissen, als fürchte ich, durch eine heftige Bewegung all das aufzurühren, von dem ich erfüllt war...

Ich legte mich hin, schloss aber nicht einmal die Augen. Bald bemerkte ich, dass unaufhörlich schwache Reflexe in mein Zimmer fielen. Ich richtete mich auf und schaute zum Fenster. Sein Rahmen hob sich deutlich von den geheimnisvoll weisslich und grau schimmernden Wänden ab. «Ein Gewitter!» dachte ich, und es war tatsächlich ein Gewitter, aber es zog in so weiter Ferne vorüber, dass nicht einmal der Donner zu hören war. Nur am Himmel flammten unaufhörlich fahle, langgezogene, gleichsam sich verästelnde Blitze auf; sie loderten nicht auf, sondern zuckten und flatterten wie die Flügel eines sterbenden Vogels. Ich stand auf, trat an das Fenster und blieb dort bis zum Morgen...

Die Blitze liessen keinen Augenblick nach; es war eine, wie man im Volke sagt, Sperlingsnacht. Ich blickte auf die stumme Sandfläche, auf die dunkle Masse des Neskutschnyj-Parks, auf die gelblichen Fassaden ferner Gebäude, die ebenfalls bei jedem schwachen Aufflammen zu erzittern schienen. Ich schaute und schaute und konnte mich von dem Anblick nicht losreissen. Die stummen Blitze, das anhaltende Wetterleuchten erschienen mir wie eine Antwort auf die stummen, geheimen Sehnsüchte, die auch in mir brannten.

Der Morgen nahte. Die Morgenröte kündigte sich mit purpurnen Flecken an. Vor der nahenden Sonne verblassten die Blitze und liessen allmählich nach; sie zuckten immer seltener auf und endeten schliesslich, überflutet vom ernüchternden, unbezweifelbaren Licht des anbrechenden Tages.

Auch in mir verschwanden meine Blitze. Ich fühlte grosse Müdigkeit, und es wurde still in mir, aber Sinaidas Gestalt schwebte noch immer triumphierend über meiner Seele. Und sie selbst, diese Gestalt, schien beruhigt zu sein: wie ein aus Sumpfgräsern auffliegender Schwan sonderte sie sich von den anderen, wenig schönen Figuren ihrer Umgebung ab, und ich, schon halb im Schlaf, verfiel ihr zum letzten Male und ergab mich ihr zum Abschied in gläubiger Vergötterung.

O ihr sanften Gefühle, ihr weichen Klänge, Güte und Beruhigung des ergriffenen Gemüts, schmelzende Freude erster Regungen zärtlicher Liebesgefühle - wo seid ihr, wo seid ihr?

8

Als ich am Morgen zum Tee kam, wurde ich von meiner Mutter gescholten - übrigens weniger, als ich erwartet hatte. Sie liess mich erzählen, wie ich den Abend zuvor verbracht hatte. Ich gab ihr mit wenigen Sätzen Bescheid, überging viele Einzelheiten und bemühte mich nur, dem Ganzen ein möglichst unschuldiges Aussehen zu geben.

«Trotzdem, diese Leute sind nicht comme il faut», bemerkte meine Mutter. «Kein Grund für dich, dort zu verkehren; du solltest dich lieber auf das Examen vorbereiten und lernen.»

Da ich wusste, dass Mütterchens Sorgen um meine Beschäftigung sich auf diese wenigen Worte beschränkten, hielt ich es nicht für nötig, ihr zu antworten. Aber nach dem Tee nahm Vater meinen Arm, ging mit mir in den Park und veranlasste mich, genau zu erzählen, was ich bei den Sassjekins erlebt hatte.

Mein Vater hatte einen seltsamen Einfluss auf mich – und seltsam waren auch unsere Beziehungen. Er kümmerte sich kaum um meine Erziehung, aber er beschimpfte mich nie und achtete meine Freiheit. Er war sogar, wenn man es so ausdrücken darf, höflich im Umgang mit mir, aber er liess mich nicht an sich heran. Ich liebte ihn, ich konnte mich nicht sattsehen an ihm, er schien mir das Vorbild eines Mannes zu sein. Mein Gott, mit welcher Leidenschaft hätte ich mich ihm angeschlossen, wenn ich nicht ständig seine abweisenden Hände gespürt hätte! Aber wenn er wollte, konnte er fast augenblicklich mit einem Wort, mit einer Bewegung grenzenloses Vertrauen zu sich erwecken. Meine Seele tat sich weit auf – ich plauderte mit ihm wie mit einem klugen Freunde, wie mit einem freundlichen Lehrer..., aber ebenso plötzlich liess er mich wieder allein, seine Hand wehrte mich abermals ab, zart und sanft zwar, aber sie schob mich von sich.

Manchmal geriet er in eine fröhliche Stimmung. Dann war er bereit, mit mir zu scherzen und ausgelassen herumzutoben (er war ein Freund kräftiger körperlicher Bewegung). Einmal - das einzige Mal! - liebkoste er mich so zärtlich, dass mir fast die Tränen gekommen wären... Aber auch seine Fröhlichkeit und Zärtlichkeit vergingen, ohne eine Spur zu hinterlassen, und es blieb mir keine Hoffnung, dass sich das, was sich zwischen uns ereignet hatte, wiederholen werde; mir war, als habe ich es im Traum erlebt. Wenn ich manchmal sein kluges, schönes, helles Gesicht betrachtete, dann bebte mein Herz, und ich drängte mich mit meinem ganzen Wesen zu ihm hin. Und als spüre er, was in mir vorging, streichelte er im Vorbeigehen meine Wange. Aber er ging weiter oder beschäftigte sich mit etwas, oder er wurde plötzlich so kalt, wie nur er dazu imstande war, und augenblicklich zog sich alles in mir zusammen, und ich wurde ebenfalls kalt. Die seltenen Anfälle seiner Zuneigung zu mir waren niemals die Folge meines stummen, aber unmissverständlichen Flehens, sondern sie kamen ganz unerwartet. Wenn ich später über den Charakter meines Vaters nachdachte, gelangte ich zu dem Schluss, dass ihm weder an mir noch am Familienleben gelegen war; er liebte anderes und fand darin vollen Genuss. «Nimm dir, was du kannst, liefere dich aber keinem anderen aus; sich selbst gehören - darin liegt der ganze Sinn des Lebens», sagte er einmal zu mir. Einmal erlaubte ich mir, in meiner Eigenschaft als junger Demokrat, in seiner Anwesenheit über die Freiheit zu sprechen (er hatte eben, wie ich es nannte, seinen guten Tag; dann konnte man mit ihm über alles reden).

«Freiheit», wiederholte er. «Weisst du denn, was einem Menschen Freiheit gewährt?»

«Was?»

«Der Wille, der eigene Wille. Er verleiht Macht, und Macht ist besser als Freiheit. Verstehe zu wollen, und du bist frei und kannst befehlen.»

Mein Vater wollte vor allem und zumeist leben - und er lebte... Vielleicht fühlte er voraus, dass es ihm nicht lange beschieden sein werde, seine Lebensfrist zu nützen; er starb im Alter von zweiundvierzig Jahren.

Ich erstattete Vater einen ausführlichen Bericht über meinen Besuch bei den Sassjekins. Er hörte mir halb aufmerksam, halb zerstreut zu, während er auf der Bank sass und mit dem Ende der Reitpeitsche Striche in den Sand zeichnete. Hin und wieder lachte er, blickte mich heiter und belustigt an und ermunterte mich mit kurzen Fragen und Bemerkungen. Ich konnte mich anfangs nicht entschliessen, Sinaidas Namen auszusprechen, hielt es aber nicht aus und begann ihr Lob zu singen. Mein Vater hörte nicht auf zu schmunzeln. Dann wurde er nachdenklich, reckte sich und stand auf.

Ich entsinne mich, dass er beim Verlassen des Hauses befohlen hatte, sein Pferd zu satteln. Er war ein vorzüglicher Reiter und imstande, die wildesten Pferde zu zähmen, nicht schlechter als später der englische Dresseur Mr. Rarey in Moskau.

«Darf ich mitreiten, Väterchen?» fragte ich ihn.

«Nein», antwortete er, und sein Gesicht nahm den üblichen gleichgültig-höflichen Ausdruck an. «Reite allein, wenn du willst, und sage dem Kutscher, dass ich heute nicht ausreiten werde.»

Er wandte mir den Rücken zu und entfernte sich rasch. Ich folgte ihm mit den Augen - er verschwand hinter dem Tor. Ich sah, wie sich sein Hut längs des Zauns bewegte: mein Vater ging zu den Sassjekins.

Er blieb bei ihnen nicht länger als eine Stunde, begab sich aber dann sofort in die Stadt und kehrte erst gegen Abend heim.

Nach dem Essen ging auch ich zu den Sassjekins. Im Salon traf ich nur die alte Fürstin an. Als sie mich erblickte, kratzte sie sich mit dem Ende der Stricknadel unter der Haube am Kopf, und plötzlich fragte sie mich, ob ich ihr eine Bittschrift ins reine schreiben könne.

«Mit Vergnügen», antwortete ich und setzte mich auf einen Stuhl.

«Aber geben Sie Obacht und schreiben Sie die Buchstaben möglichst gross», sagte die Fürstin und reichte mir einen Bogen Papier. «Ist es vielleicht heute noch möglich, junger Herr?»

«Ich schreibe es noch heute.»

Die Tür des Nachbarzimmers wurde ein klein wenig geöffnet. Im Spalt erschien Sinaidas Gesicht; es war bleich, versonnen, die Haare waren unachtsam nach hinten geworfen. Sie schaute mich mit grossen kalten Augen an und schloss still die Tür.

«Sina, he, Sina!» rief die Alte.

Sinaida gab keine Antwort. Ich nahm die Bittschrift der Alten mit und beschäftigte mich den ganzen Abend mit der Abschrift.

9

An jenem Tage begann meine ‹Leidenschaft›. Ich hatte damals, wie ich mich entsinne, das Gefühl eines Menschen, der einen Dienst antritt. Ich hörte auf, nichts als ein junger Mann zu sein, ich war ein Verliebter. Ich sagte, dass von diesem Tage an meine Leidenschaft begann; ich könnte hinzufügen, dass auch meine Leiden an diesem Tage begannen... Ich schmachtete nach Sinaida, wenn sie nicht da war; ich konnte keinen Gedanken fassen, alles glitt mir aus der Hand, tagelang dachte ich nur an sie. Ich sehnte mich nach ihr, aber in ihrer Gegenwart wurde mir nicht leichter. Ich war eifersüchtig, ich war mir meiner Nichtigkeit bewusst, ich verfiel in törichtes Schmollen, machte mich genauso töricht zu ihrem Sklaven - und trotzdem zog mich eine unwiderstehliche Gewalt zu ihr; sooft ich die Schwelle ihrer Tür überschritt, bebte ich unwillkürlich vor Glück.

Sinaida hatte sofort erraten, dass ich mich in sie verliebt hatte, und ich gedachte auch nicht, es zu verheimlichen. Sie belustigte sich über meine Leidenschaft, hielt mich zum Narren, trieb ihren Spass mit mir und quälte mich. Süss ist es, der einzige Quell, die selbstherrliche und zu nichts verpflichtende Ursache der grössten Freuden und des tiefsten Kummers eines anderen Menschen zu sein - und ich war in Sinaidas Händen wie weiches Wachs.

Übrigens war ich nicht der einzige, der in sie verliebt war. Allen Herren, die in ihrem Hause verkehrten, hatte sie den Verstand geraubt; alle hielt sie am Bändel, alle lagen ihr zu Füssen. Es machte ihr Vergnügen, bald Hoffnungen, bald Befürchtungen in ihnen zu wecken, sie nach ihrer Laune tanzen zu lassen (das nannte sie: Menschen aufeinanderstossen), und sie dachten gar nicht daran, sich zu widersetzen, und fügten sich bereitwillig. Sinaidas vor Leben und Schönheit sprühendes Wesen war eine reizvolle Mischung von Schlauheit und Sorglosigkeit, Künstlichkeit und Schlichtheit, Stille und Ruhelosigkeit. In allem, was sie tat und sagte, kam eine eigenartige, spielerische Kraft zum Ausdruck. Auch ihre Miene veränderte sich unaufhörlich und spielte mit: sie drückte fast im gleichen Augenblick Spott, Nachdenklichkeit und Leidenschaft aus. Wie Wolkenschatten an einem windbewegten Sonnentag glitten die verschiedensten Empfindungen leicht und schnell über ihre Augen und Lippen.

Sie hatte jeden ihrer Verehrer nötig. Bjelowsorow, den sie zuweilen ‹mein Tier›, manchmal auch einfach ‹der Meinige› nannte, hätte sich bereitwillig für sie ins Feuer gestürzt. Da er seinen geistigen Fähigkeiten und übrigen Werten nicht traute, machte er ihr immer wieder den Vorschlag einer Heirat und deutete an, dass es den anderen nicht ernst sei. Maidanow entsprach den poetischen Saiten ihres Gemüts. Ziemlich kühl wie fast alle Literaten, war er angestrengt bemüht, ihr und vielleicht auch sich selbst zu versichern, dass er sie anbete. Er besang sie in endlos langen Gedichten und las sie ihr mit einer Art sowohl unnatürlicher als auch aufrichtiger Begeisterung vor. Sie verschloss sich nicht seinen Gefühlen und machte sich gleichzeitig ein wenig lustig über ihn; sie glaubte ihm nicht recht. Wenn sie genug von seinen Ergüssen gehört hatte, liess sie ihn Puschkin lesen, um, wie sie sagte, die Luft zu reinigen.

Der spöttische, in seiner Redeweise zynische Doktor Luschin kannte sie besser als alle anderen – und liebte sie mehr als alle, obwohl er sie oft schalt, ganz gleich, ob sie anwesend war oder nicht. Sie schätzte ihn, liess ihm aber nichts durchgehen und gab ihm zuweilen mit besonderem, boshaftem Vergnügen zu spüren, dass auch er in ihrer Hand sei. «Ich bin eine Kokette, ich habe kein Herz, ich bin eine Spielernatur», sagte sie einmal in meiner Gegenwart zu ihm. «Wohlan! Geben Sie mir Ihre Hand, ich werde Sie mit einer Nadel stechen; Sie werden sich vor diesem jungen Mann schämen, es wird Ihnen weh tun, und Sie werden trotzdem dabei lachen, wenn's beliebt, mein wahrheitsliebender Herr.» Luschin errötete, drehte sich um, biss sich auf die Lippen, streckte ihr aber schliesslich dennoch die Hand hin. Sinaida stach die Nadel hinein, und tatsächlich, er lachte. Auch sie lachte. Während sie die Nadel immer tiefer hineindrückte, schaute sie ihm in die Augen; vergeblich suchte er ihren Blicken auszuweichen.

Am wenigsten verstand ich die Beziehungen zwischen Sinaida und dem Grafen Malewskij. Er war hübsch, gewandt und klug, aber an ihm war etwas Zweifelhaftes, Falsches; das war sogar für mich Sechzehnjährigen zu spüren, und ich wunderte mich, dass Sinaida es nicht bemerkte. Doch vielleicht empfand auch sie dieses Unechte, und es störte sie nicht. Falsche Erziehung, seltsame Bekanntschaften und Gewohnheiten, die ständige Anwesenheit der Mutter, die Armut und Unordnung im Hause, alles, angefangen von der Freiheit, die das junge Mädchen genoss, von dem Bewusstsein ihrer Überlegenheit über die sie umgebenden Menschen, hatte in ihr eine halb verächtliche Sorglosigkeit und Anspruchslosigkeit entwikkelt. Was auch geschehen mochte, ob Bonifatius meldete, dass kein Zucker vorhanden sei, ob üble Nachreden nach aussen drangen, ob die Gäste sich stritten – sie schüttelte nur die Lokken, sagte: «Belanglos!» und machte sich wenig Kummer darüber.

Mir hingegen kochte das Blut, wenn Malewskij, schlau wie ein Fuchs, in Windungen auf sie zuging, sich lässig auf die Lehne ihres Stuhls stützte und ihr mit selbstzufriedenem, schmeichlerischem Lächeln etwas ins Ohr flüsterte und sie, die Hände auf der Brust gekreuzt, ihn aufmerksam anblickte, lächelte und den Kopf schüttelte.

«Was bewegt Sie, Herrn Malewskij zu empfangen?» fragte ich sie eines Tages.

«Er hat einen so hübschen Schnurrbart», antwortete sie. «Aber das geht Sie nichts an.»

«Sie denken doch wohl nicht, dass ich ihn liebe», sagte sie ein andermal zu mir. «Nein, Männer, auf die ich von oben herabschauen muss, kann ich nicht lieben. Ich brauche jemanden, der *mich* bezwingt... Gebe Gott, dass ich nicht auf so einen stosse. Ich will niemandem in die Finger geraten, nie, nie!»

«Folglich werden Sie niemals lieben?»

«Und Sie? Liebe ich Sie nicht?» sagte sie und schlug mit der Spitze des Handschuhs gegen meine Nase.

Ja, Sinaida machte sich sehr über mich lustig. Im Laufe dreier Wochen sah ich sie jeden Tag – und was stellte sie nicht alles mit mir an! Zu uns kam sie selten, und ich bedauerte es nicht. In unserem Hause verwandelte sie sich in eine junge Dame, in eine Prinzessin, und ich ging ihr aus dem Wege. Ich hatte Angst, mich vor meiner Mutter zu verraten, die Sinaida nicht gewogen war und uns argwöhnisch beobachtete. Vor Vater fürchtete ich mich nicht; er bemerkte mich sozusagen nicht, und mit ihr sprach er wenig, aber immer besonders gescheit und bedeutungsvoll.

Ich hörte auf, zu arbeiten und zu lesen; ich streifte sogar nicht mehr in der Umgegend umher und ritt nicht mehr aus. Wie ein am Bein festgebundener Käfer umkreiste ich ständig das mir lieb gewordene Seitengebäude. Man konnte meinen, ich wäre am liebsten immer dort geblieben, aber das war unmöglich. Meine Mutter murrte, und manchmal trieb mich Sinaida selbst fort. Dann schloss ich mich in meinem Zimmer ein oder ging bis ans Ende des Parks, erklomm den heilen Rest eines grossen steinernen Gewächshauses, liess die Beine von der Mauer zur Strasse hinabhängen, sass dort stundenlang und döste vor mich hin, ohne etwas zu sehen. Neben mir schwebten in langsamem Fluge weisse Schmetterlinge über die bestaubten Brennesseln; ein streitsüchtiger Sperling setzte sich dicht neben mich auf einen halbzerbrochenen roten Ziegelstein, und er tschilpte aufgeregt, immerzu sich um sich selbst drehend und die Schwanzfedern sträubend. Die immer noch misstrauischen Krähen, die hoch oben auf dem kahlen Wipfel einer

Birke sassen, stiessen hin und wieder einen krächzenden Schrei aus; Sonne und Wind spielten leise im dünnen Zweigicht; von Zeit zu Zeit drang der stille, matte Klang der Glocken vom Donschen Kloster an mein Ohr. Ich sass und schaute und hörte, von einem unsagbaren Gefühl ergriffen, in dem alles vereint war: Trauer, Freude, Vorgefühl des Kommenden, Wünsche und Angst vor dem Leben. Aber damals verstand ich nichts von alledem und hätte das, was in mir gärte, nicht benennen können – oder ich hätte alles mit einem einzigen Namen bezeichnet, dem Namen Sinaida.

Aber Sinaida spielte mit mir dauernd wie die Katze mit der Maus. Bald kokettierte sie mit mir, und ich wurde erregt und schmolz; bald stiess sie mich plötzlich von sich, und ich wagte nicht, mich ihr zu nähern, wagte nicht, sie anzublicken.

Ich erinnere mich, dass sie einige Tage nacheinander sehr kalt zu mir war, was mich vollends einschüchterte. Feige lief ich zu ihnen ins Seitengebäude und war bereit, mich in der Nähe der alten Fürstin zu halten, obwohl diese zu der Zeit sehr aufgebracht war und alle Welt laut beschimpfte. Mit ihren Wechseln war etwas nicht in Ordnung, und sie hatte bereits zwei Vorladungen zur Polizei gehabt.

Als ich einmal im Park am Zaun vorbeiging, erblickte ich Sinaida. Auf beide Arme gestützt, sass sie im Grase, ohne sich zu rühren. Ich wollte mich vorsichtig entfernen, aber sie hob plötzlich den Kopf und machte mir ein gebieterisches Zeichen. Ich erstarb auf der Stelle, denn ich begriff zuerst nicht, was sie wollte. Sie wiederholte ihre Geste. Ich sprang sofort über den Zaun und lief beglückt auf sie zu. Sie veranlasste mich mit einem Blick, stehen zu bleiben, und verwies mich auf den kleinen Weg, zwei Schritte von sich entfernt. Vor Verwirrung wusste ich nicht, was ich tun sollte, und sank am Rande des Wegs auf die Knie. Sie war so bleich; so bitterer Kummer, so tiefe Verzagtheit sprachen aus jedem ihrer Züge, dass sich mein Herz zusammenkrampfte und ich unwillkürlich flüsterte: «Was ist mit Ihnen?»

Sinaida streckte die Hand aus, riss einen Grashalm ab, biss darauf und schleuderte ihn fort.

«Lieben Sie mich sehr?» fragte sie schliesslich. «Ja?»

Ich gab keine Antwort. Wozu auch?

«Ja», wiederholte sie und schaute mich an wie früher, «so ist es. Die gleichen Augen», fügte sie hinzu, überliess sich ihren Gedanken und verhüllte das Gesicht mit den Händen. «Alles ist mir zuwider», flüsterte sie, «ich möchte ans Ende der Welt gehen, ich kann es nicht ertragen, ich kann nicht damit fertig werden... Und was erwartet mich in Zukunft?... Ach, mir ist so schwer ums Herz, mein Gott, so schwer!»

«Warum?» fragte ich schüchtern.

Sinaida antwortete mir nicht und zuckte nur mit den Schultern. Ich kniete noch immer vor ihr und schaute sie tiefbekümmert an. Jedes ihrer Worte hatte mir das Herz zerschnitten. In diesem Augenblick hätte ich, davon bin ich überzeugt, mit Freuden mein Leben hingegeben, damit sie sich nicht mehr gräme. Ich schaute sie an, und obwohl ich trotz alledem nicht begriff, warum sie so bedrückt war, stellte ich mir lebhaft vor, dass sie plötzlich in einem

Anfall unerträglichen Leids in den Park laufe und wie niedergemäht auf die Erde falle. Ringsum war alles hell und grün. Der Wind rauschte im Laub der Bäume und bewegte ab und zu einen langen schwankenden Himbeerzweig über Sinaidas Kopf. Irgendwo gurrte eine Taube; Bienen flogen summend über das schüttere Gras hinweg. Über allem ein zartblauer Himmel - und mir war so traurig zumute...

«Sprechen Sie mir irgendwelche Verse vor», sagte Sinaida halblaut und stützte sich auf den Ellbogen. «Ich habe es gern, wenn Sie Gedichte aufsagen. Sie singen etwas, aber das macht nichts, das ist die Art junger Menschen. Sprechen Sie mir Puschkins Gedicht ‹Auf Grusiens Hügeln›. Aber zuerst setzen Sie sich.»

Ich setzte mich hin und deklamierte ‹Auf Grusiens Hügeln›.

«Weil es nicht anders kann als lieben», wiederholte Sinaida. «Sehen Sie, wozu die Dichtung gut ist; sie sagt uns, was es nicht gibt und was nicht nur schöner ist als das, was ist, sondern sogar wahrer... Weil das Herz nicht anders kann als lieben..., und wenn es möchte, kann es nicht!» Sie versank wieder in Schweigen. Plötzlich schüttelte sie sich und stand auf. «Gehen wir! Bei Mamachen sitzt Maidanow; er hat mir sein Poem gebracht, und ich habe ihn allein gelassen. Er ist jetzt ebenfalls betrübt... Was soll ich tun! Eines Tages werden Sie alles erfahren..., zürnen Sie mir dann nicht.»

Sinaida drückte mir hastig die Hand und eilte voraus. Wir kehrten ins Haus zurück. Maidanow hub an, sein soeben in Druck gegangenes Poem ‹Der Mörder› vorzulesen, aber ich hörte nicht zu. Laut und in singendem Tonfall trug er seine Verse in vierfüssigen Jamben mit wechselnden Reimen vor; sie klangen leer und laut wie Schellen. Ich schaute die ganze Zeit Sinaida an und bemühte mich immerzu, die Bedeutung ihrer letzten Worte zu begreifen.

Vielleicht hat ein geheimer Nebenbuhler
dich unerwartet unterworfen? –

deklamierte Maidanow plötzlich mit gepresster Stimme. Meine und Sinaidas Blicke begegneten sich. Sie schlug die Augen nieder und errötete ein wenig. Als ich ihr Erröten sah, wurde mir kalt vor Schreck. Ich war schon vorher eifersüchtig gewesen, aber erst in diesem Augenblick durchfuhr mich der Gedanke, dass sie jemanden liebe, wie ein Blitz. «Mein Gott, sie liebt!»

10

Meine wirklichen Qualen begannen in diesem Augenblick. Ich zerbrach mir den Kopf, überlegte hin und her und beobachtete Sinaida unablässig, wenn auch möglichst verstohlen. Sie hatte sich verändert – das war offensichtlich. Sie ging allein spazieren und dehnte ihre Spaziergänge lange aus. Manchmal kam sie gar nicht zum Vorschein, wenn Gäste im Hause waren; stundenlang sass sie einsam in ihrem Zimmer. Früher hatte sie das nie getan. Ich wurde plötzlich ein ungewöhnlich scharfer Beobachter, oder mir schien, dass ich es wurde. «Er etwa? Oder doch nicht jener?» fragte ich mich und ging aufgeregt die Reihe ihrer Verehrer in Gedanken durch. Graf Malewskij erschien mir insgeheim als der gefährlichste (obwohl ich mich für Sinaida schämte, dies einzugestehen).

Meine Beobachtungsgabe taugte nicht viel, und meine Verschlossenheit täuschte wahrscheinlich niemanden; zumindest hatte Doktor Luschin bald heraus, wie es um mich stand. Übrigens hatte auch er sich in der letzten Zeit verändert. Er war mager geworden. Zwar lachte er ebenso oft, aber hohler, böser, kürzer. Eine unbeherrschte, nervöse Gereiztheit war an die Stelle seiner früheren leichten Ironie und seines Zynismus getreten, mit dem er über alles hergefallen war.

«Warum bemühen Sie sich eigentlich unablässig hierher, junger Mann?» fragte er mich einmal, als er mit mir allein im Salon der Sassjekins war. (Die Prinzessin war noch nicht vom Spaziergang zurückgekehrt, und vom Dachgeschoss erklang die kreischende Stimme der Fürstin, die sich mit dem Zimmermädchen herumzankte.) «Sie sollten lieber lernen, arbeiten, solange Sie jung sind - aber Sie, was tun Sie?»

«Sie können nicht wissen, ob ich daheim arbeite oder nicht», erwiderte ich nicht ohne Hochmut, aber auch nicht ohne Verwirrung.

«Was ist das schon für Arbeit! Sie haben doch ganz was anderes im Kopf. Aber kein Streit deswegen..., in Ihren Jahren ist das ganz in Ordnung. Nur Ihre Wahl ist höchst ungeschickt. Sehen Sie denn nicht, was das für ein Haus ist?»

«Ich verstehe Sie nicht», bemerkte ich.

«Sie verstehen nicht? Um so schlimmer für Sie. Ich halte es für meine Pflicht, Sie zu warnen. Wir alten Junggesellen können hierher kommen. Was kann uns schon geschehen? Wir sind abgebrüht, uns schaudert vor nichts, aber Ihre Haut ist noch zart; die Luft hier ist schädlich für Sie - glauben Sie mir, Sie könnten sich anstecken.»

«Wieso?»

«Halt so. Sind Sie denn jetzt gesund? Befinden Sie sich denn in einer normalen Verfassung? Ist das, was Sie empfinden, etwa gut und nützlich?»

«Was empfinde ich denn?» sagte ich und war mir im tiefsten Inneren bewusst, dass der Doktor recht hatte.

«Ach, junger Mann, junger Mann», fuhr der Doktor mit einer Miene fort, als ob diese beiden Wörter etwas für mich sehr Beleidigendes hätten, «warum verstellen Sie sich, wenn man Ihnen alles vom Gesicht abliest und Sie nicht verbergen können, was in Ihnen vorgeht? Aber wozu die vielen Worte. Ich käme selbst nicht, wenn» (der Doktor biss die Zähne zusammen), «wenn ich nicht genauso ein Narr wäre. Ich wundere mich nur, dass Sie mit Ihrem Verstand nicht sehen, was rings um Sie gespielt wird.»

«Was denn?» fragte ich gespannt.

Der Doktor blickte mich mit spöttischem Bedauern an.

«Es war wohl richtig von mir», fügte er gleichsam zu sich selbst hinzu; «man musste es ihm wirklich einmal sagen. Mit einem Wort», fuhr er mit erhobener Stimme fort, «ich wiederhole Ihnen: die Atmosphäre hier taugt nichts für Sie. Es gefällt Ihnen hier, und warum nicht. Auch in einem Gewächshaus duftet es angenehm, aber leben darf man nicht in ihm.

He! Hören Sie auf mich, nehmen Sie sich wieder den Kaidanow vor!»

Die Fürstin trat ein und jammerte dem Doktor vor, dass sie Zahnweh habe. Dann erschien Sinaida.

«Sehen Sie sich das an, Herr Doktor», sagte die Alte. «Schelten Sie sie einmal tüchtig aus. Den ganzen Tag trinkt sie Eiswasser. Ist das etwa bei ihrer schwachen Brust gesund für sie?»

«Warum tun Sie das?» fragte Luschin.

«Was für Folgen kann es haben?»

«Welche? Sie können sich erkälten und sterben.»

«In der Tat? Wirklich? Na wenn schon – das ist unser aller Weg.»

«Sieh mal an!» brummte der Doktor.

Die Fürstin ging hinaus.

«Sieh mal an!» wiederholte Sinaida. «Macht das Leben denn soviel Spass? Schauen Sie doch um sich... Nun, ist es gut? Oder meinen Sie, dass ich das nicht begreife, nicht spüre? Mir macht es Vergnügen, Wasser mit Eis zu trinken, und Sie wollen mich ernsthaft davon überzeugen, dass das Leben nicht das Wagnis eines Augenblicks des Vergnügens wert sei – von Glück nicht zu sprechen.»

«Nun ja», bemerkte Luschin, «Launen und Unabhängigkeit – mit diesen beiden Worten ist Ihr Wesen voll und ganz gekennzeichnet. Ihre ganze Natur ist in diesen beiden Worten enthalten.»

Sinaida lachte nervös auf.

«Sie haben den Anschluss verpasst, lieber Doktor, Sie beobachten schlecht und bleiben zurück. Setzen Sie die Brille auf. Hier geht es nicht um Launen. Sie zum Narren halten, mich zum Narren halten – wem sollte das Spass machen! Und was die Unabhängigkeit betrifft... Msjö Woldemar», fügte Sinaida plötzlich hinzu und stampfte mit dem Fuss auf, «machen Sie kein so trübseliges Gesicht. Ich kann es nicht ausstehen, wenn man mich bemitleidet!» Sie entfernte sich rasch.

«Diese Atmosphäre hier ist schädlich für Sie, junger Mann», sagte Luschin noch einmal zu mir.

11

Am Abend des gleichen Tages versammelten sich bei den Sassjekins die üblichen Gäste; auch ich war zugegen.

Das Gespräch ging um Maidanows Poem. Sinaida lobte es aufrichtig.

«Aber wissen Sie was?» sagte sie zu ihm. «Wenn ich ein Poet wäre, würde ich andere Themen wählen. Vielleicht ist das alles Unsinn, aber ich habe zuweilen sonderbare Einfälle, besonders wenn ich nicht schlafe, vor Tagesanbruch, wenn der Himmel sich rosa und grau färbt. Ich würde zum Beispiel... Aber werden Sie mich auch nicht auslachen?»

«Nein, nein», riefen wir alle einstimmig.

«Ich würde», fuhr sie fort, die Hände auf der Brust gekreuzt und den Blick starr zur Seite gerichtet, «ich würde eine Gruppe junger Mädchen darstellen, nachts, in einem grossen Boot – auf einem stillen Fluss. Der Mond scheint. Alle sind weissgekleidet, tragen Kränze aus weissen Blumen und singen, wissen Sie, etwas in der Art einer Hymne.»

«Verstehe, verstehe, fahren Sie fort», tat Maidanow gewichtig und versonnen.

«Plötzlich - Lärm und Gelächter, Fackeln, Tamburins am Ufer... Es sind Bacchantinnen; eine Schar kommt singend und rufend ans Ufer gelaufen. Jetzt müssen Sie das Bild weiter zeichnen, Herr Poet..., die Fackeln sollen leuchtendrot flammen und stark qualmen. Die Augen der Bacchantinnen sollen unter den Kränzen aufstrahlen und sich gegen die dunkleren Kränze abheben. Vergessen Sie nicht die Tigerfelle und Kelche - und das Gold, viel Gold.»

«Wo soll denn das Gold sein?» fragte Maidanow, seine lange Mähne nach hinten werfend und die Nüstern blähend.

«Wo? An den Schultern, den Armen, den Beinen, überall. Im Altertum sollen die Frauen goldene Reifen um die Fesseln getragen haben. Die Bacchantinnen rufen die Mädchen im Boot zu sich. Die Mädchen stellen den Gesang der Hymne ein - sie vermögen nicht weiterzusingen, rühren sich aber auch nicht. Der Fluss trägt sie an das Ufer. Und da! Jetzt steht eins der Mädchen ruhig von seinem Platze auf... Das muss gut beschrieben werden: wie sie sich im Mondenschein still erhebt, und wie die Freundinnen erschrecken... Sie tritt über den Rand des Boots, die Bacchantinnen umringen sie und entführen sie in die Nacht, ins Dunkel... Schildern Sie jetzt den sich ballenden Qualm der Fackeln und wie sich alles ineinander verschlingt..., man hört nur die grellen Schreie der Bacchantinnen. Der Kranz des Mädchens liegt verlassen am Ufer.» Sinaida verstummte. («Oh! Sie liebt!» dachte ich abermals.)

«Das ist alles?» fragte Maidanow.

«Alles», antwortete sie.

«Das kann nicht das Thema eines ganzen Poems sein», bemerkte er wichtigtuerisch, «aber für ein lyrisches Gedicht werde ich Ihren Gedanken benützen.»

«In romantischer Art?» fragte Malewskij.

«Selbstverständlich in romantischer Art, byronesk.»

«Meines Erachtens ist Hugo besser als Byron», warf der junge Graf hin, «interessanter.»

«Hugo ist ein erstklassiger Schriftsteller», bestätigte Maidanow, «und mein Freund Tonkoschejew hat in seinem spanischen Roman ‹El Trovador›...»

«Ach, ist das das Buch mit den auf den Kopf gestellten Fragezeichen?» unterbrach ihn Sinaida.

«Ja. Das ist bei den Spaniern so üblich. Ich wollte sagen, dass Tonkoschejew...»

«Nun! Sie kommen wieder ins Streiten über Klassizismus und Romantik», unterbrach ihn Sinaida zum zweiten Male. «Lassen Sie uns lieber spielen...»

«Ein Pfänderspiel?» griff Luschin auf.

«Nein, Pfänderspiele sind langweilig. Bilden wir Vergleiche.» (Dieses Spiel hatte Sinaida selbst ausgedacht. Sie nannte irgendeinen Gegenstand, und jeder bemühte sich, ihn mit etwas zu vergleichen. Wer den besten Vergleich gefunden hatte, erhielt den Preis.)

Sie trat ans Fenster. Die Sonne ging soeben unter. Hoch am Himmel schwebten lange rote Wolken.

«Wem gleichen diese Wolken?» fragte Sinaida, und ohne unsere Antwort abzuwarten, sagte sie: «Ich finde, sie gleichen den Purpursegeln auf Kleopatras goldenem Schiff, als sie Antonius entgegenfuhr. Erinnern Sie sich, Maidanow, Sie haben es mir kürzlich erzählt?»

Wie Polonius in ‹Hamlet› entschieden wir alle, dass die Wolken tatsächlich diesen Segeln glichen und keiner von uns einen besseren Vergleich finden könne.

«Wie alt war Antonius damals?» fragte Sinaida.

«Gewiss war er noch jung», meinte Malewskij.

«Ja, ein junger Mann», bestätigte Maidanow.

«Entschuldigung», rief Luschin. «Er war älter als vierzig.»

«Mehr als vierzig», wiederholte Sinaida und warf ihm einen raschen Blick zu.

Ich ging bald nach Hause. «Sie liebt», flüsterten meine Lippen wider Willen. «Aber wen?»

12

Die Tage vergingen. Sinaida wurde immer seltsamer, immer unbegreiflicher. Als ich einmal zu ihr ging, sah ich sie auf einem Stuhl sitzen, den Kopf an die scharfe Kante des Tisches gedrückt. Sie richtete sich auf..., ihr Gesicht war von Tränen überströmt.

«Ah! Sie!» sagte sie mit grausamem Lächeln. «Kommen Sie mal her!»

Ich ging zu ihr. Sie legte ihre Hand auf meinen Kopf, packte plötzlich in meine Haare und begann sie zu zwirbeln.

«Es tut weh...», brachte ich schliesslich hervor.

«So? Tut es weh? Tut es mir etwa nicht weh? Nicht weh?» wiederholte sie.

«O je!» rief sie plötzlich, als sie sah, dass sie mir eine dünne Haarsträhne herausgerissen hatte. «Was habe ich getan? Armer Msjö Woldemar!»

Sie strich behutsam die herausgerissenen Haare glatt, wickelte sie um einen Finger und rollte sie zu einem Ringlein zusammen.

«Ich werde Ihre Haare in ein Medaillon legen und sie immer bei mir tragen», sagte sie, während in ihren Augen immer neue Tränen glänzten. «Vielleicht wird es Sie ein wenig trösten..., doch jetzt: leben Sie wohl.»

Als ich nach Hause kam, traf ich eine unangenehme Situation an. Zwischen meiner Mutter und meinem Vater hatte eine Auseinandersetzung stattgefunden. Sie hatte ihm wegen irgend etwas Vorwürfe gemacht, und er hatte sich nach seiner Gewohnheit in kühles, höfliches Schweigen gehüllt. Bald darauf fuhr er in die Stadt. Ich konnte nicht hören, wovon meine Mutter gesprochen hatte, und es interessierte mich auch nicht. Ich entsinne mich nur, dass sie mich nach Beendigung der Auseinandersetzung zu sich in ihr Zimmer rufen liess und sich sehr unwillig über meine häufigen Besuche bei der Fürstin äusserte, die nach ihren Worten ‹une femme capable de tout› war. Ich trat zu ihr, küsste ihr die Hand (das tat ich immer, wenn ich ein Gespräch abbrechen wollte) und begab mich in mein Zimmer.

Sinaidas Tränen hatten mich völlig aus der Fassung gebracht; ich wusste einfach nicht mehr, was ich denken sollte, und war selbst nahe am Weinen. Ungeachtet meiner sechzehn

Jahre war ich trotz alledem noch ein Kind. An Malewskij dachte ich schon nicht mehr, obwohl Bjelowsorow jeden Tag grimmiger und wütender wurde und den aalglatten Grafen anblickte wie der Wolf einen Hammel. Ja, ich dachte an nichts und niemanden. Ich verlor mich in Mutmassungen und suchte immerzu Plätze auf, wo ich allein sein konnte. Am liebsten ging ich zu der Ruine des Gewächshauses. Dort kletterte ich auf die hohe Mauer, suchte mir einen Platz und blieb dort sitzen: ein so unglücklicher, einsamer und trauriger Jüngling, dass ich mir selbst leid tat. Und wie genoss ich diese kummervollen Empfindungen, wie berauschte ich mich an ihnen!...

Eines Tages sass ich wieder einmal auf der Mauer, schaute ins Weite und lauschte dem Klang der Glocken. Plötzlich überlief mich etwas - kein Windhauch, kein Beben -, es war, als ob mich etwas anwehe, als ob ich jemandes Nähe spürte. Ich senkte die Blicke. Unten auf dem Wege näherte sich schnellen Schritts Sinaida. Sie trug ein leichtes graues Kleid und über der Schulter einen rosafarbenen Sonnenschirm. Als sie mich erblickte, blieb sie stehen, bog den Rand des Strohhuts in die Höhe und richtete ihre samtenen Augen zu mir hinauf.

«Was machen Sie denn dort oben?» fragte sie mich und lächelte auf seltsame Art. «Hören Sie», fuhr sie fort, «Sie versichern mir dauernd, dass Sie mich lieben. Wenn Sie mich tatsächlich lieben, springen Sie zu mir auf den Weg hinunter.»

Sinaida hatte diese Worte kaum ausgesprochen, da flog ich schon hinunter, als habe mich jemand von hinten gestossen. Die Mauer war fast fünf Meter hoch. Ich kam auf die Füsse zu stehen, aber der Aufprall war so heftig, dass ich mich nicht halten konnte; ich fiel hin und verlor für einen Augenblick das Bewusstsein. Als ich wieder zu mir kam, fühlte ich, ohne die Augen zu öffnen, Sinaida neben mir.

«Mein lieber Junge», sagte sie, über mich gebeugt, und ihre Stimme zitterte vor Zärtlichkeit, «wie konntest du so etwas tun, wie konntest du gehorchen..., ich liebe dich ja... Steh auf.»

Ihre Brust atmete neben mir, ihre Hände berührten meinen Kopf, und plötzlich - oh, wie wurde mir! - bedeckten ihre weichen, frischen Lippen mein Gesicht mit Küssen..., sie glitten über meine Lippen... Aber da erriet Sinaida offenbar am Ausdruck meines Gesichts, dass ich zu mir gekommen war, obwohl ich die Augen noch immer nicht geöffnet hatte. Sie erhob sich rasch und sagte: «Stehen Sie auf, Sie Schlingel, Sie unvernünftiger Junge. Warum liegen Sie im Staub?»

Ich erhob mich.

«Geben Sie mir meinen Sonnenschirm», sagte Sinaida. «Schau einer an, wohin ich ihn geworfen habe! Und sehen Sie mich nicht so an..., was machen Sie denn für Dummheiten? Haben Sie sich auch nicht verletzt? Oder an den Brennesseln verbrannt? Haben Sie nicht gehört, Sie sollen mich nicht so anstarren... Ach, er begreift nichts, er antwortet nicht», fügte sie gleichsam für sich hinzu. «Gehen Sie nach Hause, Msjö Woldemar; säubern Sie sich und wagen Sie nicht, mir zu folgen, sonst werde ich böse und werde niemals wieder...»

Sie sprach nicht zu Ende und entfernte sich

hastig. Ich setzte mich mitten auf den Weg, meine Füsse trugen mich nicht mehr. Die Nesseln hatten mir die Hände verbrannt, der Rükken schmerzte, und der Kopf drehte sich, aber das Gefühl der Glückseligkeit, das ich damals verspürte, hat sich in meinem Leben nie mehr wiederholt. Es lag wie ein süsser Schmerz in allen meinen Gliedern und löste sich schliesslich in begeisterten Sprüngen und Ausrufen. Ganz richtig, ich war noch ein Kind.

13

Ich war den ganzen Tag voller Freude und Stolz; ich bewahrte auf meinem Gesicht das Gefühl von Sinaidas Küssen so lebhaft, ich entsann mich eines jeden ihrer Worte mit solchem prickelnden Entzücken, ich hätschelte mein unerwartetes Glück so sehr, dass mich sogar Furcht überkam und ich nicht einmal den Wunsch hatte, die Schuldige an diesen neuen Empfindungen wiederzusehen. Mir schien, mehr dürfe man nicht vom Schicksal fordern, jetzt bleibe mir nur noch eines: ‹Ein letztes Mal tief Atem schöpfen und dann sterben.›

Am nächsten Tage fühlte ich mich hingegen sehr verlegen, als ich zum Seitengebäude ging. Ich bemühte mich vergeblich um eine Maske bescheidener Ungezwungenheit, wie sie einem Menschen ziemt, der bekunden will, dass er ein Geheimnis zu wahren versteht. Sinaida empfing mich jedoch ganz harmlos und ohne jede Erregung; sie drohte mir nur mit dem Finger und fragte, ob ich keine blauen Flecken bekommen hätte. Meine geheuchelte Unbefangenheit und Heimlichtuerei verschwanden augenblicklich und mit ihnen auch meine Verlegenheit. Gewiss, ich hatte nichts Besonderes erwartet, aber Sinaidas Ruhe wirkte auf mich wie ein Guss kalten Wassers. Ich begriff, dass ich in ihren Augen ein Kind war, und mir wurde sehr traurig zumute.

Sinaida schritt im Zimmer auf und ab. Wenn mich ihr Blick traf, ging ein rasches Lächeln über ihr Gesicht. Aber mit ihren Gedanken war sie weit entfernt, das sah ich ganz deutlich. «Soll ich selbst die Rede auf den gestrigen Vorfall bringen?» überlegte ich. «Soll ich sie fragen, wohin sie sich so eilig entfernt hat, um endlich zu erfahren...», aber ich winkte nur mit der Hand ab und setzte mich in eine Ecke.

Bjelowsorow kam; ich freute mich über sein Kommen.

«Ich habe kein ruhiges Reitpferd für Sie gefunden», sagte er mit rauher Stimme. «Für Freitag hat man mir mit Bestimmtheit eins zugesagt, aber ich bin nicht davon überzeugt. Ich habe Angst.»

«Was fürchten Sie, wenn man fragen darf?» sagte Sinaida.

«Was? Aber Sie können ja nicht reiten. Gott bewahre, wenn etwas passiert. Was für Flausen haben Sie sich da eigentlich plötzlich in den Kopf gesetzt?»

«Nun, das ist meine Sache, Msjö, mein Tier. Dann werde ich eben Pjotr Wassiljewitsch bitten.» (Mein Vater hiess Pjotr Wassiljewitsch. Ich wunderte mich, dass sie seinen Namen so leicht und frei aussprach, als sei sie von seiner Bereitwilligkeit überzeugt, ihr zu Diensten zu sein.)

«Schau einer an!» erwiderte Bjelowsorow. «Mit ihm wollen Sie also reiten?»

«Ob mit ihm oder einem anderen, das kann Ihnen völlig gleich sein. Jedenfalls nicht mit Ihnen.»

«Nicht mit mir», wiederholte Bjelowsorow. «Wie Sie wollen. Je nun, ich beschaffe Ihnen ein Pferd.»

«Aber schauen Sie zu, dass es nicht eine Art Kuh ist. Ich sage Ihnen schon jetzt, dass ich galoppieren will.»

«Galoppieren Sie, bitte sehr... Mit wem reiten Sie denn? Mit Malewskij, stimmt's?»

«Und warum nicht mit Ihnen, Husar? Beruhigen Sie sich», fügte sie hinzu, «und funkeln Sie nicht so mit den Augen. Ich nehme auch Sie als Begleiter. Sie wissen doch, dass mir Malewskij im Augenblick nicht so viel bedeutet!» Sie schnippte mit dem Finger.

«Das sagen Sie nur, um mich zu trösten», brummte Bjelowsorow.

Sinaida runzelte die Brauen.

«Das tröstet Sie? Oh... oh... oh..., Husar», sagte sie schliesslich, als fände sie kein anderes Wort. «Und wie steht es mit Ihnen, Msjö Woldemar? Würden Sie mit uns reiten?»

«Ich reite nicht gern in grosser Gesellschaft», murmelte ich, ohne den Blick zu erheben.

«Sie ziehen ein Tête-à-tête vor?... Nun, dem Freien die Freiheit, dem Geretteten... das Paradies», seufzte sie leise. «Vorwärts denn, Bjelowsorow, kümmern Sie sich um das Pferd. Ich benötige es für morgen.»

«Ja, und woher nimmt sie das Geld?» mischte sich die Fürstin ein.

Sinaida zog die Brauen zusammen.

«Sie bitte ich nicht darum. Bjelowsorow vertraut mir.»

«Vertraut, vertraut», machte die Fürstin und rief plötzlich mit gellender Stimme: «Dunjaschka!»

«Maman, ich habe Ihnen ein Glöckchen geschenkt», bemerkte die Prinzessin.

«Dunjaschka!» wiederholte die Alte.

Bjelowsorow verabschiedete sich mit einer Verbeugung, ich ging zugleich mit ihm hinaus. Sinaida hielt mich nicht zurück.

14

Am nächsten Morgen stand ich früh auf, schnitt mir einen Stecken zurecht und wanderte ins Gelände jenseits des Schlagbaums. Eine Wanderung, dachte ich, würde mich von meinem Kummer befreien. Es war ein prächtiger, heller, nicht zu heisser Tag. Frisch und fröhlich wehte der Wind über das Land hin, leise rauschend und wie im Spiel, alles bewegend und nichts erregend. Ich streifte lange über die Hügel und durch die Wälder. Ich fühlte mich nicht glücklich, denn ich war mit der Absicht aus dem Hause gegangen, mich meiner schwermütigen Stimmung zu überlassen; aber meine Jugend, das schöne Wetter, die frische Luft, die Freude am schnellen Wandern, die Wonne, allein im dichten Gras zu liegen, taten ihre Wirkung: die Erinnerung an jene unvergesslichen Worte, an jene Küsse drängte sich mir wieder auf. Der Gedanke war mir angenehm, dass Sinaida trotz alledem meiner Entschlossenheit, meinem Heroismus Gerechtigkeit widerfahren lassen müsse... «Andere sind für sie besser als ich», dachte ich, «meinetwegen! Dafür sagen die anderen nur, was sie vollbringen werden; ich aber, ich habe gehandelt. Als ob ich nicht imstande wäre, noch mehr für sie zu tun!...» Meine Einbildungskraft spielte. Ich stellte mir vor, wie ich sie aus den Händen von Feinden retten, wie ich blutüberströmt sie aus dem Kerker reissen, zu ihren Füssen sterben würde. Ich erinnerte mich an das Bild, das in unserem Salon hing: ‹Malèk-Adèl, Mathilda forttragend›, aber im gleichen Augenblick wurde meine Aufmerksamkeit von einem grossen Buntspecht in Anspruch genommen, der geschäftig den dünnen Stamm einer Birke hinaufkletterte und beunruhigt bald rechts, bald links hinter ihr hervorlugte wie ein Musiker hinter dem Hals der Bassgeige.

Dann stimmte ich das Lied vom weissen Schnee an und leitete zu der damals beliebten Romanze über: ‹Ich warte auf dich, wenn der Zephir weht.› Danach deklamierte ich aus Chomjakows Tragödie ‹Jermaks Anruf der Sterne›, versuchte mich an einem Gedicht in der empfindsamen Art, erdachte eine Zeile, mit der das Gedicht enden sollte: ‹O Sinaida, Sinaida!›, aber es kam nichts dabei heraus.

Inzwischen wurde es Essenszeit. Ich stieg in ein Tal hinab. Ein schmaler Sandweg schlängelte sich hindurch und führte in die Stadt. Auf diesem Wege schritt ich weiter.

Dumpfer Hufschlag ertönte hinter mir. Ich sah zurück, blieb unwillkürlich stehen und zog die Mütze. Ich erblickte meinen Vater und Sinaida. Sie ritten Seite an Seite. Vater sagte etwas zu ihr, mit dem Oberkörper zu ihr gebeugt, eine Hand auf den Hals ihres Pferds gestützt. Er lächelte. Sinaida hörte ihn schweigend an, die Augen beharrlich gesenkt und die Lippen zusammengepresst.

Ich sah zuerst nur die beiden. Erst nach einiger Zeit tauchte hinter einer Windung des Tals Bjelowsorow auf. Er trug Uniform und Dolman und ritt einen mit Schaum bedeckten Rappen. Das brave Pferd warf den Kopf hoch, schnaubte und tänzelte. Der Husar zog die Zügel straff und gab ihm gleichzeitig die Sporen. Ich trat beiseite. Mein Vater hob die Zügel und beugte sich von Sinaida zurück. Sie schlug langsam die Augen auf und sah ihn an - und beide fielen in Galopp... Bjelowsorow sprengte ihnen säbelrasselnd nach.

«Er ist krebsrot im Gesicht», dachte ich, «während sie... Warum ist sie so blass? Ist den ganzen Morgen geritten - und blass?»

Ich verdoppelte den Schritt und eilte heim, wo ich kurz vor dem Essen eintraf. Mein Vater sass schon umgekleidet, gewaschen und frisch neben Mütterchens Sessel und las ihr mit seiner gleichmässigen, klangvollen Stimme das Feuilleton des ‹Journal des Débats› vor, aber Mutter hörte ihm ohne Aufmerksamkeit zu. Als sie mich erblickte, fragte sie, wo ich den ganzen Tag gesteckt habe, und fügte hinzu, dass sie es nicht gern sähe, wenn ich mich weiss Gott wo und mit wem herumtriebe. «Ich bin allein spazierengegangen», wollte ich ihr antworten, aber bei einem Blick auf meinen Vater schwieg ich, ich weiss auch nicht weshalb.

15

In den nächsten fünf, sechs Tagen bekam ich Sinaida kaum zu Gesicht. Sie liess sagen, sie sei krank; aber das störte die üblichen Besucher nicht, im Seitengebäude zu erscheinen und – wie sie sich ausdrückten – zu dejourieren. Eine Ausnahme bildete Maidanow, der sofort verdrossen und langweilig wurde, wenn er keinen Anlass zur Begeisterung fand. Bjelowsorow sass mit düsterer Miene in der Ecke, ganz zugeknöpft und mit rotem Kopf. Über das feine Gesicht des Grafen Malewskij huschte immer wieder ein böses Lächeln. Er war tatsächlich bei Sinaida in Ungnade gefallen und widmete sich mit besonderem Eifer dem Dienst der alten Fürstin. Er fuhr sogar mit ihr in einer schäbigen Kutsche zum Generalgouverneur. Übrigens erwies sich diese Fahrt als misslungen, und für Malewskij hatte sie sogar ein unangenehmes Ergebnis – man erinnerte ihn an eine Affaire, die er einmal mit Beamten der Verkehrsverbindungen gehabt hatte, und er musste erklären, damals ohne Erfahrung gewesen zu sein. Luschin kam fast zweimal am Tage, hielt sich jedoch nicht lange auf. Nach unserem letzten Gespräch hatte ich etwas Angst vor ihm, fühlte mich aber gleichzeitig aufrichtig zu ihm hingezogen. Er ging einmal mit mir im Neskutschnyj-Park spazieren. Gutmütig und freundlich teilte er mir die Namen und Eigenschaften verschiedener Gräser und Blumen mit, schlug sich aber plötzlich an die Stirn und platzte mir nichts, dir nichts mit dem Ausruf heraus: «Und ich Narr dachte, sie sei eine Kokette! Offenbar ist es süss, sich zu opfern – für andere.»

«Was wollen Sie damit sagen?» fragte ich.

«Das war nicht für Sie gesagt», erwiderte er barsch.

Mir ging Sinaida aus dem Wege. Mein Erscheinen - ich konnte nicht umhin, es zu bemerken - machte einen unangenehmen Eindruck auf sie. Sie wandte sich unwillkürlich von mir ab - unwillkürlich; das war bitter, das war vernichtend! Aber es war nicht zu ändern, und ich bemühte mich, ihr nicht vor die Augen zu kommen. Ich beobachtete sie nur von weitem, was mir nicht immer gelang. Wie vordem geschah ihr etwas Unbegreifliches. Ihr Gesicht war anders geworden, sie selbst war eine andere geworden.

An einem warmen, stillen Abend fühlte ich mich von der Veränderung, die mit ihr vorgegangen war, ganz besonders betroffen. Ich sass auf einem niedrigen Bänkchen unter einem breiten Holunderbusch. Ich liebte diesen Platz, von dem man die Fenster von Sinaidas Zimmer sehen konnte. Ich sass ruhig da; über meinem Kopfe hüpfte ein kleiner Vogel in dem dunkler werdenden Zweigicht geschäftig hin und her. Eine graue Katze stahl sich mit gestrecktem Rücken vorsichtig in den Garten. Die ersten Käfer flogen unbeholfen und laut brummend durch die noch klare, aber schon dämmerige Luft. Ich sass und schaute auf das Fenster - und wartete, ob es sich öffnen werde. Und richtig, es ging auf. Sinaida wurde sichtbar. Sie trug ein weisses Kleid; auch sie selbst, ihr Gesicht, die Schultern, die Arme waren kreidebleich. Lange verharrte sie unbeweglich und starrte unter den zusammengezogenen Brauen ins Weite. Dieser Blick war mir an ihr ganz fremd. Dann presste sie die Hände fest zusammen, legte sie an die Lippen, gegen die Stirn. Plötzlich löste sie die Finger voneinander, strich die Haare von den Ohren zurück, schüttelte den Kopf, bewegte ihn mit einer Geste der Entschlossenheit von oben nach unten und klappte das Fenster zu.

Drei Tage später traf sie mich im Park. Ich wollte mich beiseite drücken, aber sie selbst hiess mich stehenbleiben.

«Geben Sie mir die Hand», sagte sie mit der früheren Zärtlichkeit zu mir, «wir haben schon lange nicht mehr miteinander geplaudert.»

Ich schaute sie an. In ihren Augen kam ein stiller Glanz, auf ihrem Gesicht ein verschleiertes Lächeln zum Vorschein.

«Sie sind noch immer nicht gesund?» fragte ich sie.

«Nein, jetzt ist alles vorbei», antwortete sie und pflückte eine kleine rote Rose ab. «Ich bin noch ein wenig matt, aber auch das wird sich geben.»

«Und Sie werden genauso sein wie früher?» fragte ich.

Sinaida hob die Rose ans Gesicht, und mir schien, als falle ein Abglanz der hellen Blätter auf ihre Wangen.

«Habe ich mich denn verändert?» fragte sie mich.

«Ja, Sie haben sich verändert», antwortete ich halblaut.

«Ich war kalt zu Ihnen - ich weiss», begann Sinaida, «aber Sie hätten es nicht beachten sollen... Ich konnte nicht anders... Nun, wozu davon sprechen!»

«Sie wollten nicht, dass ich Sie liebe - das ist

alles!» rief ich finster, in einer unwillkürlichen Aufwallung.

«Nein, lieben Sie mich - aber nicht so wie früher.»

«Wie denn?»

«Lassen Sie uns Freunde sein. Da!» Sinaida liess mich an der Rose riechen. «Hören Sie, ich bin doch viel älter als Sie - ich könnte Ihre Tante sein, wirklich; nun, nicht Tante, aber eine ältere Schwester. Und Sie...»

«Ich bin für Sie ein Knabe», unterbrach ich sie.

«Nun ja, ein Knabe, aber ein lieber, guter, kluger, den ich sehr lieb habe. Wissen Sie was? Ich ernenne Sie von heute ab zu meinem Pagen. Und vergessen Sie nicht, dass sich Pagen nicht von ihren Herrinnen entfernen dürfen. Hier haben Sie das Zeichen Ihrer neuen Würde», fügte sie hinzu und steckte mir die Rose in das Knopfloch meines Jacketts, «das Zeichen Unserer Huld.»

«Ich habe früher andere Beweise Ihrer Huld von Ihnen empfangen», murmelte ich.

«Ach so!» sagte Sinaida und sah mich von der Seite an. «Was für ein Gedächtnis er hat! Warum nicht? Ich bin auch jetzt bereit...»

Und sich zu mir herabneigend, drückte sie mir einen keuschen, leisen Kuss auf die Stirn.

Ich konnte sie nur anstarren, doch sie wandte sich ab, sagte: «Folgen Sie mir, mein Page!» und entfernte sich in Richtung ihrer Wohnung. Ich ging dicht hinter ihr her und wusste nicht, was ich denken sollte.

«Ist dieses sanfte, besonnene Mädchen wirklich die gleiche Sinaida, die ich kannte?» dachte ich. Auch ihr Gang schien mir ruhiger zu sein - ihre ganze Gestalt wirkte hoheitsvoller und aufrechter...

O Gott! Mit welch neuer Gewalt die Liebe in mir aufloderte!

16

Nach dem Essen fanden sich die Gäste in der Wohnung der Fürstin wieder zusammen. Die Prinzessin kam aus ihrem Zimmer. Die ganze Gesellschaft war vollzählig versammelt wie an jenem ersten, mir unvergesslichen Abend. Sogar Nirmatzkij hatte sich eingefunden. Maidanow war als erster erschienen und hatte neue Verse mitgebracht.

Abermals begann es mit Pfänderspielen, doch kam es nicht zu den früheren seltsamen Ausgelassenheiten, Albernheiten, zu keinem Lärm. Die Bohemestimmung war nicht mehr vorhanden. Sinaida gab unserer Zusammenkunft einen neuen Charakter. Unter anderem schlug sie vor, dass jeder, dessen Pfand gezogen wurde, einen seiner Träume erzählen solle. Aber das missglückte. Die Träume waren entweder uninteressant (Bjelowsorow hatte geträumt, dass er sein Pferd mit Fischen gefüttert und dass es einen Kopf aus Holz gehabt hätte), oder sie waren unnatürlich und erfunden. Maidanow setzte uns eine ganze Erzählung vor, in der Grüfte, Engel mit Harfen, sprechende Blumen, von weither kommende Klänge eine Rolle spielten. Sinaida liess ihn nicht zu Ende sprechen.

«Wenn schon Erfindungen», sagte sie, «dann soll auch jeder unbedingt etwas erzählen, das er sich ausgedacht hat.»

Als erster kam wieder Bjelowsorow an die Reihe. Der junge Husar war verlegen.

«Ich kann mir nichts ausdenken», rief er.

«Als ob das so schwer wäre», ermunterte ihn Sinaida. «Stellen Sie sich doch einmal vor, Sie seien verheiratet, und erzählen Sie uns, wie Sie die Zeit mit Ihrer Frau verbringen. Sie würden sie gewiss einsperren?»

«Ich würde sie einsperren.»

«Und selbst bei ihr sitzen?»

«Unbedingt würde ich bei ihr sitzen.»

«Sehr schön. Und wenn sie das langweilt und sie würde Sie betrügen?»

«Würde ich sie töten.»

«Und wenn sie fliehen würde?»

«Setzte ich ihr nach und tötete sie dennoch.»

«So, so. Doch angenommen, ich wäre Ihre Frau, was täten Sie dann?»

Bjelowsorow schwieg.

«Dann würde ich mich selbst töten...»

Sinaida lachte.

«Ich sehe, Ihr Lied ist nicht lang.»

Das zweite Pfand gehörte Sinaida. Sie richtete die Augen zur Decke empor und überlegte.

«Also hören Sie», begann sie schliesslich, «was ich mir ausgedacht habe... Stellen Sie sich einen grossen prunkvollen Saal vor, eine Sommernacht und einen rauschenden festlichen Ball. Den Ball gibt die junge Königin. Ringsum Gold, Marmor, Kristall, Seide, Lichter, Brillanten, Blumen, Weihrauch, jeder erdenkliche Luxus.»

«Sie lieben Luxus?» unterbrach sie Luschin.

«Luxus ist etwas Schönes», erwiderte sie, «ich liebe alles Schöne.»

«Mehr als das Harmonische?» fragte er.

«Das ist mir zu spitzfindig; ich verstehe Sie nicht. Unterbrechen Sie mich nicht. Also, ein prächtiger Ball. Viele Gäste, alle jung, hübsch, tapfer, und alle besinnungslos in die Königin verliebt.»

«Damen sind nicht unter den Gästen?» fragte Malewskij.

«Nein - oder warten Sie: ja, auch Damen.»

«Und alle schön?»

«Wunderschön. Aber die Herren sind alle in die Königin verliebt. Sie ist gross und schlank. Auf ihren schwarzen Haaren trägt sie ein kleines goldenes Diadem.»

Ich schaute Sinaida an. In diesem Augenblick schien sie uns alle zu überragen. Ihre weisse Stirn, ihre unbewegten Brauen drückten so viel wachen Verstand, so viel gebieterische Hoheit aus, dass ich dachte: «Du selbst bist diese Königin!»

«Alle scharen sich um sie», fuhr Sinaida fort, «alle schmeicheln ihr mit vielen schönen Redensarten.»

«Und sie liebt Schmeicheleien?» fragte Luschin.

«Unerträglich! Dauernd unterbricht er mich. Wer liebt keine Schmeicheleien?»

«Noch eine, die letzte Frage», bemerkte Malewskij: «Hat die Königin einen Gatten?»

«Darüber habe ich nicht nachgedacht. Warum einen Gatten?»

«Gewiss», griff Malewskij auf, «wozu ein Gatte?»

«Silence!» rief Maidanow mit schlechter französischer Aussprache.

«Merci!» sagte Sinaida zu ihm. «Also, die Königin hört diese schönen Sprüche, lauscht der Musik, hat jedoch für keinen der Gäste einen Blick. Die sechs Fenster stehen vom Plafond bis zum Boden weit offen. Hinter ihnen die dunkle Nacht mit grossen Sternen und der dunkle Park mit hohen Bäumen. Die Königin blickt in den Park. Dort neben den Bäumen eine Fontäne. Ihr weisser Strahl steigt wie eine Erscheinung ins Dunkle hinauf. Zwischen Stimmengewirr und Musik lauscht die Königin auf das stille Plätschern des Wassers. Sie schaut hinaus und denkt: ‹Ihr alle, ihr Herren, seid adlig, klug, reich; ihr umringt mich, jedes meiner Worte ist euch teuer, ihr seid alle bereit, zu meinen Füssen zu sterben, ich gebiete über euch..., aber dort, dort, neben der Fontäne, neben diesem plätschernden Wasser steht der Mann, den ich liebe, der über mich gebietet, und wartet auf mich. Er trägt kein kostbares Gewand, keine wertvollen Edelsteine, niemand kennt ihn, aber er wartet auf mich und weiss genau, dass ich kommen werde - und so wird es sein. Keine Macht der Erde könnte mich aufhalten, wenn ich zu ihm gehen will und bei ihm bleiben und mich ihm hingeben werde, dort, im Dunkel des Parks, unter den rauschenden Bäumen und beim Plätschern des Springbrunnens...›»

Sinaida verstummte.

«Ist dies eine erdachte Geschichte?» fragte Malewskij spitzfindig.

Sinaida schenkte ihm nicht einmal einen Blick.

«Und was hätten wir getan», sagte plötzlich Luschin, «wenn wir uns unter den Gästen befunden hätten und von diesem Glücklichen neben der Fontäne gewusst hätten?»

«Warten Sie, warten Sie», unterbrach ihn Sinaida. «Ich werde Ihnen selbst sagen, was jeder von Ihnen getan hätte. Sie, Bjelowsorow, hätten ihn zum Duell gefordert. Sie, Maidanow, hätten ein Epigramm auf ihn geschrieben, nein – Epigramme verstehen Sie nicht zu schreiben. Sie hätten ein langes Gedicht in Jamben in Barbiers Manier geschrieben und Ihr Produkt im ‹Telegraph› veröffentlicht. Sie, Nirmatzkij, hätten sich Geld von ihm geliehen..., nein, Sie hätten es ihm gegen Prozente verliehen. Sie, Doktor...» Sie hielt inne. «Ja, was Sie getan hätten, weiss ich nicht.»

«Als Leibarzt der Königin», antwortete Luschin, «hätte ich ihr abgeraten, Bälle zu veranstalten, wenn es ihr nicht um die Gäste zu tun wäre...»

«Ja, vielleicht hätten Sie recht. Und Sie, Graf?...»

«Ich?» wiederholte Malewskij mit maliziösem Lächeln.

«Sie hätten ihm vergiftetes Konfekt angeboten.»

Malewskijs Gesicht verzog sich etwas und bekam für einen Augenblick einen verschlagenen Ausdruck, aber er lachte sofort schallend.

«Was Sie betrifft, Woldemar...», fuhr Sinaida fort, «nun genug, lassen wir es gut sein, spielen wir etwas anderes.»

«Msjö Woldemar hätte ihr in seiner Eigenschaft als Page die Schleppe getragen, wenn sie in den Park geeilt wäre», bemerkte Malewskij giftig.

Ich flammte auf, aber Sinaida legte mir schnell die Hand auf die Schulter, richtete sich hoch und sagte mit leicht bebender Stimme:

«Ich habe Euer Erlaucht nie das Recht gegeben, sich Frechheiten zu erlauben. Deshalb bitte ich Sie, sich zu entfernen.» Sie wies ihm die Tür.

«Erbarmen, Prinzessin!» flüsterte Malewskij und wurde ganz bleich.

«Die Prinzessin hat recht», rief Bjelowsorow und erhob sich ebenfalls.

«Bei Gott, das habe ich nicht erwartet», rief Malewskij; «ich habe nicht geglaubt, dass aus meinen Worten etwas derartiges herauszuhören sei..., ich habe auch nicht im entferntesten daran gedacht, Sie zu beleidigen... Verzeihen Sie mir!»

Sinaida warf ihm einen kalten Blick zu und lachte geringschätzig.

«Meinetwegen, bleiben Sie», sagte sie mit einer verächtlichen Handbewegung. «Ich und Msjö Woldemar, wir haben uns grundlos aufgeregt. Ihnen macht es Vergnügen, bissig zu werden..., wohl bekomm's!»

«Verzeihen Sie mir», wiederholte Malewskij. Bei Sinaidas Handbewegung hatte ich abermals gedacht, dass eine wirkliche Königin einem Frechling kaum mit grösserer Würde die Tür gewiesen hätte.

Nach diesem kleinen Zwischenfall wurde das Pfänderspiel nicht mehr lange fortgesetzt. Allen war etwas unbehaglich zumute; nicht so sehr wegen dieses Vorfalls, sondern wegen eines nicht recht bestimmbaren, aber belastenden Gefühls. Keiner sprach davon, aber jeder war sich dieses Gefühls in sich und in seinen Nachbarn bewusst. Maidanow las uns seine Gedichte vor, und Malewskij lobte sie überschwenglich. «Wie sehr ihm jetzt daran gelegen ist, sich als guter Mensch zu zeigen», flüsterte mir Luschin zu. Wir trennten uns bald. Sinaida war plötzlich in Gedanken versunken. Die Fürstin liess sagen, dass sie Kopfweh habe. Nirmatzkij begann über sein Rheuma zu klagen.

Ich konnte nicht einschlafen. Sinaidas Erzählung hatte mich tief getroffen.

«Sollte sie wirklich einen Hinweis enthalten haben?» fragte ich mich. «Und auf wen, auf was hatte sie angespielt? Und wenn wirklich etwas vorhanden ist, auf das sie angespielt hat..., wie dann entscheiden? Nein, nein, es kann nicht sein», flüsterte ich und warf mich mit heissen Wangen von einer Seite auf die andere... Aber dann sah ich wieder Sinaidas Miene während der Erzählung vor mir, erinnerte mich an Luschins unvermittelte Ausrufe im Neskutschnyj-Park, an Sinaidas plötzliche Veränderungen in ihrem Verhalten zu mir – und ich verlor mich in Rätseln. «Wer ist es?» Diese Worte standen gleichsam vor meinen Augen wie Lettern in der Finsternis; mir war, als hänge eine böse dräuende Wolke dicht über mir; ich fühlte ihre Last und wartete, dass sie sich gleich, jetzt sofort entladen werde. An vieles hatte ich mich in der letzten Zeit gewöhnt. Ich übersah die Unordnung bei den Sassjekins, die abgebrannten Talgkerzen, die zerbrochenen Messer und Gabeln, den finsteren Bonifatius, das schlampige Zimmermädchen, die Manieren der Fürstin..., aber an das, was ich jetzt in Sinaida dumpf verspürte, konnte ich mich nicht gewöhnen. ‹Eine Abenteurerin› hatte sie meine Mutter einmal genannt. Eine Abenteurerin – sie, mein Idol, meine Göttin! Diese Bezeichnung brannte mich, ich vergrub mich vor ihr ins Kissen, ich war empört - und zugleich: worauf wäre ich nicht eingegangen, was hätte ich nicht dafür gegeben, wenn ich der Glückliche am Springbrunnen gewesen wäre!...

Mein Blut geriet ins Sieden und Wallen. «Park - Springbrunnen...», dachte ich. «Auf in den Park!» Ich zog mich hastig an und schlüpfte aus dem Hause. Die Nacht war dunkel, die Bäume rauschten leise. Vom Himmel wehte es still und kühl. Aus dem Gemüsegarten drang der Geruch von Dill. Ich ging durch sämtliche Alleen. Der leichte Klang meiner Schritte verwirrte und ermunterte mich zugleich. Ich blieb stehen, wartete, hörte, wie mein Herz schlug, heftig und schnell. Schliesslich näherte ich mich dem Zaun und stützte mich auf eine dünne Latte. Plötzlich - oder kam es mir nur so vor? - huschte eine weibliche Gestalt einige Schritte von mir entfernt vorüber. Ich versuchte mit aller Kraft die Finsternis mit meinen Blicken zu durchdringen - ich verhielt den Atem. Was war das? Waren es Schritte, die ich hörte - oder pochte mein Herz so heftig? «Ist hier jemand?» stammelte ich kaum vernehmbar. Da! Wieder! Was war es? Unterdrücktes Lachen? Oder das Rauschen der Blätter? Ein Seufzer dicht neben meinem Ohr?... Ich fürchtete mich. «Ist hier jemand?» wiederholte ich.

Die Luft kam für einen Augenblick in Bewegung. Am Himmel leuchtete ein feuriger Streifen auf: ein Stern war gefallen. «Sinaida?» wollte ich fragen, aber der Laut erstarb mir auf den Lippen. Mit einem Male wurde es ringsum totenstill, wie es um Mitternacht häufig der Fall ist. Sogar die Grillen hörten auf, in den

Bäumen zu zirpen; nur ein Fensterchen wurde irgendwo zugeklappt. Lange stand ich regungslos auf einer Stelle, dann kehrte ich in mein Zimmer zurück, in mein ausgekühltes Bett. Ich empfand eine seltsame Erregung; mir war, als sei ich zu einem Stelldichein gegangen und sei allein geblieben und an einem fremden Glück vorbeigegangen.

17

Am nächsten Tage sah ich Sinaida nur flüchtig, als sie mit der Fürstin in einer Droschke irgendwohin fuhr. Statt dessen bekam ich Luschin, der mich übrigens kaum eines Grusses würdigte, und Malewskij zu Gesicht. Der junge Graf grinste und redete mich freundschaftlich an. Von allen Besuchern des Seitengebäudes war er der einzige, der es verstanden hatte, sich auch bei uns Einlass zu verschaffen und meiner Mutter zu gefallen. Mein Vater konnte ihn nicht leiden und verhielt sich zu ihm mit einer fast beleidigenden Höflichkeit.

«Ah, monsieur le page!» begann Malewskij. «Sehr erfreut, Sie zu treffen. Was macht Ihre schöne Königin?»

Sein frisches, hübsches Gesicht war mir in diesem Augenblick so zuwider, und er sah mich so herablassend schalkhaft an, dass ich ihm keine Antwort gab.

«Immer noch böse?» fuhr er fort. «Unnütz! Nicht ich habe Sie zum Pagen ernannt. Pagen gehören zu den bevorzugten Begleitern von Königinnen. Aber gestatten Sie mir eine Bemerkung: Sie erfüllen Ihre Pflicht schlecht.»

«Wieso?»

«Pagen dürfen sich nie von ihren Gebieterinnen trennen, Pagen müssen alles wissen, was ihre Herrinnen tun; sie müssen auf sie Obacht geben, Tag und Nacht», fügte er mit gesenkter Stimme hinzu.

«Was wollen Sie damit sagen?»

«Was ich damit sagen will? Ich habe mich doch, scheint's, klar ausgedrückt. Tag - und Nacht! Am Tage mag es ja noch angehen, am Tage ist es hell und belebt, aber nachts - da muss man sich auf böse Überraschungen gefasst machen. Ich rate Ihnen, nachts nicht zu schlafen, sondern wachsam zu sein und scharf aufzupassen. Sie erinnern sich: im Park, nachts, bei der Fontäne - dort müssen Sie auf dem Posten sein. Sie werden es mir danken.»

Malewskij lachte auf und wandte mir den Rücken zu. Offenbar hatten seine Worte nichts Besonderes zu bedeuten. Er stand im Rufe eines vorzüglichen Mystifikators und rühmte sich seines Talents, die Menschen auf Maskenbällen zum Narren zu halten, wozu die fast unbewusste Verlogenheit beitrug, von der sein ganzes Wesen durchdrungen war. Er wollte mich nur foppen, aber jedes seiner Worte floss wie Gift durch meine Adern. Das Blut strömte mir in den Kopf. «Aha, das ist es!» sagte ich zu mir selbst. «Gut so! Nicht umsonst hat es mich in den Park gezogen. Das wird nicht geschehen!» rief ich laut und schlug mir die Faust gegen die Brust, obwohl ich nicht recht wusste, was nicht geschehen solle. «Ob es Malewskij selbst ist, der in den Park strebt», dachte ich («vielleicht hat er sich nur verplappert, frech genug ist er dazu»), «oder ob es ein anderer ist» (der Zaun unseres Parks war sehr niedrig, und es kostete keine Mühe, ihn zu überklettern), «aber wehe dem, der mir in die Hände fällt! Ich rate niemandem, mir zu begegnen! Ich werde jedermann, und auch ihr, der Verräterin» (tatsächlich, ich nannte sie eine Verräterin), «zeigen, dass ich mich zu rächen weiss.»

Ich kehrte in mein Zimmer zurück, holte aus meinem Schreibtisch ein kürzlich erstandenes englisches Taschenmesser, befühlte die scharfen Klingen und steckte es, die Brauen finster gerunzelt, mit kalter, fester Entschlossenheit in die Tasche, als ob ich so etwas schon oft getan hätte und nichts Erstaunliches daran sei. Mein Herz pochte vor Wut und war wie ein Stein. Bis zum Anbruch der Nacht blieben meine Brauen zusammengezogen und die Lippen fest geschlossen. Unablässig ging ich hin und her. Die Hand umklammerte in der Tasche das sich erwärmende Messer, und ich machte mich für etwas Schreckliches bereit. Diese neuen, nie erlebten Empfindungen nahmen mich so in Anspruch und machten mir sogar solchen Spass, dass ich eigentlich wenig an Sinaida dachte. Immerzu gingen mir die Verse vom jungen Zigeuner Aleko im Kopf herum: ‹Wohin, du schöner Bursche? – Lieg...›, und dann: ‹Du bist am ganzen Leib mit Blut bespritzt... Wehe dir, was tatest du? – Macht nichts!› Mit welch grausamem Lächeln wiederholte ich dieses: ‹Macht nichts!›

Mein Vater war nicht daheim, aber meiner Mutter, die sich seit einiger Zeit im Zustand einer fast ständigen dumpfen Gereiztheit befand, fiel mein tragisches Aussehen auf, und sie sagte beim Abendessen zu mir: «Warum machst du denn so ein missvergnügtes Gesicht wie die Maus auf der Grütze?» Ich lächelte nur geringschätzig als Antwort und dachte: «Wenn ihr wüsstet!»

Es schlug elf Uhr. Ich ging in mein Zimmer, zog mich aber nicht aus, sondern wartete die Mitternacht ab. Endlich schlug es zwölf. «Es ist soweit!» flüsterte ich durch die Zähne. Bis obenhin zugeknöpft, sogar die Ärmel aufgekrempelt, begab ich mich in den Park.

Ich hatte mir schon zuvor einen Beobachtungsplatz ausgesucht. Am Ende des Parks, wo unsere Besitzung an den Sassjekinschen Garten stiess, ging der uns trennende Zaun in eine gemeinsame Mauer über. Dort wuchs eine einzelne Tanne. Unter ihren niedrigen, dichten Zweigen konnte ich, soweit es die nächtliche Dunkelheit erlaubte, gut beobachten, was ringsum vor sich ging. Dort führte ein schmaler Pfad vorbei, der mir immer geheimnisvoll erschienen war; er kroch wie eine Schlange unter dem Zaun hindurch, der an dieser Stelle die Spuren derjenigen zeigte, die ihn überklettert hatten, und führte zu einer runden Laube aus dichtem Akaziengebüsch. Ich schlich zur Tanne, lehnte mich an ihren Stamm und begann meine Wache.

Es war so still wie nachts zuvor, aber der Himmel war weniger bewölkt, und die Umrisse der Sträucher, sogar der hochgewachsenen Bäume waren deutlicher sichtbar. Zuerst war das Wachen quälend, fast schaurig. Ich war zu allem entschlossen und überlegte nur, wie ich vorgehen solle. Donnernd rufen: «Wohin? Stehenbleiben! Gib dich zu erkennen oder stirb!», oder sollte ich einfach zuschlagen?...

Jeder Laut, jedes Rascheln und Rauschen erschienen mir bedeutsam und ungewöhnlich. Ich stand auf dem Sprung, den Körper vorgeneigt... Aber eine halbe Stunde verging, eine Stunde verging. Mein Blut beruhigte sich, erkaltete. Das Bewusstsein, dass ich dies alles vergeblich unternehme, dass ich sogar lächerlich sei, dass sich Malewskij einen Scherz mit mir erlaubt habe, nahm allmählich von mir Besitz. Ich verliess mein Versteck und schritt den ganzen Park ab. Wie mit Absicht war nirgendwo der leiseste Laut zu vernehmen, alles hatte sich beruhigt; sogar unser Hund lag zu einem Knäuel zusammengerollt, fest schlafend an der Gartentür. Ich erklomm die Ruine des Gewächshauses, sah das weite Feld vor mir, entsann mich der Begegnung mit Sinaida und verfiel ins Träumen.

Ich schrak zusammen... Ich meinte, das Knarren eines sich öffnenden Fensters zu vernehmen, gleich danach das leise Geräusch eines abgebrochenen Zweiges. In zwei Sätzen sprang ich von der Mauer auf die Erde – und blieb wie angewurzelt stehen. Ich vernahm deutlich rasche, leise, aber vorsichtige Schritte, die auf mich zukamen. «Da ist er..., da ist er endlich!» durchfuhr es mich. Mit einer krampfhaften Bewegung zog ich das Messer aus der Tasche und öffnete es verbissen. Rote Funken tanzten mir vor den Augen. Vor Angst und Wut sträubten sich meine Haare. Die Schritte kamen gerade auf mich zu. Ich machte mich klein, spannte mich zum Sprung... Ein Mann kam in Sicht... Mein Gott! Es war mein Vater!

Obwohl er fest in einen dunklen Umhang gehüllt war und den Hut tief ins Gesicht gezogen hatte, erkannte ich ihn sofort. Auf den Zehenspitzen ging er vorbei. Er bemerkte mich nicht, obwohl mich nichts verbarg, aber ich kauerte so zusammengeduckt auf dem Boden, dass ich mich offenbar nicht von der Erde abhob. Der eifersüchtige, zum Mord bereite Othello verwandelte sich augenblicklich in einen Schuljungen.

Das unerwartete Erscheinen meines Vaters hatte mich so erschreckt, dass ich gar nicht bemerkt hatte, woher er gekommen war und wohin er verschwand. Erst als es ringsum wieder still geworden war, richtete ich mich auf und dachte: «Warum geht Vater nachts in den Park?»

Vor Schreck war mir das Messer ins Gras gefallen, aber ich war mir dessen nicht einmal bewusst, so sehr schämte ich mich. Mit einem Schlag war ich ernüchtert. Auf dem Heimweg ging ich jedoch zu dem Bänkchen unter dem Holunderbusch und blickte auf das Fenster von Sinaidas Schlafzimmer. Die kleinen, etwas gewölbten Scheiben schimmerten mattbläulich in dem schwachen Licht des nächtlichen Himmels. Plötzlich änderte sich ihre Färbung. Hinter den Scheiben - ich sah es, sah es deutlich - wurde vorsichtig und behutsam die weisse Übergardine herabgelassen; sie fiel bis zum Fensterbrett und blieb dort liegen.

«Was hatte denn das zu bedeuten?» sagte ich laut, fast wider Willen vor mich hin, als ich mich wieder in meinem Zimmer befand. «Ein Traum, ein Zufall oder...» Die Mutmassungen, die mir plötzlich in den Sinn kamen, waren so neu und seltsam, dass ich nicht den Mut hatte, ihnen nachzugehen.

18

Als ich am Morgen aufstand, hatte ich Kopfschmerzen. Die Erregung, die ich gestern verspürt hatte, war vergangen. Sie war schweren Zweifeln und einer nie verspürten Schwermut gewichen. Mir war, als sterbe etwas in mir.

«Warum sehen Sie aus wie ein Kaninchen, dem man das halbe Gehirn entfernt hat?» sagte Luschin zu mir, als er mich traf.

Während des Frühstücks warf ich bald dem Vater, bald der Mutter verstohlene Blicke zu; er war so ruhig wie immer, sie hingegen war wie stets heimlich gereizt. Ich wartete auf ein freundliches Wort von Vater, wie er es bisweilen an mich richtete. Aber er verzichtete sogar auf eine Bekundung seiner alltäglichen kühlen Freundlichkeit. «Ob ich Sinaida von alledem erzählen soll?» überlegte ich. «Es ist ohnehin ganz gleich - zwischen uns ist ja alles zu Ende.» Ich ging zu ihr, aber ich erzählte ihr nichts, ja es gelang mir nicht einmal, mit ihr zu plaudern, sosehr mich auch danach verlangte. Der Sohn der Fürstin, ein zwölfjähriger Kadett, war für die Ferien aus Petersburg gekommen, und Sinaida vertraute mir sofort ihren Bruder an.

«Hier, mein lieber Wolodja» (sie nannte mich zum ersten Male so), «ein Kamerad für Sie. Er heisst ebenfalls Wolodja. Haben Sie ihn bitte lieb; er ist noch ein Wildling, aber ein guter Junge. Zeigen Sie ihm den Neskutschnyj-Park, gehen Sie mit ihm spazieren, nehmen Sie ihn unter Ihre Fittiche. Nicht wahr, Sie werden es tun? Sie sind genau solch guter Junge.»

Sie legte mir zärtlich beide Hände auf die

Schultern – und ich war verloren. Die Ankunft dieses Knaben machte mich selbst wieder zum Knaben. Ich blickte den Kadetten stumm an, und er starrte mich ebenso wortlos an.

Sinaida lachte laut auf und stiess uns gegeneinander.

«Umarmt euch doch, Jungs!»

Wir taten es.

«Ich führe Sie in den Park, wollen Sie?» fragte ich den Kadetten.

«Ich bitte darum», antwortete er mit einer heiseren, forschen Kadettenstimme.

Sinaida brach abermals in Gelächter aus. Ich konnte bemerken, dass ihr Gesicht noch niemals eine so wunderschöne Farbe gehabt hatte. Wir trollten uns, der Kadett und ich. In unserem Garten befand sich eine alte Schaukel. Ich liess ihn auf dem schmalen Brett Platz nehmen und begann ihn zu schaukeln. Er sass in seiner neuen Uniform aus dickem Tuch mit den breiten goldenen Borten da, ohne sich zu rühren, und hielt sich an den Stricken fest.

«Knöpfen Sie doch Ihren Kragen auf», sagte ich zu ihm.

«Macht nichts, wir sind es gewöhnt», brachte er hervor und räusperte sich.

Er glich seiner Schwester, besonders die Augen erinnerten an sie. So angenehm es mir war, ihm dienen zu können, nagte doch gleichzeitig eine schmerzliche Trauer leise an meinem Herzen. «Nun bin ich richtig zum Kind geworden», dachte ich, «und gestern noch...» Ich rief mir die Stelle ins Gedächtnis zurück, an der mir gestern das Messer entfallen war, und fand es wieder. Der Kadett erbat es sich von mir, brach einen dicken Liebstöckelstengel ab, schnitzte daraus eine Flöte und begann zu pfeifen. Othello pfiff ebenfalls.

Aber abends weinte er, dieser selbe Othello, in Sinaidas Hände hinein, als sie ihn in einer Ecke des Parks fand und ihn fragte, warum er so bekümmert sei. Meine Tränen rannen mit solcher Gewalt, dass sie erschrak.

«Was ist mit Ihnen? Was haben Sie denn, Wolodja?» sagte sie immer wieder. Als sie merkte, dass ich ihr nicht antwortete und nicht aufhörte zu weinen, kam sie auf den Gedanken, meine nasse Wange zu küssen.

Aber ich wandte mich von ihr ab und flüsterte schluchzend: «Ich weiss alles. Warum haben Sie mit mir gespielt?... Wozu brauchten Sie meine Liebe?»

«Ich habe mich vor Ihnen schuldig gemacht, Wolodja...», sagte Sinaida. «Ach, ich trage grosse Schuld», fügte sie hinzu und presste die Hände zusammen. «Wieviel Hässliches, Dunkles, Sündiges in mir ist... Aber jetzt spiele ich nicht mit Ihnen, ich habe Sie lieb... Sie ahnen nicht einmal, weshalb und wie... Im übrigen, was wissen Sie denn?»

Was konnte ich sagen? Sie stand vor mir und blickte mich an - und ich gehörte ihr mit Leib und Seele, von Kopf bis Fuss, sobald sie mich nur ansah...

Eine Viertelstunde danach lief ich bereits mit dem Kadetten und mit Sinaida um die Wette; ich weinte nicht, ich lachte, obwohl die Tränen vom Lachen aus geschwollenen Lidern tropften. Um meinen Hals war statt meines Tuchs Sinaidas Band geknüpft, und ich schrie vor Freude, wenn es mir gelang, sie um die Taille zu fassen. Sie tat mit mir, was sie wollte.

19

Ich käme in grosse Bedrängnis, wenn ich ausführlich erzählen sollte, was mit mir im Laufe der Woche nach meiner misslungenen nächtlichen Exkursion vor sich ging. Ich befand mich in einem seltsamen, fieberhaft verworrenen Zustand, in dem die widersprüchlichsten Gefühle, Gedanken, Mutmassungen, Hoffnungen, Freuden und Leiden wild durcheinander wirbelten. Ich hatte Angst, in mich hineinzuschauen, sofern dies einem sechzehnjährigen Knaben überhaupt möglich ist; ich hatte Angst, mir Rechenschaft über was immer abzulegen; ich beeilte mich einfach, den Tag bis zum Abend rasch hinter mich zu bringen, aber nachts schlief ich fest; der leichte kindliche Sinn half mir. Ich wollte nicht wissen, ob ich geliebt würde, und ich wollte mir selbst nicht eingestehen, dass ich nicht geliebt wurde.

Meinem Vater ging ich aus dem Wege, aber Sinaida konnte ich nicht meiden. In ihrer Gegenwart stand ich wie in Flammen. Aber wozu brauchte ich zu wissen, was es für ein Feuer war, in dem ich brannte und schmolz - süss und selig war es, zu brennen und zu schmelzen. Ich gab mich allen Eindrücken hin und betrog mich selbst, wandte mich von den Erinnerungen ab und schloss die Augen vor dem, was ich vorausfühlte... Diese Quälerei hätte wahrscheinlich noch lange dauern können, aber ein Donnerschlag machte dem Zustand ein Ende und schleuderte mich auf ein neues Gleis.

Als ich eines Tages nach einem ziemlich ausgedehnten Spaziergang zum Essen heimkam, erfuhr ich zu meiner Verwunderung, dass ich allein speisen würde, weil mein Vater ausgefahren sei und Mütterchen sich nicht wohl fühle, nicht zu essen wünsche und sich in ihrem Zimmer eingeschlossen habe. An den Gesichtern der Diener erriet ich, dass etwas Ungewöhnliches geschehen war. Ich wagte nicht, sie zu fragen, aber ich hatte unter ihnen einen Freund, den jungen Buffetdiener Filipp; er war ein leidenschaftlicher Freund von Gedichten und ein Künstler auf der Gitarre. An ihn wandte ich mich und erfuhr von ihm, dass zwischen Vater und Mutter eine schreckliche Szene stattgefunden hatte. (Im Mägdezimmer war jedes Wort hörbar gewesen; vieles war auf französisch gesprochen worden, doch das Zimmermädchen Mascha, das fünf Jahre bei einer aus Paris stammenden Schneiderin tätig gewesen war, hatte alles verstanden.) Meine Mutter hatte Vater der Untreue bezichtigt und ihm die Bekanntschaft mit dem ‹Fräulein von nebenan› zum Vorwurf gemacht. Mein Vater hatte sich zuerst gerechtfertigt, dann war auch er in Erregung geraten, hatte ein grausames Wort ‹über ihr Alter› gesagt, worüber Mütterchen in Tränen ausgebrochen war. Auch von einem Wechsel, den Vater angeblich der Fürstin ausgestellt hatte, war die Rede gewesen. Über die Fürstin und deren Tochter hatte sich Mutter sehr hässlich geäussert. Darauf hatte ihr Vater gedroht.

«Und an dem ganzen Ungemach», fuhr Filipp fort, «ist ein Brief ohne Unterschrift schuld. Wer ihn geschrieben hat, weiss man nicht. Ohne den Brief wäre kein Anlass gewesen, alle diese Dinge zur Sprache zu bringen.»

«War denn ein Grund vorhanden?» brachte

ich mit Mühe hervor, während meine Hände und Füsse kalt wurden und es tief in meiner Brust zitterte.

Filipp zwinkerte vieldeutig.

«War. Solche Dinge lassen sich nicht verheimlichen. So vorsichtig Ihr Väterchen auch in diesem Falle gewesen ist, aber zuweilen muss zum Beispiel ein Wagen gemietet werden oder sonstwas..., ohne Leute kommt man eben nicht aus.»

Ich schickte Filipp fort und warf mich auf das Bett. Ich schluchzte nicht, überliess mich nicht der Verzweiflung; ich fragte mich nicht, wann und wie das alles geschehen war, wunderte mich nicht, dass ich es nicht früher, nicht schon längst erraten hatte - ich grollte meinem Vater nicht einmal... Was ich erfahren hatte, ging über meine Kraft. Diese jähe Enthüllung zerschmetterte mich. Alles war zu Ende. Alle meine Blumen waren mit einem Schlage abgerissen worden und lagen verstreut und zertreten um mich herum.

20

Mütterchen erklärte am nächsten Tage, dass sie in die Stadt übersiedeln werde. Am Morgen ging Vater zu ihr ins Schlafzimmer und blieb lange mit ihr zusammen. Niemand hörte, was er ihr sagte, aber Mütterchen weinte nicht mehr; sie hatte sich beruhigt und liess sich etwas zu essen bringen, kam jedoch nicht zum Vorschein und änderte auch nicht ihren Entschluss. Ich entsinne mich, dass ich den ganzen Tag umherstreifte, aber in den Park ging ich nicht und warf keinen einzigen Blick auf das Seitengebäude.

Am Abend wurde ich jedoch Zeuge eines erstaunlichen Vorgangs. Mein Vater führte den Grafen Malewskij am Arm durch den Salon in den Flur und sagte in Anwesenheit des Dieners mit kalter Stimme: «Vor einigen Tagen hat man Euer Erlaucht in einem Hause die Tür gewiesen. Ohne mich jetzt mit Ihnen in Erklärungen einzulassen, habe ich die Ehre, Ihnen folgendes mitzuteilen: Wenn Sie sich noch einmal erlauben, zu mir zu kommen, werfe ich Sie zum Fenster hinaus. Mir gefällt Ihre Handschrift nicht.»

Der Graf verbeugte sich, biss die Zähne aufeinander, duckte sich und verschwand.

Das Packen für die Übersiedlung in die Stadt, wo wir am Arbat unser Haus hatten, war in vollem Gange. Mein Vater hatte offenbar selbst nicht mehr den Wunsch, länger auf dem Lande zu bleiben. Es war ihm jedoch augenscheinlich gelungen, meine Mutter zu bewegen, die Geschichte auf sich beruhen zu lassen. Alles vollzog sich still und ohne Hast. Mütterchen liess sogar der Fürstin einen Gruss und ihr Bedauern ausrichten, dass sie sich nicht wohl fühle und sie deshalb vor der Abreise nicht noch einmal sehen könne.

Ich irrte umher wie verloren und hatte nur den einen Wunsch, alles möge so schnell wie möglich zu Ende sein. Der Gedanke ging mir nicht aus dem Kopf: wie konnte sie, ein junges Mädchen, und dazu noch eine Prinzessin, sich zu einer solchen Handlungsweise bereit finden, obwohl sie wusste, dass mein Vater gebunden war, und obwohl sie die Möglichkeit hatte, zu heiraten, wenn auch zum Beispiel einen Bjelowsorow? «Ja», dachte ich, «das ist - Liebe, das ist - Leidenschaft, das ist - Hingabe...» Und ich entsann mich Luschins Worten, dass es für manche offenbar süss sei, sich für andere zu opfern.

Einmal gelang es mir, in einem Fenster des Seitengebäudes einen weissen Fleck zu erblikken. «Ist das wirklich Sinaidas Gesicht?» dachte ich. Ja, es war ihr Gesicht. Ich hielt es nicht aus. Ich konnte nicht von ihr scheiden, ohne ihr ein letztes Lebewohl gesagt zu haben. Ich passte einen günstigen Augenblick ab und ging in das Seitengebäude.

Im Salon begrüsste mich die Fürstin auf ihre übliche saloppe Art.

«Was ist denn in euch gefahren, Väterchen? Warum so zeitig in die Stadt zurück?» fragte sie, während sie Schnupftabak in beide Nasenlöcher stopfte.

Bei ihrem Anblick wurde mir leichter zumute. Das von Filipp erwähnte Wort ‹Wechsel› hatte mich gequält. Sie hegte keinen Argwohn..., zumindest erschien es mir damals so. Sinaida kam aus dem Nebenzimmer, bleich, mit gelösten Haaren, in einem schwarzen Kleid.

«Als ich Ihre Stimme hörte», begann sie, «bin ich sofort herausgekommen. Auch Ihnen fällt es so leicht, uns zu verlassen, Sie böser Junge?»

«Ich bin gekommen, um mich von Ihnen zu verabschieden, Prinzessin», antwortete ich, «wahrscheinlich für immer. Sie haben gewiss gehört, dass wir abreisen.»

Sinaida sah mich unverwandt an.

«Ja, ich habe es gehört. Danke, dass Sie gekommen sind. Ich dachte schon, ich würde Sie nicht noch einmal sehen. Behalten Sie mich nicht in schlechtem Gedenken. Ich habe Sie manchmal gequält, aber ich bin trotzdem nicht so, wie Sie es sich vorstellen.»

Sie drehte sich um und lehnte sich an das Fenster.

«Wirklich, ich bin nicht so eine. Ich weiss, dass Sie eine schlechte Meinung von mir haben.»

«Ich?»

«Ja, Sie... Sie.»

«Ich?» wiederholte ich traurig, und mein Herz bebte wie früher unter der Wirkung einer unentrinnbaren, unsäglichen Verzauberung. «Ich? Seien Sie überzeugt, Sinaida Alexandrowna, was immer Sie tun, wie sehr Sie mich quälen mögen: ich werde Sie bis an das Ende meines Lebens lieben und anbeten.»

Sie wandte sich schnell zu mir um, breitete die Arme auseinander, umfasste meinen Kopf und küsste mich fest und heiss. Gott weiss, wem dieser lange Abschiedskuss galt, aber ich genoss gierig seine Süsse. Ich wusste, dass er sich niemals wiederholen werde.

«Leben Sie wohl, leben Sie wohl!» rief ich ein um das andere Mal.

Sie riss sich los und ging hinaus. Auch ich entfernte mich. Ich bin nicht imstande, das Gefühl wiederzugeben, mit dem ich mich entfernte. Ich wünschte nicht, dass es sich jemals wiederholte, aber ich würde mich für unglücklich halten, wenn ich es niemals erfahren hätte.

Wir zogen in die Stadt zurück. Es dauerte lange, bis ich mich von diesem Erlebnis löste und mich wieder an die Arbeit machte. Meine Wunde heilte nur langsam, aber gegen meinen Vater hegte ich eigentlich keinen Groll. Im Gegenteil: er war in meinen Augen noch gewachsen... Mögen die Psychologen diesen Widerspruch erklären, so gut sie können.

Als ich einmal über den Boulevard ging, stiess ich zu meiner unbeschreiblichen Freude auf Luschin. Ich hatte ihn gern, weil er einen geraden, aufrichtigen Charakter hatte. Zudem war er mir teuer wegen der Erinnerungen, die er in mir wachrief. Ich stürzte auf ihn zu.

«Aha!» sagte er und runzelte die Brauen. «Sie sind's, junger Mann! Lassen Sie sich anschauen. Sie sind noch immer gelb, aber trotzdem ist in den Augen nichts mehr von der früheren schmutzigen Brühe. Wie ein Mann sehen Sie aus, nicht mehr wie ein Schosshündchen. Das ist gut. Na, was machen Sie? Bei der Arbeit?»

Ich seufzte. Lügen wollte ich nicht, und die Wahrheit zu sagen, schämte ich mich.

«Nun, schon gut», fuhr Luschin fort. «Kopf hoch! Hauptsache, man lebt normal und widersteht den Verlockungen. Was nützt es denn? Wohin einen die Woge auch treibt – alles ist von Übel. Der Mensch muss fest auf den Beinen stehen, und sei es auch auf einem Stein. Ich habe es mit dem Husten... Und Bjelowsorow – haben Sie gehört?»

«Was ist denn mit ihm?»

«Ist spurlos verschwunden. Es heisst, er ist in den Kaukasus gefahren. Lassen Sie es sich eine Lehre sein, junger Mann. Das kommt davon, wenn man sich nicht rechtzeitig lösen und das Netz zerreissen kann. Sie sind, scheint's, heil davongekommen. Geben Sie acht, dass Sie nicht wieder hineingeraten. Leben Sie wohl!»

«Ich werde nicht in ihre Netze geraten», dachte ich, «ich werde sie nie wiedersehen.»

Aber es war mir bestimmt, Sinaida noch einmal zu sehen.

21

Mein Vater pflegte jeden Tag auszureiten. Er besass ein prachtvolles englisches Pferd mit schlankem Hals und langen Beinen, einen mit Grau vermischten, unermüdlichen und bösen Rotfuchs. Er hiess Elektrik. Ausser Vater konnte ihn niemand reiten. Eines Tages kam mein Vater zu mir, so gut gelaunt wie seit langem nicht mehr. Er war fertig zum Ausritt und hatte schon die Sporen angeschnallt. Ich bat ihn, mich mitzunehmen.

«Lass uns lieber Bockspringen», antwortete mein Vater. «Du auf deinem Klepper kommst ja doch nicht nach.»

«Ich schaffe es, ich schnalle mir ebenfalls Sporen an.»

«Na, dann bitt'schön.»

Wir ritten los. Ich hatte einen zottigen kleinen Rappen, der stämmig und ziemlich mutwillig war. Wenn Elektrik richtig im Trab ging, musste ich freilich aus Leibeskräften galoppieren, aber ich blieb trotzdem nicht zurück. Ich habe nie wieder einen Reiter wie meinen Vater kennengelernt. Er sass so anmutig und mit so nachlässiger Eleganz im Sattel, dass es das Pferd unter ihm selbst zu fühlen schien und sich mit ihm brüstete.

Wir ritten über alle Boulevards, blieben eine Weile auf dem Jungfernfeld, sprengten über einige Zäune (zuerst hatte ich vor dem Springen Angst gehabt, aber da Vater verzagte Menschen verachtete, hörte ich auf, mich zu fürchten), durchquerten zweimal die Moskwa, und ich dachte schon, nunmehr gehe es heim, zumal Vater selbst die Bemerkung machte, mein Pferd sei ermüdet.

Aber plötzlich bog er seitlich der Krimschen Furt von mir ab und galoppierte am Ufer entlang. Ich jagte ihm nach. Neben einem hohen Stapel aufgeschichteter alter Balken sprang er hastig vom Pferd, hiess auch mich absteigen, übergab mir die Zügel Elektriks und sagte, ich solle hier bei den Balken auf ihn warten; er selbst bog in eine kleine Gasse ein und verschwand.

Ich ging, die beiden Pferde am Halfter, am Ufer hin und her und schimpfte auf Elektrik, der im Gehen ununterbrochen den Kopf hochwarf, sich schüttelte, schnob und wieherte. Wenn ich stehenblieb, scharrte er mit dem Huf die Erde auf, wieherte und biss meinen Klepper in den Hals; kurz, er führte sich auf wie ein verhätscheltes Vollblut. Vater kehrte nicht zurück. Vom Fluss her zog es unangenehm feucht; ein feiner Regen fiel leise und betupfte die mir arg zuwider gewordenen dummen grauen Balken, neben denen ich hin und her wanderte, mit winzigen dunklen Flecken. Ich wurde ganz trübsinnig. Vater kam und kam nicht. Ein fremdstämmiger Wächter, ebenfalls grau in grau, mit einem riesigen topfartigen alten Tschako auf dem Kopf und mit einer Hellebarde (was hatte eigentlich ein Wächter am Ufer der Moskwa zu suchen?) näherte sich mir und fragte, mir sein altes, verrunzeltes Gesicht zuwendend: «Was tun Sie hier mit den Pferden, junger Herr? Geben Sie her, ich halte sie.»

Ich gab ihm keine Antwort. Er bat mich um Tabak. Um ihn loszuwerden (die Ungeduld war quälend), machte ich einige Schritte in der Richtung, wohin sich mein Vater entfernt hatte. Dann durchschritt ich die Gasse bis zum Ende, bog um die Ecke und blieb stehen. Vierzig Schritte von mir entfernt stand mein Vater mit dem Rücken zu mir vor dem geöffneten Fenster eines kleinen Holzhauses. Er lehnte mit der Brust gegen das Fensterbrett. Im Hause sass, zur Hälfte vom Vorhang verborgen, eine Frau in einem dunklen Kleid und sprach mit meinem Vater. Die Frau war Sinaida.

Ich erstarrte. Ich muss bekennen: das hatte ich nicht erwartet. Meine erste Regung war, die Flucht zu ergreifen. «Wenn sich Vater umschaut», dachte ich, «bin ich verloren...» Aber ein seltsames Gefühl, stärker als Neugier, stärker sogar als Eifersucht oder Angst, hiess mich stehenbleiben. Ich schaute, schaute und strengte mich an, etwas zu hören. Mein Vater schien eindringlich auf etwas zu beharren. Sinaida war nicht einverstanden. Noch immer steht mir ihr Gesicht vor Augen - traurig, ernst, schön und mit einem nicht zu schildernden Ausdruck von Ergebenheit, Schmerz, Liebe und einer gewissen Verzweiflung - ich weiss kein anderes Wort dafür. Sie sprach nur einsilbige Wörter, ohne die Augen aufzuschlagen; sie lächelte - gehorsam und eigenwillig. An diesem Lächeln erkannte ich meine frühere Sinaida.

Mein Vater hob die Schultern und rückte

den Hut zurecht, was stets ein Zeichen seiner Ungeduld war. Dann drangen die Worte an mein Ohr: «Vous devez-vous séparer de cette...» Sinaida versteifte sich und streckte die Hand aus... Plötzlich geschah vor meinen Augen das Unglaubliche: mein Vater schwang die Reitpeitsche, mit der er sich den Staub von den Schössen seines Rocks geschlagen hatte – und man vernahm einen scharfen Hieb über Sinaidas bis zum Ellbogen entblössten Arm. Nur mit Mühe konnte ich einen Aufschrei unterdrücken. Sinaida zuckte zusammen, sah schweigend meinen Vater an, hob langsam ihren Arm an die Lippen und küsste die blutrote Strieme. Vater schleuderte die Peitsche fort, eilte die Stufen der kleinen Treppe hinauf und stürzte ins Haus. Sinaida drehte sich um – und die Arme vorgestreckt, den Kopf in den Nacken zurückgeworfen, trat sie ebenfalls vom Fenster zurück.

Mit stockendem Herzen, im tiefsten Innern entsetzt vor dem Unbegreiflichen, stürzte ich zurück, durcheilte die Gasse und kehrte zum Ufer des Flusses zurück. Ich wusste nicht, was ich denken sollte. Es war mir bekannt, dass mein kühler, zurückhaltender Vater manchmal von Tobsuchtsanfällen heimgesucht wurde – und trotzdem konnte ich einfach nicht fassen, was ich gesehen hatte... Zugleich fühlte ich, dass ich zeit meines Lebens Sinaidas Bewegung, ihren Blick, ihr Lächeln nie wieder vergessen konnte, dass sich ihr Bild, dieses neue, unvermutet vor mir entstandene Bild für immer meinem Gedächtnis eingeprägt hatte. Ich schaute fassungslos über den Fluss und merkte nicht, wie meine Tränen flossen. «Man schlägt sie», dachte ich, «man schlägt sie..., schlägt sie...»

«Nun, was ist denn mit dir? Gib mir das Pferd!» ertönte hinter mir die Stimme meines Vaters.

Ich gab ihm mechanisch die Zügel. Er sass auf. Der durchfrorene Gaul bäumte sich und machte einen weiten Sprung vorwärts. Aber bald hatte ihn Vater in der Gewalt. Er stiess ihm die Sporen in die Flanken und schlug ihm mit der Faust auf den Hals.

«Ach, keine Peitsche...», murmelte er.

Ich dachte an den sausenden Schlag dieser Peitsche, den ich eben erst vernommen hatte, und zuckte zusammen.

«Wo hast du sie gelassen?» fragte ich Vater nach einer Weile.

Vater gab mir keine Antwort und sprengte voraus. Ich holte ihn ein. Ich wollte unbedingt sein Gesicht sehen.

«Hast du dich ohne mich gelangweilt?» sprach er durch die Zähne.

«Ein wenig. Wo hast du denn deine Peitsche fallen lassen?» fragte ich noch einmal.

Vater warf einen raschen Blick auf mich.

«Ich habe sie nicht fallen lassen», sagte er, «ich habe sie weggeworfen.»

Er sann vor sich hin und senkte den Kopf – und da sah ich zum ersten und sicher zum letzten Male, wieviel Zärtlichkeit und Bedauern seine strengen Züge ausdrücken konnten.

Er fiel wieder in Galopp, und ich konnte ihn nicht mehr einholen; ich kam eine Viertelstunde nach ihm daheim an.

«Da sieht man, was Liebe ist», sagte ich mir von neuem, als ich nachts an meinem Schreibtisch sass, auf dem sich allmählich Hefte und Bücher häuften, «was Leidenschaft ist!... Wer würde nicht empört sein, wer würde einen Schlag hinnehmen, von wem auch immer, und sei es die liebste Hand! Aber wenn man liebt, ist es offenbar möglich... Und ich..., ich bildete mir ein...»

Der letzte Monat hatte mich sehr viel älter gemacht. Meine Liebe mit allen ihren Erregungen und Leiden erschien mir selbst klein, kindlich und armselig vor jenem Anderen, Unbekannten, das ich kaum zu erahnen vermochte und das mich schreckte wie ein unbekanntes, schönes, aber drohendes Gesicht, das man vergeblich sich bemüht, im Halbdunkel zu erkennen...

In dieser Nacht hatte ich einen seltsamen und erschreckenden Traum. Mir träumte, dass ich in ein niedriges dunkles Zimmer trat. Mein Vater stand mit der Peitsche in der Hand da und stampfte mit dem Fuss auf. Sinaida presste sich in eine Ecke, und ein roter Strich zeichnete sich nicht auf ihrem Arm, sondern auf ihrer Stirn ab... Hinter den beiden aber ragte Bjelowsorow auf, blutbesudelt, öffnete die bleichen Lippen und bedrohte wütend meinen Vater.

Zwei Monate danach bezog ich die Universität. Ein halbes Jahr später starb mein Vater (am Schlagfluss) in Petersburg, wohin er eben erst mit meiner Mutter und mir übersiedelt war. Einige Tage vor seinem Tod hatte er einen Brief aus Moskau erhalten, der ihn ungewöhnlich erregte. Er war zu meiner Mutter gegangen, um sie um etwas zu bitten, und es heisst, er habe sogar geweint. Er, mein Vater! Am Morgen des Tages, an dem ihn der Schlag traf, hatte er in französischer Sprache einen Brief an mich begonnen. «Mein Sohn», schrieb er mir, «fürchte die Frauenliebe, fürchte dieses Glück, dieses Gift...» Mütterchen schickte nach seinem Tode eine ziemlich bedeutende Geldsumme nach Moskau.

22

Vier Jahre waren vergangen. Ich hatte eben erst die Universität verlassen und wusste noch nicht recht, was ich anfangen, an welche Tür ich klopfen sollte. Einstweilen schlenderte ich untätig umher. Eines schönen Abends begegnete ich Maidanow im Theater. Es war ihm gelungen, zu heiraten und eine Stellung zu erhalten. Ich fand ihn unverändert. Er war noch genauso grundlos begeistert und genauso plötzlich deprimiert.

«Wissen Sie übrigens», sagte er zu mir, «dass Frau Dolskaja hier ist?»

«Was für eine Frau Dolskaja?»

«Haben Sie sie denn vergessen? Die gewesene Prinzessin Sassjekina, in die wir alle verliebt waren. Sie ja auch. Entsinnen Sie sich, auf dem Lande, neben dem Neskutschnyj-Park.»

«Sie hat einen Dolskij geheiratet?»

«Ja.»

«Und ist hier, im Theater?»

«Nein, in Petersburg; sie ist in diesen Tagen hierher gekommen, möchte ins Ausland.»

«Was für ein Mensch ist ihr Mann?»

«Prächtiger Bursche, vermögend, Kollege von mir in Moskau. Sie verstehen - nach jener

Geschichte – Ihnen dürfte das alles gut bekannt sein...» (Maidanow lächelte vielsagend), «war es für sie nicht so einfach, eine gute Partie zu machen..., die Sache war nicht ohne Folgen geblieben..., aber mit ihrer Schlauheit bringt sie alles fertig. Gehen Sie zu ihr, sie wird sich über Sie freuen. Sie ist noch schöner geworden.»

Maidanow gab mir Sinaidas Anschrift. Sie war im Hotel ‹Demuth› abgestiegen. Die alten Erinnerungen erwachten wieder in mir... Ich gab mir das Wort, am nächsten Tage meine ehemalige ‹Passion› zu besuchen. Aber es kam allerlei dazwischen. Eine Woche verging, eine zweite. Als ich mich endlich ins Hotel ‹Demuth› begab und nach Frau Dolskaja fragte, erfuhr ich, dass sie vier Tage zuvor unvermutet an den Folgen einer Geburt gestorben war.

Mir war, als habe ich einen Stoss gegen das Herz erhalten. Der Gedanke, dass ich sie hätte sehen können, aber sie nicht gesehen hatte und nie wieder sehen würde – dieser bittere Gedanke nagte in mir mit der ganzen Stärke eines nicht wiedergutzumachenden Vorwurfs. «Sie ist gestorben», wiederholte ich mit einem stumpfen Blick auf den Portier, trat stumm auf die Strasse hinaus und ging weiter, ohne zu wissen wohin. Alles Vergangene tauchte mit einem Male wieder auf und stand vor mir. So hatte sich alles gelöst; das also war das Ziel, dem dieses junge, heisse, funkelnde Leben voller Eile und Erregung zugestrebt hatte! Das dachte ich und stellte mir die teuren Züge, die Augen, die Locken vor – in einem engen Kasten, in feuchter, unterirdischer Finsternis –, hier, unfern von mir, der noch lebte, und vielleicht einige Schritte vom Grabe meines Vaters entfernt... Solche Gedanken und Vorstellungen bewegten mich, während in mir Puschkins Verse widerklangen:

Aus teilnahmslosem Munde hörte ich
die Todeskunde.
Und teilnahmslos vernahm ich sie...

O Jugend! Jugend! Du lebst in den Tag hinein, du meinst, alle Schätze der Welt zu besitzen; sogar die Trauer ist dir Genuss, sogar der Kummer steht dir zu Gesicht; du bist von dir überzeugt und kühn, du sagst: ich allein lebe - schaut her! Doch auch deine Tage enteilen und schwinden spurlos dahin, und alles in dir vergeht wie Wachs in der Sonne, wie Schnee... Vielleicht besteht das ganze Geheimnis deiner Schönheit nicht in der Möglichkeit, alles zu schaffen, sondern in der Möglichkeit des Gedankens, dass du alles schaffen wirst - besteht eben darin, dass du die Kräfte in den Wind strömen lässt, die du nicht verstehst, für etwas anderes zu verwenden - in dem, dass jeder von uns sich ohne zu scherzen für einen Verschwender hält, ernsthaft annimmt, dass er das Recht hat zu sagen: oh, was hätte ich geschafft, hätte ich die Zeit nicht unnütz verschwendet!

So ging es auch mir. Was alles erhoffte ich, was erwartete ich, welch grosse Zukunft sah ich vor mir, kaum hatte ich mit einem Seufzer, mit einem Gefühl der Trostlosigkeit dem für einen kurzen Augenblick wiedererstandenen Phantom meiner ersten Liebe das Geleit gegeben!

Und was ist aus alledem geworden, was ich erhofft hatte? Und jetzt, da schon die abendlichen Schatten auf mein Leben zu fallen beginnen, was ist mir geblieben, das frischer, das mir teurer wäre als die Erinnerung an jenes schnell vorübergezogene morgendliche Frühlingsgewitter?

Aber ich mache mich unnütz selbst schlecht. Auch damals, in jener leichtsinnigen Jugendzeit, blieb ich nicht taub für die Stimme der Klage, die zu mir drang, für die feierlichen Klänge, die aus Gräbern zu mir auftönten. Ich entsinne mich: einige Tage, nachdem ich von Sinaidas Tod erfahren hatte, war ich selbst, einem unabweisbaren Drange folgend, beim Sterben einer armen Frau zugegen, die mit uns im gleichen Hause wohnte. Bedeckt mit Lumpen, auf harten Brettern, mit einem Sack unter dem Kopf, endete sie schwer und mühselig. Ihr Leben lang hatte sie mit der täglichen Not erbittert gekämpft; nie hatte sie eine Freude erlebt, den Honig des Glücks genossen. Sollte man nicht meinen, sie freue sich auf den Tod, seine Freiheit, seine Ruhe? Mitnichten. Während sich ihr hinfälliger Leib noch widersetzte, während ihre Brust noch qualvoll unter der auf ihr lastenden Hand atmete, bekreuzigte sich die Greisin, solange sie nicht die letzten Kräfte verliessen, und flüsterte immerzu: «Herr, vergib mir meine Sünden!» Erst mit dem letzten Funken des Bewusstseins wich aus ihren Augen der Ausdruck der Angst und des Entsetzens vor dem Ende. Und ich entsinne mich, dass mich dort, am Totenbett der armen alten Frau, eine erschreckende Angst um Sinaida ergriff und dass ich den Wunsch verspürte, für sie, für meinen Vater – und für mich selbst zu beten.

Punin und Baburin

Erzählung des Pjotr Petrowitsch B.

Ich bin jetzt alt und krank und denke viel an den Tod, der mit jedem Tage näherrückt. Selten richtet sich mein Blick auf das Vergangene. Nur manchmal - im Winter, wenn ich regungslos vor dem flammenden Kamin sitze, oder im Sommer, wenn ich in einer schattigen Allee still auf und ab gehe - erinnere ich mich an frühere Jahre, Ereignisse, Personen. Meine Gedanken verharren jedoch dann nicht lange bei dem Höhepunkt meines reifen Lebens und noch weniger bei den Jünglingsjahren. Ich versetze mich entweder in die frühe Kindheit oder in die erste Knabenzeit. Auch jetzt sehe ich mich auf dem Gut meiner strengen und immer zornigen Grossmutter... Ich bin erst zwölf Jahre alt - und da stehen zwei Gestalten vor mir...

Aber ich will alles der Reihe nach und im Zusammenhang erzählen.

I

1830

Der alte Diener Filippytsch trat ein, wie üblich auf Zehenspitzen, das Halstuch in Form einer Rosette geschlungen, die Lippen fest zusammengepresst, um ‹keinen Hauch von sich zu geben›, mitten auf der Stirn ein Büschel grauer Haare - trat ein, verbeugte sich und reichte meiner Grossmutter auf einem Tablett aus

Blech einen grossen Brief mit einem Wappensiegel. Grossmutter setzte die Brille auf, las den Brief...

«Ist er selbst hier?» fragte sie.

«Wie belieben Sie?» liess sich Filippytsch schüchtern vernehmen.

«Sei nicht so schwach von Begriff! Der Mann, der den Brief gebracht hat - ist er hier?»

«Hier ist er, hier..., sitzt im Kontor.»

Grossmutters Rosenkranz aus Bernstein klapperte.

«Er soll zu mir kommen... Und du, junger Herr», wandte sie sich an mich, «sitz still!»

Ich rührte mich ohnehin nicht in meiner Ecke auf dem mir angewiesenen Hocker.

Grossmutter hielt mich in sehr strenger Zucht.

Fünf Minuten danach trat ein Mann von etwa fünfunddreissig Jahren in das Zimmer. Er hatte schwarzes Haar, ein braunes, pockennarbiges Gesicht mit vorstehenden Backenknochen, eine Hakennase und dichte Brauen, unter denen kleine graue Augen ruhig und bekümmert hervorblickten. Farbe und Ausdruck dieser Augen stimmten mit den orientalischen Gesichtszügen überein. Gekleidet war der Eingetretene in einen schicklichen Überrock mit langen Schössen. Der Mann blieb an der Tür stehen und verneigte sich - nur mit dem Kopf.

«Dein Name ist Baburin?» fragte Grossmutter und fügte für sich hinzu: «Il a l'air d'un arménien.»

«Ganz richtig», antwortete er mit dumpfer, gleichmässiger Stimme. Bei dem ‹dein› der Grossmutter hatten seine Brauen leicht gezuckt. Er hatte doch wohl nicht erwartet, dass man ‹Sie› zu ihm sagen werde?

«Du bist Russe? Rechtgläubig?»

«Ganz richtig.»

Grossmutter nahm die Brille ab und musterte Baburin mit einem langsamen Blick von Kopf bis Fuss. Er schlug die Augen nicht nieder und legte nur die Hände auf den Rücken.

Mich interessierte vor allem sein bartloses, glattrasiertes Gesicht. Solche bläulichen Wangen und ein so glattes Gesicht hatte ich noch nie gesehen.

«Jakow Petrowitsch empfiehlt dich in seinem Briefe als einen nüchternen, fleissigen Mann», sagte meine Grossmutter. «Aber warum hast du ihn verlassen?»

«In seiner Wirtschaft werden Menschen mit anderen Eigenschaften benötigt, gnädige Frau.»

«Mit anderen... Eigenschaften? Das verstehe ich nicht ganz.» Grossmutter klapperte wieder mit dem Rosenkranz. «Jakow Petrowitsch schreibt mir, dass du zwei Eigenheiten an dir hast. Was sind das für Eigenheiten?»

Baburin hob ein wenig die Schultern.

«Ich kann nicht wissen, was er Eigenheiten zu nennen beliebt. Möglicherweise meint er, dass ich keine Körperstrafen zulasse.»

Grossmutter wunderte sich.

«Wollte dich Jakow Petrowitsch etwa gar züchtigen?»

Baburins dunkles Gesicht errötete bis zum Ansatz der Haare.

«Sie beliebten mich nicht richtig zu verstehen, gnädige Frau. Ich wende grundsätzlich keine Körperstrafen bei Bauern an.»

Grossmutter staunte noch mehr als zuvor und hob sogar die Hände in die Höhe.

«Aha!» sagte sie schliesslich und blickte, den Kopf ein wenig zur Seite geneigt, Baburin noch einmal lange an. «Das ist Grundsatz bei dir? Nun, das ist mir völlig gleich. Ich bestimme dich nicht zum Verwalter, sondern ich brauche jemanden für das Kontor als Schreiber. Wie ist deine Handschrift?»

«Ich schreibe gut, ohne orthographische Fehler.»

«Auch das ist mir ganz gleich. Für mich ist die Hauptsache, dass leserlich geschrieben wird, ohne diese neuen grossen Buchstaben mit Schnörkeln. Die mag ich nicht. Und welches ist deine zweite Eigenheit?»

Baburin trat von einem Fuss auf den anderen und hüstelte.

«Vielleicht... erlaubte sich der Herr Gutsbesitzer anzudeuten, dass ich nicht allein bin.»

«Du bist verheiratet?»

«Nein, keineswegs..., aber...»

Grossmutter zog die Stirn in Falten.

«Mit mir lebt eine Person... männlichen Geschlechts..., ein Kamerad, ein armer Mensch, von dem ich mich nicht trenne... Wir sind jetzt schon an die zehn Jahre zusammen.»

«Er ist dein Verwandter?»

«Nein, kein Verwandter - ein Kamerad von mir. Wirtschaftliche Nachteile können seinetwegen nicht entstehen», beeilte sich Baburin hinzuzufügen, als ob er Einwänden zuvorkommen wolle. «Er lebt auf meine Kosten, wohnt im gleichen Zimmer mit mir und dürfte eher von Nutzen sein, weil er des Lesens und Schreibens kundig ist, eine gute Bildung besitzt, ohne Schmeichelei gesagt, und einen vorbildlichen Charakter hat.»

Grossmutter hörte Baburin an, kaute auf den Lippen und kniff die Augen zusammen.

«Er lebt auf deine Kosten?»

«Ja.»

«Du unterhältst ihn aus Barmherzigkeit?»

«Aus Gerechtigkeitsgefühl, ein armer Mensch muss einem anderen armen Menschen helfen.»

«Schau einer an! Das höre ich zum ersten Male. Bis jetzt hatte ich angenommen, dass dies eher die Pflicht der reichen Leute sei.»

«Für die Reichen, wenn ich mir die Bemerkung erlauben darf, ist das eine Nebensache..., doch für unsereinen...»

«Nun genug, genug, genug», unterbrach ihn die Grossmutter, dachte eine Weile nach und sagte dann näselnd, was stets ein schlechtes Zeichen war: «Und wie alt ist er, dein Schmarotzer?»

«In meinen Jahren.»

«In deinen? Ich nahm an, er sei dein Zögling?»

«Keineswegs; er ist mein Kamerad – und zudem...»

«Genug!» unterbrach ihn meine Grossmutter das zweite Mal. «Du scheinst ein Philanthrop zu sein. Jakow Petrowitsch hat recht: in deinem Stand... ist das sehr eigentümlich und seltsam. Aber sprechen wir jetzt zur Sache. Ich werde dir genau erklären, welcher Art deine Beschäftigung sein wird. Erst noch ein Wort hinsichtlich des Gehalts... Que faites-vous ici?» fügte sie plötzlich hinzu und wandte mir ihr trockenes, gelbes Gesicht zu. «Allez étudier votre devoir de mythologie!»

Ich sprang in die Höhe, küsste Grossmutters Hand und entfernte mich, nicht um Mythologie zu studieren, sondern ich ging in den Park.

Der zum Gut meiner Grossmutter gehörende Park war sehr alt und gross. Auf der einen Seite begrenzte ihn ein durchströmter Teich, in dem sich nicht nur Karauschen und Gründlinge tummelten, sondern sogar Schmerlen vorhanden waren, die berühmten, heute fast überall verschwundenen Schmerlen. Am Ende des Teiches stand dichtes Weidengebüsch. Weiter oben wucherten an beiden Seiten des Ufers wild durcheinander Hasel-, Holunder-, Geissblattsträucher und dorniges Gebüsch, unter denen Heidekraut und Liebstöckel wuchsen. Nur hier und da kamen zwischen den Sträuchern kleine freie Stellen zum Vorschein, auf denen smaragdgrünes, seidenweiches Gras wuchs, durch das in lustiger Buntheit kleine Täublinge mit ihren rosa, lila, gelben Köpfchen hervorlugten. Die goldenen Bälle der Butterblumen bildeten flammendhelle Flecken. Hier schlugen im Frühling die Nachtigallen, flöteten die Drosseln, vernahm man das Rufen des Kuckucks; hier war es auch in der sommerlichen Gluthitze kühl. Ich suchte in diesem Dikkicht gern Unterschlupf und hatte dort geheime Lieblingsplätze, die, wie ich mir einbildete, nur ich allein kannte.

Nachdem ich Grossmutters Zimmer verlassen hatte, rannte ich spornstreichs zu einer dieser Stellen, der ich den Beinamen ‹Schweiz› gegeben hatte. Aber wie gross war meine Verwunderung, als ich, noch bevor ich meine Schweiz erreicht hatte, durch das Gewirr halbvertrockneter Reiser und grüner Zweige gewahrte, dass ausser mir noch jemand die Stelle entdeckt hatte. Eine überlange Gestalt in einem gelben, grob gewebten Kittel und mit einer hohen Mütze stand auf meinem Lieblingsplatz. Ich schlich näher und erblickte ein mir völlig unbekanntes Gesicht; es war ebenfalls in die Länge gezogen, weich, mit kleinen geröteten Augen und einer komischen Nase; lang wie eine Schote, hing sie genau über den vorgestülpten Lippen, die hin und wieder zuckten, sich rundeten und einen leisen Pfiff ausstiessen, während die langen Finger der knöchernen Hände, die in Brusthöhe einander zugewandt waren, schnelle kreisende Bewegungen machten. Von Zeit zu Zeit ruhte die Bewegung der Hände, die Lippen schlossen sich, das Zucken hörte auf, und der Kopf neigte sich lauschend nach vorn. Ich schlich noch näher heran, blickte noch schärfer auf die Gestalt. Der Unbekannte hielt in jeder Hand ein gleiches flaches Schälchen von der Art, mit der man die Kanarienvögel zum Singen reizt.

Ein trockener Zweig knackte unter meinem Fuss. Der Unbekannte fuhr zusammen, richtete seine kleinen trüben Augen auf das Dickicht und wollte zurückweichen, stiess aber gegen einen Baum, stöhnte auf und blieb stehen.

Ich trat auf den freien Platz. Der Unbekannte lächelte.

«Guten Tag!» sagte ich.

«Guten Tag, Junkerchen!»

Mir gefiel es nicht, dass er mich ‹Junkerchen› nannte. Was für eine Vertraulichkeit!

«Was tun Sie hier?» fragte ich streng.

«Das sehen Sie ja», antwortete er, immerzu

lächelnd. «Ich bringe die Vöglein zum Singen.» Er zeigte auf seine Schälchen. «Die Finken antworten sehr schön. Der Gesang der Gefiederten dürfte Sie in Ihrem jugendlichen Alter gewiss ergötzen. Belieben Sie zu lauschen: wenn ich anfange zu zwitschern, machen sie es mir sofort nach. Hübsch ist das!»

Er rieb die Schälchen aneinander, und wirklich, auf einer nahen Eberesche liess sich ein Fink vernehmen. Der Unbekannte lachte lautlos und zwinkerte mir zu.

Dieses Lachen und Zwinkern, jede Bewegung des Unbekannten, seine lispelnde, schwache Stimme, die eingeknickten Knie, die mageren Hände, sogar seine Mütze, sein langer Kittel - alles an ihm atmete Gutmütigkeit, war irgendwie unschuldig und erheiternd.

«Seit wann sind Sie denn hier bei uns? Schon seit langem?» fragte ich.

«Seit heute.»

«Sie sind wohl der, von dem...»

«....Herr Baburin mit der gnädigen Frau gesprochen hat? Der nämliche, der nämliche.»

«Ihr Kamerad heisst Baburin. Und Sie?»

«Ich heisse Punin, Punin ist mein Name, Punin. Er ist Baburin, und ich bin Punin.» Er schurrte wieder mit den Schälchen. «Hören Sie, hören Sie den Fink - wie er schlägt!»

Ich fand plötzlich grosses Gefallen an dem Kauz. Wie fast alle Knaben hatte ich vor Fremden entweder Scheu, oder ich tat mich wichtig vor ihnen, doch bei diesem hatte ich das Gefühl, als sei ich schon lange mit ihm bekannt.

«Kommen Sie mit», sagte ich zu ihm, «ich kenne noch ein schöneres Plätzchen. Dort steht eine Bank, wir können uns setzen; man sieht von dort das Wehr.»

«Bitt'schön, gehen wir», antwortete mein neuer Freund in singendem Tonfall.

Ich liess ihm den Vortritt. Er schwankte im Gehen, stiess die Beine gegeneinander und bog den Kopf zurück.

Ich bemerkte, dass unter dem Kragen seines Kittels eine kleine Quaste heraushing.

«Was haben Sie denn da hängen?» fragte ich.

«Wo?» fragte er zurück und fasste mit der Hand an den Kragen. «Ach so! Diese Quaste? Mag sie hängen! Ist wohl zur Zierde angebracht. Stört nicht.»

Ich führte ihn zu der Bank und setzte mich. Er nahm neben mir Platz.

«Hier ist es gut!» sagte er und holte ganz tief Luft. «Ach, ist das schö-ön! Einen ganz herrlichen Park haben Sie. Ach, ach-ach!»

Ich betrachtete ihn von der Seite.

«Was haben Sie denn da für eine Mütze auf!» rief ich unwillkürlich. «Zeigen Sie mal!»

«Bitte sehr, Junkerchen, bitte sehr!» Er nahm die Mütze ab. Ich wollte die Hand nach ihr ausstrecken, blickte aber hoch und platzte heraus. Punin war völlig kahl; kein einziges Härchen war auf seinem spitz zulaufenden, mit glatter weisser Haut bedeckten Schädel zu sehen.

Er strich mit der flachen Hand darüber und lachte ebenfalls. Wenn er lachte, verschluckte er sich gleichsam: er öffnete den Mund und schloss die Augen, während sich auf seiner Stirn drei Falten bildeten und von unten nach oben wie Wellen verliefen.

«Was?» fragte er schliesslich. «Nicht wahr, ein richtiges Ei?»

«Ein richtiges, richtiges Ei!» bestätigte ich entzückt. «Sind Sie schon lange so?»

«Schon lange. Und was hatte ich für Haare! Ein goldenes Vlies wie das, nach dem die Argonauten über die Tiefen des Meeres fuhren.»

Obwohl ich erst zwölf Jahre alt war, wusste ich dank meiner Beschäftigung mit der Mythologie, wer die Argonauten waren. Um so mehr erstaunte es mich, dieses Wort aus dem Munde eines Menschen zu hören, der fast in Lumpen gekleidet war.

«Sie haben demnach Mythologie studiert?» fragte ich, während ich die Mütze in den Händen hielt und hin und her drehte; sie war wattiert, hatte eine abgeschabte Pelzumrandung und einen geknickten Schirm aus Pappe.

«Studiert habe ich auch dieses Fach, mein liebes Junkerlein; in meinem Leben hat es für alles gereicht. Doch jetzt geben Sie mir meine Kopfbedeckung zurück, sie schützt meines Hauptes Blösse.»

Er setzte mit einem Ruck die Mütze auf, zog seine weisslichen Brauen etwas hoch und fragte mich darauf, wer ich und wer meine Eltern seien.

«Ich bin der Enkel der hiesigen Gutsbesitzerin», antwortete ich. «Ich lebe bei ihr. Papa und Mama sind gestorben.»

Punin bekreuzigte sich.

«Der Herr gebe ihnen das ewige Reich! Also Waise, na ja, und Erbe. Das adlige Blut sieht man gleich; wie es in den Äuglein flimmert, wie es pulst…, ss-ss-ssss…» Er stellte mit den Fingern dar, wie das Blut pulst. «Wissen Euer Wohlgeboren vielleicht, ob mein Kamerad mit Ihrem Grossmütterchen übereingekommen ist? Hat er die Stelle erhalten, die man ihm versprochen hat?»

«Das weiss ich nicht.»

Punin seufzte.

«Ach, könnte man doch hier Hütten bauen! Wenn auch nur für einige Zeit. Immer wandern, von einem Ort zum andern, nie ein Dach überm Kopf, immer in Hast, nimmer finden Leib und Seele Ruh und Rast...»

«Sagen Sie», unterbrach ich ihn, «sind Sie geistlichen Standes?»

Punin wandte sich mir zu und kniff die Augen zusammen.

«Was verursacht Sie zu dieser Frage, mein lieber Knabe?»

«Sie sprechen so eigentümlich..., nun, wie man in der Kirche redet.»

«Weil ich geistliche Redewendungen gebrauche? Das soll Sie nicht verwundern. Gewiss, im gewöhnlichen Gespräche sind derartige Ausdrücke nicht immer angebracht, aber sobald man begeistert ist, dann wird auch sogleich die Ausdrucksweise schwungvoll. Ist Ihnen das von Ihrem Lehrer, der Sie in der russischen Literatur unterrichtet - das werden Sie doch? -, nicht erklärt worden?»

«Nein, hat er nicht getan», antwortete ich. «Solange wir auf dem Lande wohnen, habe ich auch keinen Lehrer. In Moskau habe ich viele Lehrer.»

«Und werden Sie lange auf dem Lande verbleiben?»

«Etwa zwei Monate, nicht länger. Grossmutter meint, dass ich auf dem Lande zu mutwillig werde. Eine Gouvernante habe ich hier auch.»

«Eine aus Frankreich?»

«Ja, eine Französin.»

Punin kratzte sich hinter dem Ohr.

«Will heissen, ein Fräulein?»

«Ja, sie heisst Mademoiselle Friquet.» Mir schien es plötzlich beschämend, dass ich, ein Knabe von zwölf Jahren, keinen Erzieher, sondern eine Erzieherin hatte, als sei ich ein Mädchen. «Aber ich gehorche ihr nicht», fügte ich verächtlich hinzu. «Sie ist für mich Luft.»

Punin schüttelte den Kopf.

«Ja, ja, die jungen Herrn, die jungen Herrn! Haben fremde Damen gern. Russisches wird abgewimmelt, alles Fremde angehimmelt. Euch behagt, was das Ausland sagt.»

«Was ist das? Sie sprechen in Versen?» fragte ich.

«Was denken Sie denn! Das kann ich, sooft und soviel ich will, denn das ist mir angeboren...»

Aber in diesem Augenblick ertönte im Park hinter uns ein lauter, gellender Pfiff. Mein Gesprächspartner erhob sich schnell von der Bank.

«Verzeihung, Junkerchen, das ist mein Kamerad; er ruft mich, er sucht mich. Was wird er mir sagen? Leben Sie wohl und bleiben Sie mir gewogen.»

Er huschte in die Büsche und verschwand. Ich blieb noch lange auf der Bank sitzen. Ich war fassungslos und hatte ein gutes, angenehmes Gefühl... Noch nie war ich einem solchen Menschen begegnet, hatte ich mit einem solchen Menschen gesprochen. Ich gab mich noch eine Zeitlang meinen Träumen hin, dann besann ich mich auf die Mythologie und eilte heim.

Zuhause erfuhr ich, dass meine Grossmutter mit Baburin einig geworden war. Ihm war ein kleines Zimmer im Gesindehaus neben den Pferdeställen angewiesen worden, in dem er sich mit seinem Gefährten sofort eingerichtet hatte.

Nachdem ich am anderen Morgen Tee getrunken hatte, begab ich mich, ohne Mademoiselle Friquet um Erlaubnis zu bitten, zum Gesindehaus. Ich hatte das Verlangen, wieder mit dem Sonderling zu sprechen. Ohne anzuklopfen - diesen Brauch kannten wir überhaupt nicht - trat ich einfach ins Zimmer. Ich traf dort nicht den an, den ich suchte, nicht Punin, sondern seinen Beschützer, den Menschenfreund Baburin. Er stand mit entblösstem Oberkörper, die Beine gespreizt, vor dem Fenster und rieb sich mit einem langen Handtuch eifrig Kopf und Hals ab.

«Was wünschen Sie?» sagte er, ohne die Arme zu senken, und zog die Brauen in die Höhe.

«Ist Punin nicht da?» fragte ich in lässigem Ton und ohne die Mütze abzunehmen.

«Nein, Herr Nikander Wawilytsch Punin ist augenblicklich nicht daheim», antwortete Baburin ohne Hast. «Aber erlauben Sie mir die Bemerkung, junger Mann: gehört es sich wohl, so einfach, ohne zu fragen, in ein fremdes Zimmer zu kommen?»

Ich - ein junger Mann!... Wie kann er es wagen!... Ich flammte auf vor Zorn.

«Sie dürften mich nicht kennen», sagte ich nicht mehr lässig, sondern von oben herab. «Ich bin der Enkel der Gutsherrin.»

«Das ist mir völlig gleich», erwiderte Baburin und nahm wieder die Beschäftigung mit dem Handtuch auf. «Auch wenn Sie der Enkel der Gutsherrin sind, haben Sie nicht das Recht, ein fremdes Zimmer zu betreten.»

«Wieso ein fremdes? Was fällt Ihnen ein? Ich bin hier überall zuhause.»

«Nein, verzeihen Sie, hier bin ich zuhause, denn dieses Zimmer ist mir aufgrund meines Arbeitsvertrags zugewiesen worden und ein Teil meines Gehalts.»

«Belehren Sie mich bitte nicht», unterbrach ich ihn, «ich weiss besser als Sie, dass...»

«...Sie belehrt werden müssen», unterbrach auch er mich, «weil Sie sich in dem entsprechenden Alter befinden... Ich kenne meine Pflichten, aber ich kenne auch meine Rechte sehr gut; und wenn Sie noch länger in diesem Ton mit mir sprechen, dann muss ich Sie bitten, sich von hier zu entfernen...»

Wer weiss, womit unsere Auseinandersetzung geendet hätte, wenn in diesem Augenblick nicht Punin, hüpfend und schwankend, ins Zimmer gekommen wäre. Er sah es offenbar unseren Gesichtern an, dass eine Verstimmung zwischen uns entstanden war, und wandte sich sofort mit den liebenswürdigsten Bekundungen der Freude an mich.

«Ah! Das Junkerchen! Das Junkerchen!» rief er, mit den Armen herumfuchtelnd, und verzog das Gesicht zu seinem lautlosen Lachen. «Wie lieb von dir! Bist mich besuchen gekommen! Ist gekommen, der liebe Junge!» («Was soll das heissen», dachte ich, «sagt er jetzt auch schon ‹du› zu mir?») «Na, gehen wir, komm mit mir in den Park. Ich habe dort etwas entdeckt... Warum im dumpfen Zimmer sitzen! Gehen wir!»

Ich folgte Punin, hielt es jedoch für angebracht, mich auf der Türschwelle noch einmal umzudrehen und Baburin einen herausfordernden Blick zuzuwerfen. «Ich habe keine Angst vor dir!» sollte es heissen.

Er antwortete mir mit dem gleichen Blick und schnaubte sogar in das Handtuch; offenbar wollte er mich fühlen lassen, wie sehr er mich verachtete.

«Ihr Freund ist ein Flegel!» sagte ich zu Punin, sobald ich die Tür hinter mir geschlossen hatte.

Punin drehte mir fast entsetzt sein schwammiges Gesicht zu.

«Über wen drücken Sie sich eigentlich so aus?» fragte er mit grossen Augen.

«Na ja, über ihn..., wie nennen Sie ihn? Über diesen - Baburin.»

«Über Paramon Semjonowitsch?»

«Nun ja, über den da... mit dem schwarzhaarigen Gesicht.»

«Aber... aber... aber...!» sagte Punin mit freundlichem Vorwurf. «Wie können Sie so etwas sagen, Junkerchen, Junkerchen! Paramon Semjonowitsch ist ein höchst achtbarer Mensch von strengsten Grundsätzen - ein ganz ungewöhnlicher Mann. Gewiss, er lässt sich nicht beleidigen, denn er kennt seinen Wert. Er ist ein Mann von grossem Wissen und Kenntnissen, der auf einen ganz anderen Platz gehörte. Ihm muss man mit Höflichkeit begegnen, mein Lieber, denn er ist...», hier neigte sich Punin dicht an mein Ohr, «er ist Republikaner!»

Ich starrte Punin an. Das hatte ich nicht erwartet. Aus Kaidanows Lehrbuch der Geschichte und anderen historischen Werken hatte ich entnommen, dass es einst, in der Antike, Republikaner gegeben hatte, bei den Griechen und Römern, und ich hatte sie mir sogar aus irgendeinem Grunde allesamt mit Helmen, runden Schilden an den Armen und nackten grossen Beinen vorgestellt. Aber dass es in Wirklichkeit, in unserer Zeit, zumal in Russland, in unserem Gouvernement, Republikaner geben könne – das überstieg alle meine Begriffe und brachte sie völlig durcheinander.

«Ja, mein Lieber, ja: Paramon Semjonowitsch ist Republikaner», wiederholte Punin. «Jetzt wissen Sie, wie Sie sich über einen solchen Mann zu äussern haben. Doch nun kommen Sie mit in den Park. Stellen Sie sich vor, was ich dort gefunden habe! Ein Kuckucksei im Nest eines Rotschwänzchens! Wunderbar!»

Ich ging mit Punin in den Park. Aber in Gedanken wiederholte ich immerzu: «Republikaner! Re-pu-blikaner!»

«Deshalb also», entschied ich schliesslich, «hat er einen so blauschwarzen Bart.»

Meine Beziehungen zu diesen beiden Personen – zu Punin und Baburin – waren von diesem Tage an endgültig festgelegt. Baburin erweckte in mir ein feindseliges Gefühl, in das sich jedoch bald so etwas wie Achtung mischte. Und ich fürchtete ihn! Ich hatte sogar dann noch Angst vor ihm, nachdem sich in seinem Umgang mit mir die frühere Schroffheit und Strenge gelegt hatten. Vor Punin hatte ich selbstverständlich keine Angst; ich achtete ihn nicht einmal, denn ich hielt ihn – offen gesagt – für einen närrischen Kauz. Aber ich liebte ihn von ganzem Herzen. Stundenlang in seiner Gesellschaft verbringen, mit ihm allein sein, seinen Erzählungen lauschen, war für mich ein reines Vergnügen. Meiner Grossmutter missfiel diese ‹intimité› mit einem Menschen ‹du commun›, aus der Hefe des Volks, ausserordentlich; aber sobald es mir gelang, mich der Aufsicht zu entziehen, eilte ich zu meinem komischen, teuren, seltsamen Freund. Unsere Zusammenkünfte häuften sich nach der Abreise von Mademoiselle Friquet, die von Grossmutter zur Strafe nach Moskau zurückgeschickt worden war, weil sie sich hatte einfallen lassen, sich bei einem uns besuchenden Stabshauptmann über die in unserem Hause herrschende Langeweile zu beklagen.

Punin empfand die langen Gespräche mit einem zwölfjährigen Knaben jedoch nicht als Belästigung, nein, er suchte sie geradezu. Wie oft lauschte ich seinen Erzählungen, wenn ich mit ihm im Schatten der duftenden Sträucher sass, im trockenen, weichen Gras, unter dem Laubdach der Silberpappeln oder im Röhricht am Teich auf dem grobkörnigen, feuchten Sand des abschüssigen Ufers, aus dem knotige Wurzeln wie grosse schwarze Adern zum Vorschein kamen, seltsam verschlungen wie Schlangen, Ausgeburten der Unterwelt. Punin berichtete mir von seinem Leben mit allen Einzelheiten, von seinen glücklichen und unglücklichen Erfahrungen, an denen ich stets aufrichtigen Anteil nahm. Sein Vater war Diakon gewesen, ein prächtiger Mann, aber im Rausch so streng, dass er nicht wusste, was er tat.

Punin hatte das Geistliche Seminar besucht, aber die Prügel nicht ertragen und keine Neigung zum Beruf eines Geistlichen in sich empfunden. Er war ausgeschieden, hatte als Folge seines Entschlusses alle Plagen zu spüren bekommen und war schliesslich zum Landstreicher geworden. «Und hätte ich nicht meinen Wohltäter Paramon Semjonowitsch getroffen», fügte Punin jedesmal hinzu (er nannte Baburin stets voller Ehrerbietung bei Vor- und Vatersnamen), «so wäre ich im Strudel von Not, Gemeinheit und Laster versunken.»

Punin verwandte gern pathetische Ausdrükke und hatte eine starke Neigung, zu fabulieren und zu übertreiben, wenn auch nicht zu lügen. Alles setzte ihn in Erstaunen, über alles geriet er in Verzückung... Auch ich liess mich nach seinem Beispiel zu Übertreibung und Überschwang hinreissen. «Du bist ja wie vom Teufel besessen - bekreuzige dich!» sagte manchmal meine alte Kinderfrau zu mir.

Punins Erzählungen beschäftigten mich ausserordentlich, aber noch mehr mochte ich es, wenn er Gedichte deklamierte. Unmöglich, das Gefühl wiederzugeben, das ich empfand, wenn er, einen geeigneten Augenblick erfassend, plötzlich wie ein Eremit aus der Legende oder wie ein guter Geist vor mir auftauchte, ein gewichtiges Buch unter dem Arm, mir mit dem langen, gekrümmten Zeigefinger verstohlen zuwinkte und geheimnisvoll zwinkernd, mit dem Kopf, den Brauen, den Schultern, dem ganzen Körper auf die dichtbewachsene Tiefe des Parks zeigte, wohin uns keiner nachdringen konnte und wo wir unmöglich aufzuspüren waren.

War es uns gelungen, unbemerkt fortzugehen, und hatten wir glücklich einen unserer heimlichen Plätze erreicht, setzten wir uns nebeneinander hin. Das Buch wurde langsam aufgeschlagen; es strömte einen scharfen, mir damals unerklärlich angenehmen Geruch von Moder und Vergilbtheit aus. Zitternd und erregt, in stummer Erwartung blickte ich in Punins Gesicht, auf seine Lippen - auf diese Lippen, von denen sich nun, jetzt gleich der Rede süsser Fluss ergiessen würde. Endlich erklingen die ersten Laute der Deklamation. Alles ringsum verschwindet - nein, es verschwindet nicht, es wird fern, überzieht sich mit einem Schleier, und es bleibt nur der Eindruck friedlich-freundlicher Obhut. Diese Bäume, das grüne Laub, die hohen Gräser verhüllen und bergen uns vor der ganzen Welt. Niemand weiss, wo wir sind und was wir tun. Mit uns ist die Poesie, wir sind von ihr durchdrungen, wir berauschen uns an ihr, bei uns vollzieht sich etwas Bedeutsames, Grosses, Geheimnisvolles...

Punin bevorzugte Verse - wohlklingende, schwungvolle Verse; in sie legte er seine ganze Seele hinein. Er las sie nicht, sondern sprach sie feierlich, schmelzend, rollend, näselnd, wie ein Berauschter, wie ein Wahnsinniger, wie eine Pythia. Er hatte die Gewohnheit, einen Vers zuerst leise, mit halber Stimme, gleichsam murmelnd vor sich herzusummen. Das nannte er: ins unreine lesen. Dann aber dröhnte der gleiche Vers, ins reine übertragen, von seinen Lippen, und Punin sprang plötzlich auf und erhob die Hände, als ob er bete oder einen Befehl erteile.

Auf diese Weise lasen wir nicht nur Lomonossow, Sumarokow und Kantemir (je älter die Verse waren, desto mehr entsprachen sie Punins Geschmack), sondern sogar die ‹Rossiade› von Cherasskow. Wenn ich die Wahrheit sagen soll, so behagte mir diese ‹Rossiade› ganz besonders. Eine ihrer handelnden Personen ist unter anderem eine Perserin von männlicher Kühnheit, eine heldische Gestalt von riesiger Grösse. Jetzt habe ich sogar ihren Namen vergessen, aber damals überlief mich ein kalter Schauer von Kopf bis Fuss, sobald sie nur erwähnt wurde. «Ja», pflegte Punin bedeutungsvoll zu sagen und mit dem Kopf zu nicken, «Cherasskow - der kennt keine Gnade. Manchmal bringt er einen Vers zustande, dass man einfach zerschmettert ist. Halte ihn fest! Behalte ihn! Du willst ihn nicht verlieren, aber schon geht es weiter, und es klirrt und rasselt wie Tschinellen. Daher auch sein Name, mit einem Wort: Cher-r-rásskow!»

Dem Dichter Lomonossow machte Punin einen zu einfachen und freien Stil zum Vorwurf, und zu Derschawin verhielt er sich fast feindlich; er sagte von ihm, er sei mehr Höfling als Dichter.

In unserem Hause schenkte man der Literatur, der Poesie nicht nur keine Beachtung, sondern es ging so weit, dass man Verse, zumal russische Verse, für etwas ganz Ungehöriges und Gewöhnliches hielt. Meine Grossmutter nannte sie sogar nicht einmal Verse, sondern Gedudel, und jeder Verfasser derartigen Gedudels war nach ihrer Meinung entweder ein verkommener Säufer oder rundweg ein Narr. In derartigen Begriffen erzogen, hätte ich mich unweigerlich von Punin entweder mit Abscheu abwenden müssen - zumal er obendrein ein unsauberer und schlampiger Mensch war, was ebenfalls meine junkerlichen Gewohnheiten verletzte –, oder ich musste, von ihm hingerissen und besiegt, seinem Beispiel folgen, von seiner Besessenheit für die Dichtung angesteckt werden. So kam es denn auch. Ich begann gleichfalls Verse zu lesen oder nach dem Ausdruck meiner Grossmutter Gedudel herunterzuleiern, ja ich versuchte sogar selbst zu dichten. Ich beschrieb eine Drehorgel in einem Gedicht, in dem zwei Zeilen lauteten: ‹Da dreht sich die dicke Walze mit Gerassel und Geschnalze...›

Punin billigte an dieser Beschreibung eine gewisse Klangnachahmung, lehnte jedoch das Thema selbst als niedrig und lyrischer Dichtung unwürdig ab.

Aber ach! Alle diese Versuche, Erregungen und Verzückungen, unser gemeinsames Lesen, unser Leben zu zweit, unsere Poesie – alles endete mit einem Schlag. Wie ein Blitz aus heiterem Himmel kam plötzlich das Unheil über uns.

Meine Grossmutter liebte in all und jedem Sauberkeit und Ordnung. Darin stand sie den damaligen Polizeigewaltigen nicht nach. Auch unser Park sollte ein sauberes, ordentliches Aussehen haben. Deshalb wurden von Zeit zu Zeit die von der Fron befreiten landlosen Bauern sowie Leute, die nicht der Gutsverwaltung unterstanden oder geächtet waren, dorthin ‹gejagt› und mussten die Wege reinigen, Beete jäten, die Erde der Bosketts durchsieben und auflockern usw. Eines Tages, als die Arbeit der zusammengetriebenen Leute in vollem Gange war, begab sich Grossmutter in den Park und nahm mich mit. Überall, zwischen den Bäumen, auf den Wiesen schimmerten weisse, rote, blaue Hemden; überall hörte man das Knirschen und Quietschen der grabenden Spaten, den dumpfen Schlag der Erdschollen auf den schräggestellten Sieben. Während sie an den Arbeitern vorbeiging, bemerkte Grossmutter mit ihrem Adlerblick sofort, dass einer von ihnen lässiger arbeitete als die übrigen und die Mütze unwilliger zu ziehen schien. Es war ein junger Bursche mit ausgemergeltem Gesicht und tiefliegenden trüben Augen. Die völlig zerrissene und mit Flicken besetzte Nankingjacke fiel ihm fast von den Schultern.

«Wer ist das?» fragte Grossmutter den Diener Filippytsch, der auf Zehenspitzen hinter ihr ging.

«Von welchem... geruhen Sie...», stammelte Filippytsch.

«Dummkopf! Ich spreche von dem, der mich wie ein Wolf ansieht. Der dort steht und nicht arbeitet.»

«Der da? Ja... das..., das ist Jermil, Sohn des verstorbenen Pawel Afanasjew.»

Dieser Pawel Afanasjew war vor zehn Jahren Grossmutters Haushofmeister gewesen und hatte ihre besondere Gunst genossen. Plötzlich aber war er in Ungnade gefallen und zum Viehknecht degradiert worden. Auch im Viehstall war seines Bleibens nicht lange gewesen, und er war Hals über Kopf noch tiefer gesunken und schliesslich in einem abseitigen Dorf in einer Hütte ohne Rauchfang gelandet, wo er eine Zuteilung von einem Pud Mehl monatlich erhielt. Dort hatte ihn der Schlag getroffen, und er hatte seine Familie in bitterster Armut zurückgelassen.

«Aha!» sagte Grossmutter. «Der Apfel fällt nicht weit vom Stamm. Nun, da bleibt nichts anderes übrig: auch mit dem da muss etwas geschehen. Solche, die mich finster anschauen, kann ich nicht brauchen.»

Als Grossmutter nach Hause zurückgekehrt war, traf sie ihre Verfügung. Drei Stunden später wurde Jermil ‹marschfertig› vor das Fenster ihres Arbeitszimmers gebracht. Der unglückliche Bursche wurde zur Ansiedlung verschickt. Hinter dem Zaun, einige Schritte entfernt, stand ein mit seinem armseligen Hausrat beladener Karren. So waren damals die Zeiten!

Jermil stand ohne Mütze da, den Kopf gesenkt, barfuss; die mit einem Bindfaden zusammengebundenen Stiefel hingen auf seinem Rücken. Sein dem Gutshaus zugewandtes Gesicht drückte weder Verzweiflung noch Kummer, nicht einmal Verwunderung aus. Ein stumpfsinniges Lächeln verzerrte seine farblosen Lippen; seine trockenen, zusammengekniffenen Augen sahen unverwandt auf den Boden.

Grossmutter wurde seine Anwesenheit gemeldet. Sie stand vom Sofa auf, ging, mit dem Seidenkleid leise rauschend, zum Fenster ihres Zimmers, hielt die goldene Lorgnette vor die Augen und betrachtete den neuen Verbannten. Ausser ihr befanden sich in diesem Augenblikke vier Personen im Arbeitszimmer: der Haushofmeister, Baburin, der Laufbursche und ich.

Grossmutter bewegte den Kopf von oben nach unten.

«Gnädigste!» ertönte plötzlich eine heisere, fast gepresste Stimme. Ich blickte mich um. Baburins Gesicht hatte sich tiefrot gefärbt, war fast dunkel; unter den zusammengezogenen

Brauen funkelten kleine, helle, scharfe Pünktchen... Kein Zweifel, er war es, Baburin hatte das Wort ‹Gnädigste› ausgesprochen.

Grossmutter schaute sich ebenfalls um und richtete ihre Lorgnette von Jermil auf Baburin.

«Wer spricht hier?» stiess sie langsam, näselnd hervor.

Baburin trat ein wenig vor.

«Gnädigste», begann er, «ich war es..., ich entschloss mich... ich nahm an... ich wage Ihnen zu sagen, dass es unnütz ist, so zu verfahren..., wie Sie jetzt zu handeln belieben.»

«Was soll das heissen?» sagte Grossmutter mit der gleichen Stimme und ohne die Lorgnette zu senken.

«Ich habe die Ehre...», fuhr Baburin fort und sprach jedes Wort deutlich, wenn auch mit sichtlicher Mühe aus, «ich erlaube mir darauf hinzuweisen, dass dieser zur Umsiedlung verschickte Bursche... ohne jede Schuld ist. Solche Anordnungen, wage ich zu bemerken, führen nur zur Unzufriedenheit und - was Gott verhüte - zu anderen schlimmen Folgen; sie sind nichts anderes als eine Überschreitung der den Herren Gutsbesitzern verliehenen Macht.»

«Du..., wo hast du das gelernt?» fragte Grossmutter nach einem kurzen Schweigen und liess die Lorgnette sinken.

Baburin war überrascht.

«Wie belieben?» murmelte er.

«Ich frage dich, wo du das gelernt hast? Du verwendest so gelehrte Wörter.»

«Ich..., meine Erziehung...», wollte Baburin erklären.

«Meine Anordnungen», unterbrach sie ihn, «gefallen dir also nicht. Das ist mir völlig gleich... Ich gebiete über meine Untertanen und bin niemandem Rechenschaft schuldig. Ich bin nicht gewöhnt, dass man in meiner Gegenwart räsoniert und sich in meine Angelegenheiten mischt. Gelehrte Philanthropen aus kleinbürgerlichen Schichten kann ich nicht brauchen; meine Diener haben nicht zu widersprechen. So habe ich bis jetzt gelebt, und so werde ich weiterleben. Du passt mir nicht. Du bist entlassen. Nikolaj Antonow», wandte sie sich an den Haushofmeister, «finde diesen Menschen ab! Dass er mir heute mittag nicht mehr hier ist! Hörst du? Bringe mich nicht in Zorn! Und auch dem anderen - diesem närrischen Schmarotzer gibst du zugleich mit ihm den Laufpass. Warum wartet Jermil noch?» fügte sie hinzu, nachdem sie noch einmal aus dem Fenster geschaut hatte. «Ich habe ihn gesehen. Worauf wartet er noch?» Grossmutter wedelte mit dem Taschentuch in Richtung des Fensters, als jage sie eine lästige Fliege fort. Dann setzte sie sich in den Sessel und sagte, zu uns gewandt, grimmig: «Raus mit euch allen!»

Wir entfernten uns alle, ausser dem Laufburschen, auf den sich Grossmutters Worte nicht bezogen, weil er keine ‹Person› war.

Grossmutters Befehl wurde genau befolgt. Gegen Mittag verliessen Baburin und sein Freund Punin den Gutshof. Ich vermag meinen Schmerz, meine aufrichtige, geradezu kindische Verzweiflung nicht beschreiben. Sie war so stark, dass sie sogar das Gefühl achtungsvoller Bewunderung übertönte, das mir der kühne Ausfall des Republikaners Baburin eingeflösst hatte. Nach dem Dialog mit meiner Grossmutter hatte er sich sofort in sein Zimmer begeben und zu packen begonnen. Mich würdigte er keines Wortes, keines Blicks, obwohl ich mich die ganze Zeit um ihn bewegte, das heisst in Wirklichkeit um Punin. Dieser war wie vor den Kopf geschlagen; er sprach kein Wort, schaute mich aber unaufhörlich an, und in seinen Augen standen Tränen..., immer dieselben Tränen: sie flossen nicht, und sie trockneten nicht. Er wagte nicht, seinen ‹Wohltäter› zu verurteilen. Paramon Semjonytsch konnte sich nicht irren. Punin war jedoch sehr traurig, und das Herz war ihm schwer. Wir versuchten zum Abschied noch einen Abschnitt aus der ‹Rossiade› zu lesen und zogen uns zu diesem Zweck sogar in einen Schuppen zurück – nicht daran zu denken, in den Park zu gehen! –, aber beim ersten Vers blieben wir beide stecken; ich begann zu schluchzen und zu heulen, ungeachtet meiner zwölf Jahre und meines Anspruchs, als Erwachsener zu gelten.

Erst als Baburin bereits im Reisewagen sass, wandte er sich mir endlich zu, und die übliche Strenge seines Gesichts löste sich ein wenig, als er zu mir sagte: «Lassen Sie es sich eine Lehre sein, junger Herr. Behalten Sie das, was heute geschah, im Gedächtnis; und wenn Sie ein Mann geworden sind, bemühen Sie sich, solchen Ungerechtigkeiten ein Ende zu machen. Sie haben ein gutes Herz, Ihr Charakter ist noch unverdorben. Augen auf! Obacht! So darf man nicht handeln.» Unter Tränen, die mir über Nase, Lippen und Kinn strömten, stammelte ich, dass ich nichts... nichts vergessen werde, dass ich verspreche... anders zu handeln..., unbedingt... unbedingt...

Aber da überkam es Punin, mit dem ich mich zuvor wohl an die zwanzig Mal umarmt hatte (meine Wangen brannten von der Berührung mit seinem unrasierten Gesicht, und ich war von seinem Geruch ganz durchdrungen) - da kam es wie ein Rausch über ihn. Er sprang auf den Sitz des Wagens, streckte beide Arme in die Höhe und begann mit Donnerstimme (woher nahm er sie nur?) den bekannten, von Derschawin übertragenen Psalm Davids zu deklamieren, und diesmal war es Derschawin der Dichter und nicht der Hofpoet:

Erhebe dich, allmächtiger Gott. Steh
in der Gemeinde Gottes und sei Richter
unter den irdischen Richtern...

«Setz dich!» sagte Baburin zu ihm. Punin setzte sich, fuhr aber fort:

Eure Pflicht: schaffet Recht den Armen
und den Waisen und helfet den
Elenden und Dürftigen zum Recht.
Schaffet den Unglücklichen ein Obdach
und schützet die Schwachen
vor den Starken!

Bei dem Wort ‹Starke› zeigte Punin mit dem Finger auf das Herrenhaus, und dann stiess er ihn in den Rücken des auf dem Bock sitzenden Kutschers:

Bewahrt den Geringen und Armen
und erlöset ihn aus der Gottlosen Gewalt.
Aber diese lassen sich nichts sagen
und achten's nicht...

Nikolaj Antonow kam aus dem Herrenhaus gelaufen und brüllte den Kutscher an: «Fahr zu, du Rabe! Fort! Gähne nicht!»

Der Wagen rollte davon. Noch von weitem hörte man Punins Stimme:

Erhebe dich, Gott, Gott der Gerechte!
Komm, richte, strafe die Arglistigen,
und sei allein der Herrscher auf Erden!

«So ein Hanswurst!» sagte Nikolaj Antonow.

«Hat in der Jugend zuwenig Prügel bekommen!» meinte der Diakon, der soeben auf der Freitreppe erschien. Er war gekommen, um sich nach dem Wunsch der Gnädigen zu erkundigen, wann die Abendmesse stattfinden sollte.

Am gleichen Tage erfuhr ich, dass sich Jermil noch im Dorfe befinde. Er sollte erst am nächsten Morgen in aller Frühe in die Stadt gebracht werden, zur Erledigung der gesetzlichen Formalitäten, die eine Einschränkung gutsherrlicher Willkür bezweckten, aber nur eine Quelle zusätzlicher Einkünfte der übergeordneten Behörden waren. Ich suchte Jermil auf, und weil ich selbst kein eigenes Geld besass, händigte ich ihm ein Bündel aus, in das ich zwei Taschentücher, ein Paar getragener Schuhe, einen Kamm, ein altes Nachthemd und eine ganz neue seidene Krawatte gepackt hatte. Jermil, den ich wecken musste – er lag im Hinterhof neben dem Karren auf einem Bund Stroh –, Jermil nahm mein Geschenk ziemlich gleichgültig, sogar nicht ohne ein gewisses Zögern entgegen, bedankte sich nicht, sondern vergrub sofort wieder den Kopf im Stroh und schlief weiter. Ich verliess ihn ein wenig ernüchtert. Ich hatte mir eingebildet, er werde über meinen Besuch erstaunt und erfreut sein und darin eine Versicherung meiner künftigen grossmütigen Absichten erkennen - doch statt dessen...

«Diese Menschen - was man auch sagen mag - sind gefühllos», musste ich auf dem Rückweg denken.

Meine Grossmutter, die mich an diesem ganzen, für mich so denkwürdigen Tage in Ruhe liess, sah mich argwöhnisch an, als ich mich nach dem Abendessen von ihr verabschiedete.

«Ihre Augen sind rot», sagte sie zu mir in französischer Sprache, «und Sie riechen nach armen Leuten. Ich will mich nicht auf eine Untersuchung Ihrer Gefühle und Ihrer Beschäftigungen einlassen - ich möchte nicht genötigt sein, Sie zu bestrafen -, aber ich hoffe, dass Sie alle Ihre Dummheiten lassen und sich wieder so benehmen, wie es einem Knaben aus adligem Hause geziemt. Übrigens kehren wir nun bald nach Moskau zurück, und ich werde einen Erzieher anstellen, denn ich sehe, dass es einer männlichen Hand bedarf, um mit Ihnen fertig zu werden. Gehen Sie!»

Tatsächlich kehrten wir bald nach Moskau zurück.

II

1837

Sieben Jahre waren vergangen. Wir lebten wie früher in Moskau, und ich war schon im zweiten Semester. Meine Grossmutter hatte in den letzten Jahren merklich gealtert. Ich hatte mich ihrer strengen Gewalt entzogen, und sie beherrschte mich nicht mehr. Von meinen Kameraden stand mir ein gewisser Tarchow, ein lustiger, gutmütiger Bursche, besonders nahe. Wir hatten die gleichen Gewohnheiten und den gleichen Geschmack. Tarchow war ein grosser Freund der Poesie und schrieb selbst Verse. Auch in mir waren die von Punin gestreuten Samenkörner nicht auf unfruchtbaren Boden gefallen. Wie es unter befreundeten jungen Menschen üblich ist, hatten wir keine Geheimnisse voreinander. Seit einigen Tagen bemerkte ich jedoch eine gewisse Erregtheit und Unruhe an Tarchow. Er blieb stundenlang verschwunden, und ich wusste nicht, wo er sich aufhielt. Das war früher nie vorgekommen. Ich wollte schon eine aufrichtige Beichte im Namen der Freundschaft von ihm verlangen, aber er kam mir selbst zuvor.

Einmal sass ich bei ihm im Zimmer.

«Petja», sagte er plötzlich mit heiterem Erröten und sah mir offen ins Gesicht, «ich muss dich mit meiner Muse bekannt machen.»

«Mit deiner Muse? Seltsamer Ausdruck! Der richtige Klassiker!» (Damals, im Jahre 1837, hatte die Romantik ihren Höhepunkt bei uns erreicht.) «Als ob ich mit ihr nicht längst bekannt wäre - mit deiner Muse! Hast wohl ein neues Gedicht geschrieben, ja?»

«Du verstehst mich nicht», erwiderte Tarchow, noch immer lachend und errötend. «Ich will dich mit einer lebenden Muse bekannt machen.»

«Da schau an! Aber warum ist sie - deine?»

«Weil... Aber warte, ich glaube, sie kommt.»

Man hörte die leichten Tritte hurtiger Füsse, die Tür wurde aufgerissen, und auf der Schwelle erschien ein Mädchen von etwa achtzehn Jahren. Es trug ein buntes Kattunkleid, eine schwarze Tuchmantille auf den Schultern und einen schwarzen Strohhut auf den hellblonden, hochgekämmten Haaren. Als es mich erblickte, erschrak es, wurde verlegen und wich zurück..., aber Tarchow stürzte sofort zu ihm hin.

«Bitte, bitte, Musa Pawlowna, treten Sie ein! Dies ist mein bester Freund, ein grossartiger Mensch, ein friedlicher junger Mann und die Ruhe selbst. Vor ihm braucht man keine Angst zu haben. Petja», wandte er sich an mich, «ich stelle dir meine Muse vor, Musa Pawlowna Winogradowa, eine gute Bekannte von mir.»

Ich verbeugte mich.

«Wieso Musa?» begann ich.

Tarchow lachte.

«Weisst du denn nicht, dass es einen solchen Namen im Kirchenkalender gibt? Ich wusste es auch nicht, Bruder, bevor ich ihr begegnete. Musa! Welch prächtiger Name! Und wie er zu ihr passt!»

Ich verbeugte mich ein zweites Mal vor der ‹guten Bekannten› meines Freundes. Sie verliess die Tür, trat zwei Schritte vor und blieb wieder stehen. Sie war reizend anzuschauen, aber mit Tarchows Meinung vermochte ich nicht übereinzustimmen und dachte sogar bei mir: «Na, was ist das schon für eine Muse!»

Die Züge ihres rundlichen, rosigen Gesichts waren zart und wenig ausgeprägt. Von ihrer zierlichen, schlanken Gestalt ging ein Hauch jugendlicher Frische und Tatkraft aus. Aber unter einer Muse, unter der Verkörperung einer Muse stellte ich mir damals - und nicht nur ich allein, sondern wir jungen Menschen alle - etwas völlig anderes vor. Vor allem sollte eine Muse unbedingt schwarzhaarig und bleich sein. Verächtlich stolze Miene, ironisches Lächeln, fanatischer Blick und das gewisse Etwas, jenes Geheimnisvolle, Dämonische, Schicksalhafte - ohne das konnten wir uns eine Muse, die Muse Byrons, der damals das Denken der Menschen beherrschte, nicht vorstellen. Nichts dergleichen war auf dem Gesicht des hereingekommenen Mädchens zu bemerken. Wäre ich damals älter und erfahrener gewesen, hätte ich wahrscheinlich Musas Augen stärker beachtet, kleine tiefliegende Augen mit gewölbten Lidern, aber schwarz wie Achat, lebhaft und blitzend - eine Seltenheit bei Blondinen. Poetische Neigungen hätte ich in ihren raschen, huschenden Blicken nicht entdeckt, wohl aber die Anzeichen einer leidenschaftlichen, bis zur Selbstvergessenheit leidenschaftlichen Seele... Doch ich war damals noch sehr jung.

Ich streckte Musa Pawlowna die Hand hin, aber sie gab mir nicht die ihre, sie bemerkte meine Bewegung nicht; sie setzte sich auf den Stuhl, den ihr Tarchow hinschob, legte jedoch Hut und Mantille nicht ab.

Sie fühlte sich offenbar unbehaglich; meine Gegenwart hemmte sie. Sie atmete ungleichmässig und holte tief Luft, als wolle sie die Luft in sich sammeln.

«Ich bin nur für einen Augenblick zu Ihnen gekommen, Wladimir Nikolajitsch», begann sie. Ihre Stimme war sehr leise und tief, aus ihrem roten, fast kindlichen Mund klang sie etwas seltsam, «aber unsere Madam wollte mich nicht länger als für eine halbe Stunde fortlassen. Vorgestern fühlten Sie sich nicht recht wohl, da dachte ich...»

Sie stockte und senkte den Kopf. Ihre kleinen dunklen, von dichten Brauen beschatteten Augen blickten unstet bald hierhin, bald dorthin; sie glichen jenen dunklen, geschäftigen und glänzenden kleinen Käfern, die an heissen Sommertagen zwischen den trockenen Grashalmen umherschwirren.

«Wie lieb Sie sind, Musa, Musotschka!» rief Tarchow. «Aber nehmen Sie doch Platz, bleiben Sie eine Weile... Ich werde gleich den Samowar aufstellen.»

«Bitte nicht, Wladimir Nikolajitsch! Unmöglich! Ich muss gleich wieder gehen.»

«Ruhen Sie sich doch ein wenig aus, Sie sind ja ganz ausser Atem... Sie sind müde.»

«Ich bin nicht müde. Ich bin... nicht deshalb..., ich wollte nur... Geben Sie mir ein anderes Buch. Dieses hier habe ich gelesen.» Sie zog ein abgegriffenes graues Bändchen einer Moskauer Ausgabe aus der Tasche.

«Bitte, bitte! Na und? Hat es Ihnen gefallen? Es ist Sagoskins Roman ‹Roslawljew oder die Russen im Jahre 1812›», erklärte Tarchow, zu mir gewandt.

«Ja. Nur erschien mir Sagoskins ‹Jurij Miloslawskij› bedeutend besser. Unsere Madam ist sehr streng, was Bücher betrifft. Sie stören bei der Arbeit, sagt sie. Darum soll man nach ihrer Meinung...»

«Aber ‹Jurij Miloslawskij› kann sich mit Puschkins ‹Zigeunern› nicht messen. Nicht wahr, Musa Pawlowna?» unterbrach sie Tarchow lächelnd.

«Gewiss nicht! Die ‹Zigeuner›...», sagte sie langsam und jede Silbe betonend. «Ach, ja, noch etwas, Wladimir Nikolajitsch. Kommen Sie morgen nicht... Sie wissen schon wohin.»

«Warum nicht?»

«Es geht nicht.»

«Aber warum denn?»

Musa zuckte mit den Schultern und stand mit einem Ruck vom Stuhl auf, als habe ihr jemand einen Stoss versetzt.

«Wohin denn, Musa, Musotschka?» rief Tarchow jammernd. «Bleiben Sie noch!»

«Nein, nein, es geht nicht.» Sie hastete zur Tür und griff an die Klinke.

«Nehmen Sie doch wenigstens ein Buch mit.»

«Ein anderes Mal.»

Tarchow stürzte auf das Mädchen zu, aber es war blitzschnell aus dem Zimmer gehuscht. Er stiess beinahe mit der Nase gegen die Tür.

«Das ist dir eine! Flink wie eine Eidechse!» sagte er, nicht ohne Ärger, und versank dann in Gedanken.

Ich blieb bei ihm. Ich musste erfahren, was das alles bedeutete. Tarchow verheimlichte mir nichts. Er erzählte, dass das Mädchen eine Näherin sei. Vor drei Wochen habe er sie zum ersten Male in einem Modegeschäft gesehen, wohin ihn seine in der Provinz lebende Schwester geschickt habe, um einen Hut für sie zu bestellen. Auf den ersten Blick habe er sich in die kleine Näherin verliebt. Am nächsten Tage sei es ihm gelungen, sie auf der Strasse anzusprechen, und es habe den Anschein, als ob er ihr nicht gleichgültig sei.

«Aber denke ja nicht schlecht von ihr», fügte

er hitzig hinzu, «mache dir keine falschen Vorstellungen von ihr. Zumindest ist bis jetzt zwischen uns noch nichts geschehen...»

«Noch nichts Schlimmes geschehen», ergänzte ich. «Ich zweifle nicht daran, sowenig ich bezweifle, dass du es aufrichtig bedauerst, Freundchen. Geduld – es wird schon werden.»

«Ich hoffe es», sagte Tarchow und lachte in sich hinein. «Weisst du, Bruder, dieses Mädchen..., ich sage dir, das ist ein Typ, weisst du..., von den Neuen. Du hast sie nicht genug betrachten können. Sie ist Wildwuchs, uh, was ist sie für ein ungebändigtes Geschöpf! Und voller Starrsinn! Noch dazu was für einen! Übrigens gefällt mir gerade diese Unbändigkeit an ihr. Ein Zeichen von Selbständigkeit! Ich bin einfach bis über die Ohren in sie verknallt, Bruder!»

Tarchow hörte nicht auf, des langen und breiten vom ‹Gegenstand› seiner Gefühle zu erzählen, und las mir sogar den Anfang eines Gedichts mit dem Titel ‹Meine Muse› vor. Seine Herzensergüsse waren nicht nach meinem Geschmack, aber insgeheim beneidete ich ihn. Ich verliess ihn bald.

Einige Tage später ging ich durch eine der Ladenreihen des Kaufhofs, um etwas zu besorgen. Es war an einem Samstag, und die Käufer drängten sich, schoben und stiessen sich. Überall vernahm man die werbenden Rufe der Verkäufer. Nachdem ich gekauft hatte, was ich brauchte, dachte ich nur daran, mich ihrer Aufdringlichkeit zu entziehen. Plötzlich blieb ich jedoch unwillkürlich stehen. In einem Obstladen sah ich die Bekannte meines Freundes –

Musa, Musa Pawlowna. Ich erblickte sie von der Seite; sie schien auf etwas zu warten. Nachdem ich einige Sekunden geschwankt hatte, entschloss ich mich, an sie heranzutreten und sie anzusprechen. Aber ich hatte die Schwelle des Geschäfts noch nicht überschritten und die Mütze gezogen, als sie erschrocken zurückfuhr, sich schnell zu einem alten Mann in einem Flauschmantel umdrehte, dem der Händler soeben ein Pfund Rosinen abwog, und seinen Arm ergriff, als wolle sie in seinen Schutz flüchten. Der alte Mann wandte ihr sein Gesicht zu, und stellen Sie sich mein Erstaunen vor! Wen sah ich vor mir? Punin!

Ja, er war es. Das waren seine entzündeten Augen, seine wulstigen Lippen, seine herabhängende, weiche Nase. Er hatte sich in den sieben Jahren kaum verändert, war nur ein wenig aufgedunsen.

«Nikander Wawilytsch!» rief ich. «Erkennen Sie mich nicht?»

Punin schrak zusammen, sperrte den Mund auf und starrte mich an.

«Habe nicht die Ehre», begann er, schrie jedoch plötzlich hell auf: «Der Junker von Troizk!» (Das Gut meiner Grossmutter hiess Troizk.) «Tatsächlich das Junkerchen von Troizk?» Das Pfund Rosinen glitt ihm aus den Händen.

«Ganz genau!» erwiderte ich, hob Punins Einkauf vom Boden auf und umarmte ihn.

Er bekam vor Freude kaum Luft und wäre fast in Tränen ausgebrochen; er nahm die Mütze ab, wobei ich mich überzeugen konnte, dass auch die letzten Härchen von seiner Glatze verschwunden waren, holte sein Taschentuch hervor, schneuzte sich, presste die Mütze samt den Rosinen an die Brust, setzte die Mütze wieder auf, liess die Rosinen abermals fallen... Ich weiss nicht, was Musa in der ganzen Zeit tat; ich bemühte mich, sie nicht anzusehen. Ich nahm nicht an, dass Punins Erregung von einer übergrossen Bindung an meine Person herrührte: es war seine Natur, die eine unerwartete Erschütterung einfach nicht vertrug. Die Aufgeregtheit armer Leute!

«Kommen Sie mit zu uns, Täubchen!» stotterte er schliesslich. «Sie werden sich hoffentlich nicht scheuen, unser bescheidenes Nestchen zu besuchen. Wie ich sehe, sind Sie Student...»

«Ich bitte Sie, ich bin im Gegenteil sehr froh.»

«Sind Sie jetzt frei?»

«Völlig frei.»

«Das ist ja schön! Auch Paramon Semjonytsch wird es ein Vergnügen sein. Heute kommt er ohnehin früher als gewöhnlich nach Hause, und ihr da gibt die Madam samstags frei. Doch halt, Entschuldigung, ich habe ja völlig den Kopf verloren. Unsere Nichte ist Ihnen wohl unbekannt?»

Ich beeilte mich zu bestätigen, dass ich noch nicht das Vergnügen hatte...

«Versteht sich! Wo hätten Sie sie auch treffen sollen! Musotschka... Sie müssen wissen, lieber Herr, dieses Mädchen heisst Musa..., und das ist kein Beiname, sondern ihr richtiger Vorname... Vorherbestimmung? Musotschka, darf ich vorstellen: Herr..., Herr...»

«B.», sagte ich.

«B.», wiederholte Punin. «Musotschka! Gib

acht! Du siehst einen sehr vortrefflichen, liebenswürdigen Jüngling vor dir. Das Schicksal hat uns zusammengeführt, als er noch ein Knabe war. Sei bitte lieb und freundlich zu ihm.»

Ich machte eine tiefe Verbeugung. Musa, rot wie Mohn, schenkte mir einen kurzen Blick und sah sofort wieder auf den Boden.

«Aha!» dachte ich. «Du gehörst zu denen, die in schwierigen Situationen nicht blass, sondern rot werden. Das muss man sich merken.»

«Nicht so förmlich, sie ist ein einfaches und natürliches Mädel!» bemerkte Punin und ging aus dem Laden auf die Strasse. Musa und ich folgten ihm.

Das Haus, in dem Punin wohnte, war ziemlich weit vom Kaufhof entfernt; es lag in der Sadowaja-Strasse. Unterwegs nahm mein ehemaliger Lehrer der Poesie die Gelegenheit wahr und berichtete mir viele Einzelheiten aus seinem bewegten Leben. Seit wir uns getrennt hatten, waren er und Baburin kreuz und quer durch das ganze heilige Russland gezogen und hatten erst vor anderthalb Jahren eine dauernde Bleibe in Moskau gefunden. Baburin war es geglückt, im Kontor eines reichen Kaufmanns und Fabrikanten als Korrespondent angestellt zu werden.

«Viel bringt die kleine Stelle nicht ein», bemerkte Punin seufzend, «eine Menge Arbeit und wenig Lohn..., aber was soll man machen? Auch dafür sei Gott gedankt! Ich bemühe mich ebenfalls, durch Schreibarbeit und Nachhilfestunden etwas zu verdienen, nur sind alle meine Anstrengungen bisher erfolglos geblieben. Ich habe eine altmodische Handschrift, wie Sie sich vielleicht erinnern, und was das Stundengeben betrifft, so bin ich durch den Mangel an anständiger Kleidung sehr behindert. Zudem spüre ich, dass auch mein Unterricht und meine Auffassung von der russischen Literatur nicht mehr dem gegenwärtigen Geschmack entsprechen. Das lässt sich nicht vermeiden, so muss ich eben leiden.» (Punin brach in sein heiseres, lautloses Lachen aus. Die frühere, etwas pathetische Redeweise und die alte Manier des Reimens hatte er bewahrt.) «Alle lassen nur das Neue gelten, beachten nur die Neuigkeiten. Und auch Sie verehren wahrscheinlich die alten Götter nicht mehr und sind den neuen verfallen, stimmt's?»

«Und wie ist es mit Ihnen, Nikander Wawilytsch? Verehren Sie wirklich noch Cherasskow?»

Punin blieb stehen und hob plötzlich beide Arme in die Höhe.

«Im höchsten Grade, mein Herr! Im allerhöchsten Grade.»

«Und Puschkin lesen Sie nicht? Puschkin gefällt Ihnen nicht?»

«Puschkin? Puschkin ist eine im grünen Laub verborgene Schlange, begabt mit der Stimme einer Nachtigall!»

Während wir so mit Punin plaudernd behutsam über die holprig gepflasterten Gehsteige des ‹weisssteinigen› Moskau schritten, jenes Moskau, das weder steinig noch weiss ist, ging Musa auf Punins anderer Seite still neben uns her. Als ich sie im Gespräch ‹Ihre Nichte› nannte, verstummte Punin eine Weile, kratzte sich im Nacken und teilte mir mit halber Stimme mit, dass er sie nur so nenne und dass sie keineswegs mit ihm verwandt sei. Sie sei eine Waise. Baburin habe sie in der Stadt Woronesch aufgefunden und in Pflege genommen, aber er, Punin, könne sie getrost seine Tochter nennen, da er sie genau so wie eine richtige Tochter liebe. Ich zweifelte nicht daran, dass Musa, obwohl Punin absichtlich leise gesprochen, seine Worte sehr gut gehört hatte und dass sie ärgerlich war, Angst hatte und sich schämte. Ihr Gesicht wurde bald blass, bald rot. Lider und Brauen, die Lippen und schmalen Nasenflügel, ihr ganzes Gesicht kam in eine leichte Bewegung. Alles in allem bot sie einen sehr anmutigen, erheiternden und seltsamen Anblick.

Schliesslich erreichten wir das ‹bescheidene Nestchen›. Und wahrlich: es war sehr bescheiden, dieses Nestchen. Es bestand aus einem kleinen, fast mit der Erde verwachsenen Häuschen mit einem Bretterdach und vier trüben Fensterchen an der Vorderseite. Die Einrichtung des Zimmers war sehr ärmlich, und das Ganze wirkte ziemlich schlampig. Zwischen den Fenstern und an den Fenstern hing etwa ein Dutzend winziger hölzerner Käfige mit Lerchen, Kanarienvögeln, Stieglitzen und Zeisigen. «Meine Untertanen!» verkündete Punin feierlich und zeigt mit dem Finger auf sie.

Wir waren kaum eingetreten - ich hatte mich noch kaum umgeschaut, und Punin hatte Musa eben geheissen, sich um den Samowar zu kümmern -, da kam Baburin selbst. Er schien mir viel mehr gealtert zu sein als Punin, obwohl sein Gang fest geblieben war und der Ausdruck seines Gesichts sich kaum verändert hatte. Aber Baburin war magerer geworden, der Rücken war gebeugt und die Wangen eingefallen. Sein schwarzes volles Haar war ergraut. Er kannte mich nicht wieder und äusserte auch keine besondere Freude, als Punin meinen Namen nannte. Nicht einmal seine Augen lächelten, als er mich begrüsste, und er neigte kaum den Kopf. Er fragte sehr gleichgültig und trocken, ob ‹die Alte› noch lebe. Das war alles. «Mich setzt dein adliger Besuch nicht in Staunen und schmeichelt mir nicht im geringsten», sollte das heissen. Der Republikaner war Republikaner geblieben.

Musa kam wieder ins Zimmer; ein gebrechliches altes Frauchen trug ihr den schlecht geputzten Samowar nach. Punin war ganz aufgeregt und begann mich zu bewirten. Baburin setzte sich an den Tisch, stützte den Kopf auf beide Arme und blickte müde umher. Während wir Tee tranken, wurde er jedoch gesprächig. Er war mit seiner Arbeit unzufrieden. «Ein Ausbeuter, kein Mensch!» liess er sich über seinen Chef aus. «Untergebene sind für ihn wertloser Dreck. Dabei ist es noch gar nicht so lange her, dass er selbst einen Bauernkittel getragen hat. Nichts als Hartherzigkeit und Gier! Bei ihm schuftet man mehr als im Staatsdienst. Unser gesamter Handel beruht auf Betrug und lebt davon.»

Bei diesen verdrossenen Äusserungen seufzte Punin bekümmert; er nickte zustimmend und senkte den Kopf bald von oben nach unten, bald wiegte er ihn von einer Seite zur anderen. Musa schwieg. Offenbar quälte sie der Zweifel, ob ich ein taktvoller Mensch oder ein Schwätzer sei und eine besondere Absicht mit meiner

Zurückhaltung verfolge. Ihre schwarzen, raschen, unruhigen Augen flackerten unter den halbgesenkten Lidern. Nur ein einziges Mal verharrte ihr Blick länger auf mir, aber forschend, durchdringend, fast gehässig... Ich zuckte sogar zusammen. Baburin redete sie kaum an, aber sooft er sich ihr zuwandte, war in seiner Stimme eine mürrische, keineswegs väterliche Zärtlichkeit zu vernehmen.

Punin hingegen scherzte ununterbrochen mit Musa, doch antwortete sie ihm unwillig. Er nannte sie sein Schneewittchen, sein Schneeflöckchen.

«Warum geben Sie Musa Pawlowna solche Namen?» fragte ich.

Punin lachte.

«Weil sie kalt ist.»

«Vernünftig ist sie», ergänzte Baburin, «wie es sich für ein junges Mädchen gehört.»

«Wir könnten sie auch unsere kleine Hausfrau nennen», rief Punin. «Wie wär's, Paramon Semjonytsch?» Baburin runzelte die Brauen. Musa wandte sich ab... Ich verstand damals diese Andeutung nicht.

So vergingen zwei Stunden..., nicht eben sehr angeregt, obwohl Punin in jeder Hinsicht bemüht war, die ehrenwerte Gesellschaft zu unterhalten. Unter anderem kauerte er sich vor einen der Käfige mit seinen Kanarienvögeln, öffnete das Türchen und kommandierte: «Auf die Kuppe! Mach Konzert!» Der Kanarienvogel flatterte sofort heraus, setzte sich auf die ‹Kuppe›, das heisst auf Punins kahlen Schädel, trippelte hin und her, schlug mit den Flügeln und schmetterte los, was das Zeug hielt. Während des ganzen Konzerts rührte sich Punin nicht, dirigierte nur ein wenig mit dem Finger und kniff die Augen zusammen. Ich musste laut lachen - aber weder Baburin noch Musa verzogen eine Miene.

Bevor ich fortging, verblüffte mich Baburin mit einer unerwarteten Frage. Er wünschte von mir, einem Menschen, der die Universität besuchte, zu erfahren, was für eine Persönlichkeit Zenon sei und was ich von ihm halte.

«Was für ein Zenon?» fragte ich ziemlich verständnislos.

«Zenon, der antike Weise. Sollte er Ihnen wirklich unbekannt geblieben sein?»

Ich erinnerte mich dunkel an den Namen Zenon; ich kannte ihn als Begründer der stoischen Schule, aber sonst wusste ich so gut wie nichts über ihn.

«Ja, er war ein Philosoph», antwortete ich schliesslich.

«Zenon», fuhr Baburin in gemessenem Ton fort, «ist jener selbe Weise, der erklärt hat, dass Leiden kein Übel sei, denn Geduld überwinde alles, und dass es auf dieser Erde nur ein Gutes gebe: Gerechtigkeit, ja das Gefühl für Gerechtigkeit sei die Tugend schlechthin.»

Punin lauschte andächtig.

«Mitgeteilt hat mir diesen Ausspruch ein hiesiger Bürger, der viele alte Bücher besitzt», fuhr Baburin fort. «Die Worte haben mir sehr gefallen. Aber Sie beschäftigen sich offenbar nicht mit derartigen Fragen?»

Baburin hatte die Wahrheit gesprochen. Mit solchen Themen beschäftigte ich mich tatsächlich nicht. Seit meinem Eintritt in die Universität war ich Republikaner, kein schlechterer als Baburin selbst. Über Mirabeau und Robespierre hätte ich mit Vergnügen gesprochen. Zumal über Robespierre!... Über meinem Schreibtisch hingen die lithographierten Porträts von Fouquier-Tinville und Chalier. Aber Zenon? Wie kam er bloss auf Zenon?

Als sich Punin von mir verabschiedete, bestand er nachdrücklich darauf, dass ich sie am nächsten Tage, Sonntag, wieder besuche. Baburin lud mich nicht ein und bemerkte sogar halblaut, dass mir eine Unterhaltung mit Menschen niederer Herkunft kaum grosses Vergnügen bereiten und dass es wahrscheinlich meiner ‹Alten› nicht in den Kram passen werde... Bei diesem Wort unterbrach ich ihn jedoch und gab ihm zu verstehen, dass mir meine Grossmutter keine Befehle mehr zu erteilen habe.

«Besitzer der Güter sind Sie noch nicht?» fragte Baburin.

«Nein, noch nicht», antwortete ich.

«Nun, dann sind Sie also...» Baburin beendete den Satz nicht, aber ich ergänzte ihn und dachte: «...also noch minderjährig.»

«Leben Sie wohl!» sagte ich laut und entfernte mich.

Ich trat soeben vom Hof auf die Strasse, als Musa plötzlich aus dem Haus gelaufen kam, mir ein zerknülltes Blatt Papier in die Hand drückte und augenblicklich wieder verschwand. An der ersten Strassenlaterne faltete ich das Blatt auseinander. Es war eine Mitteilung für mich. Mit Mühe entzifferte ich die blassen, mit Bleistift hingekritzelten Zeilen. «Bitte bitte», schrieb mir Musa, «kommen Sie morgen nach dem Essen in den Alexander-Garten neben dem Kutafja-Turm – ich werde auf Sie warten - sagen Sie nicht ab - machen Sie mich nicht unglücklich - ich muss Sie unbedingt sprechen.» Orthographische Fehler enthielt das Schreiben nicht, aber es fehlten alle Interpunktionen.

Ich kehrte heim und wusste nicht, was ich von alledem halten sollte.

Als ich am nächsten Tage eine Viertelstunde vor der angegebenen Zeit zum Kutafja-Turm kam (es war Anfang April, die Knospen begannen zu schwellen, das Gras färbte sich grün, und die Sperlinge schilpten laut und balgten sich in den kahlen Zweigen des Flieders), erblickte ich zu meiner nicht geringen Verwunderung Musa etwas abseits, nicht weit vom Gitter. Sie war mir zuvorgekommen. Ich wollte auf sie zugehen, aber sie eilte mir selbst entgegen.

«Gehen wir zur Kremlmauer», flüsterte sie hastig, die huschenden Augen zu Boden gesenkt. «Hier kommen und gehen immer Menschen.»

Wir gingen den kleinen Weg hinauf.

«Musa Pawlowna», wollte ich beginnen, aber sie schnitt mir sofort das Wort ab.

«Bitte», sagte sie mit leiser, stockender Stimme, «verurteilen Sie mich nicht, denken Sie nicht schlecht von mir. Ich habe Ihnen geschrieben und um die Begegnung gebeten, weil... ich fürchtete... Mir schien gestern, als ob Sie sich die ganze Zeit über mich lustig machten. Hören Sie», fügte sie mit unerwartetem Nachdruck hinzu, stehenbleibend und mir zugewandt, «hören Sie: wenn Sie sagen, mit wem..., wenn Sie den nennen, bei dem wir uns getroffen haben, stürze ich mich ins Wasser; ich ertränke mich, ich nehme mir das Leben!»

Zum ersten Male sah sie mich an. Ihr Blick war forschend und streng, wie ich ihn bereits kannte.

«Sie wird es am Ende doch nicht wirklich tun?» musste ich denken.

«Aber ich bitte Sie, Musa Pawlowna», sagte ich schnell, «wie können Sie eine so schlechte Meinung von mir haben? Glauben Sie wirklich, ich sei fähig, meinen Freund zu verraten und Ihnen zu schaden? Zudem gibt es keinen Grund, soviel ich weiss, an Ihren Beziehungen Anstoss zu nehmen... Um Gottes willen, beruhigen Sie sich!»

Musa hörte mich an, ohne sich von der Stelle zu rühren. Sie blickte mir nicht mehr ins Gesicht.

«Ich muss Ihnen noch etwas sagen», begann sie, während sie weiterging, «sonst könnten Sie meinen, ich sei nicht recht bei Sinnen. Ich muss Ihnen sagen, dass mich dieser Alte heiraten will.»

«Welcher Alte? Der mit der Glatze? Punin?»

«Nein - der nicht. Der andere..., Paramon Semjonytsch.»

«Baburin?»

«Ja, der.»

«Wirklich? Er hat Ihnen einen Antrag gemacht?»

«Ja.»

«Aber Sie haben doch natürlich nicht eingewilligt?»

«Doch, ich habe eingewilligt..., weil ich seinerzeit nichts begriff. Jetzt ist es etwas anderes.»

Ich schlug die Hände zusammen.

«Baburin - und Sie! Aber er ist ja an die fünfzig.»

«Er sagt: dreiundvierzig. Aber das ist ganz gleich. Und wenn er fünfundzwanzig wäre, ich würde trotzdem nicht seine Frau. Was hätte ich denn vom Leben? Manchmal lächelt er die ganze Woche nicht ein einziges Mal. Paramon Semjonytsch ist mein Wohltäter, ich bin ihm sehr verpflichtet, er hat mich in Pflege genommen, erzogen, ohne ihn wäre ich zugrunde gegangen; ich muss ihn achten wie einen Vater... Aber seine Frau werden? Lieber sterben! Lieber gleich ins Grab!»

«Warum sprechen Sie immerzu vom Tod, Musa Pawlowna?»

Sie blieb wieder stehen.

«Ist denn das Leben so schön? Ich habe auch Ihren Bekannten, Wladimir Nikolajitsch, sozusagen nur aus Sehnsucht und Kummer liebgewonnen. Und nun steht mir Paramon Semjonytsch mit seinen Anträgen im Wege... Punin langweilt mich zwar mit seinen Versen, treibt es aber nicht bis zum Äussersten; er zwingt mich nicht, Karamsin zu lesen, wenn ich mich vor Müdigkeit kaum noch aufrecht halten kann. Wozu brauche ich diese beiden alten Männer? Kalt nennen sie mich! Aber kann man denn in ihrer Gesellschaft warm werden? Wenn sie mich zwingen wollen, gehe ich meiner Wege. Paramon Semjonytsch ist es doch, der dauernd ‹Freiheit! Freiheit!› ruft. Nun also, auch ich möchte meine Freiheit. Was heisst das? Alle sollen frei sein, aber mich halten sie im Gefängnis. Ich werde es ihm ins Gesicht sagen. Wenn Sie mich jedoch verraten oder auch nur eine Andeutung machen, dann haben Sie mich gesehen!»

Musa stellte sich mir quer in den Weg.

«Dann haben Sie mich gesehen!» wiederholte sie mit schneidender Stimme. Sie hob auch diesmal nicht den Blick, als ob sie wisse, dass sie sich verraten, dass sie zeigen werde, wie es ihr ums Herz sei, wenn sie jemandem offen in die Augen blickte... Eben deshalb hob sie den Blick nur dann, wenn sie wütend oder ärgerlich war, aber in solchen Momenten sah sie den Menschen, mit dem sie sprach, offen an... Ihr kleines rosiges, hübsches Gesicht zeigte eiserne Entschlossenheit.

«Tarchow hat recht», ging es mir durch den Kopf. «Dieses Mädel ist ein neuer Typ.»

«Von mir haben Sie nichts zu befürchten», sagte ich schliesslich.

«Wirklich? Sogar wenn... Sie sagten da etwas von meinen Beziehungen zu Ihrem Freund... Sogar wenn der Fall einträte...» Sie verstummte.

«Auch in diesem Falle brauchen Sie keine Angst zu haben, Musa Pawlowna. Ich bin nicht Ihr Richter. Ihr Geheimnis liegt hier begraben.» Ich zeigte auf meine Brust. «Glauben Sie mir, ich weiss es zu würdigen...»

«Haben Sie meinen Brief bei sich?» fragte Musa plötzlich.

«Ja.»

«Wo?»

«In der Tasche.»

«Geben Sie ihn mir..., rasch, rasch!»

Ich holte ihren Zettel hervor. Musa nahm ihn an sich, stand noch eine Weile vor mir, als ob sie mir danken wolle, zuckte aber plötzlich zusammen, schaute sich um und lief, ohne sogar den Kopf zum Abschied zu neigen, rasch den Hang hinab.

Ich blickte ihr nach. Unweit vom Turm wurde eine in einen Mantel à la Almavida (damals grosse Mode!) gehüllte Gestalt sichtbar, in der ich sofort Tarchow erkannte.

«Nun, Bruder», dachte ich, «da du auf sie wartest, hat sie dir offenbar Bescheid gesagt...»

Vor mich hin pfeifend, machte ich mich auf den Heimweg.

Am nächsten Morgen - ich hatte eben Tee getrunken - erschien Punin bei mir. Er machte ein verlegenes Gesicht, als er das Zimmer betrat, verbeugte sich einige Male, schaute sich um und entschuldigte sich wegen seiner angeblichen Dreistigkeit. Ich beeilte mich, ihn zu beruhigen. Sündiger Mensch, der ich war, bildete ich mir ein, Punin sei gekommen, um sich Geld zu borgen. Aber er beschränkte sich auf die Bitte um ein Gläschen Tee mit Rum, da der Samowar noch nicht abgeräumt war.

«Ich besuche Sie nicht ohne Zittern und Zagen», sagte er, während er ein Stückchen Zukker abbiss. «Vor Ihnen selbst habe ich keine Angst, ich fürchte mich nur vor Ihrem verehrten Grossmütterchen. Ich fühle mich auch wegen meiner Kleidung gehemmt, wie ich Ihnen schon sagte.» Punin strich mit dem Finger über die Einfassung seines altersschwachen Rocks. «Zuhause macht es mir nichts aus, und auf der Strasse mag es noch angehen, doch gerät man in goldene Gemächer, wird man seiner Armut bewusst und verzagt.»

Ich bewohnte zwei kleine Zimmer im Zwischengeschoss, und es wäre gewiss niemandem eingefallen, sie ‹Gemächer› zu nennen, noch dazu goldene; aber Punin sprach wahrscheinlich von Grossmutters Haus, das sich übrigens nicht durch Luxus auszeichnete. Er machte mir Vorwürfe, warum ich sie tags zuvor nicht besucht hatte. «Paramon Semjonytsch», sagte er, «hat Sie erwartet, obwohl er zugleich versicherte, dass Sie um keinen Preis kommen würden. Und Musotschka hat auch auf Sie gewartet.»

«Wie? Auch Musa Pawlowna?» fragte ich.

«Auch sie. Ist sie nicht ein liebes, reizendes Mädel? Sagen Sie?»

«Ganz reizend», bestätigte ich.

Punin fuhr sich mit ungewöhnlicher Geschwindigkeit über den kahlen Schädel.

«Eine Schönheit, mein Herr; eine Perle oder sogar ein Brillant, sage ich Ihnen, wie ich hier stehe.» Er beugte sich zu meinem Ohr. «Ebenfalls adeliges Blut!» flüsterte er mir zu. «Nur – Sie verstehen – linker Hand, man kostete von der verbotenen Frucht. Nun ja, die Eltern starben, die Verwandten wollten nichts von ihr wissen und überliessen sie der Willkür des Schicksals. Das bedeutete: Verzweiflung, Hunger, Tod. Aber da kam Paramon Semjonytsch, von jeher als Retter bekannt. Er nahm sie auf, kleidete, wärmte sie, machte sie zu unserem Nesthäkchen, und sie erblühte zu unserer Freude. Ich sage Ihnen, ein Mann von seltensten Werten!»

Punin lehnte sich im Sessel zurück, beugte sich mit ausgebreiteten Armen wieder nach vorn und begann erneut, aber noch geheimnisvoller zu flüstern: «Auch Paramon Semjonytsch ist ja - Sie wissen es nicht? -, auch er ist von hoher Abkunft - und ebenfalls linker Hand. Es heisst, sein Vater sei ein regierender grusinischer Fürst aus dem Geschlecht des Königs David... Was sagen Sie nun? Nur ein paar Worte, aber wie vielsagend! König Davids Blut! Na? Anderen Gerüchten zufolge war Paramon Semjonytschs Stammvater der indische Schah Babur. Auch nicht schlecht, wie?»

«Wurde Baburin ebenfalls der Willkür des Schicksals überlassen?» fragte ich.

Punin fuhr sich über die Glatze.

«Gewiss! Und sogar mit noch grösserer Härte als unser Prinzesschen. Von Kindheit an Kampf, nichts als Kampf ums Dasein! Ich habe sogar, muss ich gestehen, diesen Umstand benützend und vom Dichter Wassilij Grigorjewitsch Ruban angeregt, einen Vierzeiler auf Paramon Semjonytsch geschrieben. Warten Sie, wie lautet er gleich? Ja!»

Von Kindheit an verfolgte ihn
ein grausames Geschick.
Das Unheil zog Baburin an den Rand
des Abgrunds,
doch güldner Strahlenglanz
durchbricht das Dunkel,
und sieh! Des Siegers Lorbeer
krönt sein Haupt.

Punin trug die Verse in gleichmässigem, singendem Ton vor, wie derartige Verse deklamiert werden müssen.

«Deshalb also ist er Republikaner!» rief ich.

«Nein, nicht deshalb», antwortete Punin treuherzig. «Seinem Vater hat er längst verziehen, aber er kann keine Ungerechtigkeit vertragen. Fremdes Leid bringt ihn in Erregung.»

Ich überlegte mir, wie ich die Rede auf das bringen könne, was mir Musa tags zuvor mitgeteilt hatte, nämlich Baburins Werbung, aber ich wusste nicht, wie ich anfangen sollte. Punin selbst befreite mich aus dieser Schwierigkeit.

«Ist Ihnen nichts aufgefallen?» fragte er plötzlich und zwinkerte verschmitzt. «Als Sie bei uns waren? Nichts Besonderes?»

«Was hätte ich denn da bemerken sollen?» fragte ich zurück.

Punin schaute sich um, als ob er sich vergewissern wolle, dass uns niemand höre.

«Unsere hübsche Musotschka wird bald eine verheiratete Dame sein!»

«Wieso?»

«Frau Baburin wird sie heissen», stiess Punin mit Emphase hervor, schlug sich einige Male mit den Handflächen auf die Knie und nickte mit dem Kopf wie ein Chinese aus Porzellan.

«Nicht möglich!» rief ich mit gespieltem Erstaunen.

Punins Kopf kam sofort zum Stillstand, und seine Hände erstarben.

«Und warum soll es nicht möglich sein, wenn man fragen darf?»

«Weil Paramon Semjonytsch der Vater Ihres kleinen Fräuleins sein könnte, weil ein solcher Altersunterschied jegliche Wahrscheinlichkeit von Liebe ausschliesst - von seiten der Braut.»

«Ausschliesst!» wiederholte Punin empört. «Und die Dankbarkeit? Und die Reinheit des Herzens? Und die Zärtlichkeit der Gefühle? Ausschliesst! Überlegen Sie doch bitte: zugegeben, Musa ist ein sehr schönes Mädchen, aber Paramon Semjonytschs Geneigtheit zu verdienen, sein Trost, seine Stütze - seine Frau zu werden, ist das nicht das höchste Glück sogar für so ein Mädchen? Und sie begreift es! Sehen Sie sie an, betrachten Sie sie aufmerksam! Musotschka ist vor Paramon Semjonytsch eitel Ehrfurcht, ganz scheues Beben und Entzücken!»

«Das ist ja das Schlimme, Nikander Wawilytsch, dass sie, wie Sie sagen, ganz ‹scheues Beben› ist. Wen man liebt, vor dem zittert man nicht, vor dem hat man keine Scheu.»

«Auch damit bin ich nicht einverstanden. Nehmen Sie mich zum Beispiel: mehr als ich kann wohl niemand Paramon Semjonytsch lieben, und ich..., ich zittere vor ihm.»

«Ja, Sie..., das ist etwas anderes.»

«Warum etwas anderes? Warum? Warum?» unterbrach mich Punin. Ich kannte ihn gar nicht wieder. Er ereiferte sich, sprach ernst, fast zornig und reimte nicht. «Nein», behauptete er, «ich merke: Ihr Blick dringt nicht in das Innere! Nein! Sie sind kein Herzenskenner!»

Ich gab es auf, ihm zu widersprechen, und um dem Gespräch eine andere Richtung zu geben, machte ich den Vorschlag, uns in Erinnerung an früher gegenseitig etwas vorzulesen.

Punin schwieg eine Weile.

«Aus der älteren Literatur oder aus der gegenwärtigen?» fragte er dann.

«Aus der neueren.»

«Aus der neueren?» wiederholte Punin misstrauisch.

«Aus Puschkin», antwortete ich. Mir fielen plötzlich die ‹Zigeuner› ein, die Tarchow kürzlich erwähnt hatte. Dort gibt es das Lied vom alten Ehemann. Punin machte einige Umstände, aber ich bat ihn, auf dem Sofa Platz zu nehmen, damit er bequem zuhören konnte, und begann Puschkins Verserzählung vorzulesen. Jetzt kam die Stelle von ‹dem alten Ehemann, dem schrecklichen Mann›. Punin hörte das Lied an und erhob sich dann plötzlich ungestüm.

«Unmöglich», stiess er mit tiefer, mich selbst verwundernder Erregung hervor. «Verzeihen Sie mir, ich kann diesen Verfasser nicht länger anhören. Er ist ein moralischer Pasquillant, ein Lügner..., er verwirrt mich. Ich kann nicht! Gestatten Sie mir, meinen Besuch zu beenden.»

Ich redete Punin gut zu und bat ihn zu bleiben, aber er bestand mit einer gewissen stumpfen und angstvollen Hartnäckigkeit auf seiner Absicht. Er wiederholte noch einige Male, dass er verwirrt sei und frische Luft brauche. Dabei zitterten seine Lippen ein wenig, und er mied meinen Blick - es war, als habe ich ihn beleidigt. So ging er denn.

Ein wenig später verliess auch ich das Haus und begab mich zu Tarchow.

Zwanglos, wie unter Studenten üblich, betrat ich seine Wohnung, ohne jemanden zu fragen. Im ersten Zimmer traf ich niemanden an. Ich rief Tarchow beim Namen. Als ich keine Antwort erhielt, wollte ich mich entfernen, aber da öffnete sich die Tür des Nebenzimmers, und mein Freund erschien. Der Blick, mit dem er mich ansah, war irgendwie merkwürdig. Tarchow drückte mir stumm die Hand. Ich war zu ihm gekommen, um ihm zu erzählen, was ich von Punin erfahren hatte. Obwohl ich sofort spürte, dass Tarchow mein Besuch nicht gelegen kam, plauderte ich zuerst ein wenig über alltägliche Dinge und teilte ihm dann schliesslich mit, dass Baburin die Absicht habe, Musa zu heiraten.

Die Nachricht schien ihn nicht sehr zu verwundern. Er setzte sich still an den Tisch, sah mich forschend an und gab, noch immer schweigend, seinem Gesicht einen Ausdruck, als ob er sagen wolle: «Was erzählst du mir da schon! Sprich dich ruhig aus!» Ich betrachtete ihn aufmerksamer. Der Ausdruck seines Gesichts erschien mir erregt, spöttisch, sogar ein wenig frech. Aber dies hinderte mich nicht, mich ‹auszusprechen›. Im Gegenteil. «Du spielst den forschen Kerl», dachte ich, «also werde auch ich keine Rücksicht nehmen!» Und ich begann unverzüglich mit einer kritischen Betrachtung über die Schädlichkeit der plötzlich aufflammenden Leidenschaften, über die Pflicht des Menschen, Freiheit und Persönlichkeit seines Mitmenschen zu achten; kurz, ich gab wie ein Lehrer nützliche und gescheite Ratschläge. Derart dozierend, ging ich, um es mir leichter zu machen, im Zimmer auf und ab. Tarchow unterbrach mich nicht und rührte sich nicht vom Fleck; er spielte nur mit den Fingern am Kinn.

«Ich weiss», sagte ich. (Was mich eigentlich zu sprechen veranlasste, blieb mir selbst unklar. Wahrscheinlich war es Neid und bestimmt kein Gebot der Moral.) «Ich weiss», sagte ich, «dass es sich um eine ernsthafte Angelegenheit handelt, mit der nicht zu scherzen ist. Ich bin überzeugt, dass du Musa liebst und dass Musa dich liebt, dass es sich bei dir nicht um ein flüchtiges Abenteuer handelt... Aber angenommen» (hier kreuzte ich die Arme über der Brust), «angenommen, du hast deine Leidenschaft befriedigt, was weiter? Heiraten wirst du sie ohnehin nicht. Inzwischen zerstörst du jedoch das Glück eines guten, ehrlichen Mannes, ihres Wohltäters, und - wer weiss? -» (hier drückte mein Gesicht gleichzeitig Scharfblick und Trauer aus) «vielleicht auch ihr eigenes Glück...» usw., usw.!

Ungefähr eine Viertelstunde ergoss ich mich in solchen Reden. Tarchow schwieg die ganze Zeit. Sein Schweigen verwirrte mich. Ich warf hin und wieder einen Blick auf ihn, weniger um mich des Eindrucks zu vergewissern, den meine Worte machten, sondern mehr, um zu begreifen, warum er nichts erwiderte und mir zustimmte, denn er sass da, als sei er taubstumm. Schliesslich glaubte ich jedoch in seinem Gesicht eine Veränderung wahrzunehmen. Es zeigte einen Ausdruck von Unruhe, Erregung und Sehnsucht... Aber seltsam! Die gewisse Lebhaftigkeit und Heiterkeit, die mich beim ersten Blick auf Tarchow so beeindruckt hatten, wichen trotzdem nicht von seinem erregten, sehnsüchtig verlangenden Gesicht. Ich wusste noch nicht, ob ich mich zum Erfolg meiner Moralpredigt beglückwünschen sollte, als sich Tarchow plötzlich erhob, mir beide Hände hinstreckte und hastig sagte: «Danke, ich danke dir, du hast selbstverständlich recht..., wenn man auch fragen könnte... Wer ist denn dein hochgelobter Baburin eigentlich? - Ein ehrlicher Narr! Mehr nicht. Du nennst ihn einen Republikaner, aber er ist nichts weiter als ein

Popanz! Jawohl, nichts anderes! Sein ganzes Republikanertum besteht nur darin, dass er überall Anstoss nimmt.»

«So, so! Das meinst du also. Ein Narr! Nimmt überall Anstoss! Aber weisst du nicht», fuhr ich mit plötzlich aufflammendem Zorn fort, «weisst du nicht, mein lieber Wladimir Nikolajitsch, dass es in unserer Zeit das Merkmal eines guten, edlen Charakters ist, überall Anstoss zu nehmen? Nur die Hohlköpfe, die dummen Menschen sind mit den Verhältnissen zufrieden und fühlen sich überall wohl. Du sagst, Baburin sei ein ehrlicher Narr. Wäre es nach deiner Meinung besser, ein unehrlicher Zyniker zu sein?»

«Du verdrehst meine Worte», rief Tarchow. «Ich wollte dir nur erklären, was ich von dem Herrn halte. Meinst du, er sei ein so seltenes Exemplar? Keineswegs! Derartige Menschen habe ich schon oft getroffen. Da sitzt so ein Mann, macht ein wichtiges Gesicht, schweigt, trotzt, ist widerborstig... Das soll heissen: mir kann keiner, ich habe ein reiches Innenleben! Aber innen in ihm ist gar nichts, kein einziger Gedanke ist in seinem Kopf - er ist sich nur des eigenen Wertes bewusst.»

«Auch das wäre schon etwas wert», unterbrach ich ihn. «Aber erlaube mir die Frage, woher du Baburin so genau kennst? Du hast ihn doch noch gar nicht gesehen. Oder beschreibst du ihn... nach Musas Worten?»

Tarchow zuckte mit der Schulter.

«Mit Musa unterhalte ich mich nicht über ihn. Höre», fügte er hinzu und machte eine ungeduldige Bewegung mit dem ganzen Körper, «höre, wenn Baburin so edel und ehrlich ist:

warum sieht er dann nicht, dass Musa keine Partnerin für ihn ist? Es gibt nur eins von zweien: entweder begreift er nicht, dass er so etwas wie eine Nötigung an ihr begeht und ihre Dankbarkeit missbraucht - und wo bleibt da seine Ehrenhaftigkeit? -, oder er begreift es nicht, und wie soll man ihn dann anders nennen als einen Narren?»

Ich wollte etwas erwidern, aber Tarchow ergriff abermals meine Hände und sprach von neuem in hastigem Ton: «Übrigens... gewiss..., ich bekenne, du hast recht, tausendmal recht... Du bist mein guter Freund..., aber jetzt verlasse mich, bitte!»

Ich staunte.

«Dich verlassen?»

«Ja. Siehst du, ich muss über alles, was du eben gesagt hast, gründlich nachdenken. Ich zweifle nicht daran, dass du recht hast..., aber jetzt verlasse mich.»

«Du bist so aufgeregt...», begann ich.

«Aufgeregt? Ich?» Tarchow lachte auf, fasste sich aber sogleich. «Ja, gewiss. Wie könnte es anders sein? Du sagst selbst, die Sache sei nicht zum Scherzen. Ja, man muss sich das alles gut überlegen..., allein mit sich selbst.» Er drückte mir noch immer die Hände. «Leb wohl, Bruder, leb wohl!»

«Leb wohl!» wiederholte ich. «Leb wohl, Bruder!»

Beim Hinausgehen warf ich einen letzten Blick auf Tarchow. Er schien zufrieden zu sein. Worüber? Dass ich ihm als wahrer Freund und Kamerad die Gefährlichkeit des Weges gezeigt hatte, den er beschreiten wollte, oder dass ich fortging? Die verschiedensten Gedanken gingen mir den ganzen Tag im Kopf herum, sogar noch dann, als ich am Abend das von Punin und Baburin gemietete Haus betrat, denn ich begab mich noch am gleichen Tage zu ihnen. Ich muss gestehen, dass mich einige Aussprüche Tarchows sehr betroffen gemacht hatten..., sie klangen mir noch in den Ohren... Und in der Tat: sah Baburin wirklich nicht, dass Musa keine Partnerin für ihn war?

Aber das konnte doch nicht sein: Baburin, der selbstlose Baburin - ein ehrlicher Narr?!

Punin hatte mir bei seinem Besuch gesagt, dass man mich tags zuvor erwartet hatte, aber an diesem Abend hatten sie bestimmt nicht mit meinem Besuch gerechnet. Ich traf alle drei daheim an, und alle wunderten sich über mein Erscheinen. Baburin und Punin waren krank. Punin hatte Kopfweh, er lag zusammengekrümmt auf einer Bank; sein Kopf war mit einem bunten Tuch umwickelt, und an jede Schläfe hatte er eine halbe Gurke gepresst. Baburin litt an der Galle; er war ganz gelb, fast schwärzlich-braun im Gesicht und hatte dunkle Ringe unter den Augen. Seine Stirn war gefurcht und sein Kinn unrasiert. Mit einem Bräutigam hatte er wenig Ähnlichkeit.

Ich wollte wieder gehen, aber sie liessen mich nicht fort und setzten mir sogar Tee vor. Ich verbrachte einen wenig erfreulichen Abend. Musa fehlte zwar nichts, und sie war sogar weniger scheu als sonst, aber man merkte deutlich, dass sie ärgerlich und böse war. Schliesslich hielt sie sich nicht mehr zurück, und während sie mir eine Tasse Tee reichte, flüsterte sie hastig: «Was Sie auch sagen und wie sehr Sie sich auch bemühen, Sie werden nichts erreichen... So ist's!»

Ich blickte sie erstaunt an und fragte sie in einem geeigneten Augenblick leise: «Was haben Ihre Worte zu bedeuten?»

«Sie bedeuten», antwortete sie, und ihre schwarzen Augen, die wütend unter den zusammengezogenen Brauen aufblitzten, sahen mich einen Moment fest an, glitten aber sofort wieder zur Seite, «sie bedeuten, dass ich alles gehört habe, was Sie heute dort gesagt haben, und ich wüsste nicht, wofür ich Ihnen danken sollte, denn es wird trotz alledem nicht nach Ihnen gehen.»

«Sie waren dort?» entfuhr es mir unwillkürlich... Aber da spitzte Baburin die Ohren und sah zu uns hinüber. Musa entfernte sich von mir.

Zehn Minuten später gelang es ihr wiederum, in meine Nähe zu kommen. Es machte ihr gleichsam Vergnügen, mir kühne und gefährliche Dinge zu sagen und sie in Gegenwart ihres Beschützers auszusprechen, vor seinen wachsamen Augen, nur so wenig verhüllt, wie es notwendig war, um nicht seinen Verdacht zu erregen. Frauen lieben es bekanntlich, auf schmalem Grat, am Rande des Abgrunds zu wandeln.

«Ja, ich war dort», flüsterte Musa, ohne eine Miene zu verziehen; nur ihre Nasenflügel vibrierten ein wenig, und die Lippen zogen sich etwas schief. «Ja, und wenn Paramon Semjonytsch mich fragt, worüber ich jetzt mit Ihnen tuschle, so sage ich es ihm sofort ins Gesicht. Es macht mir nichts!»

«Seien Sie doch vorsichtiger», redete ich ihr gut zu. «Wirklich, man scheint zu merken...»

«Ich sage Ihnen doch, dass ich bereit bin, alles zu sagen. Und wer merkt denn etwas? Der eine streckt den Hals von der Bank wie eine kranke Ente und hört nichts, und der andere philosophiert. Haben Sie keine Angst!» Musas Stimme hob sich ein wenig, und ihre Wangen überzogen sich allmählich mit einer sozusagen hämischen, trüben Röte. Es stand ihr wunderbar, nie hatte sie so schön ausgesehen. Während sie den Tisch abräumte und Tassen samt Untertassen an ihre Plätze stellte, bewegte sie sich flink durch das Zimmer; in ihrem gelösten leichten Gang war etwas Herausforderndes, als ob sie sagen wollte: «Denkt von mir, was ihr wollt; aber ich bin ich, und ich fürchte euch nicht.»

Ich kann nicht verhehlen, dass mir Musa an jenem Abend zauberhaft vorkam. «Ja», dachte ich, «dieses zornige junge Mädchen - das ist der neue Typ... Entzückend!... Und wenn mich diese Hände schlügen..., meinetwegen..., es wäre eine Lust!»

«Paramon Semjonytsch!» rief sie plötzlich. «Die Republik - ist das ein Staat, in dem jeder tut, was er will?»

«Eine Republik ist kein Staat», antwortete Baburin, richtete den Kopf in die Höhe und zog die Brauen zusammen, «es ist ein... ein System, in dem alles auf Gesetz und Recht beruht.»

«Folglich», fuhr Musa fort, «kann in einer Republik keiner den andern zu etwas zwingen?»

«Das kann niemand.»

«Und jeder kann frei über sich verfügen?»

«Jeder hat diese Freiheit.»

«Aha! Das wollte ich nur wissen.»

«Wozu?»

«Bloss so, ich musste es wissen. Ich wollte nur, dass *Sie* es mir sagten.»

«Ist sehr wissbegierig, unser kleines Fräulein», bemerkte Punin von der Bank her.

Als ich in den Flur trat, begleitete mich Musa, weniger aus Höflichkeit als aus der immer gleichen Schadenfreude. Ich fragte sie zum Abschied: «Lieben Sie ihn wirklich so sehr?»

«Ob ich liebe oder nicht, das weiss nur ich allein», antwortete sie. «Was einem bestimmt ist, dem entgeht man nicht.»

«Nehmen Sie sich in acht, spielen Sie nicht mit dem Feuer... Sie verbrennen sich.»

«Besser verbrennen als erfrieren. Gehen Sie mir mit Ihren Ratschlägen! Und woher wissen Sie, dass er mich nicht heiraten wird? Woher wissen Sie, dass ich unbedingt heiraten will? Und wenn ich zugrunde gehe - was geht es Sie an?»

Sie schlug die Tür hinter mir zu.

Ich entsinne mich, dass mir auf dem Heimweg der Gedanke nicht missfiel, dieser ‹neue Typ› werde meinem Freunde Wladimir Tarchow noch einiges Salz - o weh, o weh! - in die Suppe schütten. Etwas musste er ja für sein Glück bezahlen.

Daran, dass er glücklich werden würde, konnte ich leider nicht zweifeln.

Drei Tage waren vergangen. Ich sass in meinem Zimmer am Schreibtisch, aber ich wollte nicht arbeiten, sondern wartete nur auf das Frühstück. Da hörte ich ein Scharren, hob den Kopf und erstarrte. Vor mir stand, unbeweglich, erschreckend, kreideweiss, Punin..., er sah aus wie ein Gespenst. Blinzelnd glotzten mich seine halb zugekniffenen kleinen Augen mit einem einfältigen, ängstlich erschrockenen Ausdruck an; seine Arme hingen wie Peitschenschnüre an ihm herab.

«Nikander Wawilytsch! Was ist mit Ihnen? Wie sind Sie hier hereingekommen? Hat Sie niemand empfangen? Was ist geschehen? So reden Sie doch!»

«Ist weggelaufen», stiess Punin mit kaum hörbarem, heiserem Flüstern hervor.

«Was sagen Sie?»

«Sie ist weggelaufen», wiederholte er.

«Wer?»

«Musa. Sie ist nachts fortgegangen und hat einen Zettel hinterlassen.»

«Einen Zettel?»

«Ja. ‹Danke für alles›, hat sie geschrieben, ‹aber ich komme nicht wieder. Suchen Sie mich nicht.› Wir hierhin und dorthin, fragen die Köchin, die weiss von nichts. Ich kann nicht laut sprechen, verzeihen Sie, die Stimme versagt.»

«Musa Pawlowna hat Sie verlassen?» rief ich. «Schau mal an! Herr Baburin muss verzweifelt sein. Was beabsichtigt er zu tun?»

«Nichts will er unternehmen. Ich wollte zum Generalgouverneur laufen: er hat es verboten. Ich wollte eine Anzeige bei der Polizei machen: er hat es verboten und ist sogar in Zorn geraten. Sagt: ‹Es ist ihr freier Wille.› Sagt: ‹Ich will sie nicht zwingen.› Er ist sogar zum Dienst in sein Büro gegangen, aber er sieht kaum noch wie ein Mensch aus. Verzehrend hat er sie geliebt... Oh, oh! Wir beide haben sie ja so lieb gehabt!»

Jetzt zeigte Punin zum ersten Male, dass er keine Gestalt aus Stein, sondern ein lebender Mensch war. Er streckte beide Fäuste in die Höhe und liess sie auf seinen wie Elfenbein glänzenden Schädel niederfallen.

«Undankbares Geschöpf!» stöhnte er. «Wer hat dich mit Speise und Trank versorgt, gekleidet, gerettet, erzogen? Wer hat sich um dich gesorgt, wer hat sein ganzes Leben, seine ganze Seele?... Und du hast alles vergessen? Dass du mich im Stich gelassen hast, ist gewiss nichts Besonderes, aber Paramon Semjonytsch, unseren Paramon...»

Ich bat ihn, sich zu setzen, sich zu beruhigen.

Punin schüttelte abweisend den Kopf.

«Nein, nicht nötig. Ich weiss selbst nicht, weshalb ich zu Ihnen gekommen bin. Ich bin wie vor den Kopf geschlagen. Allein zuhause bleiben - unheimlich! Wohin mit mir? Ich stehe mitten im Zimmer, schliesse die Augen und rufe: ‹Musa! Musotschka!› Das ist zum Verrücktwerden! Aber nein, warum lüge ich! Ich weiss, weshalb ich zu Ihnen gekommen bin. Sie haben mir da kürzlich jenes vermaledeite Liedchen vorgelesen..., entsinnen Sie sich..., in dem die Rede von dem alten Mann war. Warum haben Sie das getan? Wussten Sie etwa schon damals etwas - oder haben Sie es erraten?» Punin sah mich starr an. «Pjotr Petrowitsch, junger Freund!» rief er plötzlich und zitterte am ganzen Leibe. «Vielleicht wissen Sie, wo sie ist? Zum wem ist sie gelaufen?»

Ich wurde verlegen und blickte unwillkürlich zu Boden.

«Hat sie denn in ihrem Briefe nicht gesagt...», begann ich.

«Sie hat geschrieben, dass sie uns verlässt, weil sie jemanden liebt. Väterchen, Täubchen, Sie wissen wahrscheinlich, wo sie ist! Retten Sie sie, gehen wir zu ihr, reden wir ihr gut zu. Erbarmen, bedenken Sie, wen sie vernichtet!» Punin errötete plötzlich, alles Blut strömte ihm in den Kopf, und krachend liess er sich schwer auf die Knie fallen. «Retten Sie sie, mein Freund; gehen wir zu ihr!»

Mein Diener trat ins Zimmer und blieb erstaunt auf der Schwelle stehen.

Es kostete mich keine geringe Mühe, Punin wieder aufzurichten und ihm klarzumachen, dass man selbst im Falle eines Verdachts nicht kurzerhand handeln könne, zumal zu zweit, und dass man auf diese Weise alles verderben würde. Ich sei jedoch bereit, es zu versuchen, könne aber für nichts einstehen.

«Retten Sie, retten Sie Paramon Semjonytsch und sie.» Er begann zu weinen. «Sagen Sie mir wenigstens das eine», bat er, «ist... *er* ansehnlich, ist er jung?»

«Jung», antwortete ich.

«Jung!» wiederholte Punin und wischte sich die Tränen von den Wangen. «Auch sie ist eine junge Maid - darin beruht das ganze Leid.»

Dieser Reim entstand zufällig; dem armen Punin war es nicht nach Poesie zumute. Ich hätte viel dafür gegeben, um abermals seine schwungvolle Redeweise oder auch nur sein fast lautloses Lachen von ihm zu vernehmen..., aber, o weh, die Freude an der Rhetorik war ihm für immer vergangen, und ich hörte ihn auch nie wieder lachen.

Ich versprach, ihn zu benachrichtigen, sobald ich etwas Bestimmtes in Erfahrung gebracht hätte. Tarchows Namen nannte ich jedoch nicht. Punin liess plötzlich allen Mut sinken.

«Gut denn, gut denn, danke schön!» bemerkte er mit einer kläglichen Gebärde und fügte mit einer Vertraulichkeit hinzu, wie er es früher nie getan hatte: «Hören Sie, erzählen Sie Paramon Semjonytsch bitte nichts von alledem, ja..., sonst gerät er in Zorn. Wie gesagt: er hat es verboten. Leben Sie wohl, mein Herr!»

Als er ging und mir den Rücken zudrehte, wirkte er so gebrechlich, dass ich ganz bestürzt war. Er schleppte sich nur mit Mühe fort und knickte bei jedem Schritt ein.

«Schlimm, schlimm! Finis, sozusagen», dachte ich.

Obwohl ich Punin versprochen hatte, mich nach Musa zu erkundigen, und mich noch am gleichen Tage zu Tarchow begab, hatte ich nicht die mindeste Hoffnung, etwas zu erfahren, denn es war mit Sicherheit anzunehmen, dass ich ihn entweder nicht daheim antraf oder er mich nicht empfangen werde. Meine Annahme erwies sich als irrig. Ich traf Tarchow an, er empfing mich, und ich erfuhr alles, was ich wissen wollte, aber es brachte mir keinen Nutzen. Sowie ich die Schwelle überschritten hatte, kam mir Tarchow mit energischen, raschen Schritten entgegen. Leidenschaftlich flammten die Augen in seinem verschönten, strahlenden Gesicht. Seine Sprache war fest und lebhaft.

«Nun, Bruder Petja!» sagte er. «Ich errate, weshalb du gekommen bist und worüber du mit mir sprechen willst, aber ich mache dich darauf aufmerksam: wenn du sie oder ihre Handlungsweise auch nur mit einem einzigen Wort schmähst oder davon sprichst, was mir nach deiner Meinung die Vernunft gebietet, dann sind wir keine Freunde mehr, nicht einmal Bekannte, und ich werde dich bitten, dich als Fremden in bezug zu mir zu betrachten.»

Ich blickte Tarchow gross an. Er bebte vor Erregung wie eine gespannte Saite, er war ein einziger Klang; er hielt nur mit Mühe einen Ausbruch seines aufwallenden, jugendlichen Temperaments zurück. Sein Herz war voller Glück und Seligkeit. Das Glück hatte sich seiner bemächtigt, und er war der Herr seines Glücks.

«Ist das dein unabänderlicher Entschluss?» fragte ich bekümmert.

«Ja, Bruder Petja, mein unabänderlicher Entschluss.»

«Dann bleibt mir nur übrig, dir Lebewohl zu sagen.»

Tarchow kniff ein wenig die Augen zusammen..., er hatte nichts dagegen.

«Lebe wohl, Bruder Petja», sagte er etwas näselnd mit einem offenherzigen Lächeln und bleckte fröhlich seine weissen Zähne.

Was konnte ich tun? Ich liess ihn mit seinem ‹Glück› allein.

Als ich die Tür hinter mir zuschlug, hörte ich auch die Tür zum Nebenzimmer ins Schloss fallen.

Als ich mich am nächsten Tage zu meinen beiden unglückseligen Bekannten begab, war mir nicht leicht ums Herz. Insgeheim hoffte ich - so schwach ist der Mensch! -, dass ich sie nicht daheim antreffen würde, und abermals täuschte ich mich. Beide waren zuhause. Die Veränderung, die in den letzten drei Tagen mit ihnen vorgegangen war, wirkte erschütternd. Punin war blass und hatte verschwollene Augen. Wohin war seine Redseligkeit entschwunden? Er sprach mit müder, schwacher, immer noch heiserer Stimme und sah fassungslos und verstört aus. Baburins Gesicht hingegen war ganz eingeschrumpft und schwarz geworden. Auch früher nicht sehr gesprächig, stiess er jetzt nur noch unzusammenhängende Laute aus. Die strengen Züge seines Gesichts waren gleichsam versteint.

Ich spürte, dass ich unmöglich schweigen konnte, aber was sollte ich sagen? Ich beschränkte mich darauf, Punin zuzuflüstern: «Ich habe nichts erfahren und rate Ihnen, jede Hoffnung aufzugeben.»

Punin schaute mich mit seinen verschwollenen roten Augen an - das einzige, was in seinem Gesicht rot geblieben war -, murmelte etwas Unverständliches und hinkte zur Seite. Baburin erriet wahrscheinlich, wovon zwischen uns die Rede war, und nachdem er seine zusammengepressten, gleichsam festgeklebten Lippen geöffnet hatte, sagte er langsam: «Werter Herr! Seit Ihrem letzten Besuch haben wir hier etwas Unangenehmes erlebt. Musa Pawlowna Winogradowa, die wir grossgezogen haben, hat es nicht mehr für angemessen gehalten, unser Leben zu teilen. Sie hat sich entschlossen, uns zu verlassen, wovon sie uns schriftlich in Kenntnis gesetzt hat. Da wir uns nicht berechtigt fühlen, sie zu behindern, haben wir ihr anheimgestellt, so zu handeln, wie sie es für richtig hält. Wir wünschen ihr alles Gute», fügte er nicht ohne Anstrengung hinzu. «Sie aber bitten wir inständig, den Vorfall zu vergessen, da alles Reden unnütz ist und uns sogar kränkt.»

«Sieh an, auch der verbietet mir, genau wie Tarchow, von Musa zu sprechen», dachte ich und musste mich wundern. Nicht umsonst schätzte er Zenon so hoch. Ich wollte ihm etwas über diesen Weisen sagen, aber die Zunge gehorchte mir nicht. Und das war gut so.

Ich ging bald meiner Wege. Als sich Punin und Baburin von mir verabschiedeten, sagten sie nicht: «Auf Wiedersehen!», sondern beide murmelten wie auf Verabredung: «Leben Sie wohl!» Punin gab mir sogar ein Heft des ‹Telegraph› zurück, das ich ihm gebracht hatte. «Jetzt brauche ich es nicht mehr», sollte das wohl heissen.

Eine Woche danach hatte ich eine seltsame Begegnung. Es war vorzeitig und plötzlich Frühling geworden, mittags stieg das Thermometer bis zu achtzehn Grad Wärme. Alles grünte und sprosste aus der lockeren, feuchten Erde. Ich lieh mir in der Manege ein Pferd und ritt vor die Stadt zu den Sperlingsbergen. Unterwegs begegnete mir ein leichter Wagen, bespannt mit einem Paar feuriger, bis zu den Ohren bespritzter Wjatkaer Füchse. Die Schweife waren hochgebunden, von Stirnen und Mähnen flatterten rote Bänder. Das Geschirr war mit Kupferplättchen und Quasten wie zur Jagd geschmückt. Gelenkt wurde das Gespann von einem jungen Stutzer in einem blauen, ärmellosen Wams und gelbem, seidenem Hemd, auf dem Kopf ein flacher, mit einer Pfauenfeder umwundener Filzhut. Neben dem Burschen sass ein Mädchen, das dem Kleinbürger- oder Kaufmannsstand angehören mochte. Es trug eine bunte Brokatjacke, ein grosses blaues Kopftuch und lachte vor lauter Lust und Lebensfreude. Der Bursche schmunzelte.

Ich lenkte mein Pferd zur Seite, ohne dem schnell vorbeirollenden Paar besondere Aufmerksamkeit zu schenken. Plötzlich feuerte der Bursche mit lautem Ruf seine Pferde an... Das war doch Tarchows Stimme! Ich schaute genauer hin..., richtig, er war es. Zweifellos: er, als Kutscher herausgeputzt, und neben ihm..., war das nicht Musa?

Aber in diesem Augenblick griffen die Wjatkaer aus, und das Gespann entschwand. Ich liess mein Pferd Galopp laufen und sprengte ihnen nach, aber es war ein alter Manegeklepper mit sogenannten Generalsallüren: im Galopp lief es noch langsamer als im Trab.

«Viel Vergnügen, meine Lieben!» murmelte ich durch die Zähne.

Ich muss bemerken, dass ich während der ganzen Woche Tarchow nicht zu Gesicht bekommen hatte, obwohl ich dreimal bei ihm gewesen war. Baburin und Punin hatte ich ebensowenig gesehen; ich hatte sie nicht wieder aufgesucht.

Auf meinem Spazierritt erkältete ich mich, denn trotz der Wärme wehte ein scharfer Wind. Ich erkrankte gefährlich. Als ich wieder gesund war, siedelte ich mit meiner Grossmutter auf unser Gut über. Die Ärzte hatten mir geraten, auf dem Lande wieder zu Kräften zu kommen. Nach Moskau kehrte ich nicht zurück, denn ich bezog im Herbst die Universität in Petersburg.

III

1849

Nicht sieben, sondern ganze zwölf Jahre vergingen, und ich hatte schon das zweiunddreissigste Lebensjahr erreicht. Meine Grossmutter war längst gestorben. Ich lebte in Petersburg als Beamter des Innenministeriums. Tarchow hatte ich aus den Augen verloren. Er war Offizier geworden und stand fast immer in Provinzgarnisonen. Zweimal hatten wir uns wiedergesehen. Wir hatten uns freundschaftlich und herzlich begrüsst, aber nicht von der Vergangenheit gesprochen. Während unserer zweiten Begegnung war er bereits verheiratet gewesen, soweit ich mich entsinne.

An einem heissen Sommertag überquerte ich die Gorochowa-Strasse. Ich verwünschte die Dienstpflichten, die mich in der stickigen, übelriechenden und staubigen Stadt festhielten. Ein Leichenzug versperrte mir den Weg. Eigentlich war es nur ein einziger Wagen oder, richtiger gesagt, ein schäbiger Karren, auf dem, von den Stössen auf dem holprigen Pflaster geschüttelt, ein ärmlicher Holzsarg, zur Hälfte von einem schwarzen verschlissenen Tuch bedeckt, hin und her schwankte. Ein alter Mann mit weissem Haar folgte als einziger dem Karren.

Ich blickte ihn an... Das Gesicht kam mir bekannt vor... Er richtete ebenfalls den Blick auf mich... Mein Gott! Es war Baburin!

Ich nahm den Hut ab, trat auf ihn zu, nannte meinen Namen und folgte an seiner Seite dem Sarg.

«Wen beerdigen Sie?» fragte ich.

«Nikander Wawilytsch Punin», antwortete er.

Obwohl ich vorausgefühlt und geahnt hatte, dass er diesen Namen nennen werde, krampfte sich mir dennoch das Herz zusammen. Mir wurde traurig zumute, und ich war froh, dass mir der Zufall gestattete, meinem Lehrmeister die letzte Ehre erweisen zu können.

«Darf ich Sie begleiten, Paramon Semjonytsch?»

«Gewiss... Ich bin der einzige, der ihm das Geleit gibt, nun werden es ihrer zwei sein.»

Mehr als eine Stunde dauerte unser Gang zum Friedhof. Stumm und gesenkten Blicks bewegte sich mein Gefährte vorwärts. Seit ich ihn das letzte Mal gesehen hatte, war er endgültig zum alten Mann geworden. Sein gefurchtes, kupferfarbenes Gesicht hob sich scharf von dem weissen Haar ab. Sein ganzes Wesen zeugte von einem mühseligen, bitteren und ständigen Kampf ums Dasein, der seine Spuren hinterlassen hatte. Not und Armut hatten an ihm gezehrt.

Als alles zu Ende war und Punins sterblicher Rest für immer in der feuchten, wahrlich feuchten Erde des Smolensker Friedhofs verschwand, verharrte Baburin einige Minuten mit gesenktem, entblösstem Haupt vor dem frisch aufgeworfenen Hügel aus lehmigem Sand. Dann wandte er mir sein verhärmtes, gleichsam verhärtetes Gesicht zu, blickte mich mit glanzlosen, eingefallenen Augen an, dankte mir mürrisch und wollte sich entfernen. Aber ich hielt ihn zurück.

«Wo wohnen Sie, Paramon Semjonytsch? Erlauben Sie mir, Sie zu besuchen. Ich wusste gar nicht, dass Sie in Petersburg leben. Wir können uns an die alten Zeiten erinnern, über unseren verstorbenen Freund sprechen.»

Baburin antwortete mir nicht sofort.

«Ich lebe schon seit drei Jahren in Petersburg», sagte er schliesslich. «Ich wohne am äussersten Ende der Stadt. Wenn Sie mich wirklich besuchen wollen, kommen Sie.» Er gab mir seine Adresse. «Kommen Sie abends; abends sind wir immer zuhause..., beide.»

«Beide?»

«Ich bin verheiratet. Meine Frau fühlt sich heute nicht ganz wohl, deshalb hat sie dem Toten nicht das Geleit gegeben. Übrigens genügt es, wenn einer diese leere Formalität erfüllt, diese Zeremonie. Wer glaubt schon daran?»

Ich wunderte mich etwas über Baburins letzte Worte, aber ich erwiderte nichts, sondern rief eine Droschke herbei und schlug Baburin vor, ihn heimzufahren, doch er lehnte es ab.

Noch am gleichen Abend suchte ich ihn auf. Unterwegs weilten meine Gedanken ständig bei Punin. Ich rief mir ins Gedächtnis zurück, wie ich ihm zum ersten Male begegnet war. Wie begeistert und erheiternd war er damals gewesen. Dann in Moskau, wo er so still geworden war, zumal bei unserem letzten Zusammensein. Und nun war die Rechnung mit dem Leben endgültig abgeschlossen - offenbar scherzt es nicht!

Baburin wohnte auf der Wyborger Seite in einem kleinen Haus, das mich an das Moskauer ‹Nestchen› erinnerte, aber das Petersburger war womöglich noch armseliger. Als ich in das Zimmer trat, sass Baburin in einer Ecke auf einem Stuhl, beide Hände müde auf die Knie gestützt. Eine fast heruntergebrannte Talgkerze warf ein trübes Licht auf sein gesenktes weisses Haupt. Als er das Geräusch meiner Schritte hörte, straffte er sich und begrüsste mich freundlicher, als ich erwartet hatte. Einige Augenblicke danach erschien seine Frau. Ich erkannte sie sofort: es war Musa. Jetzt erst begriff ich, warum mich Baburin zu sich eingeladen hatte. Er wollte mir zeigen, dass er doch noch zu seinem Ziel gelangt war.

Musa hatte sich stark verändert: im Gesicht, in der Stimme und in den Bewegungen, vor allem im Ausdruck der Augen. Einst waren sie flink wie kleine Käfer hin und her gehuscht, böse, schöne Augen, die verstohlen glitzerten und deren Blicke wie Nadeln gestochen hatten. Jetzt war ihr Blick offen, ruhig und aufmerksam, die schwarzen Pupillen leuchteten nicht mehr. «Mein Trotz ist gebrochen, ich bin brav und folgsam geworden», schien ihr stiller, stumpfer Blick zu sagen. Das gleiche sprach aus ihrem ständigen, demütigen Lächeln. Sie trug ein schlichtes, unauffälliges braunes Kleid mit kleinen Punkten.

Musa trat auf mich zu und fragte, ob ich sie erkenne. Sie zeigte keinerlei Verlegenheit, nicht, weil sie sich nicht mehr schämen oder erinnern konnte, sondern weil einfach jegliche Eitelkeit von ihr gewichen war. Sie sprach viel von dem verstorbenen Punin. Auch ihre Stimme klang gleichmässig und ruhig. Ich erfuhr, dass er in den letzten Jahren sehr hinfällig und fast kindisch geworden war. Man liess ihn Puppen aus Läppchen zusammennähen und sagte ihm, sie seien zum Verkauf bestimmt. Er selbst betrachtete die Beschäftigung nur als Zeitvertreib. Seine Leidenschaft für Verse war jedoch nicht erloschen, und sein Gedächtnis bewahrte lediglich Gedichte. Einige Tage vor seinem Tode deklamierte er noch Verse aus der ‹Rossiade›. Vor Puschkin hingegen hatte er Angst wie die Kinder vor dem schwarzen Mann. Seine Anhänglichkeit an Baburin hatte sich ebenfalls nicht vermindert; er verehrte ihn so andächtig wie stets, und als ihn schon die Düsternis und Kälte des Endes ergriffen hatte, lallte er noch mit brechender Stimme: «Wohltäter!»

Ich erfuhr von Musa auch, dass Baburin nach dem Vorfall in Moskau abermals durch Russland gewandert war und bald hier, bald dort eine Anstellung gefunden hatte. Auch in Petersburg war er wieder bei einem Privatunternehmen beschäftigt gewesen, hatte aber vor einigen Tagen seine Stellung verloren, weil es zu Misshelligkeiten mit dem Unternehmer kam. Baburin war es in den Sinn gekommen, sich für die Arbeiter einzusetzen.

Musas ständiges Lächeln, das ihre Erzählung begleitete, machte mich traurig. Sie ergänzte den Eindruck, den das Äussere ihres Mannes auf mich machte. Zweifellos wurde es beiden schwer, das tägliche Brot zu verdienen. Baburin selbst beteiligte sich wenig an unserem Gespräch. Er schien eher besorgt als bekümmert zu sein... Etwas nagte an ihm.

«Paramon Semjonytsch, bitte», sagte die plötzlich auf der Türschwelle auftauchende Köchin.

«Was ist? Was wollen Sie?» fragte er aufgeregt.

«Bitte», wiederholte die Köchin bedeutsam und eindringlich.

Baburin knöpfte den Rock zu und ging hinaus.

Als ich mit Musa allein geblieben war, schaute sie mich zum ersten Male mit einem anderen Blick an. Auch ihre Stimme veränderte sich, und sie lächelte nicht mehr, wenn sie sprach.

«Ich weiss nicht, Pjotr Petrowitsch, was Sie jetzt von mir denken; aber ich nehme an, Sie wissen noch, wie ich einmal gewesen bin - selbstbewusst war ich, fröhlich und - aufsässig, ich wollte meinem Vergnügen leben. Doch jetzt sage ich Ihnen folgendes: als man mich verworfen hatte, war ich eine Verlorene und wartete nur darauf, dass Gott mich zu sich nehmen werde oder ich den Mut aufbrächte, selbst ein Ende mit mir zu machen. Da begegnete mir, wie einst in Woronesch, abermals Paramon Semjonytsch, und wieder wurde er mein Retter... Kein kränkendes Wort habe ich von ihm vernommen, keinen einzigen Vorwurf gehört, nichts hat er von mir verlangt - ich war seiner nicht wert, aber er liebte mich..., und ich wurde seine Frau. Was sollte ich tun? Sterben? Es gelang mir nicht. Leben konnte ich auch nicht, wie ich wollte... Wohin sollte ich? Also - auf Gnade und Ungnade ergeben! Das ist alles.»

Sie verstummte und wandte sich für einen Augenblick ab... Das frühere demütige Lächeln erschien wieder auf ihren Lippen. «Frag nicht, ob ich ein leichtes Leben habe», schien mir nun dieses Lächeln auszudrücken.

Das Gespräch wandte sich anderen Themen

zu. Musa erzählte mir, dass Punin eine Katze hinterlassen habe, die er sehr geliebt hatte. In seiner Todesstunde habe sie sich auf den Dachboden verzogen, und dort sitze sie und miaue, als ob sie jemanden rufe... Die Nachbarn seien ganz verängstigt und nähmen an, Punins Seele sei in die Katze gefahren.

«Paramon Semjonytsch ist durch irgendeinen Umstand in Unruhe versetzt worden», sagte ich schliesslich.

«Haben Sie es bemerkt?» Musa seufzte. «Er hat auch Grund, beunruhigt zu sein. Ich brauche Ihnen nicht zu sagen, dass Paramon Semjonytsch seinen Überzeugungen treu geblieben ist... Die gegenwärtige Lage der Dinge kann sie nur erhärten.» (Musa drückte sich ganz anders als früher in Moskau aus; ihre Sprache war literarischer geworden und zeugte von Belesenheit.) «Ich weiss übrigens nicht, ob ich Ihnen vertrauen kann und welcher Auffassung Sie sind.»

«Warum nehmen Sie an, dass man mir nicht vertrauen darf?»

«Sie stehen doch im Staatsdienst, Sie sind Beamter.»

«Na und wenn schon?»

«Folglich sind Sie dem Regime ergeben.»

Ich musste mich über Musas Unerfahrenheit wundern.

«Über mein Verhältnis zur Regierung, die übrigens von meiner Existenz kaum Notiz nimmt, werde ich mich nicht äussern», sagte ich, «aber Sie können beruhigt sein. Ich werde Ihr Vertrauen nicht missbrauchen. Ich sympathisiere mit den Überzeugungen Ihres Mannes..., mehr als Sie annehmen.»

Musa schüttelte den Kopf.

«Ja, mag sein», begann sie zögernd, «aber es geht um mehr. Paramon Semjonytsch wird seine Überzeugungen bald praktisch beweisen müssen, er muss sich offen und in der Tat zu ihnen bekennen. Es gibt Genossen, von denen er sich jetzt unmöglich trennen kann...»

Musa verstummte plötzlich, sie biss sich gleichsam auf die Zunge. Ihre letzten Worte verwunderten und erschreckten mich etwas. Wahrscheinlich drückte meine Miene aus, was ich fühlte, und Musa hatte es bemerkt.

Ich sagte schon, dass unsere Begegnung im Jahre 1849 stattfand. Vielen ist noch erinnerlich, wie verworren und schwer diese Zeit war und was damals in Petersburg vor sich ging. Mir selbst waren gewisse Seltsamkeiten in Baburins Benehmen, in seinem ganzen Verhalten aufgefallen. Zweimal hatte er sich mit solch bitterer Schärfe, mit solchem Hass und Abscheu über Anordnungen der Regierung und hochgestellte Persönlichkeiten geäussert, dass ich es für bedenklich hielt...

«Wie ist es?» hatte er mich plötzlich gefragt. «Haben Sie Ihre Bauern befreit?»

Ich musste bekennen, dass ich es nicht getan hatte.

«Aber die alte Frau ist doch wohl gestorben?»

Auch das musste ich zugeben.

«So ist das also mit euch adligen Herren», hatte Baburin durch die Zähne gemurmelt. «Von fremden Händen die Kastanien aus dem Feuer holen lassen - das mögen sie gern.»

In seinem Zimmer hing an sichtbarster Stelle das bekannte lithographierte Porträt Bjelinskijs. Auf dem Tisch lag ein Band des alten ‹Polarstern›, den Bestuschew herausgegeben hatte.

Es war schon geraume Zeit vergangen, seit Baburin von der Köchin herausgerufen worden war, und noch immer war er nicht zurückgekehrt. Musa warf einige Male unruhige Blikke auf die Tür, durch die er das Zimmer verlassen hatte. Schliesslich hielt sie es nicht länger aus, stand auf, entschuldigte sich und ging gleichfalls durch diese Tür hinaus. Nach einer Viertelstunde kam sie mit Baburin zurück; beider Gesichter, so schien es mir wenigstens, drückten Unruhe aus. Aber da nahm Baburins Gesicht plötzlich einen anderen, erbitterten, fast leidenschaftlichen Ausdruck an...

«Wie soll das alles enden?» rief er plötzlich mit abgebrochener, sich überschlagender, ihm gar nicht eigener Stimme und blickte wild um sich. «Man lebt und lebt und hofft, dass es vielleicht besser wird, dass man leichter atmen kann, aber im Gegenteil, es wird immer schlimmer und schlimmer! Jetzt werden wir vollends an die Wand gedrückt! In der Jugend habe ich alles hingenommen: Man hat mich... kann sein... sogar geschlagen..., ja!», fügte er hinzu, sich jäh auf den Hacken herumdrehend und gleichsam auf mich losfahrend. «Ich war schon erwachsen, da wurde ich noch gezüchtigt..., ja, von anderen Ungerechtigkeiten rede ich gar nicht... Aber sollen wir wirklich zu jenen früheren Zeiten zurückkehren? Steht uns das bevor? Was man jetzt mit den jungen Menschen macht! Da platzt schliesslich die Geduld..., sie platzt, jawohl! Warten Sie es ab!»

Ich hatte Baburin nie in solchem Zustand gesehen. Musa war ganz blass geworden. Baburin bekam plötzlich einen Hustenanfall und liess sich auf ein Bänkchen nieder. Da ich weder ihn noch Musa mit meiner Anwesenheit belästigen wollte, entschloss ich mich zu gehen und verabschiedete mich bereits von ihnen, als sich plötzlich die Tür zum Nebenzimmer öffnete und ein Kopf sichtbar wurde... Aber es war nicht der Kopf der Köchin, sondern das erschrockene Gesicht eines jungen Menschen mit struppigem Haar.

«Gefahr, Baburin, Gefahr!» stotterte er hastig, verschwand aber sofort, als er mich sah, den er nicht kannte.

Baburin stürzte ihm nach. Ich drückte kräftig Musas Hand und entfernte mich. Mir ahnte Schlimmes.

«Kommen Sie morgen wieder», flüsterte sie aufgeregt.

«Sie können sich darauf verlassen», antwortete ich.

Am nächsten Tage lag ich noch im Bett, als mir mein Diener einen Brief von Musa übergab.

«Werter Herr Pjotr Petrowitsch», schrieb sie. «Paramon Semjonytsch ist heute nacht verhaftet worden. Die Gendarmen haben ihn in die Festung oder sonstwohin gebracht, sie haben es nicht gesagt. Sie haben alle unsere Papiere durchwühlt, vieles versiegelt und mitgenommen. Auch Bücher und Briefe. In der Stadt soll eine Menge Menschen verhaftet worden sein. Sie können sich vorstellen, wie mir zumute ist. Gut, dass das Nikander Wawilytsch nicht mehr erlebt hat! Er ist zur rechten Zeit verschieden. Raten Sie mir, was ich tun soll. Für mich fürchte ich nichts - ich werde nicht Hungers sterben -, aber der Gedanke an Paramon Semjonytsch lässt mir keine Ruhe. Kommen Sie bitte, falls Sie keine Angst haben, Menschen in unserer Lage zu besuchen.

Ihre ergebene Musa Baburina.»

Eine halbe Stunde später war ich bei Musa. Als sie mich erblickte, streckte sie mir die Hand entgegen, und obwohl sie kein Wort sagte, huschte ein Ausdruck des Dankes über ihr Gesicht. Sie trug das gleiche Kleid wie gestern. Man merkte, dass sie sich die ganze Nacht nicht hingelegt und nicht geschlafen hatte. Ihre Augen waren vor Schlaflosigkeit, nicht von Tränen gerötet. Sie weinte nicht. Ihr ging es um anderes. Sie wollte handeln, wollte gegen das Unglück kämpfen, das sie betroffen hatte. Die frühere energische, eigenwillige Musa war wiedererstanden. Sie nahm sich nicht einmal die Zeit, ihrer Erbitterung Luft zu machen, obwohl sie fast daran erstickte. Wie Baburin zu helfen sei, zu wem man gehen müsse, um sein Los zu erleichtern - an etwas anderes dachte sie nicht. Sie wollte unverzüglich losstürmen - bitten..., fordern... Aber wohin gehen? Wen bitten? Was verlangen? - Das war es, was sie von mir hören, worüber sie sich mit mir beraten wollte.

Ich riet ihr erst mal zur Geduld. Vorerst liess sich nichts anderes tun, als abzuwarten und nach Möglichkeit Erkundigungen einzuziehen. Jetzt, wo das Verfahren kaum begonnen und in Gang gekommen war, etwas Entscheidendes zu unternehmen, war einfach undenkbar und unklug. Auf Erfolg zu hoffen, wäre töricht, selbst wenn ich viel grösseren Einfluss und mehr Bedeutung hätte. Aber was konnte ich als kleiner Beamter tun? Sie selbst hatte keinerlei Protektion.

Es war nicht leicht, ihr das alles zu erklären, aber schliesslich sah sie meine Argumente ein. Sie verstand auch, dass ich mich nicht von egoistischen Gefühlen leiten liess, als ich ihr die Nutzlosigkeit jeglicher Versuche darlegte.

«Sagen Sie, Musa Pawlowna», begann ich, als sie sich endlich auf einen Stuhl setzte (bis dahin hatte sie gestanden, als sei sie bereit, Baburin sofort zu Hilfe zu eilen), «wie konnte Paramon Semjonytsch - bei seinen Jahren - in eine solche Geschichte hineingeraten? An so etwas beteiligen sich meiner Meinung nach nur junge Menschen, solche von der Art des Jünglings, der gestern abend kam, um Sie zu warnen...»

«Diese jungen Menschen sind unsere Freunde!» rief Musa. Ihre Augen blitzten und blickten unstet umher wie ehedem. Etwas Starkes, Unbändiges schien aus dem Grunde ihres Wesens emporzudrängen. Ich musste plötzlich daran denken, dass sie Tarchow seinerzeit als ‹neuen Typ› bezeichnet hatte. «Das Alter hat keine Bedeutung, wenn es um politische Überzeugungen geht.» Musa betonte besonders diese beiden letzten Worte. Man konnte meinen, dass es ihr bei all ihrem Kummer erwünscht war, sich vor mir in diesem neuen, überraschenden Licht zu zeigen - als gebildete gereifte Frau, würdig ihres Mannes, des Republikaners! «Manche Greise sind jünger als manche Jünglinge», fuhr sie fort, «fähiger, Opfer zu bringen... Aber das ist nicht das Problem.»

«Mir scheint, Musa Pawlowna», bemerkte ich, «dass Sie ein wenig übertreiben. Da ich Paramon Semjonytschs Charakter kenne, war ich von jeher überzeugt, dass er mit jedem ehrlichen Exzess sympathisieren werde; aber andererseits hielt ich ihn stets für einen besonnenen Mann... Begreift er wirklich nicht die völlige Unmöglichkeit, die ganze Torheit von Verschwörungen bei uns in Russland? In seiner Lage, in seinem Stande...»

«Natürlich», unterbrach mich Musa erbittert, «er ist ein Kleinbürger. Und in Russland ist es nur Adligen wie beispielsweise den Dekabristen erlaubt, sich in Verschwörungen einzulassen... Das wollten Sie doch sagen?»

«Warum beklagen Sie sich dann», hätte ich beinahe erwidert, hielt mich jedoch zurück. «War denn das Ergebnis des Dekabristenaufstandes so ermutigend für die anderen?» sagte ich laut.

Musa runzelte die Augenbrauen. «Es hat keinen Zweck, mit dir darüber zu diskutieren», stand auf ihrem zu Boden blickenden Gesicht geschrieben.

«Ist Paramon Semjonytsch sehr stark belastet?» wagte ich schliesslich zu fragen.

Musa gab mir keine Antwort.

Hungriges, wildes Katzengeschrei erklang vom Dachboden. Musa zuckte zusammen.

«Wie gut, dass Nikander Wawilytsch all das nicht erlebt hat», stöhnte sie fast verzweifelt. «Er brauchte nicht mit anzusehen, wie man nachts unseren Wohltäter gewaltsam festgenommen hat, brauchte nicht zu erleben, wie man mit dem ehrwürdigen alten Mann umging, wie man ‹du› zu ihm sagte..., wie man ihm drohte... und womit man ihm drohte..., nur deshalb, weil er ein einfacher Bürger ist! Dieser junge Offizier dürfte wohl auch zu jenen gewissenlosen, herzlosen Egoisten gehören, die auch mein Leben...» Musas Stimme brach. Sie zitterte wie ein Blatt.

Die lange gestaute Erbitterung machte sich endlich Luft. Musas Erregung, durch die alten Erinnerungen wieder aufgerüttelt und wachgeworden, brach durch. Ich konnte mich überzeugen, dass der ‹neue Typ› der gleiche geblieben war: leidenschaftlich und jäh auflodernd. Aber Musa liess sich von den Gefühlen ihrer Jugend nicht mehr hinreissen. Was ich bei meinem ersten Besuch für Resignation und Ergebung gehalten hatte und was es auch tatsächlich war - der stille, stumpfe Blick, die kühle Stimme, das Gleichmass, die Schlichtheit -, all das bezog sich nur auf das Vergangene, Unwiederbringliche...

Jetzt sprach die Gegenwart.

Ich bemühte mich, Musa zu beruhigen und unser Gespräch auf den Boden der Wirklichkeit zurückzulenken und praktische Dinge zu besprechen. Zuerst musste man etwas unternehmen, um zu erfahren, wo sich Baburin eigentlich befand. Weiter musste für Baburins und Musas Existenz gesorgt werden. All das machte nicht geringe Schwierigkeiten. Musa benötigte weniger Geld als einen Arbeitsplatz, der bekanntlich viel schwieriger zu beschaffen ist.

Ich verliess Musa mit einem Schwarm von Überlegungen im Kopf.

Bald erfuhr ich, dass Baburin in der Festung sass.

Das Verfahren begann und zog sich hin. Ich traf Musa jede Woche mehrere Male. Ihr wurde gestattet, ihren Mann hin und wieder zu sehen. Aber im Augenblick der Entscheidung dieser ganzen traurigen Affäre befand ich mich nicht in Petersburg. Unvorhergesehene Angelegenheiten zwangen mich, in den Süden Russlands zu reisen. Während meiner Abwesenheit erfuhr ich, dass Baburin vor Gericht gerechtfertigt worden war. Man sah es als seine ganze Schuld an, dass sich bei ihm, einem Menschen, der keinen Verdacht erregte, zuweilen junge Leute zusammengefunden hatten und dass er bei ihren Gesprächen zugegen gewesen war. Immerhin schickte man ihn auf administrativem Wege in eines der westlichen Gouvernements von Sibirien und wies ihm dort einen Wohnsitz an. Musa begleitete ihn.

«Paramon Semjonytsch wünschte es nicht», schrieb sie mir, «weil nach seiner Meinung niemand das Recht hat, sich für einen anderen Menschen zu opfern, sofern es der Sache nicht nütze. Aber ich habe ihm geantwortet, dass es sich hier um kein Opfer handle. Als ich ihm in Moskau sagte, dass ich seine Frau werde, dachte ich bei mir: unverbrüchlich und für immer. So soll es bleiben bis an mein Lebensende...»

IV

1861

Abermals waren zwölf Jahre vergangen. Jeder in Russland kennt die Ereignisse zwischen 1849 und 1861 und wird sich stets an sie erinnern. Auch in meinem eigenen Leben hatte sich vieles verändert, worüber zu reden übrigens kein Anlass besteht. Neue Interessen, neue Sorgen waren entstanden... Das Ehepaar Baburin war zweitrangig geworden und dann vollends in den Hintergrund getreten. Ich setzte jedoch den Briefwechsel mit Musa fort; allerdings schrieben wir uns sehr selten, manchmal verging mehr als ein Jahr, ohne dass sie mir von sich und ihrem Manne Nachricht gab. Ich erfuhr, dass er bald nach 1855 die Erlaubnis erhalten hatte, nach Russland zurückzukehren, aber selbst den Wunsch geäussert hatte, in der kleinen sibirischen Stadt zu bleiben, wohin ihn das Schicksal verschlagen hatte. Dort war er offenbar heimisch geworden, hatte sich eine Bleibe geschaffen und einen Wirkungskreis gefunden.

Ende März 1861 erhielt ich folgenden Brief von Musa:

«Ich habe Ihnen so lange nicht geschrieben, sehr verehrter Pjotr Petrowitsch, dass ich nicht einmal weiss, ob Sie noch am Leben sind und ob Sie, wenn es so ist, uns nicht vergessen haben. Aber ganz gleich, heute muss ich Ihnen schreiben. Uns ging es bis jetzt wie immer. Paramon Semjonytsch - und auch ich - war mit seiner Schule beschäftigt, die langsam Fortschritte macht. Ausserdem nahmen ihn Lektüre, Briefwechsel und seine üblichen Diskussionen mit Altgläubigen, Geistlichen und verbannten Polen in Anspruch; seine Gesundheit war in Ordnung - meine auch. Aber da kam gestern das Manifest vom 19. Februar über die Aufhebung der Leibeigenschaft. Wir hatten es schon lange erwartet, und seit langem gab es Gerüchte, dass bei Ihnen in Petersburg etwas im Gange sei..., aber ich kann Ihnen nicht beschreiben, wie die Nachricht auf uns wirkte! Sie kennen ja meinen Mann. Das Unglück hat ihn nicht verändert, im Gegenteil: er wurde noch härter und tatkräftiger. Er besitzt einen eisernen Willen, aber diese Kunde war zuviel für ihn. Seine Hände zitterten, als er das Manifest las. Dann umarmte und küsste er mich dreimal, wollte etwas sagen - aber nein, er war nicht dazu imstande. Und es endete damit, dass er in Tränen ausbrach, was sehr sonderbar anzusehen war, und plötzlich rief: ‹Hurra! Hurra! Gott erhalte den Zaren!› - Ja, Pjotr Petrowitsch, diese nämlichen Worte! Dann fügte er hinzu: ‹Heute entlässest du...›, und noch: ‹Das ist der erste Schritt, ihm müssen andere folgen.› Und so wie er war, ohne Mütze, lief er zu unseren Freunden, um ihnen die grosse Neuigkeit zu verkünden. Draussen war es bitterkalt, und ein Schneesturm erhob sich. Ich hielt Baburin zurück, aber er gehorchte mir nicht. Als er heimkam, war er mit Schnee bedeckt; Haare, Gesicht und Bart - sein Bart reicht jetzt bis an die Brust - und sogar die Tränen auf den Wangen waren gefroren. Aber er war voller Leben und Freude. Er liess mich eine Flasche Champagner entkorken und trank mit unseren Freunden, die er mitgebracht hatte, auf das Wohl des Zaren, Russlands und aller freien Russen. Und das Glas ergreifend und zu Boden schauend, sagte er: ‹Nikander, Nikander, hörst du es? In Russland gibt es keine Sklaven mehr! Freue auch du dich im Grabe, alter Kamerad!› Und er sprach noch viel davon, dass sich seine Erwartungen erfüllt hätten und dass es nun keine Umkehr mehr geben werde, denn das

Manifest sei eine Art Unterpfand und Gelöbnis... An alles erinnere ich mich nicht, aber ich hatte ihn schon lange nicht mehr so glücklich gesehen. Und da entschloss ich mich, Ihnen zu schreiben, damit Sie erführen, wie wir in der fernen sibirischen Ödnis gejauchzt und gejubelt haben, damit auch Sie unsere Freude teilen...»

Diesen Brief erhielt ich Ende März. Anfang Mai kam ein zweiter, ganz kurzer Brief von Musa. Sie teilte mir mit, dass ihr Mann, Paramon Semjonytsch Baburin, sich am Tage der Ankunft des Manifests erkältet hatte und am 12. April an einer Lungenentzündung im siebenundsechzigsten Lebensjahre verstorben war. Sie fügte hinzu, dass sie die Absicht habe, dort zu bleiben, wo sein Körper für immer ruhe, und seine von ihm hinterlassene Arbeit fortsetzen wolle, denn dies sei Paramon Semjonytschs letzter Wille gewesen - und für sie gebe es kein anderes Gesetz.

Seitdem habe ich nichts wieder von Musa gehört.

Ein König Lear der Steppe

Wir waren unser sechs, die sich an einem Winterabend bei einem alten Universitätskameraden versammelt hatten. Die Unterhaltung ging um Shakespeare, seine Typen, um die Art, wie tief und wahr sie aus den letzten Gründen menschlichen Wesens erfasst worden waren. Unsere besondere Bewunderung galt ihrer Lebendigkeit, Wahrhaftigkeit und Alltäglichkeit. Jeder von uns nannte einen Hamlet, Othello, Falstaff, sogar einen Richard III. und einen Macbeth (diesen allerdings nur in der Möglichkeit), auf den er einmal gestossen war.

«Und ich, meine Herren», rief unser Gastgeber, ein schon älterer Herr, «habe sogar einen König Lear kennengelernt.»

«Wieso?» fragten wir ihn.

«Eben so. Soll ich es Ihnen erzählen?»

«Seien Sie so freundlich.»

Und unser Freund begann unverzüglich seine Erzählung.

1

«Meine Kindheit und erste Jugend bis zum fünfzehnten Lebensjahr», begann er, «habe ich im Dorfe verbracht, auf dem Gute meiner Mutter, einer reichen Grundbesitzerin im ...schen Gouvernement. Unter den Persönlichkeiten, die mir in jener schon weit zurückliegenden Zeit den nachhaltigsten Eindruck gemacht haben, ist mir die Gestalt unseres nächsten Nachbarn, eines gewissen Martyn Petrowitsch Charlow, im Gedächtnis geblieben. Und es wäre auch schwer, den Eindruck dieses Mannes jemals auszulöschen. Etwas Ähnliches wie Charlow habe ich im Leben nicht wieder getroffen. Stellen Sie sich einen Mann von hünenhaftem Wuchs vor. Auf einem massigen Rumpf sass, ein wenig schief, ohne jedes Anzeichen von Hals, ein gewaltiges Haupt; ein ganzer Schober wirrer, gelbgrauer Haare türmte sich auf ihm und begann schon fast bei den zerzausten Augenbrauen. Aus der breiten Fläche des grau-bläulichen, gleichsam gehämmerten Gesichts ragte eine kräftige Nase wie ein Zapfen hervor, hochmütig blickten beiderseits winzige blaue Augen, und unter der Nase öffnete sich ein ebenso kleiner, aber schiefer, rissiger Mund, der von gleicher Farbe wie das Gesicht war. Die Stimme, die aus diesem Munde drang, war zwar heiser, aber ausserordentlich kräftig und laut. Ihr Klang erinnerte an das Gerassel von Eisenstangen auf einem Lastwagen, der auf einer holprigen Strasse fährt. Wenn Charlow sprach, meinte man, er schreie jemandem bei starkem Wind über eine breite Schlucht etwas zu. Es war schwer zu sagen, was Charlows Gesicht eigentlich ausdrückte, so breitflächig war es. Mit einem einzigen Blick erfasste man es nicht. Aber unsympathisch war es nicht - sogar eine gewisse Grösse und Würde kamen in ihm zum Ausdruck, nur dass es eben gar zu sonderbar und ungewöhnlich wirkte. Und erst seine Hände - die reinsten Kissen! Diese Finger, diese Füsse! Ich entsinne mich, dass ich nicht ohne ein gewisses ehrfürchtiges

Grauen Martyn Petrowitschs zwei Ellen langen Rücken und seine Schultern betrachtete, die Mühlsteinen ähnelten. Aber besonders beeindruckten mich seine Ohren, die reinsten Kringel mit Verschlingungen und Windungen, von den beiden Backen gestützt und gehalten.

Winter wie Sommer trug Martyn Petrowitsch einen mit einem tscherkessischen Riemen umgürteten Kosakenrock aus grünem Tuch und Schmierstiefel. Ein Halstuch habe ich nie an ihm gesehen, und um was hätte er es auch binden sollen? Er holte tief und mühsam Atem wie ein Stier. Sein Gang war geräuschlos. Man konnte meinen, dass er beim Betreten eines Zimmers fürchtete, alles zu zerschlagen und umzustürzen, und dass er sich deshalb so behutsam von einer Stelle zur andern bewegte, zumeist schräg und gleichsam schleichend.

Er verfügte über eine wahrhaft herkulische Kraft und genoss deshalb in weitem Umkreis hohes Ansehen. Unser Volk besitzt bis heute Ehrfurcht vor Recken. Sogar Legenden bildeten sich um ihn. Man erzählte, dass er einmal im Walde auf einen Bären stiess und mit ihm gerungen habe. Als er in seiner Imkerei einen fremden Bauern traf, der stehlen wollte, habe er ihn mitsamt Pferd und Wagen über den Zaun geschleudert, und dergleichen. Charlow selbst brüstete sich nie mit seiner Kraft. ‹Wenn meine Hand so gesegnet ist›, sagte er, ‹dann ist es eben Gottes Wille!› Er war stolz, aber nicht auf seine Kraft, sondern auf seinen Stand, sein Herkommen, seinen gesunden Menschenverstand.

‹Unser Geschlecht stammt vom Wscheden› (so sprach er das Wort Schwede aus). ‹Vom

Wscheden Charlus leitet es sich ab›, versicherte er. ‹Er ist während der Herrschaft Iwan Wassiljewitschs des Dunklen (schon lange, lange her!) nach Russland gekommen. Dieser Wschede Charlus wollte kein finnischer Graf sein, sondern ein russischer Edelmann, und er liess sich in das goldene Buch eintragen. Da sehen Sie, woher wir Charlows stammen!... Und aus der gleichen Ursache kommen wir Charlows alle mit weissblonden Haaren, hellen Augen und klaren Gesichtern zur Welt. Darum sehen wir aus wie die Schneemänner!›

‹Aber, Martyn Petrowitsch›, versuchte ich ihm zu erwidern, ‹einen Iwan Wassiljewitsch den Dunklen hat es überhaupt nicht gegeben, sondern nur Iwan Wassiljewitsch den Schrecklichen. Den Beinamen ‚Der Dunkle' hatte der Grossfürst Wassilij Wassiljewitsch.›

‹Lüg nicht!› antwortete mir Charlow ruhig. ‹Wenn ich es sage, dann stimmt es!›

Einmal kam es meiner Mutter in den Sinn, ihn wegen seiner tatsächlich bemerkenswerten Uneigennützigkeit offen zu loben.

‹Ach, Natalja Nikolajewna›, sagte er fast ärgerlich, ‹was haben Sie da schon Lobenswertes gefunden! Wir, die Herren, dürfen doch gar nicht anders handeln, sonst könnte ja jeder Bauersmann, jeder Untergebene es wagen, schlecht von uns zu denken. Ich - ein Charlow, dessen Name ich von dort oben her ableite› (dabei zeigte er mit dem Finger hoch über sich hinaus an die Decke), ‹und kein Ehrenmann?! Wie wäre das möglich?›

Ein andermal fiel es einem auswärtigen hohen Beamten, einem Gast meiner Mutter, ein, sich über Martyn Petrowitsch lustig zu machen. Er hatte abermals vom Wscheden Charlus gesprochen, der nach Russland gekommen war...

‹Zur Zeit des Bohnenkönigs?› unterbrach ihn der Beamte.

‹Nein, nicht zur Zeit des Bohnenkönigs, sondern des Grossfürsten Iwan Wassiljewitsch des Dunklen.›

‹Und ich nehme an›, fuhr der Beamte fort, ‹dass Ihr Geschlecht bedeutend älter ist und sogar aus der Zeit vor der Sintflut stammt, als es noch Mastodonten und Megalosaurier gab...›

Diese gelehrten Wörter waren Martyn Petrowitsch ganz unbekannt, aber er verstand, dass ihn der Beamte verspottete.

‹Vielleicht›, polterte er los, ‹ist unser Geschlecht wirklich uralt. Zur Zeit, als mein Ahn nach Moskau kam, lebte dort, sagt man, ein Narr, nicht schlimmer als Euer Exzellenz, und solche Narren werden nur einmal in tausend Jahren geboren.›

Der Beamte war ausser sich vor Wut. Charlow warf den Kopf in den Nacken, schob das Kinn vor, schnaubte, und fort war er. Zwei Tage danach erschien er wieder. Mütterchen begann ihm Vorwürfe zu machen. ‹Soll ihm eine Lehre sein, Gnädige›, unterbrach sie Charlow, ‹grundlos über jemand herzuziehen, ohne sich vorher zu erkundigen, mit wem er es zu tun hat. War halt noch arg jung, musste eine Lehre bekommen.› Der Beamte war fast im gleichen Alter wie Charlow, aber dieser Hüne war gewöhnt, alle Menschen für Minderjährige zu halten. Er hatte eben sehr starkes Selbstbewusstsein und einfach vor niemandem Angst. ‹Kann man mir denn etwas antun? Wo ist ein solcher Mensch auf Erden?› fragte er und brach plötzlich in ein kurzes, aber dröhnendes Lachen aus.

2

Meine Mutter war sehr heikel bei der Wahl ihrer Bekannten, aber Charlow empfing sie mit besonderer Herzlichkeit und liess ihm vieles durchgehen. Er hatte ihr vor fünfundzwanzig Jahren das Leben gerettet, als er ihren Wagen am Rande einer tiefen Schlucht, wohin die Pferde bereits hinabgerutscht waren, festgehalten hatte. Die Stränge und das Geschirr waren gerissen, aber Martyn Petrowitsch liess eins der Räder, das er gepackt hatte, nicht los, obwohl ihm das Blut unter den Nägeln hervorspritzte.

Meine Mutter hatte ihm auch eine Frau verschafft, indem sie ihn mit einer in ihrem Hause erzogenen siebzehnjährigen Waise verheiratete; er selbst stand damals in den Vierzigern. Martyn Petrowitschs Frau war eine zarte, schwächliche Person gewesen - es heisst, er habe sie auf der Hand in sein Haus getragen - und hatte nicht lange mit ihm zusammengelebt, ihm jedoch zwei Töchter geboren. Nach ihrem Tode kümmerte sich meine Mutter auch weiterhin um Martyn Petrowitsch. Sie brachte seine ältere Tochter im Gouvernementsinternat unter, suchte ihr dann einen Gatten und hatte auch schon für die zweite einen Mann in Aussicht genommen.

Charlow war ein ordentlicher Gutsherr, er besass an die dreihundert Dessjatinen Land und hatte mit den Jahren viel Neues geschaffen. Dass ihm seine Bauern gehorchten, war selbstverständlich. Wegen seiner Leibesfülle ging Charlow fast nirgendwohin zu Fuss: die Erde trug ihn nicht. Er fuhr stets auf einer niedrigen Renndroschke aus und lenkte das Pferd mit eigener Hand, eine klapprige dreissigjährige Stute mit einer Narbe an der Schulter, die von einer Wunde aus der Schlacht bei Borodino stammte, in der sie ein Wachtmeister der Gardekavallerie geritten hatte. Dieses Pferd schien ständig auf allen vieren zugleich zu hinken; es vermochte nicht im Schritt zu gehen, sondern bewegte sich nur in einer Mischung von Trab und Galopp vorwärts; es frass Beifuss und Wermut an den Rainen, was ich an keinem Pferd sonst beobachtet habe. Ich entsinne mich, dass ich mich immer wunderte, wie diese halbtote Mähre eine so entsetzlich schwere Last ziehen konnte. Ich wage nicht zu wiederholen, wieviel Pud unser Nachbar gewogen haben soll.

Hinter Martyn Petrowitsch sass stets sein braunhäutiger Bursche Maximka auf der Renndroschke. Mit Körper und Gesicht an den Rükken seines Herrn gepresst und die nackten Füsse gegen die Hinterachse der Droschke gestützt, glich er einem Blatt oder Wurm, der zufällig an dem vor ihm aufragenden massigen Körper hängengeblieben war. Derselbe Bursche rasierte Martyn Petrowitsch einmal in der Woche. Um diese Prozedur auszuführen, stellte er sich, wie es heisst, auf einen Tisch. Andere Spötter versicherten, dass er genötigt war, um das Kinn seines Herrn herumzulaufen.

Charlow sass nicht gern längere Zeit daheim, deshalb konnte man ihn oft in seinem unverändert gleichen Gefährt umherfahren sehen, in der einen Hand die Zügel (die andere stützte er geschickt, den Ellbogen seitlich herausgestreckt, auf das Knie), mitten auf dem Haupt eine winzige alte Mütze. Mit seinen kleinen Bärenaugen blickte er munter um sich und rief allen ihm begegnenden Bauern, Bürgern und Kaufleuten mit seiner donnernden Stimme irgend etwas zu; den Popen, die er nicht leiden mochte, schickte er kräftige Verwünschungen nach. Als er einmal an mir vorbeifuhr (ich trug ein Gewehr und war auf einem Pirschgang), scheuchte er mit einem so gellenden Schrei einen neben dem Weg liegenden Hasen auf, dass mir das Gebrüll noch am Abend in den Ohren gellte.

3

Wie ich schon sagte, war Martyn Petrowitsch bei meiner Mutter ein stets mit herzlicher Liebenswürdigkeit aufgenommener Gast. Sie wusste, wie sehr er sie verehrte. ‹Eine Dame! Eine Herrin! Zierde unseres Landes!›, so liess er sich über sie vernehmen. Er rühmte sie als Wohltäterin, und sie sah in ihm den ihr ergebenen Riesen, der keinen Augenblick gezögert hätte, für sie allein gegen eine ganze Horde Bauern loszugehen. Obwohl nicht einmal die Möglichkeit eines derartigen Zusammenstosses bestand, war nach den Begriffen meiner Mutter, die schon früh verwitwet war, ein solcher Beschützer wie Martyn Petrowitsch nicht zu verachten. Zudem war er offen und ehrlich, kein Schmeichler, borgte kein Geld, trank keinen Wein und war auch nicht dumm, obwohl er keinerlei Bildung erhalten hatte.

Martyn Petrowitsch genoss das volle Vertrauen meiner Mutter. Als es ihr in den Sinn kam, ihr Testament zu machen, verlangte sie ihn als Zeugen, und er fuhr eigens nach Hause, um seine eiserne runde Brille zu holen, ohne die er nicht schreiben konnte. Mit der Brille auf der Nase schaffte er es mit Mühe und Not, im Laufe einer Viertelstunde, prustend und schnaufend, seinen Titel, Vor-, Vaters- und Familiennamen hinzuschreiben, wobei er riesige, kantige Buchstaben mit Schnörkeln und Schwänzen zu Papier brachte. Nachdem er diese Arbeit geleistet hatte, erklärte er, dass er müde und es für ihn eins sei: schreiben oder Flöhe fangen.

Ja, meine Mutter schätzte ihn sehr..., aber weiter als in das Speisezimmer liess sie ihn nicht. Der Geruch, der von ihm ausging, war ihr zu kräftig. Er roch nach Erde, Dickicht und Sumpf. ‹Der reinste Waldschrat!› behauptete meine alte Kinderfrau. Zum Mittagessen wurde für Martyn Petrowitsch ein besonderer Tisch in einer Ecke aufgestellt - und er fühlte sich deshalb nicht beleidigt, denn er wusste, dass es den anderen unbehaglich war, neben ihm zu sitzen. Ausserdem hatte er beim Essen grösseren Raum um sich. Und er ass in einer Weise, wie seit den Zeiten Polyphems, nehme ich an, niemand mehr gegessen hat. Für ihn wurde immer zu Beginn des Mahls als Vorsichtsmassregel ein Topf Grütze bereitgehalten, nicht weniger als sechs Pfund.

‹Sonst isst du mich ja arm!› pflegte meine Mutter zu sagen.

‹So ist's, Gnädige, bettelarm›, antwortete Martyn Petrowitsch schmunzelnd.

Meine Mutter hörte ihm gern zu, wenn er über Wirtschaftsangelegenheiten sprach, aber sie konnte seine Stimme nicht lange ertragen.

‹Warum so laut, Väterchen!› rief sie. ‹Kannst du dich nicht davon kurieren lassen? Hast mich völlig betäubt, die reinste Posaune!›

‹Natalja Nikolajewna! Wohltäterin!› gab dann Martyn Petrowitsch gewöhnlich zur Antwort. ‹Ich werde meiner Kehle nicht Herr. Und welche Arznei könnte mich auch packen, urteilen Sie bitte selbst? Ich will lieber ein Weilchen schweigen.›

Tatsächlich hätte wohl, wie ich annehme, keine Arznei eine Wirkung auf Martyn Petrowitsch gehabt. Er war auch niemals krank.

Erzählen konnte und mochte er nicht. ‹Vom vielen Reden bekommt man Atemnot›, bemerkte er entrüstet. Nur wenn man ihn auf das Jahr 1812 brachte (er hatte im Landsturm gedient und eine Bronzemedaille bekommen, die er an Feiertagen am Wladimir-Bändchen trug) und wenn man nach den Franzosen fragte, teilte er die eine oder andere Anekdote mit, obwohl er dabei ständig beteuerte, dass keinerlei richtige Franzosen nach Russland gekommen seien, sondern nur vor Hunger hergelaufene Marodeure, und dass er eine Menge von diesem Gesindel in den Wäldern ‹in Klump gehauen› habe.

4

Indessen kamen auch über diesen unerschütterlichen, selbstbewussten Hünen Minuten der

Melancholie und Versonnenheit. Ohne sichtliche Ursache begann er plötzlich trübsinnig zu werden; er verschloss sich in seinem Zimmer und summte, jawohl, summte wie ein ganzer Bienenschwarm. Dann rief er seinen Burschen Maximka zu sich und gebot ihm, entweder zu singen oder aus dem einzigen in das Haus geratene Buch vorzulesen, ein einzelnes Heft der Nowikowschen Zeitschrift ‹Der ausruhende Arbeitsmann›. Und Maximka, der durch ein seltsames Spiel des Zufalls imstande war, buchstabierend zu lesen, unternahm es, mit dem üblichen Zerhacken der Wörter und falscher Betonung Sätze wie die folgenden mit lauter Stimme vorzulesen: ‹A-ber ein lei-den-schaft-licher Mensch zieht aus der Leere, die er in den Kre-a-tu-ren findet, ganz ent-ge-gen-ge-setzte Schlüs-se. Die Kre-a-tur als sol-che, sagt er, hat nicht die Kraft, mich glück-lich zu ma-chen.› Oder er sang mit hohem Stimmchen ein trauriges Liedchen, von dem man nur einzelne Buchstaben und Silben unterscheiden konnte wie: ‹I-i-e-i-e aaa-ska!... O-u-u-bi-i-i-i-la!›

Und Martyn Petrowitsch wiegte den Kopf hin und her, dachte an die Vergänglichkeit und daran, dass alles zu Staub wird, verwelkt wie das Gras, vergeht und nicht wiederkommt. Einmal war ihm ein Bild in die Hände geraten, auf dem eine brennende Kerze zu sehen war, auf die von allen Seiten die Winde mit aufgeblasenen Backen pusteten. Darunter stand zu lesen: ‹So ist das menschliche Leben!› Dieses Bild hatte ihm sehr gefallen, und er hatte es in seinem Zimmer aufgehängt. Aber in der gewöhnlichen, nicht melancholischen Zeit drehte er die Bildfläche gegen die Wand, damit es ihn nicht verwirre. Charlow, dieser Koloss, hatte Angst vor dem Tode! Zu Religion und Gebet nahm er übrigens auch während seiner melancholischen Anfälle nur selten Zuflucht; auch dann verliess er sich lieber auf seinen eigenen Verstand. Besondere Frömmigkeit eignete ihm nicht. In der Kirche sah man ihn selten; er sagte allerdings, dass er nicht hingehe, weil er angeblich fürchte, mit dem Umfang seines Körpers alle übrigen hinauszudrücken. Der Anfall endete gewöhnlich damit, dass Martyn Petrowitsch zu pfeifen begann, plötzlich lauthals anzuspannen befahl und irgendwohin in die Nachbarschaft fuhr. Dabei schwenkte er die freie Hand verwegen über dem Mützenschild hin und her, als ob er sagen wolle: ‹Wir pfeifen jetzt auf alles!› War halt ein russischer Mensch.

5

Kraftkerle wie Martyn Petrowitsch sind zumeist phlegmatische Naturen. Er hingegen war ziemlich erregbar. Insbesondere reizte ihn der Bruder seiner verstorbenen Frau, ein gewisser Bytschkow, der in unserem Hause ein Unterkommen gefunden hatte, eine Mischung von Narr und Schmarotzer. Bytschkow war von Kindesbeinen an ‹Souvenir› genannt worden, und dieser Beiname war ihm geblieben. Jedermann, sogar die Diener, nannte ihn so; diese allerdings titulierten ihn Souvenir Timofejitsch. Seinen richtigen Namen schien er selbst nicht mehr zu kennen. Er war ein übler, von allen verachteter Mensch, mit einem Wort: ein Schmarotzer. Auf der einen Seite des Mundes fehlten ihm die Zähne, weshalb sein kleines, runzliges Gesicht ganz schief wirkte. Er war dauernd unterwegs, konnte nicht still sitzen: mal schlüpfte er in die Mägdestube, mal schlenderte er ins Kontor oder zur Freistätte der Popen, wenn nicht gar zum Dorfältesten. Überall wurde er fortgejagt, aber er zuckte nur mit den Achseln, kniff seine kleinen, schrägen Augen zusammen und lachte; es klang so dreckig und gluckernd, als ob er eine Flasche ausspüle.

Ich hatte immer das Gefühl, dass Souvenir ein ganz gemeiner, böser, sogar grausamer Mensch geworden wäre, wenn er Geld gehabt hätte. Die Armut hatte ihn wider Willen kurzgehalten. Der Genuss von Wein war ihm nur an Feiertagen gestattet. Auf Weisung meiner Mutter war er anständig gekleidet, da er ihr abends beim Pikett oder Boston Gesellschaft leisten musste. Souvenir behauptete ständig: ‹Ich bin dran, erlauben Sie, ich bin dran, dran.› – ‹Was heisst dran?› fragte ihn meine Mutter verärgert. Er zog augenblicklich die Hände zurück und stammelte feige: ‹Wie Sie befehlen!› An den Türen horchen, klatschen, hauptsächlich aber alle anderen ‹anpflaumen› und ärgern – das war seine Hauptbeschäftigung. Und er spöttelte in einer Art, als habe er ein Recht darauf, als räche er sich für etwas.

Martyn Petrowitsch nannte er ‹Brüderchen› und war ihm damit zuwiderer als ein bitterer Rettich. ‹Warum haben Sie mein Schwesterchen Margarita Timofejewna ins Grab gebracht?› setzte er ihm zu, kichernd und sich vor ihm drehend. Einmal sass Martyn Petrowitsch im Billardzimmer, einem kühlen Raum, in dem nie eine Fliege zu sehen war und der deshalb von unserm Nachbarn, einem Feind von Hitze und Sonne, mit Vorliebe aufgesucht wurde. Er sass zwischen Wand und Billard. Souvenir glitt an seinem ‹Korpus› vorbei, neckte ihn, krümmte sich... Martyn Petrowitsch wollte ihn fortstossen und streckte beide Arme nach vorn. Zum Glück konnte sich Souvenir zur Seite drehen – die Handflächen seines ‹Brüderchens› stiessen gegen den Rand des Billards, und der schwere, bäuerliche Billardtisch flog aus allen sechs Verschraubungen heraus... In was für einen Fladen hätte sich Souvenir verwandelt, wenn er unter diese gewaltigen Pratzen geraten wäre!

6

Ich war schon lange neugierig auf das Aussehen und die Einrichtung von Martyn Petrowitschs Haus. Einmal erbot ich mich, ihn zu Pferde nach Jesskowo zu begleiten (so hiess sein Gut).

‹Sieh da! Willst mein Reich betrachten›, rief Martyn Petrowitsch. ‹Bitte sehr! Alles werde ich dir zeigen – Garten, Haus und Tenne. Bei mir gibt es viel Gutes jeglicher Art zu sehen!›

Wir machten uns auf den Weg. Von unserem Dorf bis Jesskowo waren es im ganzen etwa drei Werst. ‹Da liegt es, mein Reich!› dröhnte plötzlich Martyn Petrowitschs Stimme, der sich bemühte, seinen unbeweglichen Kopf herumzudrehen, und die Hand nach rechts und links schwenkte. ‹Alles mein!›

Charlows Haus stand auf der Höhe eines schräg abfallenden Hügels. An seinem Fuss, dicht neben einem kleinen Teich, lagen einige windschiefe Bauernhüttchen. Auf einem Steg am Teich klopfte eine alte Frau in einem karierten wollenen Rock mit einem Bleuel ausgewrungene Wäsche.

‹Aksinja!› schrie Martyn Petrowitsch so laut, dass ein Krähenschwarm aus dem benachbarten Haferfeld aufstob. ‹Wäschst du deinem Mann die Unterhosen?›

Die Frau drehte sich sofort herum und verneigte sich tief.

‹Die Unterhosen, Väterchen›, hörte man ihre schwache Stimme.

‹Recht so! Und hier schau hin›, erklärte Martyn Petrowitsch, während er im Trab an dem halb verfallenen Flechtzaun entlang fuhr, ‹das ist mein Hanf, und der dort drüben gehört den Bauern. Siehst du den Unterschied? Und das hier ist mein Garten. Die Apfelbäume habe ich selbst gepflanzt, und die Weiden - auch ich. Vorher wuchsen hier überhaupt keine Bäume. So war's - lass es dir eine Lehre sein!›

Wir bogen in den von einem Staketenzaun eingefassten Hof ein. Unmittelbar gegenüber dem Tor stand ein uraltes Gebäude mit Strohdach und einem Treppchen auf Pfählen. Daneben erhob sich ein anderes, neueres mit einer kleinen vorgebauten Mansarde, ebenfalls auf Hühnerfüsschen. ‹Hier kannst du wieder etwas lernen›, sagte Charlow. ‹Da siehst du, in was für einer Bude unsere Väter hausten. Und da, schau hin, welches Haus ich mir geschaffen habe!› Der Bau glich einem Kartenhaus. Fünf, sechs Hunde, einer struppiger und hässlicher als der andere, begrüssten uns mit Gebell. ‹Hirtenhunde!› bemerkte Martyn Petrowitsch. ‹Echte Hirtenhunde von der Krim. Still, verrücktes Pack! Passt auf, dass ich euch nicht aufhänge!›

Auf der Treppe des neuen Hauses zeigte sich ein junger Mann in einem langen Nankingkittel, der Mann von Martyn Petrowitschs ältester Tochter. Er sprang beflissen an die Renndroschke heran, er griff dem absteigenden Schwiegervater ehrerbietig unter den Ellbogen und machte mit der anderen Hand eine Geste, als wolle er unter das riesige Bein fassen, das Martyn Petrowitsch, den Rumpf nach vorn beugend, mit einem Schwung über den Sitz hob. Dann half er auch mir vom Pferd.

‹Anna!› rief Charlow. ‹Natalja Nikolajewnas Söhnchen macht uns die Freude seines Besuchs. Man muss ihn bewirten. Wo ist Jewlampijuschka?› (Anna hiess die ältere Tochter, Jewlampija die jüngere.)

‹Nicht zuhause, ist in die Felder gegangen, Kornblumen pflücken›, liess sich Anna vernehmen, die in einem Fensterchen neben der Tür sichtbar wurde.

‹Quark ist vorhanden?› fragte Charlow.

‹Haben wir.›

‹Und Sahne?›

‹Auch.›

‹Na, dann bringe mal alles auf den Tisch, ich zeige ihm inzwischen mein Zimmer. Bitte, kommen Sie hierher, hierher›, fuhr er fort, zu mir gewandt, und winkte mich mit dem Zeigefinger zu sich. Bei sich daheim duzte er mich nicht, als Hausherr musste man höflich sein. Er führte mich durch den Flur. ‹Hier ist meine Bleibe›, sagte er und schritt schräg über die Schwelle der breiten Tür. ‹Und das hier ist mein Zimmer. Bitte einzutreten!›

Das Zimmer war ein grosser Raum ohne Stukkatur und fast leer. An den Wänden sah man ungleich eingeschlagene Nägel, an denen zwei Reitpeitschen, ein ausgeblichener Dreispitz, eine einläufige Flinte, ein Säbel, ein eigentümliches Kummet mit Blechbeschlägen und das Bild hingen, das die brennende Kerze zwischen den Winden darstellte. In der einen Ecke stand ein mit einem bunten Teppich bedeckter hölzerner Diwan. Hunderte von Fliegen summten in dichtem Schwarm unter der Decke. Übrigens war es im Zimmer kühl, nur war es völlig durchdrungen von jenem besonderen Waldgeruch, der Martyn Petrowitsch überallhin begleitete.

‹Na, hübsch das Zimmer?› fragte mich Charlow.

‹Sehr hübsch.›

‹Schau dir das holländische Kummet an, das da hängt›, fuhr Charlow fort und fiel wieder ins ‹Duzen› zurück. ‹Ein wunderbares Kummet! Hab's beim Juden eingetauscht. Sieh es dir richtig an!›

‹Ein schönes Kummet.›

‹Hochherrschaftlich! Riech mal dran..., das ist dir Leder!›

Ich beschnupperte das Kummet. Es roch nach fauligem Tran - das war alles.

‹Nun, nehmen Sie Platz - dort auf dem Stuhl, seien Sie willkommen›, sagte Charlow, liess sich selbst auf dem Diwan nieder und schien einzuschlummern; er schloss die Augen und schnarchte sogar. Ich betrachtete ihn schweigend und kam aus dem Staunen nicht heraus: ein Berg - nichts anderes. Plötzlich schüttelte er den Schlaf von sich.

‹Anna!› schrie er, und dabei hob und senkte sich der riesige Bauch wie eine Welle im Meer. ‹Wo bleibst du denn? Spute dich! Hast du nicht gehört?›

‹Alles fertig, Väterchen, bitte zu Tisch!› ertönte die Stimme seiner Tochter.

Ich wunderte mich über die Schnelligkeit, mit der die Anweisungen Martyn Petrowitschs ausgeführt worden waren, und folgte ihm ins Speisezimmer. Ein rotes Tuch mit weissen Mustern bedeckte den Tisch, auf dem ein Imbiss bereit stand: Quark, Sahne, Weizenbrot, sogar gestossener Zucker mit Ingwer. Während ich mich mit etwas Quark bediente, setzte mir Martyn Petrowitsch freundlich zu: ‹Iss nur, Freundchen, lass es dir schmecken, Täubchen; verschmähe nicht unsere ländlichen Speisen!› Er selbst nahm in der Ecke Platz und schien wieder einzuschlummern. Vor mir stand unbeweglich und mit gesenkten Augen Anna Martynowna, und durch das Fenster konnte ich sehen, wie ihr Mann meinen Gaul auf dem Hof hin und her führte und eigenhändig das Kettchen der Trense sauber wischte.

7

Meine Mutter konnte Charlows ältere Tochter nicht leiden; sie nannte sie ein dünkelhaftes Frauenzimmer. Anna Martynowna machte uns fast nie einen Besuch und benahm sich in Gegenwart meiner Mutter förmlich und kühl, obwohl sie ihrer Güte die Erziehung im Pensionat und den Ehegatten zu verdanken hatte. Zur Hochzeit hatte sie von ihr zudem tausend Rubel in Banknoten und einen gelben türkischen, allerdings schon etwas abgetragenen Schal geschenkt bekommen. Anna Martynowna war mittelgross, hager, sehr lebhaft und flink in ihren Bewegungen; sie hatte volles blondes Haar, ein hübsches, braungebranntes Gesicht, aus dem sich die hellblauen, schmalen Augen etwas sonderbar, aber nicht unangenehm abhoben; ihre Nase war gerade und fein, die Lippen dünn und das Kinn nadelspitz. Jeder dachte wahrscheinlich bei ihrem Anblick: ‹Schlau, aber ein Biest!› Trotzdem war etwas Anziehendes an ihr, sogar die dunklen, wie Grütze über ihr Gesicht verstreuten Leberfleckchen standen ihr und verstärkten das Gefühl, das sie erweckte.

Die Hände unter das Brusttuch gesteckt, musterte sie mich verstohlen von Kopf bis Fuss (ich sass, sie stand); ein ungutes Lächeln spielte um ihre Lippen, huschte über die Wangen, lag im Schatten der langen Wimpern. ‹Ach du verwöhntes Junkerchen!› schien dieses Lächeln zu sagen. Bei jedem Atemzuge weiteten sich ihre Nüstern ein wenig, was ebenfalls ziemlich merkwürdig wirkte. Trotzdem hatte ich das Empfinden, dass ich vor Entzücken bis an die Decke gesprungen wäre, wenn mich Anna Martynowna geliebkost hätte oder auch nur mit ihren schmalen, harten Lippen hätte küssen wollen. Ich wusste, dass sie sehr streng und hart in ihren Forderungen war; die Weiber und Mägde fürchteten sie wie das Feuer..., aber was ging mich das an! Anna Martynowna erregte heimlich meine Phantasie..., übrigens war ich damals kaum sechzehn Jahre alt – und in diesen Jahren!

Martyn Petrowitsch fuhr abermals aus dem Schlummer auf.

‹Anna!› schrie er, ‹du könntest etwas auf dem Fortepiano klimpern..., das mögen die jungen Herrn.›

Ich schaute mich um. Im Zimmer stand ein klägliches Gebilde in der Art eines Fortepiano.

‹Zu Befehl, Väterchen›, antwortete Anna Martynowna. ‹Aber was soll ich spielen? Es wird niemanden interessieren.›

‹Wozu hat man es dir dann in der Pension beigebracht?›

‹Ich habe alles vergessen - und ausserdem sind die Saiten gerissen.›

Anna Martynownas Stimme war sehr angenehm; sie klang voll und gleichsam klagend..., wie die Rufe der Raubvögel.

‹Nun›, sagte Martyn Petrowitsch und dachte nach. ‹Nun›, begann er abermals, ‹dann wollen Sie vielleicht die Tenne in Augenschein nehmen und sich mal genau ansehen? Wolodka wird Sie geleiten. He, Wolodka!› schrie er seinem Schwiegersohn zu, der noch immer mit meinem Pferd auf dem Hof hin und her schritt, ‹geleite den jungen Herrn zur Tenne... und zeige ihm meine Wirtschaft. Ich muss jetzt ein Schläfchen machen. Also! Viel Spass!›

Jener ging hinaus, und ich folgte ihm; Anna Martynowna begann sofort geschäftig und gleichsam ärgerlich den Tisch abzuräumen. Auf der Türschwelle drehte ich mich um und verbeugte mich vor ihr; sie tat so, als bemerke sie meine Verbeugung nicht, nur lächelte sie abermals und noch böser als zuvor.

Ich nahm Charlows Schwiegersohn das Pferd ab und führte es am Zügel. Wir gingen zusammen zur Tenne, aber da wir an ihr nichts Sehenswertes entdeckten und bei mir jungem Menschen keine sonderliche Liebe zur Landwirtschaft anzunehmen war, kehrten wir durch den Garten auf die Strasse zurück.

8

Charlows Schwiegersohn kannte ich gut; er hiess Wladimir Wassiljewitsch Sljotkin, war Waise, Sohn eines kleinen Beamten, dem meine Mutter die Geschäftsführung anvertraut hatte. Sie hatte sich um Sljotkins Erziehung gekümmert, ihm zuerst einen Platz in der Kreisschule besorgt und dann in das Gutskontor übernommen. Später war er Angestellter in den Staatsmagazinen geworden, und schliesslich hatte er Martyn Petrowitschs Tochter geheiratet. Meine Mutter nannte ihn ein Jüdchen, und tatsächlich erinnerte er mit seinen Löckchen, seinen schwarzen, immer feuchten Augen, die wie gedörrte Pflaumen wirkten, mit seiner Habichtsnase und dem breiten roten Mund an einen Juden; die Farbe seiner Haut war allerdings weiss. Im allgemeinen machte er einen recht guten Eindruck. Er war gefällig und dienstwillig, sofern es sich nicht um seinen persönlichen Vorteil handelte. In solchen Fällen war er sofort ausser sich vor Gier, und es konnten ihm sogar Tränen in die Augen steigen. Wegen einer Lappalie konnte er einem den ganzen Tag in den Ohren liegen, hundertmal an eine gegebene Zusage erinnern, beleidigt sein und jedermann mit seinem Gewinsel weich machen, wenn sie nicht sofort erfüllt wurde. Er trieb sich gern mit dem Gewehr in den Feldern herum, und wenn es ihm glückte, einen Hasen oder eine Ente zu erlegen, steckte er seine Beute mit einem besonderen Gefühl in die Jagdtasche und sagte: ‹Na, siehst, jetzt entkommst du nicht mehr! Jetzt dienst du *mir!*›

‹Hübsches Pferdchen, das Sie da haben›, murmelte er, während er mir beim Aufsitzen behilflich war. ‹Wenn ich doch so ein Pferd hätte! Aber woher! Mein Glück ist nicht so. Vielleicht könnten Sie Ihr Mütterchen bitten..., daran erinnern.›

‹Hat sie Ihnen denn eins versprochen?›

‹Hätte sie's doch. Nein, aber ich nehme an, dass bei ihrer grossen Hochherzigkeit...›

‹Sie sollten sich an Martyn Petrowitsch wenden.›

‹An Martyn Petrowitsch!› wiederholte Sljotkin gedehnt. ‹Für den bin ich nichts anderes als irgendein Laufbursche; Maximka oder ich – ganz gleich. Der hält uns kurz, von ihm ist für alle Mühe kein Lohn zu erwarten.›

‹Wirklich?›

‹Ja, bei Gott. Wenn er sagt: ‚Mein Wort ist heilig!', dann ist gleichsam alles mit dem Beil abgehackt. Bitte oder bitte nicht – ganz gleich. Und zudem steht auch Anna Martynowna, meine Frau, nicht so in Gunst bei ihm wie Jewlampija Martynowna.›

‹Ach, mein Gott, alle Heiligen!› unterbrach er sich plötzlich selbst und schlug vor Verzweiflung die Hände über dem Kopf zusammen. ‹Schauen Sie bloss! Da hat doch so ein Schuft ein halbes Achtel Hafer, unseren Hafer, abgemäht! Was sagen Sie dazu? Hier soll einer leben! Räuber, nichts als Räuber! Ganz richtig heisst es: trau keinem aus Jesskowo, Bjesskowo, Jerino und Bjelino!› (So hiessen die vier Dörfer in der Umgebung.) ‹Ach, ach, was ist das! Ein Verlust von einem Rubel, vielleicht auch anderthalb, wenn nicht zwei, schätze ich.›

Sljotkins Stimme klang fast schluchzend. Ich gab meinem Pferd einen Stoss in die Flanken und ritt heimwärts.

Sljotkins Verwünschungen drangen noch an mein Ohr, als ich plötzlich an einer Wegbiegung auf Charlows zweite Tochter, Jewlampija, stiess, die nach Angabe von Anna Martynowna in die Felder gegangen war, um Kornblumen zu pflücken. Ein dichter Kranz dieser Blumen umwand ihren Kopf. Wir verbeugten uns stumm voreinander. Jewlampija machte ebenfalls einen sehr guten Eindruck; sie war nicht weniger schön als ihre Schwester, nur in anderer Art. Sie war gross und füllig; alles an ihr war gross: Kopf, Füsse, Hände, die schneeweissen Zähne, besonders die vorgewölbten, schmachtenden Augen, dunkelblau wie geschmolzenes Glas. Sie glich einem Monument (nicht umsonst war sie Martyn Petrowitschs Tochter), aber einem schönen. Mit dem dichten hellblonden Zopf wusste sie offenbar nicht wohin und hatte ihn dreimal um das Haupt geschlungen. Sie hatte einen schönen Mund, frisch wie eine Rose, himbeerfarbene Lippen, und wenn sie sprach, zog sich ihre Oberlippe in der Mitte voller Liebreiz in die Höhe. Aber im Blick ihrer riesigen Augen war etwas Wildes und fast Barbarisches. ‹Eine Eigensinnige! Kosakenblut!› äusserte sich Martyn Petrowitsch über sie. ‹Ich habe sie verwöhnt..., diese herrische Schöne erinnert mich an ihren Vater!›

Ich ritt noch ein wenig weiter und hörte, dass sie mit gleichmässiger, kräftiger, aber lauter, bäuerlicher Stimme ein Lied anstimmte. Plötzlich verstummte sie. Ich schaute mich um und sah sie von der Höhe eines Hügels neben Charlows Schwiegersohn vor dem abgemähten Haferfeld stehen. Dieser fuchtelte mit den Armen herum und zeigte auf das Feld; sie hingegen rührte sich nicht. Ihre hohe Gestalt und das helle Blau des Kornblumenkranzes auf ihrem Kopfe leuchteten in der Sonne.

9

Ich habe Ihnen, glaube ich, schon gesagt, meine Herren, dass meine Mutter auch für diese zweite Tochter Charlows einen Bräutigam besorgt hatte. Es war einer unserer ärmsten Nachbarn, der verabschiedete Major Gawrilo Fedulytsch Shitkow, ein schon älterer Mann, der sich nach seinem eigenen Ausdruck, übrigens nicht ohne Selbstzufriedenheit, als sozusagen ‹geschlagen und zerbrochen› empfahl. Er konnte kaum lesen und schreiben und war sehr dumm, hoffte jedoch insgeheim, Gutsverwalter bei meiner Mutter zu werden, denn er fühlte sich als ‹Vollzugsperson›.

‹Wenn nicht anders, aber den Bauern in die Zähne schlagen, das verstehe ich aus dem Effeff›, pflegte er zu sagen und konnte dabei kaum unterlassen, mit den eigenen Zähnen zu knirschen, ‹denn das bin ich aus meiner früheren Tätigkeit gewöhnt›, erklärte er. Wäre Shitkow weniger dumm gewesen, hätte er begriffen, dass er keine Chance besass, von meiner

Mutter den Posten eines Verwalters zu erhalten, da sie zu diesem Zweck ihren vorhandenen Verwalter hätte entlassen müssen, einen gewissen Kwizinski, einen sehr charaktervollen und tatkräftigen Polen, dem meine Mutter volles Vertrauen schenkte. Shitkow hatte ein langes Pferdegesicht, das von staubig-blonden Haaren umwuchert war; sogar die Backen waren bis unter die Augen zugewachsen; auch bei starker Kälte war es von Schweiss wie von Tautröpfchen bedeckt. Wenn Shitkow meine Mutter sah, nahm er sofort stramme Haltung an; sein Kopf begann vor Eifer zu zittern, die riesigen Hände schlugen leise klatschend an die Schenkel, und die ganze Gestalt schien zu sagen: ‹Befiehl, und ich schiesse los!› Meine Mutter gab sich über seine Fähigkeiten keiner Täuschung hin, aber das hinderte sie nicht, sich um seine Heirat mit Jewlampija zu kümmern.

‹Aber wirst du auch mit ihr zurechtkommen, Verehrter?› fragte sie ihn einmal.

Shitkow lächelte selbstgefällig.

‹Erbarmen, Natalja Nikolajewna! Habe eine ganze Kompanie Soldaten in Zucht gehalten; lief wie am Schnürchen. Dagegen ist das gar nichts. Wäre ja gelacht!›

‹Schon gut, eine Kompanie, Verehrter, aber hier geht es um ein Mädchen von edler Abstammung, um eine Gattin!› bemerkte meine Mutter ungehalten.

‹Erbarmen, Natalja Nikolajewna!› rief Shitkow von neuem. ‹Das können wir alles durchaus begreifen. Mit einem Wort: ein Fräulein, eine zarte Person!›

‹Nun›, sagte meine Mutter abschliessend, ‹Jewlampija wird sich nicht beleidigen lassen.›

10

Einmal - es war an einem Tage im Juni und ging bereits auf den Abend zu - meldete der Diener, Martyn Petrowitsch sei gekommen. Mutter wunderte sich. Wir hatten ihn zwar mehr als eine Woche nicht gesehen, aber so spät hatte er uns noch nie besucht. ‹Irgend etwas ist passiert!› rief sie halblaut. Martyn Petrowitsch stürzte ins Zimmer und liess sich sofort auf einen Stuhl neben der Tür fallen. Der Ausdruck seines versonnenen und sogar blassen Gesichts war so ungewöhnlich, dass meine Mutter ihren Ausruf unwillkürlich laut wiederholte. Martyn Petrowitsch richtete seine kleinen Augen auf sie, sagte nichts, seufzte tief und erklärte schliesslich, nachdem er abermals eine Weile geschwiegen hatte, dass er in einer Angelegenheit gekommen sei..., die... derart, dass wegen...

Nachdem er diese unzusammenhängenden Wörter gemurmelt hatte, stand er plötzlich auf und ging fort.

Mutter klingelte nach dem Diener und befahl ihm, Martyn Petrowitsch sofort einzuholen und ihm zu sagen, er solle unverzüglich zurückkommen. Aber Charlow hatte bereits seine Renndroschke bestiegen und war fortgefahren.

Am nächsten Morgen schickte sich meine Mutter, die das sonderbare Benehmen Martyn Petrowitschs und der ungewöhnliche Ausdruck seines Gesichts gleichermassen erstaunt und sogar verwirrt hatte, eben an, einen Boten zu ihm zu senden, als er selbst zu ihr kam. Diesmal schien er ruhiger zu sein.

‹Sag mal, Väterchen›, rief meine Mutter, sobald sie seiner ansichtig wurde, ‹was ist denn bloss mit dir geschehen? Wirklich, gestern habe ich gedacht: ‚Herrgott!' dachte ich, ‚unser Alter wird doch nicht übergeschnappt sein?'›

‹Nicht übergeschnappt, Gnädigste›, antwortete Martyn Petrowitsch, ‹so ein Mensch bin ich nicht. Aber ich muss mich mit Ihnen beraten.›

‹Worüber?›

‹Ich zweifle nur, ob Ihnen solches angenehm sein wird...›

‹Sprich, sprich, Väterchen, aber möglichst einfach. Rege mich nicht auf! Wozu das ‚solches'! Rede einfacher. Oder hast du wieder einen Anfall von Melancholie?›

Charlow runzelte die Brauen.

‹Nein, keine Melancholie, sie befällt mich nur bei Neumond. Aber darf ich fragen, Gnädigste, was Sie vom Tod halten?›

Meine Mutter erschrak.

‹Wovon?›

‹Vom Tode. Kann der Tod wen auch immer hienieden verschonen?›

‹Was fällt dir denn ein, Väterchen? Wer von uns ist unsterblich? Und wenn aus dir auch noch so ein Riesenkerl geworden ist - auch dir wird einmal die Stunde schlagen.›

‹Wird! Ach ja, wird›, griff Charlow auf und schlug die Augen nieder. ‹Ich habe ein Traumgesicht gehabt...›, sagte er schliesslich langsam.

‹Was sagst du?› unterbrach ihn die Mutter.

‹Ein Traumgesicht›, wiederholte er. ‹Ich bin doch ein Traumseher.›

‹Du?›

‹Ja, wussten Sie das nicht?› Charlow seufzte.

‹Na ja, also: es war vor mehr als einer Woche, am letzten Fleischtage vor Petri Fasten, da legte ich mich nach dem Essen hin, um etwas auszuruhen, und schlief ein, und da sah ich, wie ein schwarzes Fohlen zu mir ins Zimmer rannte. Und das Fohlen begann zu spielen und die Zähne zu blecken. Ein Fohlen, schwarz wie ein Käfer!›

Charlow verstummte.

‹Na und?› fragte meine Mutter.

‹Plötzlich drehte sich das Fohlen um und versetzte mir mit den Hufen einen Schlag gegen den Ellbogen, genau ins Gelenk. Ich erwachte. Der Arm liess sich nicht bewegen, auch das linke Bein nicht. ‚Na', dachte ich, ‚ein Schlaganfall.' Ich rappelte mich jedoch zusammen, und die Gliedmassen kamen wieder in Tätigkeit. Nur liefen mir noch eine ganze Zeit Ameisen durch die Gelenke, und das tun sie auch jetzt noch. Kaum mache ich die Hand lang, dann kribbelt es wieder.›

‹Du wirst wahrscheinlich auf dem Arm gelegen haben, Martyn Petrowitsch.›

‹Nein, Gnädigste, das dürfen Sie nicht sagen. Es war eine Warnung... vor meinem Tode, heisst das.›

‹Was nicht noch!› sagte meine Mutter.

‹Eine Warnung! Mache dich bereit, Mann! Und darum möchte ich Ihnen unverzüglich folgendes kundtun, Gnädige: Ich wünsche nicht›, schrie Charlow plötzlich, ‹dass der Tod mich Gottesknecht unerwartet trifft, und habe bei mir beschlossen, schon jetzt, bei Lebzeiten, meinen Besitz zwischen meinen beiden Töchtern Anna und Jewlampija so zu teilen, wie es mir Gott der Herr rechtens erscheinen lässt.›

Martyn Petrowitsch hielt inne, ächzte und fügte hinzu: ‹Unverzüglich.›

‹Warum nicht? Eine gute Sache›, bemerkte meine Mutter; ‹nur meine ich, dass die Eile überflüssig ist.›

‹Und da ich wünsche›, fuhr Charlow mit erhöhter Stimme fort, ‹dass bei dieser Angelegenheit Ordnung und Gesetz gewahrt werden sollen, so bitte ich gehorsamst Ihr Söhnchen Dmitrij Semjonowitsch - Sie, Gnädigste, wage ich nicht zu beunruhigen -, bitte ich Ihr Söhnchen Dmitrij Semjonowitsch - meinem Familienangehörigen Bytschkow mache ich es zur Pflicht -, beim Vollzug des formellen Akts und der Besitzübernahme durch meine beiden Töchter, der verheirateten Anna und der Jungfrau Jewlampija, zugegen zu sein. Welcher Vorgang übermorgen um zwölf Uhr auf meinem Gut Jesskowo, auch Kosjulkino genannt, in Anwesenheit der Obrigkeit und der Beamten, die schon eingeladen worden sind, stattfinden wird.›

Martyn Petrowitsch konnte diese deutlich auswendig gelernte, durch häufiges Seufzen unterbrochene Rede nur mit Mühe beenden... Es schien, als mangle es ihm an Atem. Sein blassgewordenes Gesicht rötete sich wieder, und er wischte sich einige Male den Schweiss ab.

‹Hast du den Teilungsbeschluss schon niedergeschrieben?› fragte meine Mutter. ‹Wann hast du das so schnell geschafft?›

‹Hab's geschafft..., ach! Essen und Trinken dabei vergessen...›

‹Selbst geschrieben?›

‹Wolodka..., ach..., hat geholfen.›

‹Und die Eingabe hast du gemacht?›

‹Ja. Die Kammer hat sie bestätigt. Dem Kreisgericht ist die Anordnung zugegangen, und die Rechtsabteilung des Landständegerichts – ach! – ist zur Anwesenheit bestimmt worden.›

Meine Mutter lächelte.

‹Ich sehe, du hast dich um alles gekümmert, wie es sich gehört, Martyn Petrowitsch. Und so schnell. Hast wohl keine Kosten gescheut?›

‹Nein, Gnädigste.›

‹So, so. Und da sagst du, dass du dich mit mir zu beraten wünschest! Schon gut, Mitenka mag fahren. Ich schicke auch Souvenir mit und werde es Kwizinski ebenfalls sagen... Und Gawrilo Fedulytsch hast du nicht geladen?›

‹Gawrilo Fedulytsch..., Herrn Shitkow..., habe ich ebenfalls benachrichtigt. Ihm als Bräutigam steht es zu.›

Martyn Petrowitsch hatte sichtlich den gesamten Vorrat seiner Redekunst erschöpft. Zudem hatte ich stets das Gefühl gehabt, dass er die Wahl des von meiner Mutter ausgesuchten Bräutigams nicht recht billigte; vielleicht hatte er eine vorteilhaftere Partie für seine Jewlampija erwartet.

Er erhob sich vom Stuhl und scharrte mit dem Fuss.

‹Für die Zustimmung besten Dank!›

‹Wohin willst du denn?› fragte meine Mutter. ‹Setz dich wieder, ich lasse einen Imbiss bringen.›

‹Sehr freundlich›, antwortete Charlow. ‹Aber ich kann nicht..., uff..., muss nach Hause.›

Er wich zurück und wollte nach seiner Gewohnheit schräg durch die Tür hinausgehen.

‹Halt, halt!› fuhr meine Mutter fort. ‹Willst

du wirklich deinen ganzen Besitz restlos den Töchtern überlassen?›

‹Gewiss, restlos.›

‹Nun, und du selbst - wo wirst du leben?›

Charlow schwang sogar die Arme auseinander.

‹Was denn wo? In meinem Hause, wie bisher - so auch in Zukunft. Was soll sich daran ändern?›

‹Bist du deiner Töchter und des Schwiegersohns so gewiss?›

‹Meinen Sie Wolodka, diesen Waschlappen? Belieben Sie von dem zu sprechen? Den schubse ich, wohin ich will, mal hierhin, mal dorthin... Was hat er denn für Macht? Und sie, meine Töchter nämlich, von denen werde ich bis an mein Lebensende mit Speise und Trank, mit Kleidung und Schuhwerk versorgt... Was denken Sie denn! Das ist doch ihre Hauptverpflichtung. Ich werde ihnen ja nicht mehr lange ein Dorn im Auge sein. Der Tod steht nicht hinter den Bergen, er steht hinter mir.›

‹Der Tod kommt nach dem Willen unseres Herrgotts›, bemerkte meine Mutter. ‹Was deren Pflicht betrifft, das stimmt. Aber verzeih mir, Martyn Petrowitsch, die Bemerkung: Anna, deine Älteste, ist bekannt wegen ihres Hochmuts, und die zweite sieht aus wie eine Wölfin...›

‹Natalja Nikolajewna›, unterbrach sie Charlow, ‹wie können Sie so etwas sagen? Dass sie..., meine Töchter..., dass ich... dass sie mir den Gehorsam verweigern könnten? Das fällt ihnen doch nicht im Traum ein. Sich mir widersetzen? Wem? Mir, ihrem Erzeuger?... Das sollten sie wagen? Als ob ich sie nicht kurzerhand verfluchen könnte? Sie haben ihr Leben lang in Furcht und Gehorsam vor mir gelebt – und plötzlich sollten sie... Herrgott!›

Charlow hustete und keuchte.

‹Schon gut, schon gut!› Meine Mutter beeilte sich, ihn zu beruhigen. ‹Aber ich begreife trotzdem nicht, warum du die Teilung *jetzt* vornehmen willst. Nach deinem Tode gehört ihnen doch ohnehin alles. An der ganzen Sache ist nur deine Melancholie schuld, meine ich.›

‹Immer kommen Sie mir mit Ihrer Melancholie, Mütterchen›, erwiderte Charlow ein wenig verärgert. ‹Hier handelt vielleicht eine höhere Macht, und Sie wissen nichts anderes zu sagen als: Melancholie. Ich bin auf diesen Gedanken gekommen, Gnädigste, weil ich höchstpersönlich, noch zu meinen Lebzeiten entscheiden will, wer was besitzen soll; und wen ich mit etwas belohne, der soll es auch besitzen und Dankbarkeit empfinden und bezeigen, und was ich als Vater und Wohltäter beschlossen habe, das sollen sie als grosse Gnade...›

Charlows Stimme kippte abermals um.

‹Genug, genug, mein Lieber!› unterbrach ihn meine Mutter. ‹Sonst erscheint tatsächlich das schwarze Fohlen wieder.›

‹Oh, Natalja Nikolajewna, sprechen Sie nicht von ihm!› stöhnte Charlow. ‹Es war der Tod, der zu mir kam. Bitten, uns verabschieden zu dürfen! Und Sie, junger Herr, habe ich die Ehre, übermorgen zu erwarten.›

Martyn Petrowitsch ging. Meine Mutter blickte ihm nach und schüttelte vielsagend den Kopf.

‹Das geht nicht gut aus›, flüsterte sie, ‹nicht

gut. Hast du gemerkt›, wandte sie sich an mich, ‹wenn er spricht, kneift er die Augen zusammen, als blende ihn die Sonne. Das ist ein schlechtes Zeichen. Solch einem Menschen liegt etwas schwer auf dem Herzen, und es droht ihm Unheil. Fahre übermorgen mit Wikentij Ossipowitsch und mit Souvenir zu ihm.›

11

Am festgesetzten Tage rollte unsere grosse viersitzige Familienkutsche, bespannt mit einem Sechserzug Brauner und auf dem Bock unser ‹Leibkutscher›, der graubärtige, beleibte Alexejitsch, langsam vor die Freitreppe unseres Hauses. Die Bedeutsamkeit der Handlung, die Charlow vorzunehmen beabsichtigte, und die Feierlichkeit, mit der er uns eingeladen hatte, waren auf meine Mutter nicht ohne Eindruck geblieben. Sie hatte selbst Anweisung zu diesem ungewöhnlichen Gespann gegeben und mir wie Souvenir befohlen, uns feiertäglich anzuziehen. Offensichtlich wünschte sie, ihren ‹Protegé› zu ehren. Kwizinski trug ohnehin stets Frack mit weisser Binde.

Während der ganzen Fahrt schnatterte Souvenir wie eine Elster, kicherte, stellte Überlegungen an, ob ihm sein ‹Brüderchen› auch etwas bewilligen werde, und nannte ihn im gleichen Atemzuge einen Götzen und Popanz. Kwizinski, ein mürrischer, galliger Mann, hielt es schliesslich nicht mehr aus.

‹Was treibt Sie eigentlich, soviel Unsinn zu schwätzen?› sagte er mit seinem harten polnischen Akzent. ‹Ist es denn gar so schwer, still zu sitzen, ohne dieses ‚niemandem nötige‘› (sein Lieblingsausdruck) ‹alberne Getue?›

‹Gleich, sofort!› murmelte Souvenir missvergnügt und schaute mit seinen schrägen Augen durch das kleine Fenster.

Eine Viertelstunde war noch nicht vergangen, und die gleichmässig laufenden Pferde hatten kaum begonnen, unter den dünnen Riemen der neuen Geschirre zu schwitzen, da kam Charlows Gutshaus schon in Sicht. Durch das sperrangelweit geöffnete Tor rollte unsere Kutsche auf den Hof. Unser kleiner Vorreiter, dessen Beine kaum bis zur Leibesmitte des Stangenpferds reichten, richtete sich zum letzten Male auf dem weichen Sattel hoch und stiess einen kindlichen Juchzer aus; der alte Alexejewitsch spreizte und hob gleichzeitig die Ellbogen, man vernahm ein leises ‹Prr›, und wir hielten. Die Hunde kamen uns nicht kläffend entgegen, auch die Hofjungen in ihren langen, über den dicken Bäuchen immer etwas klaffenden Hemden waren verschwunden.

Charlows Schwiegersohn erwartete uns in der Tür. Ich entsinne mich, dass mich die kleinen Birken, die auf beiden Seiten der Freitreppe wie zu Pfingsten aufgepflanzt waren, besonders beeindruckten. ‹Die Feier der Feiern›, näselte Souvenir, der als erster aus der Kutsche kletterte. Und wirklich, allenthalben war eine feierliche Note zu bemerken. Charlows Schwiegersohn trug ein samtenes Halstuch mit seidener Binde und einen ungewöhnlich knapp sitzenden schwarzen Frack. Hinter ihm tauchte Maximka auf, dessen Haare derart mit Kwass befeuchtet waren, dass es tropfte.

Wir gingen in das Gästezimmer und erblickten Martyn Petrowitsch, der unbeweglich inmitten des Zimmers aufragte - aufragte, anders kann man es nicht sagen. Ich weiss nicht, was Souvenir und Kwizinski beim Anblick seiner kolossalen Gestalt empfanden, aber ich empfand eine Art Ehrfurcht.

Martyn Petrowitsch hatte seinen grauen Landsturmrock mit schwarzem Kragen aus dem Jahre 1812 angezogen, an der Brust hing die Bronzemedaille, an der Hüfte der Säbel. Seine linke Hand lag auf dem Griff, mit der rechten stützte er sich auf den mit einem roten Tuch bedeckten Tisch. Zwei eng beschriebene Bogen Papier lagen auf diesem Tische.

Charlow stand regungslos da und schnaufte nicht einmal. Welche Würde sprach aus seiner Haltung, welches Vertrauen auf sich selbst, auf seine unbeschränkte, unbezweifelbare Macht! Kaum dass er uns mit einem Kopfnicken begrüsste. ‹Ich bitte!› sagte er heiser und wies mit dem Zeigefinger der linken Hand auf eine Reihe nebeneinander stehender Stühle.

An der rechten Wand des Zimmers standen Charlows Töchter; beide feiertäglich gekleidet: Anna in einem grün-lilafarbenen schimmernden Kleid mit gelbseidenem Gürtel, Jewlampija in einem rosafarbenen mit grellroten Schleifen. Neben ihnen hatte sich Shitkow eingefunden. Er trug eine neue Uniform. In seinen Augen lag der übliche Ausdruck stumpfer und gieriger Erwartung, und auf seinem haarigen Gesicht waren noch mehr Schweisstropfen bemerkbar als sonst.

An der linken Wand sass ein Priester in einer abgetragenen, tabakfarbenen Soutane, ein alter Mann mit strähnigem braunem Haar. Diese

Haare, die verzagten, trüben Augen und die grossen schwieligen Hände, die ihm gleichsam selbst zur Last waren und wie schwere Klumpen auf seinen Knien lagen, und die unter der Soutane hervorschauenden Schmierstiefel - alles zeugte von einem arbeitsreichen, freudlosen Leben: sein Sprengel war sehr arm.

Den Platz neben ihm nahm der Chef der Kreispolizei ein, ein etwas fülliger, blasser, unsauber wirkender Mann mit wulstigen kurzen Händchen und plumpen Füsschen, schwarzen Augen, schwarzem gestutztem Schnurrbart und einem ständigen lustigen, aber dreckigen Lächeln um die Lippen. Er galt als Beamter, der sich mächtig schmieren liess, und sogar als Tyrann, wie man sich damals ausdrückte. Aber nicht nur die Gutsbesitzer, sondern sogar die Bauern hatten sich an ihn gewöhnt und mochten ihn gern. Er blickte sehr ungezwungen und etwas spöttisch rundum; ganz offensichtlich machte ihm diese ganze ‹Prozedur› viel Spass. In Wahrheit interessierte ihn nur der bevorstehende Imbiss samt Wodka.

Dafür nahm der neben ihm sitzende Notar, ein hagerer Mann mit einem langen Gesicht und schmalen Bartstreifen von den Ohren bis zur Nase - eine Barttracht aus der Zeit Alexanders des Ersten -, mit ganzer Seele Anteil an den Verfügungen Martyn Petrowitschs und liess seine grossen ernsten Augen nicht von ihm. Vor angestrengter Aufmerksamkeit und Anteilnahme bewegte und verzog er dauernd die Lippen, ohne sie jedoch zu öffnen. Souvenir hatte sich neben ihn gesetzt und sprach flüsternd mit ihm, nachdem er mir zuvor mitgeteilt hatte, dass der Notar der wichtigste Freimaurer im Gouvernement sei. Die Rechtsabteilung des Landständegerichts besteht bekanntlich aus dem Kreispolizeichef, dem Notar und dem Landkommissar; aber ein Kommissar war überhaupt nicht gekommen, oder er war so unscheinbar, dass ich ihn nicht bemerkte. In unserem Kreis hatte er übrigens den Spitznamen ‹Der Nicht-Vorhandene›, so wie es ‹Nicht-Erwähnenswerte› gibt.

Ich sass neben Souvenir; Kwizinski neben mir. Auf dem Gesicht des immer betriebsamen Polen zeichnete sich deutlich der Ärger über diese ‹niemandem nötige› Fahrt und den unnützen Zeitverlust ab... ‹Gnädige Herrschaften! Hirngespinste russischer Gutsherren!› schien er vor sich hin zu flüstern. ‹Alle Russen können mir gestohlen bleiben!›

12

Als wir alle Platz genommen hatten, zog Martyn Petrowitsch die Schultern hoch, räusperte sich, umfasste uns alle mit einem Blick aus seinen kleinen Bärenaugen, schöpfte geräuschvoll Atem und begann:

‹Werte Herren! Ich habe Sie aus folgendem Anlass eingeladen. Ich werde alt, meine Herren, und Schwächeanfälle überkommen mich... Schon ward mir eine Warnung zuteil, die Todesstunde nähert sich wie ein Dieb in der Nacht... Ist's nicht so, Väterchen?› wandte er sich an den Priester.

Das Väterchen schreckte auf.

‹So ist's, so ist's›, nuschelte er. Sein Bart wakkelte.

‹Und weil ich nicht wünsche›, fuhr Martyn Petrowitsch fort und hob plötzlich die Stimme, ‹dass mich der Tod unversehens trifft, habe ich mir überlegt…› Martyn Petrowitsch wiederholte Wort für Wort den Satz, den er zwei Tage zuvor bei meiner Mutter hergesagt hatte. ‹Kraft dieses meines Entschlusses›, rief er noch lauter, ‹wurde diese Urkunde› (er schlug mit der Hand auf die Bogen, die auf dem Tische lagen) ‹von mir verfasst und habe ich die Behördenvertreter als Zeugen geladen, und worin mein Wille besteht, das wird hier Punkt für Punkt aufgeführt. Habe geherrscht, meine Zeit ist um.›

Martyn Petrowitsch setzte seine runde eiserne Brille auf die Nase, nahm einen der eng beschriebenen Bogen vom Tisch und begann:

‹Teilungsurkunde über den Besitz des verabschiedeten Junkers und Edelmanns aus altem Adel Martyn Petrowitsch Charlow, von ihm selbst bei vollem gesundem Verstande und nach eigenem Ermessen abgefasst, und in welcher genau bestimmt wird, welche Grundstükke und Ländereien seinen beiden Töchtern Anna und Jewlampija› (‹Verneigt euch!› – sie verneigten sich) ‹überlassen werden und auf welche Weise das Gesinde und das übrige Vermögen sowie das Vieh zwischen selbigen Töchtern geteilt wird. Eigenhändig unterschrieben.›

‹Das ist seine Fassung›, flüsterte der Polizeichef mit seinem gleichbleibenden Lächeln Kwizinski zu, ‹und er wünscht sie wegen der Schönheit des Stils vorzulesen, doch die gesetzliche Urkunde entspricht der Form und ist nicht so blumig abgefasst.›

Souvenir begann zu kichern...

‹Entsprechend meinem Willen!› warf Charlow ein, dem die Bemerkung des Polizeichefs nicht entgangen war.

‹In allen Punkten entsprechend›, antwortete dieser rasch und belustigt, ‹aber Sie wissen ja selbst, Martyn Petrowitsch, die Form muss gewahrt bleiben. Überflüssige Einzelheiten sind nicht erwähnt worden. Auf bunte Kühe und türkische Enteriche kann die Kammer unter keinen Umständen eingehen.›

‹Komm mal her, du!› schrie Charlow seinem Schwiegersohn zu, der nach uns das Zimmer betreten und in devoter Haltung an der Tür stehen geblieben war. Er sprang augenblicklich zu seinem Schwiegervater hin.

‹Da, nimm, lies! Mir wird's zu schwer. Aber nimm dich in acht: sprich nicht zu schnell, damit die anwesenden Herren alles erfassen können.›

Sljotkin nahm das Blatt in beide Hände und begann die Teilungsurkunde mit zitternder, aber verständlicher Stimme mit Genuss und Gefühl vorzulesen. In ihr wurde mit grösster Genauigkeit bestimmt, was an Anna und was an Jewlampija ging und wie sie teilen sollten. Charlow unterbrach die Vorlesung von Zeit zu Zeit mit den Worten: ‹Hörst du, Anna, das geht an dich für deinen Arbeitseifer›, oder: ‹Das schenke ich dir, Jewlampijuschka!›, und beide Schwestern verneigten sich. Anna machte eine tiefe Verbeugung, Jewlampija neigte den Kopf. Charlow betrachtete sie tiefernst und würdig. Das Gutshaus (das neue Gebäude) hatte er Jewlampija ‹als der jüngsten Tochter nach altem Brauch› überschrieben. Die Stimme des

Vorlesers klang schrill und zitterte, als er diese für ihn unangenehmen Sätze hervorstiess, doch Shitkow leckte sich die Lippen. Jewlampija warf ihm einen schiefen Blick zu. Dieser Blick hätte mir nicht behagt, wäre ich an Shitkows Stelle gewesen. Der verächtliche Gesichtsausdruck, der Jewlampija wie jeder wahrhaft russischen Schönen eignete, hatte in diesem Falle eine besondere Nuance.

Sich selbst behielt Martyn Petrowitsch das Recht vor, in den von ihm bewohnten Zimmern weiter zu leben. Er bestimmte für sich unter dem Namen eines ‹Separaten› vollen Unterhalt in ‹Naturalverpflegung› und monatlich zehn Rubel in Scheinen für Schuhwerk und Kleidung. Den letzten Absatz der Teilungsurkunde wünschte Charlow selbst vorzulesen.

‹Diesen meinen väterlichen Willen›, hiess es da, ‹sollen meine Töchter erfüllen und heilig und unverbrüchlich wahren wie ein Gebet, sintemalen ich nach Gott ihr Vater und Haupt bin und niemals verpflichtet war, jemandem Rechenschaft abzulegen und sie nicht abgelegt habe, und sofern sie meinen Willen erfüllen, ist ihnen mein väterlicher Segen gewiss; erfüllen sie aber meinen Willen nicht, was Gott verhüte, so trifft sie mein väterlicher, Verdammnis bringender Fluch, jetzt und in alle Ewigkeit. Amen.›

Charlow hob das Blatt hoch über den Kopf. Anna liess sich sofort flink auf die Knie nieder und stiess mit der Stirn gegen den Boden; hinter ihr schlug auch ihr Mann einen Purzelbaum. ‹Na und du?› wandte sich Charlow an Jewlampija. Sie bekam einen feuerroten Kopf und verneigte sich ebenfalls bis zur Erde. Shitkow beugte sich mit seinem ganzen Körper nach vorn.

‹Unterschreibt!› rief Charlow und wies mit dem Finger auf das Ende des Blattes. ‹Hier: ‚Ich danke und nehme an, Anna. Ich danke und nehme an, Jewlampija.'›

Beide Töchter erhoben sich und unterschrieben nacheinander. Sljotkin stand ebenfalls auf und wollte nach der Feder greifen, aber Charlow schob ihn beiseite, indem er ihm mit dem Mittelfinger gegen die Halsbinde stiess, so dass er gluckste. Eine Minute lang herrschte tiefe Stille. Plötzlich murmelte Martyn Petrowitsch, und es klang, als schluchze er: ‹Nun, jetzt ist alles euer!› Dann trat er zur Seite. Die Töchter und der Schwiegersohn wechselten Blicke, gingen zu ihm und küssten seinen Arm oberhalb des Ellbogens. Bis zur Schulter reichten sie nicht.

13

Der Polizeichef verlas die der Form nach gültige Fassung der von Martyn Petrowitsch verfassten Schenkungsurkunde. Dann trat er zusammen mit dem Notar auf die Freitreppe hinaus und erklärte den am Tor versammelten Nachbarn, den von der Behörde bestimmten Zeugen, den Bauern Charlows und einigen Leuten vom Hofgesinde die vollzogene Schenkung. Danach wurden die beiden neuen Gutsherrinnen in ihren Besitz eingeführt. Sie waren ebenfalls auf der Freitreppe erschienen. Der Polizeichef zeigte mit der Hand auf sie, verlieh, eine Braue leicht gerunzelt, seiner sorglosen Miene für eine Sekunde einen drohenden Ausdruck und erinnerte die Bauern eindringlich an ihre ‹Gehorsamspflicht›. Das hätte er sich schenken können. Friedfertigere Gesichter als die der Charlowschen Bauern gab es meiner Meinung nicht noch einmal. Bekleidet mit schäbigen Röcken und zerrissenen Pelzjacken, die eng gegürtet waren, wie es stets bei feierlichen Anlässen der Brauch ist, standen sie unbeweglich, wie versteinert da, doch sobald sie der Polizeichef zwischendurch mal anschrie: ‹Hört gut zu, ihr Teufel! Merkt's euch, ihr Satansbraten!›, verbeugten sie sich plötzlich alle zugleich wie auf Kommando; jeder der ‹Teufel› und ‹Satansbraten› hielt seine Mütze mit beiden Händen fest und liess keinen Blick von dem Fenster, hinter dem Martyn Petrowitschs Gestalt sichtbar geworden war. Die zu Zeugen berufenen Bauern hatten etwas weniger Scheu.

‹Sind euch irgendwelche Umstände bekannt›, schrie sie der Polizeichef an, ‹die der Übernahme des Besitzes durch die einzigen und gesetzlichen Nachfolgerinnen und Töchter Martyn Petrowitsch Charlows entgegenstehen?›

Alle Zeugen igelten sich gleichsam ein.

‹Bekannt, ihr Teufel?› schrie der Polizeichef noch einmal.

‹Es ist uns nichts bekannt, Euer Wohlgeboren›, antwortete mutig ein pockennarbiger alter Mann mit gestutztem Backen- und Schnurrbart, ein ehemaliger Soldat.

‹Schau einer den tollkühnen Jeremejitsch an!› sagten die Zeugen von ihm, als sie auseinander gingen.

Den Bitten des Polizeichefs zum Trotz hatte Charlow nicht eingewilligt, zusammen mit seinen Töchtern auf die Treppe hinauszutreten. ‹Meine Untertanen fügen sich auch ohnedies meinem Willen›, hatte er geantwortet. Bei dem Vollzug der Übergabe hatte sich seiner eine Art Trauer bemächtigt; sein Gesicht war wieder blass geworden. Dieser neue, nie vorhanden gewesene Ausdruck der Trauer passte so wenig zu den breiten, fleischigen Zügen Martyn Petrowitschs, dass ich nicht wusste, was ich denken sollte. ‹Leidet er etwa wieder unter einem Anfall von Melancholie?› Die Bauern wussten offenbar auch nicht, was sie von ihm halten sollten. Und wirklich: ‹Da steht ihr Gutsherr quicklebendig vor ihnen, und was für ein Herr: Martyn Petrowitsch! Und plötzlich wird er nicht mehr über sie herrschen... Nicht zu fassen!›

Ich weiss nicht, ob Charlow erriet, welche Gedanken durch die Köpfe seiner ‹Untertanen› schwirrten oder ob er sich ihnen ein letztes Mal zeigen wollte, aber plötzlich öffnete er das Luftfensterchen, sein Kopf zeigte sich in der Öffnung, und er schrie mit Donnerstimme: ‹Gehorsam sein!› Dann klappte er das Fensterchen zu. Dieser Auftritt zerstreute und verringerte natürlich nicht die Zweifel der Bauern. Sie erstarrten noch mehr und stierten ins Leere.

In den Gruppen des Hofgesindes befanden sich zwei kräftige Mägde in kurzen Sarafanen aus Zitz und mit Waden, wie man sie nur auf Michelangelos ‹Jüngstem Gericht› erblicken kann, und ein schon ganz klappriger, vor Alter halb verschimmelter, halbblinder Mann in einem rauhhaarigen Friesmantel. Gerüchten zufolge hatte der Alte bei Potjomkin als Waldhornbläser gedient. (Den Burschen Maximka hatte sich Charlow selbst vorbehalten.) Die Gruppe des Hofgesindes zeigte etwas mehr Leben als die Bauern; zumindest trat sie aus Verlegenheit von einem Fuss auf den anderen.

Die beiden neuen Gutsherrinnen wahrten eine sehr würdige Haltung, namentlich Anna. Die trockenen Lippen aufeinander gepresst, blickte sie verbissen vor sich hin..., ihre strenge Gestalt verhiess dem Gesinde nicht viel Gutes. Jewlampija schaute ebenfalls nicht auf; nur einmal wandte sie sich um und liess ihre Blicke, gleichsam erstaunt, über ihren Bräutigam Shitkow gleiten, der es für nötig gehalten hatte, Sljotkin zu folgen und auch auf der Freitreppe zu erscheinen. ‹Mit welchem Recht bist du denn hier?› schienen Jewlampijas schöne Kugelaugen zu sagen. Sljotkin hatte sich am meisten verändert. In seinem ganzen Auftreten äusserte sich eine geschäftige Forschheit. Er schien Appetit bekommen zu haben. Kopf- und Beinbewegungen waren so unterwürfig wie zuvor, aber wie fröhlich breitete er die Arme auseinander, wie flink bewegte er die Schulterblätter! ‹Endlich habe ich es geschafft!› hiess das.

Nach dem Ende der ‹Prozedur› der Besitzübernahme rieb sich der Polizeichef, dem bei der Aussicht auf den nahen Imbiss schon das Wasser von den Lippen troff, auf jene besondere Art die Hände, die der ‹Einverleibung des ersten Gläschens› gewöhnlich vorausgeht. Es erwies sich jedoch, dass Martyn Petrowitsch wünschte, zuerst einen Gottesdienst mit Wasserweihe abhalten zu lassen. Der Priester zog ein altes, schon ganz brüchiges Messgewand an; ein kaum noch lebender Küster kam aus der Küche und blies mit Mühe den Weihrauch in dem alten Kupfergefäss an. Der Gottesdienst begann. Charlow seufzte in einem fort. Verbeugungen bis zur Erde konnte er wegen seiner Beleibtheit nicht machen; aber während er sich mit der rechten Hand bekreuzigte und den Kopf neigte, zeigte er mit einem Finger der linken auf den Boden. Sljotkin strahlte und vergoss sogar einige Tränen. Shitkow schob auf geziemende militärische Art die Finger zwischen dem dritten und vierten Uniformknopf ein wenig hin und her. Kwizinski als Katholik blieb im Nebenzimmer. Dafür betete der Notar so hingebungsvoll, seufzte mit solchem Mitgefühl hinter Martyn Petrowitsch, flüsterte so inbrünstig und kaute mit den Lippen, die Blicke gen Himmel gerichtet, dass ich bei seinem Anblick von Rührung ergriffen wurde und ebenfalls innig zu beten begann.

Nach dem Ende des kurzen Gottesdienstes und der Wasserweihe, wobei sich alle Anwesenden, sogar der blinde Potjomkinsche Waldhornist und auch Kwizinski die Augen mit dem heiligen Wasser benetzten, mussten sich Anna und Jewlampija auf Anweisung Martyn Petrowitschs noch einmal bis zur Erde verneigen und ihm danken. Und dann kam endlich der Moment des Frühstücks! Zu essen gab es in Hülle und Fülle; alles schmeckte vorzüglich, und wir assen uns alle dick und voll. Es erschien die unvermeidliche Flasche Wein vom Don. Der Polizeichef, am besten von uns allen mit den gesellschaftlichen Bräuchen vertraut, zudem Vertreter der Behörde, brachte als erster einen Toast auf die Gesundheit der ‹schönen Besitzerinnen› aus. Dann schlug er uns vor, auf das Wohlergehen des hochverehrten und in seiner Grossmut unübertroffenen Martyn Petrowitsch zu trinken. Bei den Worten ‹in seiner Grossmut unübertroffen› stiess Sljotkin einen glucksenden Laut aus und stürzte vor, um seinen Wohltäter zu küssen.

‹Schon gut, schon gut, nicht nötig!› murmelte Charlow scheinbar ärgerlich und schob ihn mit dem Ellbogen beiseite...

Aber in diesem Augenblick kam es zu einem, wie man so sagt, wenig erfreulichen Zwischenfall.

14

Es kam so: Souvenir, der seit Beginn des Frühstücks unaufhörlich getrunken hatte, erhob sich plötzlich, rot wie eine Runkelrübe, vom Stuhl, wies mit dem Finger auf Martyn Petrowitsch und grinste in seiner hämischen, dreckigen Art.

‹In seiner Grossmut unübertroffen! In seiner Grossmut unübertroffen!› meckerte er. ‹Wollen mal sehen, wie ihm seine Grossmut schmecken wird, wenn man ihn, den Gottesknecht, mit dem nackten Rücken... auf den Schnee legt!›

‹Was quasselst du? Dummkopf!› sagte Charlow verächtlich.

‹Dummkopf! Dummkopf!› wiederholte Souvenir. ‹Nur Gott der Allmächtige weiss, wer von uns beiden wirklich ein Dummkopf ist. Sie, Brüderchen, haben mein Schwesterlein, Ihre Gattin, ins Grab gebracht. Dafür haben Sie sich nun auch selbst den Garaus gemacht..., ha, ha, ha!›

‹Wie können Sie sich unterstehen, unseren verehrten Wohltäter zu beleidigen?› schrie Sljotkin auf, riss sich von Martyn Petrowitschs Schulter los, um die er seinen Arm gelegt hatte, und stürzte sich auf Souvenir. ‹Wissen Sie nicht, dass wir die Schenkungsurkunde augenblicklich für ungültig erklären können, sofern es unser Wohltäter wünscht?›

‹Trotzdem werdet ihr ihn mit dem nackten Rücken... auf den Schnee...›, schleuderte ihm Souvenir entgegen und verkroch sich hinter Kwizinski.

‹Schweigt!› donnerte Charlow. ‹Dich zerschmettere ich, dass an der Stelle, wo du gestanden hast, nur ein nasser Fleck bleibt. Und auch du hältst den Mund, du Welpe!› wandte er sich an Sljotkin. ‹Kümmere dich nicht um Dinge, solange man es dir nicht befiehlt. Wenn ich, Martyn Petrowitsch Charlow, mich entschlossen habe, die Teilung urkundlich zu machen, wer könnte sie dann für ungültig erklären lassen! Gegen meinen Willen handeln? Das kann keine Macht der Erde!›

‹Martyn Petrowitsch›, sagte plötzlich der Notar mit tiefer Bassstimme; er hatte ebenfalls eine Menge getrunken, aber das hatte nur das Gefühl seiner Wichtigkeit in ihm bestärkt. ‹Und wenn nun der Herr Gutsbesitzer die Wahrheit zu sagen beliebte? Sie haben ein grosses Werk vollbracht, aber wenn wirklich, was Gott verhüte, statt der schuldigen Dankbarkeit ein Affront geschieht?›

Ich blickte verstohlen auf die beiden Töchter Martyn Petrowitschs. Anna saugte sich geradezu mit den Augen an den Sprecher fest, und es ist gewiss, dass ich noch nie ein böseres, schlangenhafteres und in seiner Gehässigkeit schöneres Gesicht gesehen hatte! Jewlampija hatte sich abgewandt, die Arme auf der Brust gekreuzt; ihre vollen, rosigen Lippen verzogen sich zu einem Lächeln, das verächtlicher denn je war.

Charlow erhob sich vom Stuhl und öffnete den Mund, aber offensichtlich versagte ihm die Stimme... Er hieb plötzlich mit der Faust auf den Tisch, so dass alle Gegenstände im Zimmer hochhüpften und klirrten.

‹Väterchen›, sagte Anna rasch, ‹man kennt uns nicht, und deshalb denkt man so von uns. Tun Sie sich bitte keinen Schaden an. Sie belieben unnütz in Zorn zu geraten. Ihr Gesicht ist ja ganz verzerrt.›

Charlow blickte Jewlampija an; sie rührte sich nicht, obwohl sie der neben ihr sitzende Shitkow in die Seite stiess.

‹Ich danke dir, meine Tochter Anna›, sagte Charlow mit dumpfer Stimme. ‹Du bist vernünftig; auf dich und ebenfalls auf deinen Mann setze ich meine Hoffnung.› Sljotkin liess wieder einen glucksenden Laut hören. Shitkow warf sich in die Brust und stampfte leicht mit dem Fuss auf, aber Charlow bemerkte seine Anstrengungen nicht. ‹Dieser Tagedieb›, fuhr er fort und wies mit dem Kinn auf Souvenir, ‹macht sich ein Vergnügen daraus, mich zu hänseln; aber Ihnen, mein werter Herr›, wandte er sich an den Notar, ‹steht kein Urteil über Martyn Charlow zu, dazu fehlt Ihnen jedes Verständnis. Sie sind zwar ein Beamter, aber Ihre Worte sind sehr töricht. Im übrigen ist die Sache erledigt, meine Entscheidung wird nicht rückgängig gemacht... Wünsche noch gutes

Verweilen! Ich gehe. Ich bin hier nicht mehr der Hausherr, ich bin Gast. Anna, kümmere dich um die Gäste nach deinem Wissen; ich gehe in mein Zimmer. Genug!›

Martyn Petrowitsch drehte uns den Rücken zu und schritt langsam aus dem Zimmer, ohne noch ein Wort zu verlieren.

Die plötzliche Entfernung des Hausherrn bedeutete die Auflösung unserer Gesellschaft, zumal auch die beiden Frauen bald verschwanden. Sljotkin bemühte sich vergeblich, uns zu halten. Der Polizeichef verfehlte nicht, dem Notar dessen unangebrachte Offenheit zum Vorwurf zu machen.

‹Ging nicht anders›, antwortete dieser. ‹Aus mir sprach das Gewissen.›

‹Da sieht man, was ein Freimaurer ist!› flüsterte mir Souvenir zu.

‹Gewissen!› erwiderte der Polizeichef. ‹Ihr Gewissen kennen wir. Es sitzt wahrscheinlich bei Ihnen genauso in der Tasche wie bei uns Sündern.›

Inzwischen schob der Priester, der schon aufgestanden war, im Vorgefühl des baldigen Endes der Tafelei unaufhörlich Bissen um Bissen in den Mund.

‹Ich sehe, Sie haben einen kräftigen Appetit›, bemerkte Sljotkin scharf.

‹Auf Vorrat›, antwortete der Priester mit einer demütigen Gebärde. Aus seiner Antwort klang lebenslanger Hunger.

Ratternd fuhren die Kutschen vor, wir trennten uns.

Auf der Rückfahrt hinderte niemand Souvenir an seinem albernen Geschwätz, da Kwizinski erklärt hatte, dass ihm alle diese ‹niemandem nötigen› Unflätigkeiten zuwider seien, und vor uns zu Fuss heimgegangen war. An seiner Stelle war Shitkow in unseren Wagen gestiegen. Der verabschiedete Major machte ein sehr missvergnügtes Gesicht, und die Spitzen seines Schnurrbarts bewegten sich immerzu wie die Fühler einer Schabe.

‹Was meinen Euer Hochwohlgeboren?› lallte Souvenir, ‹Subordination untergraben? Warten Sie ab, was kommt. Auch Sie wird man hinauspfeffern. Ach Sie Bräutigamchen, Bräutigamchen, armes Bräutigamchen!›

Souvenir war ganz aus dem Häuschen. Der arme Shitkow bewegte nur den Schnurrbart.

Als ich nach Hause kam, erzählte ich meiner Mutter, was ich gesehen hatte. Sie hörte mir bis zum Ende zu und schüttelte einige Male den Kopf.

‹Das geht nicht gut aus›, sagte sie. ‹Mir will die ganze Neuordnung nicht gefallen.›

15

Am nächsten Tage kam Martyn Petrowitsch zum Essen zu uns. Meine Mutter beglückwünschte ihn zur gelungenen Beendigung seines Unternehmens.

‹Jetzt, wo du ein freier Mensch bist›, sagte sie, ‹solltest du dich leichter fühlen.›

‹Leichter, gewiss, leichter, Gnädigste›, antwortete Martyn Petrowitsch, aber sein Gesichtsausdruck zeigte keineswegs, dass ihm leichter zumute war. ‹Jetzt kann man auch an die Seele denken und sich auf die Sterbestunde gehörig vorbereiten.›

‹Die Ameisen laufen dir wohl wieder über den Arm, was?› fragte meine Mutter.

Charlow streckte und ballte zweimal die linke Hand.

‹Laufen, Gnädigste; und was ich Ihnen noch sagen muss: sobald ich einzuschlafen beginne, schreit eine Stimme in mein Ohr: ‚Sieh dich vor, sieh dich vor!'›

‹Das sind... die Nerven›, bemerkte meine Mutter und brachte das Gespräch auf den vergangenen Tag, wobei sie einige Umstände andeutete, die mit dem Vollzug des Teilungsakts verbunden gewesen waren.

‹Nun, ja, ja›, unterbrach sie Charlow, ‹es gab da etwas, aber das war nicht wichtig. Aber was ich Ihnen sagen muss›, fügte er nach einer Weile hinzu: ‹Souvenirs alberne Bemerkung hat mich gestern nicht verwirrt, sogar der Herr Notar, obzwar ein honoriger Mann, hat mich nicht konfus gemacht; nein, wer mich verwirrt hat...› Hier stockte Charlow.

‹Wer?› fragte Mutter.

Charlow blickte sie starr an.

‹Jewlampija›, sagte er.

‹Jewlampija? Deine Tochter? Wieso?›

‹Ich bitte Sie, Gnädigste, wie ein Stein stand sie da. Steif wie eine Statue. Ist sie wirklich so gefühllos? Anna, ihre Schwester, nun, die benahm sich, wie es sich gehört, die hat Feingefühl. Doch Jewlampija..., und ich habe sie doch – ich kann's leider nicht verschweigen – in vieler Hinsicht vorgezogen. Habe ich ihr denn nicht leid getan? Folglich wird es mir schlecht ergehen, folglich, das spüre ich, habe ich hier nichts mehr zu suchen, nachdem ich ihnen alles vermacht habe. Wie aus Stein stand sie da!

Hätte sie wenigstens ein Wort gesagt. Verbeugen..., ja, verbeugt hat sie sich, aber von Dankbarkeit war nichts zu spüren.›

‹Wart's ab›, bemerkte meine Mutter, ‹wir geben sie Gawrilo Fedulytsch zur Frau..., bei dem wird sie weich.›

Martyn Petrowitsch blickte meine Mutter wieder von unten her an.

‹Na ja, Gawrilo Fedulytsch, mag sein. Sie scheinen Ihre Hoffnung auf ihn zu setzen, Gnädigste?›

‹Ja.›

‹So, so. Nun, Sie müssen es besser wissen. Aber mit Jewlampija, das sage ich Ihnen, ist es wie mit mir, wir sind vom gleichen Schlag. Kosakenblut - und das Herz wie glühende Kohle.›

‹Hast du denn solch Herz, mein Lieber?›

Charlow antwortete nicht. Es entstand ein kurzes Schweigen.

‹Auf welche Weise gedenkst du nun deine Seele zu retten?› begann meine Mutter. ‹Fährst du zu Mitrofan oder nach Kiew? Oder begibst du dich nach Optina Pustyn, weil es in der Nachbarschaft liegt? Dort soll ein heiliger Mönch aufgetreten sein. Vater Makarius wird er genannt. So einen hat man noch nicht erlebt! Er schaut jeden durch und durch, sieht alle Sünden.›

‹Wenn sie sich wirklich als undankbare Tochter erweist›, sagte Charlow mit heiserer Stimme, ‹dann wird es mir wahrscheinlich nicht schwerfallen, sie mit eigenen Händen zu töten.›

‹Was sagst du! Was sagst du! Gott mit dir! Komm zu dir!› rief meine Mutter. ‹Was redest du da? Da haben wir's! Hättest du vor einigen

Tagen auf mich gehört, als du herkamst, und dich mit mir beraten. Und jetzt wirst du dich selber peinigen, statt an dein Seelenheil zu denken! Peinigen wirst du dich, und trotzdem kannst du nicht in den eigenen Ellbogen beissen! Ja! Jetzt jammerst du und bekommst es mit der Angst...›

Dieser Vorwurf schien Charlow ins Herz zu treffen. Sein ganzer früherer Stolz überflutete ihn wie eine Woge. Er straffte sich und schob das Kinn vor.

‹Ich bin kein Mensch, der jammert und Angst hat, verehrte Natalja Nikolajewna›, sagte er mit grimmiger Miene. ‹Ich hatte nur den Wunsch, Ihnen als meiner Wohltäterin und einer von mir hochgeschätzten Persönlichkeit darzulegen, was ich fühle. Aber Gott der Herr weiss› (hier hob er die Hand über den Kopf), ‹dass eher der Erdball in Stücke bricht, als dass ich mein Wort zurücknehme oder...› (hier schnaufte er sogar) ‹oder Angst habe und bereuen werde, was ich getan habe. Ich hatte meine Gründe! Und meine Töchter bleiben mir gehorsam, in alle Ewigkeit. Amen!›

Meine Mutter hielt sich die Ohren zu.

‹Warum trompetest du so? Die reinste Posaune! Wenn du wirklich von deinen Kindern so überzeugt sein darfst, dann danke Gott. Du hast mir ja den ganzen Kopf zerschmettert!›

Martyn Petrowitsch entschuldigte sich, holte ein paarmal tief Atem und verstummte. Meine Mutter erinnerte ihn noch einmal an Kiew, Optina Pustyn, an Vater Makarius... Charlow nickte zustimmend, sagte, es sei ‹nötig, nötig..., muss geschehen..., man muss an die Seele denken...›, und das vor allem. Bis zur Abfahrt blieb er missmutig; von Zeit zu Zeit ballte und streckte er die Hand, betrachtete seine Handfläche, sagte, dass er am meisten fürchte, er könne am Schlag sterben, ohne bereut zu haben, und dass er sich geschworen habe, sich nicht zu erbosen, da das Blut von der Erregung verdürbe und in den Kopf ströme... Ausserdem halte er jetzt alles von sich fern, und warum solle er sich dann aufregen? Mögen sich nun die anderen placken und sich das Blut verderben.

Als er sich von Mutter verabschiedete, sah er sie auf sonderbare Weise an. Sein Blick war nachdenklich, fragend. Plötzlich zog er mit einer raschen Bewegung den Band des ‹Ausruhenden Arbeitsmanns› aus der Tasche und drückte ihn meiner Mutter in die Hand.

‹Was soll das?› fragte sie.

‹Lesen Sie..., was hier, wo die Ecke eingebogen ist, vom Tod geschrieben steht›, stiess er hastig hervor. ‹Mir ahnt, dass es sehr gut ausgedrückt ist, aber ich bin einfach nicht imstande, es zu begreifen. Können Sie es mir nicht erklären, meine Wohltäterin? Wenn ich wiederkomme, erläutern Sie es mir.›

Mit diesen Worten ging Martyn Petrowitsch fort.

‹Da stimmt was nicht! Ach, nicht gut!› bemerkte meine Mutter, kaum dass er die Tür hinter sich geschlossen hatte, und schlug den Band des ‹Arbeitsmanns› auf.

Auf der von Charlow angemerkten Seite stand folgendes:

‹Der Tod ist eine wichtige und grosse Sache der Natur. Er ist nichts anderes als die Tatsache, dass sich der Geist – da er leichter, feiner und viel transparenter als die Elemente ist, von denen er abhängt, sogar der elektrischen Kraft - auf chemische Weise läutert und so lange strebt, bis er den ihm gemässen geistigen Ort spürt...›, und so fort.

Meine Mutter las den Satz zweimal, rief: ‹Pfui!› und warf das Buch beiseite.

Drei Tage danach erhielt sie die Nachricht, dass der Mann ihrer Schwester gestorben sei, reiste zu ihr ins Dorf und nahm mich mit. Sie beabsichtigte, einen Monat bei ihr zu verbringen, blieb jedoch bis zum Spätherbst. Erst Ende September kehrten wir wieder zu unserem Gut zurück.

16

Die erste Nachricht, mit der mich mein Kammerdiener Prokofij empfing (er bekleidete auch den Rang eines herrschaftlichen Jägers), war die, dass unübersehbar viele Schnepfenschwärme angeflogen seien und dass es im Birkenwald neben Jesskowo (Charlows Gut) von Schnepfen nur so wimmle. Bis zum Mittagessen dauerte es noch drei Stunden. Ich ergriff sofort Gewehr und Jagdtasche und eilte mit Prokofij und einem Vorstehhund zum Jesskower Wald. Tatsächlich stiessen wir dort auf eine Menge Schnepfen, feuerten an die dreissig Mal und erlegten fünf Stück.

Als wir mit der Beute heimeilten, erblickte ich einen neben dem Wege pflügenden Bauern. Sein Pferd war stehengeblieben, und er zerrte, weinerlich und wütend schimpfend, den zur Seite gebeugten Kopf des Gauls mit dem

Lenkseil schonungslos nach oben. Als ich die unglückliche Mähre näher betrachtete – die Rippen traten fast unter dem Fell hervor, und die schweissbedeckten Flanken hoben und senkten sich krampfhaft und ungleichmässig wie ein Blasebalg –, erkannte ich sofort die alte verkümmerte Stute mit der Narbe am Hals, die Martyn Petrowitsch so viele Jahre gedient hatte.

‹Ist Herr Charlow am Leben?› fragte ich Prokofij. Die Jagd hatte uns beide so sehr beschäftigt, dass wir bis zu diesem Augenblick über nichts anderes gesprochen hatten.

‹Am Leben. Warum?›

‹Das ist doch sein Pferd. Hat er es denn verkauft?›

‹Stimmt, sein Pferd. Nur von Verkaufen kann keine Rede sein; man hat es ihm genommen und jenem Bauern da gegeben.›

‹Wieso genommen? Und er war einverstanden?›

‹Nach seinem Einverständnis hat keiner gefragt. In Ihrer Abwesenheit ist hier vieles anders geworden›, sagte Prokofij mit leichtem Lächeln als Antwort auf meinen erstaunten Blick. ‹Schockschwerenot! Du mein Gott! Jetzt schaltet und waltet bei denen Sljotkin als Herr vom Ganzen.›

‹Und Martyn Petrowitsch?›

‹Martyn Petrowitsch ist zum allerletzten Menschen geworden. Sitzt auf trockenem Brot – was mehr? Den haben sie kirre gemacht. Passen Sie auf, sie verjagen ihn noch vom Hof.›

Der Gedanke, dass man einen solchen Riesen verjagen könne, wollte mir nicht in den Kopf.

‹Und was hat Shitkow dort zu sagen?› fragte

ich schliesslich. ‹Er hat ja wohl die zweite Tochter geheiratet?›

‹Geheiratet?› wiederholte Prokofij, und diesmal lachte er über das ganze Gesicht. ‹Den lässt man nicht mal ins Haus. ‚Bist hier nicht nötig', sagt man zu ihm, ‚dreh die Deichsel um!' Ich sag's, wie es ist. Sljotkin bestimmt und gibt den Ton an.›

‹Und was tut die Braut?›

‹Jewlampija Martynowna meinen Sie? Ach, Herr, ich würde es Ihnen sagen…, aber Sie sind noch zu jung – so ist es. Dinge gehen dort vor, dass auch… auch… Hallo! Dianka scheint dort etwas zu wittern!›

Tatsächlich stand meine Hündin wie eingerammt vor einem breiten Eichengebüsch, mit dem die schmale, auf die Strasse zulaufende Schlucht endete. Prokofij und ich rannten zur Hündin. Aus dem Gebüsch flog eine Schnepfe auf. Wir schossen beide und verfehlten sie. Die Schnepfe wechselte den Ort; wir pirschten ihr nach.

Die Suppe stand schon auf dem Tisch, als ich zurückkam. Meine Mutter schalt mich aus. ‹Was soll das heissen›, sagte sie unwillig, ‹schon am ersten Tage lässt du zum Essen auf dich warten.› Ich brachte ihr die erlegten Schnepfen, aber sie würdigte sie keines Blicks. Ausser ihr befanden sich Souvenir, Kwizinski und Shitkow im Zimmer. Der verabschiedete Major hatte sich in eine Ecke verdrückt – genau wie ein Schuljunge, der sich schuldig fühlt; seine Miene zeigte eine Mischung von Verwirrung und Ärger, seine Augen waren gerötet. Man hätte meinen können, er habe kurz zuvor geweint. Mutter blieb auch weiterhin missgestimmt. Es kostete mich keine grosse Mühe, zu erraten, dass meine verspätete Rückkehr nicht daran schuld war. Während des Essens sprach sie kaum ein Wort. Der Major richtete hin und wieder einen kläglichen Blick auf sie, ass jedoch mit Anstand. Souvenir zitterte. Kwizinski wahrte seine gewohnte Selbstsicherheit.

‹Wikentij Ossipytsch›, wandte sich meine Mutter an ihn, ‹ich bitte Sie, morgen die Equipage zu Martyn Petrowitsch zu schicken, denn ich habe erfahren, dass er nicht mehr über eine eigene verfügt. Lassen Sie ihm sagen, er möge unverzüglich zu mir kommen; ich möchte ihn sprechen.›

Kwizinski wollte etwas entgegnen, hielt sich jedoch zurück.

‹Auch Sljotkin lassen Sie wissen›, fuhr Mutter fort, ‹dass ich ihm befehle, bei mir zu erscheinen... Hören Sie? Be-feh-le!›

‹Richtig!... So gebührt es diesem Schuft...›, begann Souvenir halblaut, doch meine Mutter warf ihm einen so verächtlichen Blick zu, dass er sich sofort abwandte und verstummte.

‹Hören Sie? Ich befehle es!› wiederholte sie.

‹Sehr wohl!› erwiderte Kwizinski gehorsam, aber mit Würde.

‹Martyn Petrowitsch wird nicht kommen›, flüsterte mir Souvenir zu, als er mit mir nach dem Essen das Speisezimmer verliess. ‹Sie werden schon noch sehen, was mit ihm geschehen ist. Unvorstellbar! Ich nehme an, dass er nichts von dem begreift, was man auch zu ihm sagen mag. Ja, ja! Man hat die Natter mit der Mistgabel festgepresst!›

Und Souvenir brach in sein hämisches Lachen aus.

17

Souvenirs Vorhersage erwies sich als zutreffend. Martyn Petrowitsch wollte nicht zu meiner Mutter kommen. Sie begnügte sich nicht mit seiner Absage und schickte ihm einen Brief. Er erwiderte ihn mit einem Brief auf einem Viertelbogen, auf dem mit grossen Buchstaben folgende Worte geschrieben standen: ‹Weiss Gott, kann nicht. Die Scham bringt mich um. Mag ich zugrunde gehen. Danke. Quälen Sie mich nicht. Charlow, Martynko.›

Sljotkin kam, aber nicht an dem Tage, an dem ihm meine Mutter ‹befohlen› hatte zu erscheinen, sondern ganze vierundzwanzig Stunden später. Mutter liess ihn in ihr Zimmer bringen... Gott weiss, worüber sie gesprochen haben, aber das Gespräch dauerte nicht länger als eine Viertelstunde. Sljotkin kam mit einem hochroten Kopf und einem so giftig-bösen und frechen Gesichtsausdruck aus Mutters Zimmer, dass ich richtig erstarrte, als ich ihm im Salon begegnete, und Souvenir, der sich dort ebenfalls zu schaffen machte, das Lachen im Halse steckenblieb. Meine Mutter verliess das Zimmer ebenfalls mit einem ganz roten Gesicht und erklärte vor aller Ohren, dass man Herrn Sljotkin fürderhin unter keinen Umständen mehr bei ihr vorlassen solle. Und wenn Martyn Petrowitschs Töchter zu erscheinen gedächten - bei ihrer Frechheit sei alles möglich -, solle man sie ebenfalls abweisen. Während des Mittagessens rief sie plötzlich aus: ‹Dieses schmutzige Jüngelchen! Ich habe ihn an den Ohren aus dem Dreck gezogen, ich habe ihn unter die Menschen gebracht, in all und jedem ist er mir verpflichtet – und er wagt mir zu sagen, dass ich mich unnützerweise in ihre Angelegenheiten mische. Martyn Petrowitsch habe einen Sparren, und man könne unmöglich Nachsicht mit ihm üben. Nachsicht üben! Mit wem? Ach, dieser undankbare Rotzjunge, dieser widerliche Schurke!›

Major Shitkow, der auch am Essen teilnahm, meinte, dass ihm jetzt Gott selbst heisse, die Gelegenheit auszunützen und sein Wort zur Geltung zu bringen, aber meine Mutter machte ihn sofort kleinlaut. ‹Du bist mir gerade der Rechte›, sagte sie. ‹Wirst mit einem Mädel nicht fertig, und das will ein Offizier sein! Hat eine Kompanie befehligt. Kann mir vorstellen, wie sie dir gehorcht hat. Strebte danach, das Gut zu verwalten! Wärst ein schöner Verwalter geworden!›

Kwizinski, der am Ende des Tisches sass, lächelte nicht ohne Schadenfreude vor sich hin, während der arme Shitkow nur mit dem Schnurrbart wackelte, die Brauen hochzog und sein ganzes, behaartes Gesicht mit der Serviette verhüllte.

Nach dem Essen ging er auf die Freitreppe, um wie üblich ein Pfeifchen zu rauchen. Er erschien mir so beklagenswert und vereinsamt, dass ich mich zu ihm gesellte, obwohl ich ihn nicht leiden mochte.

‹Was ist denn los mit Ihnen, Gawrilo Fedulytsch›, begann ich ohne weitere Umschweife, ‹hat es mit Jewlampija Martynowna nicht geklappt? Ich nahm an, Sie seien längst verheiratet.›

Der verabschiedete Major sah mich traurig an.

‹Diese arglistige Schlange›, begann er, mit schmerzlicher Bemühung jeden Buchstaben jeder Silbe aussprechend, ‹hat mich mit ihrem Stachel gestochen und alle meine Lebenshoffnungen zuschanden gemacht! Ich würde Ihnen gern alle ihre Schandtaten schildern, Dmitrij Semjonowitsch, aber ich fürchte ihr Mütterchen zu erzürnen.› (‹Sie sind noch zu jung›, huschte mir Prokofijs Ausdruck durch den Kopf.) ‹So ist es nun mal...›

Shitkow räusperte sich.

‹Dulden... dulden..., mehr bleibt mir nicht übrig.› (Er schlug sich mit der Faust gegen die Brust.) ‹Dulde, alter Kriegsmann, dulde! Habe dem Zaren in Treu und Glauben gedient..., ohne Fehl und Tadel..., jawohl! Habe Schweiss und Blut nicht geschont, und wohin ist es nun mit mir gekommen! Wäre ich noch beim Regiment und die Sache hinge von mir ab›, fuhr er nach kurzem Schweigen fort und saugte krampfhaft an seinem Pfeifenrohr aus Kirschbaumholz, ‹dann liesse ich ihn dreimal durch die Spiessruten laufen, jawohl dreimal – das heisst, bis er verreckt...›

Shitkow zog die Pfeife aus dem Mund und starrte ins Weite, als ergötze er sich innerlich an den von ihm geprägten Bilde.

Souvenir lief herbei und begann den Major zu hänseln. Ich trat beiseite und fasste den Entschluss, Martyn Petrowitsch mit eigenen Augen zu sehen, koste es, was es wolle... Meine kindliche Neugier hatte einen starken Stoss erhalten.

18

Am nächsten Tage begab ich mich wieder mit Gewehr und Hündin, aber ohne Prokofij in den Jesskower Wald. Es war ein prächtiger Tag; ausser in Russland gibt es meiner Meinung nach nirgendwo ähnliche Tage im September. Es herrschte eine Stille, dass man auf hundert Schritte hören konnte, wie ein Eichhörnchen durch das trockene Laub hüpfte, wie ein sich lösender Zweig zuerst an anderen Zweigen leicht hängenbleibend schliesslich in das weiche Gras fiel - für immer fiel, ohne zu rascheln, und allmählich verfaulen würde. Die Luft war weder warm noch kühl, doch voller Duft; wie Kohlensäure berührte sie angenehm prickelnd Augen und Wangen. Fein wie ein Seidenfädchen, mit einem weissen Knötchen in der Mitte, kam gemächlich ein langer Gespinstfaden angeflogen, blieb am Gewehrlauf haften und stieg kerzengerade in die Luft - ein Zeichen beständigen, warmen Wetters. Die Sonne leuchtete, aber so mild wie der Mond. Schnepfen traf ich ziemlich oft, doch ich schenkte ihnen keine besondere Beachtung. Ich wusste, dass sich der Wald fast bis zu Charlows Gutshaus erstreckte, bis zum Zaun seines Gartens, und ging in dieser Richtung weiter, obwohl ich mir nicht vorstellen konnte, wie ich bis zum Haus vordringen sollte. Mir stiegen sogar Zweifel auf, ob ich mich bemühen dürfe, dort einzudringen, da meine Mutter einen Zorn auf die neuen Besitzer hatte.

Mir war, als hörte ich in geringer Entfernung menschliche Stimmen. Ich lauschte... Jemand kam durch den Wald... genau auf mich zu.

‹Hättest du doch gesagt...›, hörte man eine Frauenstimme.

‹Du hast leicht reden›, unterbrach sie die Stimme eines Mannes. ‹Kann man denn alles zugleich?›

Die Stimmen waren mir bekannt. Das blaue Kleid der Frau schimmerte durch die spärlich belaubten Haselnussbüsche; daneben kam ein dunkler Mantel zum Vorschein. Noch einen Augenblick - und fünf Schritt von mir entfernt traten Sljotkin und Jewlampija auf die Lichtung hinaus.

Sie machten verlegene Gesichter. Jewlampija wich sofort wieder in das Gebüsch zurück. Sljotkin kam nach kurzer Überlegung auf mich zu. Auf seinem Gesicht war keine Spur mehr von jener kriecherischen Unterwürfigkeit, mit der er vier Monate zuvor mein Pferd vor Charlows Haus auf und ab geführt und die Trense blank gerieben hatte. Aber ich konnte auf seinem Gesicht auch nicht den frechen, herausfordernden Zug bemerken, der mich gestern so beeindruckt hatte, als Sljotkin die Schwelle des Zimmers meiner Mutter überschritt. Sein Gesicht war weiss und hübsch wie früher, aber es schien fester und breiter geworden zu sein.

‹Na, viele Schnepfen zur Strecke gebracht?› fragte er mich. Er lüpfte die Mütze, lächelte und fuhr mit der Hand durch seine schwarzen Locken. ‹Sie jagen in unserem Wald... Bitt'schön, wir hindern Sie nicht..., im Gegenteil!›

‹Heute habe ich nichts erlegt›, sagte ich als Antwort auf seine Frage, ‹und Ihren Wald werde ich sofort verlassen.›

Sljotkin setzte mit einer schnellen Bewegung die Mütze auf.

‹Ich bitte Sie, warum denn? Wir vertreiben Sie nicht – sind sogar sehr erfreut... Da, auch Jewlampija Martynowna wird Ihnen das gleiche sagen. Kommen Sie doch bitte her, Jewlampija Martynowna. Warum haben Sie sich in die Büsche geschlagen?›

Jewlampijas Kopf wurde zwischen den Sträuchern sichtbar, aber sie kam nicht auf uns zu. Sie war in der vergangenen Zeit noch schöner geworden; es sah aus, als sei sie gewachsen und fülliger geworden.

‹Offen gestanden›, fuhr Sljotkin fort, ‹kommt mir die Begegnung mit Ihnen sogar sehr gelegen. Sie sind zwar noch jung, aber es fehlt Ihnen nicht am rechten Verständnis. Ihr Mütterchen erlaubte sich gestern, über mich in Zorn zu geraten; sie wollte keine meiner Vernunftsgründe gelten lassen, doch wie vor Gott kann ich auch vor Ihnen bekunden, dass ich keinerlei Schuld trage. Es ist unmöglich, mit Martyn Petrowitsch anders zu verfahren: er ist völlig kindisch geworden. Wir können unmöglich allen seinen Launen nachgeben, ich bitte Sie. Wir erweisen ihm die gebührende Achtung. Fragen Sie bitte Jewlampija Martynowna.›

Jewlampija rührte sich nicht. Das übliche verächtliche Lächeln spielte um ihre Lippen; die schönen Augen blickten missmutig.

‹Aber warum haben Sie Martyn Petrowitschs Pferd... verkauft, Wladimir Wassiljewitsch?› (Dieses Pferd, das sich im Besitz des Bauern befand, machte mir besonders zu schaffen.)

‹Warum wir sein Pferd verkauft haben? Aber erbarmen Sie sich, wozu taugte es denn noch? Es frass nur unnütz Heu. Doch dem Bauern hilft es trotzdem noch beim Ackern.

Wenn Martyn Petrowitsch irgendwohin fahren will, dann braucht er uns nur zu bitten. Wir schlagen ihm die Benützung der Equipage nicht ab. An den Tagen, an denen nicht gearbeitet wird, stellen wir sie ihm gern zur Verfügung.›

‹Wladimir Wassiljewitsch!› ertönte Jewlampijas dumpfe Stimme; es klang, als riefe sie ihn zu sich. Sie stand noch immer auf dem gleichen Fleck, drehte einige Wegerichhalme um ihre Finger und hieb die Köpfchen ab, indem sie eins gegen das andere schlug.

‹Und was den Burschen Maximka betrifft›, fuhr Sljotkin fort, ‹so beklagt sich Martyn Petrowitsch, dass wir ihm den Jungen weggenommen und in die Lehre gegeben haben. Aber bedenken Sie doch selbst! Was sollte er bei Martyn Petrowitsch tun? Er vertrödelte unnütz die Zeit, das war alles. Er ist so dumm und noch dazu so jung, dass er nicht mal richtig bedienen kann. Da haben wir ihn eben zu einem Sattler in die Lehre gegeben. Wird aus ihm ein guter Handwerker, hat er den Nutzen davon und wird uns Zins zahlen. Für unsere kleine Wirtschaft ist das wichtig. Bei unserem geringen Einkommen können wir auf keine Kopeke verzichten.›

‹Und diesen Menschen nannte Martyn Petrowitsch einen Waschlappen?› dachte ich. ‹Und wer liest Martyn Petrowitsch jetzt etwas vor?› fragte ich.

‹Was denn vorlesen? Es gab ein Buch, aber es ist verlorengegangen, ein Segen. Was für Lektüre braucht er denn noch in seinen Jahren!›

‹Und rasiert ihn jemand?› fragte ich abermals.

Sljotkin lachte beifällig wie als Antwort auf einen gelungenen Scherz.

‹Nein, niemand. Zuerst hat er sich den Bart mit einer Kerze abgesengt, doch jetzt lässt er ihn wachsen, wie er will. Geht wunderbar!›

‹Wladimir Wassiljewitsch!› wiederholte Jewlampija mit Nachdruck. ‹He, Wladimir Wassiljewitsch!›

Sljotkin machte ihr ein Zeichen mit der Hand.

‹Nun, Martyn Petrowitsch hat Kleidung und Schuhwerk, er isst das gleiche wie wir, was will man mehr? Er hat ja selbst versichert, dass er auf der Welt nichts anderes wünscht, als sich um seine Seele zu sorgen. Wenn er doch verstehen möchte, dass jetzt alles sowieso uns gehört. Er sagt auch, dass wir ihm kein Geld geben; aber wir haben es selbst nicht immer, und wozu braucht er Geld, wenn er alles hat, was er zum Leben benötigt? Wir behandeln ihn als Mitglied der Familie, ich sage die Wahrheit. Die Zimmer zum Beispiel, in denen er Wohnrecht hat, fehlen uns selbst dringend. Ohne sie können wir uns nirgendwo richtig umdrehen. Aber wir leiden es, machen sie ihm nicht streitig. Wir denken sogar daran, ihm Zerstreuung zu verschaffen. Ich habe ihm zum Petritag prima Angelhaken in der Stadt gekauft – echt englische! Teure Angelhaken! Damit er Fische fangen kann. Wir haben Karauschen in unserem Teich. Da kann er sitzen und angeln. Ein, zwei Stündchen sitzt er am Ufer – und schon ist die Fischsuppe fertig. Für alte Männer eine sehr würdige Beschäftigung!›

‹Wladimir Wassiljewitsch!› rief Jewlampija zum dritten Male, aber jetzt sehr energisch; sie schleuderte die Grashalme, die sie um ihre Finger gewunden hatte, weit von sich. ‹Ich gehe!› Ihre Augen begegneten meinem Blick. ‹Ich gehe, Wladimir Wassiljewitsch!› wiederholte sie und verschwand hinter den Sträuchern.

‹Ich komme gleich, Jewlampija Martynowna, sofort›, rief Sljotkin. ‹Martyn Petrowitsch billigt jetzt selbst unser Verhalten›, fuhr er fort, sich mir abermals zuwendend. ‹Zuerst tat er beleidigt, wirklich, und murrte sogar, solange er, wissen Sie, die Sachlage nicht erfasst hatte. Sie erinnern sich ja selbst, was für ein Mensch er war; hitzig, jähzornig - du meine Güte! Aber nun ist er ganz still geworden. Warum? Er hat erkannt, dass es sein eigener Nutzen ist. Ihr Mütterchen - weiss Gott, wie sie über mich hergefallen ist... Klar: die Gnädige herrscht über ihren Besitz, nicht schlechter als ehedem Martyn Petrowitsch. Am besten kommen Sie selbst mal nachschauen, und dann sagen Sie ihr bei Gelegenheit ein Wörtchen. Ich habe Natalja Nikolajewnas Wohlwollen viel zu verdanken, aber auch wir müssen leben.›

‹Und wie sind Sie Shitkow losgeworden?› fragte ich.

‹Den Fedulytsch? Diesen Schmarotzer?› Sljotkin zuckte die Achseln. ‹Aber ich bitte Sie, wozu war er denn zu brauchen? Sein Leben lang war er Soldat - und hier hatte er die Absicht, sich mit der Landwirtschaft abzugeben. ‚Ich', sagte er, ‚kann mit Bauern umgehen. Ich bin gewöhnt, ihnen in die Fresse zu schlagen!' Nichts kann er. Auch in die Fresse hauen will verstanden sein. Jewlampija Martynowna hat ihm selbst den Laufpass gegeben. Ein absolut untauglicher Mensch. Unsere ganze Wirtschaft wäre mit ihm zugrunde gegangen.›

‹Hallo!› ertönte Jewlampijas volle Stimme.

‹Gleich, gleich!› erwiderte Sljotkin. Er streckte mir die Hand hin. Ich drückte sie, wenn auch mit Widerwillen.

‹Bitte um Entschuldigung, Dmitrij Semjonowitsch›, sagte Sljotkin und zeigte seine weissen Zähne. ‹Schiessen Sie so viel Schnepfen, wie Sie wollen. Es ist angeflogenes Wild, das keinem gehört. Aber wenn Ihnen ein Häschen vor die Flinte kommt, dann verschonen Sie es; das gehört zu unserer Jagd. Und was ich noch sagen wollte: falls Ihre Hündin mal einen Welpen wirft, denken Sie an mich. Sie täten mir einen grossen Gefallen.›

‹Hallo!› ertönte wieder Jewlampijas Stimme.

‹Hallo, hallo!› rief Sljotkin zurück und eilte durch das Buschwerk davon.

19

Als ich allein geblieben war, beschäftigte mich, soweit ich mich entsinne, der Gedanke, warum Sljotkin von Charlow nicht derart zusammengeschlagen worden war, dass dort, wo er stand, ‹nur ein nasser Fleck übrig blieb› – und warum Sljotkin keine Angst vor einem solchen Ende hatte. ‹Offenbar war Martyn Petrowitsch tatsächlich ‚still' geworden›, musste ich denken, und mein Wunsch verstärkte sich, nach Jesskowo zu gelangen und wenigstens einen Blick auf den Koloss zu werfen, den ich mir einfach nicht als verjagt und gedemütigt vorstellen konnte.

Ich hatte schon den Waldrand erreicht, als plötzlich unmittelbar vor mir eine grosse Schnepfe mit lautem Flügelschlag aufstrich und in die Tiefe des Waldes stob. Ich legte an, aber mein Gewehr versagte. Ich ärgerte mich sehr, weil es ein so stattlicher Vogel war, und entschloss mich zu dem Versuch, ihn noch einmal aufs Korn zu nehmen.

Ich ging in Richtung seines Flugs weiter und erblickte nach zweihundert Schritten auf einer kleinen Waldwiese unter einer breitästigen Birke nicht die Schnepfe, sondern den nämlichen Herrn Sljotkin. Er lag auf dem Rücken, beide Hände unter dem Kopf verschränkt, und schaute mit zufriedenem Lächeln in den Himmel, mit dem linken, über das rechte Knie gelegten Bein leicht wippend. Er merkte mein Nahen nicht. Einige Schritte von ihm entfernt ging Jewlampija mit gesenkten Augen langsam auf der Wiese hin und her. Sie schien etwas im Gras zu suchen, Pilze vielleicht. Hin und wieder bückte sie sich und streckte den Arm aus. Dabei sang sie halblaut vor sich hin. Ich blieb sofort stehen und lauschte. Zuerst konnte ich nicht verstehen, was sie sang, aber dann erkannte ich deutlich die bekannten Verse eines alten Liedes; sie lauteten:

Komm doch, komm, Gewitterwolke,
schlag, erschlag den Schwiegervater;
Blitz, zerschmettere die Mutter,
doch die junge Frau erschlag' ich selber...

Jewlampija sang immer lauter; mit besonderem Nachdruck betonte und dehnte sie die letzte Zeile. Sljotkin lag noch immer auf dem

Rücken und lachte vor sich hin, während sie ihn gleichsam umkreiste.

‹Sieh einer an!› sagte er schliesslich. ‹Was denen nicht alles einfällt!›

‹Was denn?› fragte Jewlampija.

Sljotkin hob ein wenig den Kopf.

‹Was? Na was du da eben gesungen hast.›

‹Weisst doch selbst, Wolodja, aus einem Lied kann man kein Wort auslassen›, antwortete Jewlampija, drehte sich um - und erblickte mich. Wir schrien beide zugleich erschreckt auf und rannten beide nach verschiedenen Seiten davon.

Ich beeilte mich, den Wald zu verlassen. Nachdem ich eine schmale Lichtung durchquert hatte, befand ich mich vor Charlows Garten.

20

Ich hatte keine Zeit - und es hätte auch zu nichts geführt -, über das nachzudenken, was ich gesehen hatte. Ich erinnerte mich nur an das Wort ‹Liebeshexe›, das ich vor kurzem gehört und über dessen Bedeutung ich mich sehr gewundert hatte. Ich ging am Gartenzaun entlang und erblickte nach kurzer Zeit zwischen den Silberpappeln (sie hatten noch kein Blatt verloren und schimmerten in ihrer ganzen Fülle) Martyn Petrowitschs Hof samt Seitengebäude. Das ganze Anwesen erschien mir sauberer und straffer verwaltet; allerorts machte sich die Wirkung einer ständigen, strengen Aufsicht bemerkbar.

Anna Martynowna wurde auf der Treppe sichtbar. Sie kniff ihre hellblauen Augen zusammen und blickte lange in Richtung auf den Wald.

‹Hast du den Herrn gesehen?› fragte sie einen über den Hof gehenden Knecht.

‹Wladimir Wassiljitsch?› antwortete dieser und zog die Kappe vom Kopf. ‹Er ist wohl in den Wald gegangen.›

‹Das weiss ich selbst. Ist er noch nicht zurückgekommen? Hast du ihn nicht gesehen?›

‹Nein, nirgendwo.›

Der Mann stand noch immer mit entblösstem Kopf vor Anna Martynowna.

‹Troll dich!› sagte sie. ‹Oder nein..., bleib... Wo ist Martyn Petrowitsch? Weisst du es?›

‹Martyn Petrowitsch›, antwortete der Mann in singendem Tonfall und hob mal die rechte, mal die linke Hand in die Höhe, als ob er irgendwohin weise, ‹sitzt dort am Teich, mit der Angel. Im Schilf hockt er und angelt. Fängt Fische. Wer kennt sich schon mit ihm aus.›

‹Gut..., geh jetzt!› wiederholte Anna Martynowna, ‹und nimm das Rad mit, das dort herumliegt.›

Der Knecht lief fort, um den Befehl auszuführen; sie aber blieb noch einige Minuten auf der Treppe stehen und starrte auf den Wald. Dann machte sie heimlich eine drohende Gebärde mit der einen Hand und kehrte langsam ins Haus zurück.

‹Aksjutka!› erschallte hinter der Tür ihre gebieterische Stimme.

Anna Martynowna hatte gereizt ausgesehen, und ihre auch ohnehin schmalen Lippen waren besonders fest zusammengepresst gewesen. Sie war nachlässig gekleidet, und eine Strähne ihres aufgelösten Zopfes fiel ihr auf die Schulter. Aber trotz ihrer unordentlichen Kleidung und ihrer Verärgerung wirkte sie auf mich so anziehend wie früher, und ich hätte mit grosser Lust ihre schmale und auch wohl strenge Hand geküsst, mit der sie zweimal die lose Strähne ärgerlich beiseite geschoben hatte.

21

‹Sollte Martyn Petrowitsch wirklich aus Trotz zum Fischfänger geworden sein?› fragte ich mich, als ich den Weg zum Teich einschlug, der auf der anderen Seite des Gartens lag. Ich betrat den Damm und schaute mich nach allen Seiten um. Martyn Petrowitsch war nirgendwo zu sehen. Ich ging an dem einen Ufer des Teichs entlang - endlich, fast an seinem Ende erblickte ich in einer kleinen Bucht mitten zwischen plattgedrückten, vergilbten Schilfstengeln einen riesigen grauen Klotz... Ich sah genauer hin: es war Charlow. Ohne Mütze, das Haar zerzaust, sass er in einem an den Nähten eingerissenen Leinenmantel unbeweglich auf der blossen Erde, die Beine untergeschlagen. So regungslos hockte er da, dass eine kleine Strandschnepfe bei meinem Nahen zwei Schritte von ihm entfernt von dem trockenen Schlammboden aufflog und flatternd und pfeifend über die glatte Wasserfläche davonstrich. Offenbar hatte sich schon lange niemand in ihrer Nähe bewegt und sie aufgeschreckt.

Charlows Gestalt war so ungewöhnlich, dass meine Hündin, sobald sie ihn sichtete, plötzlich verhielt, den Schwanz einzog und knurrte. Charlow drehte kaum merklich den Kopf herum und richtete seine scheu blickenden Augen auf mich und die Hündin. Der zwar kurze, aber krause Bart mit den an den Spitzen ergrauten Löckchen - sie erinnerten an die Löckchen der Karakullämmer - hatte sein Aussehen stark verändert. In seiner rechten Hand lag das Ende einer Angelrute, deren anderes Ende auf dem Wasser schwamm und leise auf und ab wogte. Mein Herz erbebte unwillkürlich, aber ich fasste Mut, trat zu ihm und begrüsste ihn. Er blinzelte träge, als erwache er eben aus dem Schlaf.

‹Was machen Sie denn da, Martyn Petrowitsch?› begann ich. ‹Fische fangen?›

‹Ja..., Fische›, antwortete er mit heiserer Stimme und hob die Angelrute in die Höhe, an deren Ende der kleine Rest einer Schnur ohne Haken hin und her schwang.

‹Die Schnur ist gerissen›, sagte ich und bemerkte zugleich, dass sich neben Martyn Petrowitsch weder ein Bottich noch ein Behälter mit Würmern befand... Und wie konnte man auch im September Fische angeln wollen?

‹Gerissen›, wiederholte er und fuhr mit der Hand übers Gesicht. ‹Ist doch alles eins.›

Er warf die Angel wieder aus.

‹Natalja Nikolajewnas Söhnchen?› fragte er mich zwei Minuten später; inzwischen hatte ich ihn mit heimlicher Verwunderung betrachtet. Obwohl er stark abgemagert war, machte er dennoch den Eindruck eines Hünen. Aber was für ein Hemd er trug und wie herabgekommen er aussah!

‹Stimmt›, antwortete ich, ‹ich bin Natalja Nikolajewnas Sohn.›

‹Geht es ihr gut?›

‹Meine Mutter ist gesund. Sie ist über Ihre Absage sehr bekümmert›, fügte ich hinzu. ‹Sie hatte keineswegs erwartet, dass Sie nicht zu ihr kommen möchten.›

Martyn Petrowitsch liess den Kopf hängen.

‹Warst du auch... dort?› fragte er und wandte den Kopf schwerfällig zur Seite.

‹Wo?›

‹Dort... im Gutshaus. Bist du nicht gewesen? Geh hin. Was hast du hier zu tun? Geh hin. Hat keinen Sinn, mit mir zu reden. Mag es nicht.›

Er schwieg eine Zeitlang.

‹Dir macht es wahrscheinlich Vergnügen, dauernd mit dem Gewehr umherzustreifen. In meinen jungen Jahre tummelte ich mich auch so, aber mein Vater..., ich hatte Achtung vor ihm, und wie! Anders als die heutigen. Mit der Hundepeitsche hat mich mein Vater verprügelt - Feierabend! Aus war's mit dem Vergnügen! Darum habe ich ihn geachtet... Uh!... Ja... ja!...›

Charlow verstummte wieder.

‹Halte dich hier nicht weiter auf›, begann er von neuem. ‹Geh zum Gutshaus. Dort läuft jetzt alles wie am Schnürchen. Wolodka...›, hier stockte er einen Augenblick. ‹Unser Wolodka hat ein geschicktes Händchen für die Wirtschaft. Tüchtiger Bursche, nun ja, und eine Bestie ausserdem!›

Ich wusste nicht, was ich sagen sollte. Martyn Petrowitsch hatte ganz ruhig gesprochen.

‹Und schau dir meine Töchter an. Du entsinnst dich doch, ich hatte Töchter. Sind auch Hausherrinnen..., aalglatt, können alles. Doch ich bin alt geworden, Bruder, bin abgetreten. Im Ruhestand, du weisst schon...›

‹Schöner Ruhestand!› dachte ich und schaute rundum. ‹Martyn Petrowitsch›, sagte ich laut, ‹Sie müssen unbedingt zu uns kommen.›

Charlow sah mich an.

‹Geh weiter, Junge, mehr kann ich dir nicht sagen.›

‹Erzürnen Sie Mütterchen nicht, kommen Sie.›

‹Geh deiner Wege, Junge, geh›, bekräftigte Charlow. ‹Was hast du mit mir zu reden?›

‹Wenn Sie keinen Wagen haben, schickt Ihnen Mutter ihren eigenen.›

‹Fort mit dir!›

‹Wirklich, Martyn Petrowitsch.›

Charlow liess wieder den Kopf hängen, und mir schien, als ob sich seine schwärzlichen, wie mit Erde bedeckten Wangen ein wenig röteten.

‹Wirklich, kommen Sie›, beharrte ich. ‹Was sollen Sie hier herumsitzen und sich quälen?›

‹Wieso - quälen?› sagte er gedehnt.

‹Halt so - quälen!› wiederholte ich.

Charlow schwieg und schien in Gedanken zu versinken.

Von seinem Schweigen ermutigt, entschloss ich mich, ganz offen und geradezu vorzugehen. (Vergessen Sie nicht - ich war nicht älter als fünfzehn Jahre.)

‹Martyn Petrowitsch!› begann ich und setzte mich neben ihn. ‹Ich weiss doch alles, einfach alles. Ich weiss, wie Sie von Ihrem Schwiegersohn behandelt werden - natürlich mit Zustimmung Ihrer Töchter. Und nun sind Sie in solcher Lage... Aber warum denn verzagen?›

Charlow schwieg noch immer und hatte nur die Angelrute sinken lassen. Und ich kam mir so klug, so weise wie ein Philosoph vor.

‹Gewiss›, begann ich abermals, ‹sie haben unvorsichtig gehandelt, dass Sie das Gut an Ihre Töchter abgetreten haben. Das war sehr hochherzig von Ihnen - und ich will es Ihnen nicht zum Vorwurf machen. In unserer Zeit findet man einen solchen Charakterzug viel zu selten. Aber wenn Ihre Töchter undankbar sind, dann sollten Sie sie verachten..., jawohl, verachten... und nicht sich abhärmen...›

‹Schweig!› flüsterte Charlow plötzlich mit knirschenden Zähnen, und seine auf das Wasser starrenden Augen funkelten böse. ‹Geh!›

‹Aber Martyn Petrowitsch...›

‹Geh, sage ich dir..., oder ich erschlag' dich!›

Ich war ganz nahe an ihn herangerückt, aber bei diesen letzten Worten sprang ich unwillkürlich auf die Füsse.

‹Was haben Sie da gesagt, Martyn Petrowitsch?›

‹Ich erschlag' dich! Ich hab' dir doch gesagt: geh!› Mit einem wilden Gestöhn und Geheul entrang sich der Laut seiner Stimme aus Charlows Brust, aber er drehte den Kopf nicht zur Seite, sondern blickte weiter grimmig vor sich hin. ‹Ich packe dich und schmeisse dich samt allen deinen dämlichen Ratschlägen ins Wasser - dann weisst du, was es heisst, alte Leute zu beunruhigen, du Grünschnabel!›

‹Er ist verrückt geworden›, ging es mir durch den Kopf.

Ich blickte ihn genauer an und erstarrte. Martyn Petrowitsch weinte! Träne auf Träne rollte von seinen Wimpern über die Backen. Sein Gesicht zeigte einen Ausdruck wilder Wut.

‹Geh!› schrie er noch einmal, ‹sonst erschlage ich dich, bei Gott! Damit den anderen die Lust vergeht.›

Er machte eine jähe Bewegung zur Seite und fletschte die Zähne wie ein Eber. Ich griff nach meinem Gewehr und stürzte davon. Meine Hündin rannte mir laut bellend nach. Sie hatte ebenfalls einen Schreck bekommen.

Als ich wieder daheim war, deutete ich meiner Mutter selbstverständlich mit keinem Wort an, was ich erlebt hatte, aber als ich mit Souvenir zusammentraf, erzählte ich ihm alles, weiss der Teufel warum. Der widerwärtige Mensch war über meinen Bericht so erfreut, dass er vor Lachen kreischte und sogar in die Höhe sprang. Beinahe hätte ich ihn geschlagen.

‹Mann, das möchte ich sehen›, behauptete er, japsend vor Lachen, ‹wie dieses Götzenbild, der Wschede Charlow, in den Schlamm kriecht und dort sitzt...›

‹Gehen Sie zu ihm an den Teich, wenn es Sie so interessiert.›

‹Ja, aber wenn er mich totschlägt?›

Souvenir widerte mich an. Ich bereute meine unangebrachte Geschwätzigkeit.

Shitkow, dem er meinen Bericht weitergab, sah die Sache etwas anders an.

‹Man muss sich an die Polizei wenden›, entschied er; ‹vielleicht wird es sogar nötig werden, eine Truppenabteilung kommen zu lassen.›

Was das Militär betraf, so erfüllte sich seine Annahme nicht, aber es ereignete sich tatsächlich etwas Ungewöhnliches.

22

Mitte Oktober, drei Wochen nach meiner Begegnung mit Martyn Petrowitsch, stand ich eines Tages am Fenster meines Zimmers im ersten Stockwerk unseres Hauses und schaute trübselig und ohne an etwas zu denken auf den Hof und die an ihm vorbeiführende Strasse. Seit fünf Tagen herrschte das abscheulichste Wetter; an Jagd war nicht zu denken. Jedes Lebewesen hatte sich verkrochen; sogar die Sperlinge waren verstummt, und die Krähen hatten sich schon längst verzogen. Der Wind heulte dumpf oder pfiff stossartig. Der niedrige, lichtlose Himmel hatte eine unangenehm weissliche Färbung, die in ein bleiernes, noch bösartigeres Grau überging. Der unaufhörlich sich ergiessende Regen strömte plötzlich noch stärker, noch schräger gegen die Scheiben, klatschte prasselnd dagegen und rann in Bächen hinab. Die Bäume waren ganz zerzaust und grau geworden; kein Zweig schien mehr abzureissen sein, doch den Wind focht das nicht an, wieder und wieder rüttelte er an ihnen. Überall standen Pfützen, auf denen tote Blätter schwammen, grosse Blasen platzten, von neuem entstanden, hochsprangen und über die Wasserfläche glitten. Der Schmutz türmte sich auf den Wegen und machte sie unbegehbar. Die Kälte drang in die Zimmer, unter die Kleidung, bis in die Knochen; unwillkürlich lief einem ein Frostschauer über den Körper, und es wurde einem ganz übel zumute; übel, nicht traurig. Es schien, als ob es nie wieder Sonne, Glanz und Farben auf Erden geben, sondern ewig Kot und Schleim, graue Nässe und säuerliche Feuchte herrschen würden, ewig der Wind winseln und klagen würde.

Da stand ich also dösend am Fenster, und plötzlich, entsinne ich mich, wurde es dunkel. Bläuliche Finsternis brach ein, obwohl es erst gegen zwölf Uhr mittags war. Auf einmal war mir, als liefe ein Bär über unseren Hof vom Tor zur Freitreppe. Zwar nicht auf allen vieren, sondern in der Haltung, wie man ihn oft abbildet: auf die Hintertatzen erhoben. Ich traute meinen Augen nicht. Wenn es auch kein Bär war, was ich erblickte, so war es doch in jedem Falle etwas Riesiges, Schwarzes, Zottiges. Bevor ich mir klargeworden war, was es sein könne, erscholl unten ein ungestümes Pochen. Etwas ganz Unerwartetes, ja Fürchterliches schien in unser Haus einzubrechen. Man vernahm hastiges Hin- und Herlaufen...

Ich rannte schnell die Treppe hinunter und stürzte ins Esszimmer.

In der Tür zum Salon stand, mir zugewandt, meine Mutter wie erstarrt. Hinter ihr wurden einige erschreckte Gesichter von Frauen sichtbar. Der Hausmeister, zwei Diener und der Laufbursche, die Münder vor Staunen weit offen, drängten sich an der Tür zum Vorzimmer. Mitten im Esszimmer kniete schmutzbedeckt, zerzaust, zerschunden, nass – so nass, dass ringsum ein feuchter Dunst aufstieg und das Wasser auf den Boden troff und weiterrieselte –, schwerfällig schwankend und gleichsam ersterbend das nämliche Ungeheuer, das vor meinen Augen über den Hof gestürmt war. Und wer war das Ungeheuer? Charlow!

Ich trat von der Seite an ihn heran und sah zwar nicht das Gesicht, aber seinen Kopf und seine ausgestreckten Hände über dem dreckverkrusteten Haar. Er atmete schwer und stossweise. In seiner Brust brodelte es. An der besudelten, dunklen Masse konnte man das Weisse der kleinen, wild umherblickenden Augen deutlich erkennen. Es war zum Fürchten! Mir kam die Erinnerung an den hohen Beamten, der einmal Charlows Zorn zu spüren bekam, weil er ihn mit einem Mastodon verglichen hatte. Tatsächlich: so musste ein vorsintflutliches Tier ausgesehen haben, das sich soeben vor einem anderen, stärkeren Tier in Sicherheit gebracht hatte, nachdem es mitten im Urschlamm der ersten Sümpfe angefallen worden war.

‹Martyn Petrowitsch!› rief meine Mutter und schlug die Hände über dem Kopf zusammen. ‹Bist du es? O mein Gott, gnädiger Gott!›

‹Ich... ich...›, kam es stossweise aus ihm, als könne er nur mit Mühe sprechen und als schmerze ihn jeder Laut. ‹Och! Ich!›

‹Aber was ist denn mit dir geschehen, um Gottes willen?›

‹Natalja Nikola-jewna..., ich zu Ihnen..., bin direkt aus dem Haus zu Fuss gelaufen...›

‹Durch diesen Schmutz! Du siehst ja kaum noch wie ein Mensch aus! Steh auf, setz dich wenigstens hin... Und ihr›, wandte sie sich an die Zimmermädchen, ‹lauft und holt Handtücher. Haben wir nicht irgendwelche warme Kleidung?› fragte sie den Hausmeister.

Dieser deutete mit den Händen an, wo man für einen solchen riesengrossen Mann Kleidung finden solle. ‹Eine Bettdecke könnte man übrigens bringen›, sagte er; ‹wenn nicht, dann eine neue Pferdedecke.›

‹So steh doch auf, steh auf, Martyn Petrowitsch, setze dich!› wiederholte meine Mutter.

‹Hinausgejagt haben sie mich, Gnädige›, stöhnte Charlow plötzlich. Er bog den Kopf zurück und streckte die Hände vor. ‹Hinausgejagt, Natalja Nikolajewna. Die leiblichen Töchter haben mich von meinem angestammten Herd verjagt...›

Meine Mutter ächzte.

‹Was sagst du? Fortgejagt? Ach, diese Sünde, diese Sünde!› (Sie bekreuzigte sich.) ‹Aber steh doch auf, Martyn Petrowitsch, tu mir den Gefallen.›

Die beiden Zimmermädchen kamen mit Handtüchern und blieben vor Charlow stehen. Man sah ihnen an, dass sie sich nicht vorstellen konnten, wie sie mit dieser Unmenge Schmutz fertig werden sollten.

‹Fortgejagt, Gnädigste, fortgejagt!› wiederholte Charlow.

Der Hausmeister kam mit einer grossen Wolldecke zurück und verharrte ebenfalls unschlüssig. Souvenir steckte sein Köpfchen zur Tür hinein und verschwand.

‹Martyn Petrowitsch, stehe auf! Setze dich hin! Und erzähle mir alles der Reihe nach›, befahl meine Mutter in energischem Ton.

Charlow richtete sich auf. Der Hausmeister wollte ihm helfen, aber er machte sich nur die Finger schmutzig und zog sich, die Hand schlenkernd, zur Tür zurück. Sich umwälzend und schwankend gelangte Charlow bis zu einem Stuhl und setzte sich. Die Zimmermädchen näherten sich ihm wieder mit den Handtüchern, aber er wies sie mit einer Handbewegung von sich und lehnte auch die Decke ab.

Übrigens bestand auch Mutter nicht mehr darauf. Charlow zu trocknen war offensichtlich unmöglich, nur seine Spuren auf dem Fussboden wurden schleunigst aufgewischt.

23

‹Wieso haben sie dich hinausgejagt?› fragte meine Mutter, nachdem sich Charlow ein wenig ‹verschnauft› hatte.

‹Gnädige! Natalja Nikolajewna!› begann er mit gepresster Stimme, und wiederum machte mich sein flackernder, ruheloser Blick betroffen. ‹Ich will die Wahrheit sagen: an allem bin ich selbst am meisten schuld.›

‹Siehst du wohl! Seinerzeit wolltest du nicht auf mich hören›, meinte meine Mutter. Sie liess sich auf einen Sessel nieder und schwenkte ihr parfümiertes Taschentuch ein wenig vor der Nase hin und her, denn von Charlow ging ein beizender Geruch aus – in einem Waldmorast konnte es nicht ärger riechen.

‹Ach, darin liegt meine Schuld nicht, Gnädigste, sondern in meinem Stolz. Der Stolz war mein Verderben, genau wie er den Zaren Nebukadnezar zugrunde gerichtet hat. Ich meinte immer, Gott der Herr habe mich nicht durch einen Mangel an gesundem Menschenverstand benachteiligt. Wenn ich etwas beschloss, dann wurde es auch ausgeführt. Aber da packte mich die Todesfurcht und warf mich ganz aus dem Geleise. Ich werde zum Schluss noch einmal meine Kraft und Macht zeigen, meinte ich. Ich werde sie belohnen, und sie sollen es bis zum Grabe verspüren...›

Charlow geriet plötzlich in Erregung. ‹Wie einen dreckigen Köter haben sie mich aus dem Hause gejagt! Da sieht man ihre Dankbarkeit!›

‹Aber auf welche Weise denn?› wollte meine Mutter wissen.

‹Den Laufburschen Maximka haben sie mir genommen›, unterbrach sie Charlow. Seine Blicke waren noch immer ruhelos, sein Kinn ruhte auf beiden Händen, deren Finger ineinander verschränkt waren. ‹Den Wagen haben sie mir genommen, die monatliche Zuteilung haben sie mir gekürzt, die vereinbarte Geldsumme haben sie mir nicht gezahlt – rundweg immer knapper haben sie mich gehalten, aber ich habe geschwiegen, habe es hingenommen. Und geduldet habe ich es, abermals – o weh! – aus Stolz. Meine bösen Feinde sollten nicht sagen: ‚Schaut den alten Narren an, jetzt tut's ihm leid.' Und auch Sie, Gnädige, werden sich entsinnen, dass Sie mich gewarnt haben. ‚In seinen eigenen Ellbogen beisst keiner', haben Sie gesagt. So habe ich halt alles hingenommen... Aber heute komme ich in mein Zimmer und sehe, es ist in Beschlag genommen worden. Mein Bett haben sie in die Rumpelkammer geschoben. ‚Kannst auch dort schlafen, wir dulden dich sowieso nur aus Gnade. Dein Zimmer brauchen wir für den Haushalt.' Und das sagt mir – wer? Wolodka Sljotkin, dieses Aas, dieser Unflat...› Charlows Stimme brach.

‹Aber deine Töchter? Was sagen denn sie dazu?› fragte meine Mutter.

‹Und ich habe alles ertragen›, fuhr Charlow in seinem Bericht fort; ‹bitter war mir zumute, ach so bitter. Ich schämte mich... Gottes Welt ward mir zuwider. Deshalb wollte ich auch nicht zu Ihnen kommen, Mütterchen..., vor Scham, vor Schande. Ich hatte ja alles versucht, mein Mütterchen, hatte es mit Freundlichkeit, mit Drohen versucht, hatte ihnen ins Gewissen geredet und mehr noch: ich habe mich verneigt..., so habe ich mich vor ihnen verneigt.› (Charlow zeigte es.) ‹Doch alles vergeblich! Und all das habe ich ertragen. Anfangs, in der ersten Zeit war mir mehr als einmal der Gedanke gekommen: ich packe sie, schlage sie zusammen, schmeisse alles um und um, dass kein Körnchen übrig bleibt..., dann werden sie es merken. Doch dann fügte ich mich. ‚Das Kreuz', dachte ich, ‚ist mir auferlegt worden; es bedeutet, ich soll mich auf den Tod vorbereiten.' Und plötzlich heute, wie einen Köter! Und wer? Wolodka! Und was Ihre Frage nach meinen Töchtern betrifft, ja haben denn die einen eigenen Willen? Wolodkas Mägde sind sie geworden, weiter nichts.›

Meine Mutter wunderte sich.

‹Von Anna könnte ich es noch verstehen, sie ist seine Frau... Aber aus welchem Grund die zweite...›

‹Jewlampija? Die ist schlimmer als Anna. Hat sich Wolodka mit Haut und Haar ausgeliefert. Deshalb hat sie auch Ihrem Soldaten da den Laufpass gegeben. Auf seine, auf Wolodkas Anweisung hin. Anna - ganz klar - hätte sich gekränkt fühlen müssen, zumal sie ihre Schwester nicht leiden mag, aber sie hat sich unterworfen. Er hat sie verhext, der Verdammte! Vielleicht ist ihr, der Anna, auch der Gedanke angenehm, dass aus Jewlampija, die immer die Stolze war, jetzt so etwas geworden ist... O-och-och! Gott, mein Gott!›

Meine Mutter sah mich beunruhigt an. Ich trat etwas zur Seite, aus Vorsicht, um nicht hinausgeschickt zu werden…

‹Tut mir sehr leid, Martyn Petrowitsch›, begann sie, ‹dass dir mein ehemaliger Schützling solchen Kummer macht und sich als ein so schlechter Mensch erweist, aber auch ich habe mich in ihm getäuscht… Wer konnte das von ihm erwarten!›

‹Gnädige!› stöhnte Charlow und schlug sich an die Brust. ‹Ich kann die Undankbarkeit meiner Töchter nicht ertragen. Ich kann es nicht, Gnädige. Habe ich ihnen doch alles, alles gegeben! Und zudem peinigt mich das Gewissen. Viel…, och, viel… viel habe ich darüber nachgedacht, wenn ich am Teich sass und Fische fing. ‚Hättest du doch jemandem Nutzen in deinem Leben gebracht!' ging es mir durch den Kopf. ‚Hättest du die Armen beschenkt, den Bauern die Freiheit gegeben, statt sie dein Leben lang auszunützen. Du bist doch vor Gott für sie verantwortlich. Jetzt kannst du ihre Tränen nicht mehr von dir abwaschen.' Doch was haben sie jetzt erst für ein Los! Auch zu meiner Zeit war es eine tiefe Grube - es zu verschweigen wäre Sünde -, aber jetzt wird sie bodenlos. Alle diese Sünden habe ich mir aufgeladen, habe um der Kinder willen mein Gewissen zum Opfer gebracht - und als Dank ein Tritt. Raus mit dir, alter Köter!›

‹Höre auf, daran zu denken, Martyn Petrowitsch›, sagte meine Mutter.

‹Und wie er mir gesagt hat, Ihr Wolodka da›, hub Charlow mit neuer Kraft an, ‹wie er mir gesagt hat, dass meines Bleibens in meiner Stube länger nicht möglich sei, in der Stube, in der ich Balken um Balken mit eigener Hand geschichtet habe, wie er mir das gesagt hat..., weiss Gott, wie mir geschah. Ich war wie von Sinnen, es stach mir ins Herz wie mit einem Messer... Entweder ihm die Kehle durchschneiden oder raus aus dem Haus!... Da lief ich zu Ihnen, meine Wohltäterin Natalja Nikolajewna... Wohin sollte ich denn, um mein Haupt zu betten? Und dabei der Regen, das Unwetter..., ich bin mindestens an die zwanzig Male hingefallen. Und jetzt... in diesem garstigen Zustand...›

Charlow musterte sich mit einem Blick und rückte auf dem Stuhl hin und her, als ob er aufstehen wolle.

‹Lass gut sein, Martyn Petrowitsch›, sagte meine Mutter schnell, ‹was ist denn schon dabei, dass du den Boden beschmutzt hast? Nicht so wichtig! Ich will dir einen Vorschlag machen. Hör zu! Man bringt dich jetzt in ein besonderes Zimmer und gibt dir ein sauberes Bett – du ziehst dich aus, wäschst dich, legst dich hin und schläfst...›

‹Mütterchen Natalja Nikolajewna! Mir ist nicht nach Schlaf zumute›, sagte Charlow niedergeschlagen. ‹In meinem Hirn pocht es wie mit Hämmern. Mich haben sie doch wie eine unbrauchbare Kreatur...›

‹Leg dich, schlaf!› wiederholte meine Mutter energisch. ‹Danach bekommst du Tee, nun und dann sprechen wir miteinander. Lass den Kopf nicht hängen, alter Freund. Wenn man dich aus *deinem* Hause gejagt hat, in *meinem* Hause findest du immer eine Bleibe... Ich habe nicht vergessen, dass du mir das Leben gerettet hast.›

‹Wohltäterin!› stöhnte Charlow und bedeckte das Gesicht mit den Händen. ‹Retten *Sie* mich jetzt!›

Dieser Ausruf rührte meine Mutter fast zu Tränen.

‹Ich bin gern bereit, Martyn Petrowitsch, dir nach Kräften zu helfen; aber du musst mir versprechen, dass du in Zukunft auf mich hören und alle bösen Gedanken von dir weisen wirst.›

Charlow nahm die Hände vom Gesicht.

‹Wenn nötig›, sagte er, ‹kann ich auch verzeihen.›

Meine Mutter nickte zustimmend.

‹Es ist mir sehr wohltuend, dich in einer solchen wahrhaft christlichen Stimmung zu sehen, Martyn Petrowitsch, aber darüber sprechen wir noch. Vorerst bringe dich in Ordnung - und die Hauptsache: schlafe eine Weile. Führe Martyn Petrowitsch in das grüne Zimmer des verstorbenen Herrn›, wandte sich Mutter an den Hausmeister, ‹und was er braucht, soll ihm sofort gebracht werden. Lasse seine Kleidung trocknen und säubern, und wenn er Wäsche benötigt, erbitte sie von der Beschliesserin - verstanden?›

‹Zu Befehl!› antwortete der Hausmeister.

‹Sobald er wach ist, soll ihm der Schneider Mass nehmen; auch den Bart muss man abrasieren. Nicht gleich, aber später.›

‹Zu Befehl!› wiederholte der Hausmeister, ‹Martyn Petrowitsch, bitte!›

Charlow stand auf, sah meine Mutter an, wollte zu ihr gehen, blieb aber stehen, verbeugte sich tief, bekreuzigte sich dreimal vor der Ikone und folgte dem Hausmeister. Gleich nach den beiden huschte auch ich aus dem Zimmer.

24

Der Hausmeister brachte Charlow in das grüne Zimmer und eilte sofort zur Beschliesserin weiter, da keine Bettwäsche vorhanden war. Souvenir, der uns im Vorzimmer traf und zugleich mit mir ins Zimmer hüpfte, begann sofort Grimassen zu schneiden und kichernd um Charlow zu tanzen, der mit leicht gespreizten Armen und Beinen nachdenklich mitten im Zimmer stand. Noch immer troff das Wasser von ihm herab.

‹Wsched! Wsched Charlus!› quiekte Souvenir mit einer tiefen Verbeugung und hielt sich die Seiten. ‹Grosser Begründer des berühmten Geschlechts der Charlows, sieh dir deinen Nachfahren an! Wie sieht er aus? Kannst du ihn erkennen? Ha-ha-ha! Euer Durchlaucht, bitte Ihr Händchen! Warum tragen Sie denn schwarze Handschuhe?›

Ich wollte Souvenir zurückhalten und ihm sagen, er solle sich schämen, aber er liess mich nicht zu Wort kommen.

‹Zum Kostgänger hat er mich erhoben, zum Schmarotzer. ‚Hast kein eigen Hof und Herd!' hat er zu mir gesagt. Und jetzt ist er genau solch Kostgänger geworden wie ich sündiger Mensch. Ob Martyn Charlow, ob Souvenir der Taugenichts – jetzt sind sie beide eins. Muss ebenfalls von Almosen leben. Man hebt eine Brotrinde vom Boden auf, an welcher der Hund geschnüffelt hat und vorbeigelaufen ist. ‚Da', sagt man, ‚nimm und iss!' Ha-ha-ha!›

Charlow stand noch immer unbeweglich da, den Kopf gesenkt, die Beine gespreizt, die Arme von sich haltend.

‹Martyn Petrowitsch! Edelmann von altem Adel!› stichelte Souvenir mit seiner Fistelstimme. ‹Hat den hohen Herrn gespielt, alle anderen waren Dreck. ‚Komm mir nicht zu nahe', hiess es, ‚oder ich zerquetsche dich!' Doch sowie er vor lauter Klugheit sein Gut abgegeben und aufgeteilt hat, da fing er an zu gackern. ‚Dankbarkeit!' schreit er, ‚Dankbarkeit!' Und warum hat er mich beleidigt, warum hat er mir nichts abgegeben? Ich hätte vielleicht mehr Mitgefühl gehabt. Das bedeutet, ich habe die Wahrheit gesagt, dass man ihn mit dem nackten Rücken...›

‹Souvenir!› rief ich. Aber Souvenir liess sich nicht zügeln. Charlow rührte sich noch immer nicht. Er schien jetzt erst zu fühlen, wie nass alles an ihm war, und zu warten, dass man ihn auskleide. Aber der Hausmeister war noch immer nicht zurückgekehrt.

‹Und dazu noch ein Krieger!› begann Souvenir von neuem. ‹Hat im Jahre zwölf das Vaterland gerettet! Seine Tapferkeit gezeigt! Will heissen, er hat erfrorenen Marodeuren die Hosen ausgezogen... Das hat er gekonnt, aber wenn ein Mädel mit dem Fuss aufstampft, dann rutscht ihm das Herz in die Hosen...›

‹Souvenir!› schrie ich abermals.

Charlow warf einen kurzen Blick auf Souvenir. Bis dahin hatte er ihn überhaupt nicht bemerkt; erst mein Schrei hatte seine Aufmerksamkeit erregt.

‹Gib acht, Bruder›, knurrte er dumpf, ‹du strampelst dich ins Unglück!›

Souvenir wollte sich vor Lachen ausschütten.

‹Oh, wie Sie mich erschreckt haben, wertestes Brüderchen! Man muss ja richtig Angst vor Ihnen kriegen. Wenn Sie sich wenigstens die Härchen kämmen würden, sonst trocknen sie womöglich, Gott bewahre, und man kann dann nicht mehr den Dreck herauswaschen und muss sie absicheln.› Souvenir geriet plötzlich ausser sich. ‹Tut sich noch wichtig! Ein Habenichts, und spielt den starken Mann! Sagen Sie mir lieber, wo jetzt Ihr Hof und Herd sind, womit Sie sich immer gebrüstet haben! ‚Ich besitze mein Obdach', hat er gesagt, ‚aber du bist ein Obdachloser. Ich aber habe mein Erbgut, mein Obdach!'› (Das Wort liess Souvenir nicht los.)

‹Herr Bytschkow›, sagte ich, ‹was tun Sie? Kommen Sie zur Besinnung!›

Aber er plapperte weiter, sprang immerzu in die Höhe und huschte um Charlow herum. Und der Hausmeister samt der Beschliesserin war immer noch nicht da.

Mir wurde es unheimlich. Ich merkte, dass Charlow, der während des Gesprächs mit meiner Mutter allmählich ruhig geworden war und sich am Ende der Unterhaltung sogar offensichtlich mit seinem Los ausgesöhnt hatte, von neuem gereizt wurde. Er atmete hastiger; unter den Ohren schwoll er plötzlich gleichsam an, die Finger bewegten sich, abermals flackerten die Augen in der dunklen Maske des besudelten Gesichts...

‹Souvenir! Souvenir!› rief ich. ‹Hören Sie auf, ich werde es Mutter sagen.›

Aber Souvenir war wie vom Teufel geritten.

‹Ja, ja, Verehrtester!› schnatterte er wieder los. ‹Sie wie ich, wir befinden uns jetzt in heiklen Umständen. Ihre Töchterchen mitsamt Ihrem Schwiegersohn Wladimir Wassiljewitsch machen sich unter Ihrem Dach obendrein über Sie lustig. Sie hatten versprochen, sie zu verfluchen. Hätten Sie es doch getan! Aber dazu langt es bei Ihnen nicht. Und wie könnten Sie sich auch mit Wladimir Wassiljewitsch messen! Wolodka haben Sie ihn genannt. Was für ein Wolodka ist er für Sie? Er ist Wladimir Wassiljewitsch, Herr Sljotkin, Gutsbesitzer, Gutsherr, aber du - wer bist denn du?›

Wildes Gebrüll übertönte Souvenirs Worte... Charlow riss es hoch. Seine Fäuste ballten sich und fuhren in die Höhe, sein Gesicht wurde blau, Schaum trat auf seine rissigen Lippen, er bebte vor Wut.

‹Obdach, sagst du!› donnerte seine eherne Stimme. ‹Verfluchen, sagst du... Nein, ich verfluche sie nicht..., das macht ihnen nichts aus. Doch das Dach..., das Dach über ihren Köpfen, das schlage ich kurz und klein..., und sie werden genausowenig ein Obdach haben wie ich. Sie sollen Martyn Charlow kennenlernen. Noch habe ich meine Kraft! Sie sollen erfahren, was es heisst, wenn man sich über mich lustig macht!... Sie werden kein Dach mehr über sich haben!›

Ich erstarrte. Zeit meines Lebens war ich nicht Zeuge eines so masslosen Zorns gewesen. Kein Mensch, ein wildes Tier bewegte sich vor mir. Souvenir verkroch sich vor Angst unter den Tisch.

‹Kein Dach mehr über dem Kopf!› schrie Charlow zum letzten Male und stürzte aus dem Hause, den eben eintretenden Hausmeister samt der Beschliesserin fast umrennend...

Wie ein Orkan brauste er über den Hof und verschwand hinter dem Tor.

25

Meine Mutter wurde sehr böse, als der Hausmeister kam und berichtete, dass sich Martyn Petrowitsch abermals unerwartet entfernt habe. Er wagte nicht, die Ursache der Entfernung zu verschweigen; ich musste seine Worte bestätigen.

‹Immer du, immer du!› schrie meine Mutter Souvenir an, der wie ein Hase vorausgelaufen war und ihr sogar die Hand geküsst hatte. ‹Dein Schandmaul ist an allem schuld!›

‹Erbarmen!› stammelte Souvenir und bog die Ellbogen hinter dem Rücken zusammen.

‹Ich kenne dein Erbarmen›, wiederholte Mutter vorwurfsvoll und wies ihn aus dem Zimmer. Dann läutete sie, liess Kwizinski kommen und befahl ihm, sich unverzüglich mit der Equipage nach Jesskowo zu begeben, Martyn Petrowitsch um jeden Preis aufzuspüren und ihn herzubringen. ‹Kommen Sie mir ohne ihn nicht vor Augen!› schloss sie. Der finstere Pole neigte stumm den Kopf und ging.

Ich kehrte in mein Zimmer zurück, setzte mich wieder an das Fenster und dachte, wie ich mich entsinne, lange über alles nach, was sich vor meinen Augen abgespielt hatte. Ich konnte es nicht fassen, es war mir einfach unbegreiflich, warum Charlow, der die ihm von seinen Hausgenossen zugefügten Kränkungen fast ohne Murren hinnahm, sich nicht hatte beherrschen können und die Spötteleien und Sticheleien eines solch nichtswürdigen Subjekts wie Souvenir nicht hingenommen hatte. Ich wusste damals noch nicht, wie unerträglich bitter ein haltloser Vorwurf manchmal sein kann, auch wenn er aus einem verächtlichen Munde kommt... Sljotkins verhasster Name, von Souvenir ausgesprochen, fiel wie ein Funke ins Pulver; die schmerzende Wunde hatte diesen letzten Stich nicht ausgehalten.

Nach rund einer Stunde fuhr unser Wagen wieder auf den Hof, aber unser Verwalter sass allein darin, obwohl ihm meine Mutter gesagt hatte, dass er ihr ohne Charlow nicht vor Augen kommen solle. Kwizinski sprang schnell aus dem Wagen und lief die Freitreppe hinauf. Sein Gesicht zeigte einen verstörten Ausdruck, was ganz selten bei ihm der Fall war. Ich eilte sofort hinab und betrat gleich nach ihm den Salon.

‹Nun? Haben Sie ihn gebracht?› fragte meine Mutter.

‹Nein›, antwortete Kwizinski, ‹und ich konnte ihn auch nicht bringen.›

‹Warum? Sie haben ihn gesehen?›

‹Ja.›

‹Ist ihm etwas zugestossen? Ein Schlaganfall?›

‹Nichts dergleichen. Es ist ihm nichts zugestossen.›

‹Warum haben Sie ihn dann nicht hergebracht?›

‹Er zerstört sein Haus.›

‹Was heisst das?›

‹Er steht auf dem Dach des neuen Gebäudes und zerstört es. Etwa vierzig oder mehr Bretter, nehme ich an, sind bereits herabgeflogen, und auch an die fünf Dachlatten.› (‹Sie werden genausowenig ein Obdach haben wie ich!› entsann ich mich Charlows Ausruf.)

Meine Mutter starrte Kwizinski an.

‹Allein... steht er auf dem Dach und zerstört es?›

‹Ganz richtig, so ist es. Er geht auf dem Dachboden hin und her und reisst links und rechts alles ein. Sie wissen ja, dass er eine übermenschliche Kraft besitzt. Na ja, und das Dach ist ziemliche Pfuscharbeit, die Wahrheit zu sagen, Sperrschalung, mit Schalbrettern* gedeckt, einzöllige Nägel.›

Meine Mutter sah mich an, als wünsche sie eine Bestätigung, dass sie sich nicht verhört habe.

‹Schalbretter..., Sperrschalung...›, wiederholte sie. Es war ersichtlich, dass sie die Bedeutung keines dieser Wörter verstand.

‹Und was weiter?› sagte sie schliesslich.

‹Ich bin gekommen, um neue Weisungen einzuholen. Ohne Leute ist nichts zu unternehmen. Die Bauern dort haben sich aus Angst allesamt versteckt.›

‹Und seine Töchter..., was ist mit denen?›

‹Die Töchter tun nichts. Laufen hin und her und schreien... Was hat das für Sinn?›

‹Und ist Sljotkin dort?›

‹Er ist auch da. Brüllt lauter als alle zusammen..., aber auch der kann nichts machen.›

‹Und Martyn Petrowitsch steht auf dem Dach?›

‹Auf dem Dach..., das heisst auf dem Boden, und reisst das Dach ein.›

* Sperr- oder Trennschalung nennt man beim Dachdekken die Methode, wenn zwischen jeweils zwei Brettern ein Zwischenraum bleibt, der von oben mit einem anderen Brett zugedeckt wird. Ein solches Dach ist billiger, aber weniger fest. Schalbrett nennt man ein sehr dünnes halbzölliges Brett, das übliche Brett hat eine Stärke von dreiviertel Zoll. (Anmerkung des Verfassers)

‹Ja, ja›, sagte meine Mutter, ‹samt Schalbrettern...›

Offensichtlich ein ungewöhnlicher Fall.

Was war zu tun? Sollte man den Polizeichef aus der Stadt kommen lassen, die Bauern versammeln? Meine Mutter wusste nicht aus noch ein.

Auch Shitkow, der zum Essen gekommen war, wusste keinen Rat. Freilich erinnerte er wieder an ein militärisches Kommando, aber einen geeigneten Vorschlag konnte er nicht machen, er blickte nur unterwürfig und ergeben vor sich hin. Als Kwizinski merkte, dass er keine Anweisungen erhalten werde, schlug er meiner Mutter mit der ihm eigenen geringschätzigen Ehrerbietung vor, sie solle ihm erlauben, einige Pferdeknechte, Gärtner und andere Hofleute zu sammeln, und dann werde er versuchen...›

‹Ja, ja›, unterbrach ihn Mutter, ‹versuchen Sie es, lieber Wikentij Ossipytsch! Nur schnell, bitte, ich übernehme für alles die Verantwortung.›

Kwizinski lächelte kühl.

‹Eines muss ich Ihnen im voraus eröffnen, gnädige Frau: für ein Ergebnis kann ich mich nicht verbürgen. Herrn Charlows Kraft ist gross und seine Verzweiflung ebenso, er fühlt sich zutiefst beleidigt.›

‹Ja, ja›, pflichtete meine Mutter bei, ‹und an allem ist dieser widerliche Souvenir schuld! Das werde ich ihm nie verzeihen. Vorwärts, nehmen Sie die Leute, fahren Sie los, Wikentij Ossipytsch.›

‹Herr Verwalter, nehmen Sie möglichst viele Stricke mit, und Brandhaken›, liess sich Shitkow mit tiefer Stimme vernehmen, ‹und wenn sich ein Netz findet, wäre es nicht schlecht, es mitzunehmen. Wir hatten bei uns im Regiment mal einen Fall...›

‹Wollen Sie mich bitte nicht belehren, werter Herr!› unterbrach ihn Kwizinski ärgerlich. ‹Ich weiss auch ohne Sie, was not tut.›

Shitkow tat beleidigt und erklärte, er habe angenommen, man werde auch ihn auffordern...

‹Nein, nein!› mischte sich meine Mutter ein. ‹Du bleibst lieber hier... Mag Wikentij Ossipytsch allein handeln... Vorwärts, Wikentij Ossipytsch!›

Shitkow spielte den Gekränkten; Kwizinski verbeugte sich und ging.

Ich rannte in den Pferdestall, sattelte rasch mein Reitpferd und galoppierte nach Jesskowo.

26

Der Regen hatte aufgehört, aber der Wind blies mit doppelter Gewalt - mir genau ins Gesicht. Auf halbem Wege drehte sich der Sattel fast unter mir um, der Sattelgurt hatte sich gelockert. Ich stieg ab und zog die Riemen mit den Zähnen straff. Plötzlich hörte ich meinen Namen rufen. Souvenir kam über die Felder auf mich zugelaufen.

‹Na, Freundchen, hat dich die Neugier gepackt?› rief er mir schon von weitem zu. ‹Wie könnte es auch anders sein..., selbst ich eile ja spornstreichs auf Charlows Spuren dorthin... So was hat's ja noch nicht gegeben. Lieber sterben als es nicht gesehen haben!›

‹Wollen sich wohl am Werk Ihrer eigenen Hände ergötzen?› sagte ich unwillig, sprang aufs Pferd und brachte es wieder zum Galoppieren. Aber der rastlose Souvenir blieb nicht hinter mir zurück, lachte sogar im Laufen und schnitt Grimassen. Endlich kam Jesskowo in Sicht - da war schon der Mühldamm, dort der lange Flechtzaun und die Weiden vor dem Gutshaus... Ich ritt zum Tor, stieg ab, band das Pferd an und blieb staunend stehen.

Vom vorderen Drittel des Daches auf dem neuen Haus, vom Halbgeschoss stand nur noch das Balkengerippe. Schindeln und Bretter türmten sich haufenweise zu beiden Seiten des Gebäudes auf dem Erdboden. Zugegeben, das Dach war, wie Kwizinski sich ausgedrückt hatte, Pfuscharbeit, aber trotzdem vollzog sich hier etwas Unglaubliches. Über die Bodenbretter, Staub und Schutt aufwirbelnd, bewegte sich hurtig ein plumper, schwarzgrauer Koloss und brachte bald den aus Ziegelsteinen gebauten Schornstein ins Schwanken (der zweite war schon umgestürzt), bald riss er ein Brett ab und schleuderte es nach unten, bald rüttelte er an den Sparren selbst. Das war Charlow. Auch jetzt kam er mir wie ein leibhaftiger Bär vor: Kopf, Rücken, Schultern waren die eines Bären. Auch die breit auseinander gestellten Beine, die fest aufgestemmten Füsse erinnerten an einen Bären. Der scharfe Wind traf ihn von allen Seiten und wehte seine verfilzten Haare hoch. Erschreckend war der Anblick seines nackten rötlichen Körpers, der zwischen den Rissen seines zerfetzten Gewands zum Vorschein kam; erschreckend war der Klang seines wilden, heiseren Brummens.

Der Hof war voll von Menschen. Burschen und Mägde drängten sich am Zaun, einige Bauern standen unweit von ihnen im Haufen zusammen. Der alte Pope, den ich schon kannte, stand barhäuptig auf der Treppe des alten Hauses, hielt mit beiden Händen ein kupfernes Kreuz, hob es von Zeit zu Zeit schweigend und hoffnungslos in die Höhe, als wolle er es Charlow zeigen. Neben dem Popen stand Jewlampija, mit dem Rücken an die Wand gelehnt, und schaute starr auf den Vater. Anna steckte den Kopf bald aus dem Fenster, bald verschwand sie, bald kam sie auf den Hof gelaufen, bald ging sie in das Haus zurück. Sljotkin – ganz bleich, gelb, in einem alten Schlafrock, ein Käppchen auf dem Kopf, das einläufige Gewehr in der Hand – rannte mit kurzen Schritten von einer Stelle zur anderen. Er hatte völlig die Nerven verloren, japste, erging sich in Drohungen, zitterte, zielte auf Charlow, hängte das Gewehr wieder über die Schulter, zielte abermals, schrie, weinte... Als er mich und Souvenir erblickte, stürzte er auf uns zu.

‹Sehen Sie sich an, was hier vorgeht! Schauen Sie sich das an!› quäkte er. ‹Schauen Sie! Er ist verrückt geworden, er hat den Verstand verloren – da, was er macht! Ich habe schon nach der Polizei geschickt, aber niemand kommt. Niemand kommt! Wenn ich auf ihn schiesse, kann man mich nicht belangen. Jedermann hat das Recht, sein Eigentum zu schützen. Und ich schiesse!... Bei Gott, ich schiesse!›

Er sprang zum Haus.

‹Martyn Petrowitsch! Sehen Sie sich vor! Wenn Sie nicht runterkommen, schiesse ich!›

‹Schiess nur!› ertönte die heisere Stimme

vom Dach. ‹Schiess! Da hast du inzwischen ein Geschenk!›

Ein langes Brett flog von oben herab, überschlug sich zweimal in der Luft und krachte dicht vor Sljotkins Füssen auf die Erde. Der schnellte in die Höhe. Charlow lachte dröhnend.

‹Herr Jesus!› stammelte jemand hinter mir. Ich blickte mich um. Es war Souvenir.

‹Aha!› dachte ich. ‹Jetzt ist ihm das Lachen vergangen.›

Sljotkin packte einen nahebei stehenden Bauern am Kragen.

‹So klettere doch, klettere hinauf! Klettert, ihr Teufel!› heulte er und schüttelte ihn mit aller Kraft. ‹Rettet mein Eigentum!›

Der Bauer stampfte zweimal auf, bog den Kopf nach hinten, schwang die Arme und schrie: ‹He, Sie! Herr!›, wich aber nicht von der Stelle und drehte sich um.

‹Eine Leiter! Bringt eine Leiter!› wandte sich Sljotkin an die übrigen Bauern.

‹Woher nehmen?› hörte man als Antwort.

‹Und wenn es auch eine Leiter gäbe›, sagte jemand ganz ruhig, ‹wer möchte schon hinaufsteigen? Meinen wohl Dumme gefunden zu haben! Er dreht uns den Hals um – augenblicklich.›

‹Schlägt einen sofort tot›, sagte ein junger hellblonder Bursche mit einfältigem Gesicht.

‹Was sonst!› stimmten die übrigen zu.

Mir schien, dass die Bauern auch ohne ersichtliche Gefahr den Befehl ihres neuen Gutsherrn nur widerwillig befolgt hätten. Fast konnte man meinen, sie billigten Charlows Vernichtungswerk, obwohl sie sich über ihn wunderten.

‹Ach, ihr Räuber!› stöhnte Sljotkin. ‹Ich werde euch alle...›

Aber in diesem Augenblick krachte mit lautem Gedonner der letzte Schornstein um, und durch die sofort aufwirbelnde gelbe Staubwolke drehte sich Charlow, einen gellenden Schrei ausstossend und die blutenden Hände hoch in die Luft streckend, mit dem Gesicht zu uns. Sljotkin zielte abermals auf ihn.

Jewlampija zupfte ihn am Ellbogen.

‹Hindere mich nicht!› fuhr er sie wütend an.

‹Du! Erkühne dich nicht!› sagte sie, und ihre blauen Augen funkelten drohend unter den zusammengezogenen Brauen. ‹Vater zerstört sein Haus, sein Gut.›

‹Lüge nicht: unser Gut!›

‹Du sagst: unser, und ich sage: seins.›

Sljotkin zischte vor Wut. Jewlampija hielt den Blick unverwandt auf sein Gesicht gerichtet.

‹Ah, grüss dich, grüss dich! Lieblingstöchterchen!› dröhnte oben Charlows Stimme. ‹Sei gegrüsst, Jewlampija Martynowna! Wie lebst du mit deinem Freund, wie kommst du mit ihm aus? Macht's Küssen Spass, kost ihr hübsch miteinander?›

‹Vater!› hörte man Jewlampijas helltönende Stimme.

‹Was denn, Töchterchen?› antwortete Charlow und rückte bis dicht an den Rand der Mauer vor. Soweit ich erkennen konnte, erschien auf seinem Gesicht ein seltsames Lächeln - hell und heiter -, und eben deshalb ein furchterregendes, böses Lächeln... Viele Jahre später erblickte ich ein gleiches Lächeln auf dem Gesicht eines zum Tode Verurteilten.

‹Höre auf, Vater! Komme herunter!› (Jewlampija sagte nicht ‹Väterchen› zu ihm.) ‹Wir haben uns schuldig gemacht, wir geben dir alles zurück. Komm herunter!›

‹Was fällt dir ein, über unsere Köpfe hinweg Verfügungen zu treffen!› mischte sich Sljotkin ein. Jewlampija kniff ihre Brauen noch enger zusammen.

‹Ich gebe dir meinen Anteil zurück – alles gebe ich dir. Lass ab, Vater, komm runter! Verzeih uns! Verzeihe mir!›

Charlow lachte unaufhörlich.

‹Zu spät, Täubchen!› rief er, und jedes seiner Worte hatte einen stählernen Klang. ‹Zu spät hat sich dein steinernes Herz geregt. Was den Berg hinabrollt, hältst du jetzt nicht mehr auf. Achte nicht mehr auf mich. Ich bin verloren. Pass lieber auf deinen Wolodka auf; schau einer an, was für ein stattlicher Kerl aus ihm geworden ist. Und auf deine Schwester, diese tückische Viper, gib acht! Da steckt sie ihre Fuchsnase eben zum Fenster heraus, da hetzt sie ihr Männchen auf. Nein, Herrschaften! Wolltet mir mein Obdach nehmen – so lasse ich euch eben keinen Balken auf dem Balken! Mit meinen Händen habe ich sie aufgeschichtet, mit meinen Händen reisse ich sie ein – wie ihr seht, allein mit meinen Händen! Nicht mal ein Beil habe ich genommen.›

Er blies auf seine beiden Handflächen und rüttelte wieder an den Sparren.

‹Genug, Vater!› sagte Jewlampija, und ihre Stimme nahm einen wunderbar zärtlichen Ton an. ‹Denke nicht an das, was vergangen ist. So glaube mir doch; du hast mir doch immer geglaubt. Komme herunter. Komme zu mir in meine Stube, auf mein weiches Bett. Ich trockne dich und wärme dich; ich verbinde deine Wunden, schau, du hast dir die Hände zerschunden. Du wirst bei mir leben wie an Christi Brust, süss wirst du speisen und süsser noch schlafen. Ja, ja, wir haben uns schuldig gemacht. Ja, uns schwoll der Kamm. Ja, wir haben gesündigt. Bitte, verzeih!›

Charlow schüttelte den Kopf.

‹Macht nur schöne Worte! Meint ihr, ich glaube euch! Ihr habt den Glauben in mir getötet. Alles ist zerschlagen! Ich war ein Adler, und ich wurde für euch zum Wurm. Und ihr? Ihr wollt auch den Wurm noch zerquetschen? Genug! Ich habe dich geliebt, weisst es selbst, aber jetzt bist du für mich nicht mehr die Tochter und ich für dich nicht mehr der Vater... Ich bin verloren! Störe mich nicht! Und du Feigling, du kümmerlicher Held, schiess doch!› schrie Charlow plötzlich auf Sljotkin ein. ‹Warum zielst du bloss die ganze Zeit? Oder erinnerst du dich an das Gesetz: ‚So jemand, der eine Gabe empfangen hat, einen Anschlag auf das Leben des Gebers macht'›, sagte Charlow langsam und betonte jedes Wort, ‹‚dann ist der Geber ermächtigt, alles zurückzufordern.' Ha, ha, fürchte dich nicht, Gesetzeskundiger! Ich fordere nichts zurück – ich mache selbst mit allem Schluss... Vorwärts! Drauflos!›

‹Vater!› flehte Jewlampija zum letzten Male.

‹Schweig!›

‹Martyn Petrowitsch! Brüderchen! Verzeihen Sie grossmütig!› stammelte Souvenir.

‹Vater, Täubchen!›

‹Schweig, du Hündin!› brüllte Charlow. Souvenir blickte er nicht einmal an, sondern spuckte nur in seiner Richtung aus.

27

In diesem Augenblick erschien Kwizinski mit seinem ganzen Tross auf drei Ackerwagen am Tor. Die ermüdeten Pferde schnoben, die Männer sprangen nacheinander in den Schmutz.

‹Oho!› schrie Charlow aus voller Kehle. ‹Eine Armee…, da ist sie, die Armee! Eine ganze Armee hat man gegen mich aufgestellt. Gut denn! Nur warne ich euch: wer es wagt, zu mir hierher auf das Dach zu kommen, den befördere ich kopfüber wieder hinunter. Ich bin ein strenger Hausherr und liebe keine Gäste zur Unzeit. Also!›

Er klammerte sich mit beiden Armen an die beiden vorderen Dachsparren, die sogenannten ‹Beine› des Giebels, und begann heftig an ihnen zu rütteln. Am Rand des Dachbodens hängend, schien er sie hinter sich herzuziehen, wobei er wie die Treidler in gleichmässig langsamem Rhythmus sang: ‹Und nochmal! Und nochmal! Uch!›

Sljotkin lief zu Kwizinski und begann mit weinerlicher Stimme zu jammern, aber dieser bat ihn, ‹nicht zu stören›, und ging an die Ausführung des von ihm erdachten Plans. Er stellte sich vor das Haus und erklärte Charlow, um ihn abzulenken, dass die Tat, die er sich habe einfallen lassen, einem Edelmanne nicht gezieme…

‹Und nochmal! Und nochmal! Uch!› sang Charlow. (…dass Natalja Nikolajewna seine Handlungsweise missbillige und so etwas von ihm nicht erwartet habe…)

‹Und nochmal! Und nochmal! Uch!› setzte Charlow seinen Singsang fort.

Inzwischen hatte Kwizinski vier besonders

kräftige und kühne Pferdeknechte auf die Rückseite des Hauses geschickt; sie sollten von dort aus auf das Dach klettern. Charlow war der Angriffsplan jedoch nicht entgangen. Er liess plötzlich die Sparren los und rannte flugs zum rückwärtigen Teil des Hauses. Sein Anblick war so furchterregend, dass zwei der Knechte, denen es schon gelungen war, den Dachboden zu erklimmen, augenblicklich an der Regenrinne wieder zurück auf die Erde rutschten, was den Hofburschen nicht wenig Vergnügen bereitete und sie zu lautem Gelächter veranlasste. Charlow schüttelte die Faust hinter ihnen her, kehrte zur Vorderseite des Hauses zurück, packte abermals die Sparren, begleitet von seinem Treidlergesang, und brachte sie ins Schwanken.

Plötzlich hielt er inne, spähte scharf aus.

‹Maximuschka, Freund, Freundchen!› schrie er, ‹sehe ich recht, bist du es?›

Ich schaute mich um. Aus der Menge der Bauern löste sich tatsächlich der Laufbursche Maximka und ging grinsend und die Zähne zeigend vorwärts. Sein Lehrherr, der Sattler, hatte ihn wahrscheinlich für einen Besuch nach Hause gehen lassen.

‹Klettere zu mir, Maximuschka, mein treuer Diener›, fuhr Charlow fort, ‹wehren wir gemeinsam die wilden Tatarenhorden, die litauischen Diebe ab!›

Noch immer grinsend wollte Maximka unverzüglich das Dach erklimmen, aber man packte ihn und zog ihn herab - weiss Gott warum -, vielleicht um den anderen zum Beispiel zu dienen. Grosse Hilfe hätte er Martyn Petrowitsch nicht erwiesen.

‹Na, dann schön und gut!› rief Charlow mit grollender Stimme und packte aufs neue die Sparren.

‹Wikentij Ossipowitsch! Erlauben Sie mir zu schiessen›, wandte sich Sljotkin an Kwizinski. ‹Ich will ihm nur einen Schreck einjagen, mein Gewehr ist nur mit Schrot geladen.› Aber bevor ihm Kwizinski antworten konnte, neigten sich die vorderen beiden von Charlows eisernen Fäusten wütend gelockerten Sparren krachend nach vorn und stürzten auf den Hof – und zusammen mit ihnen fiel auch Charlow, der sich nicht mehr halten konnte, und prallte mit voller Wucht auf den Boden auf.

Alle fuhren zusammen und stöhnten...

Charlow lag unbeweglich auf der Brust, und gegen seinen Rücken stemmte sich der Längsbalken des Daches, der First, der dem eingestürzten Giebel gefolgt war.

28

Man sprang zu Charlow hin, befreite ihn von dem Balken und drehte ihn auf den Rücken; sein Gesicht war leblos, um den Mund zeigte sich Blut, er atmete nicht. ‹Es hat ihm den Geist abgedrückt›, murmelten die herantretenden Bauern. Man lief zum Brunnen nach Wasser, brachte einen vollen Eimer, goss ihn über Charlows Kopf aus. Schmutz und Staub wurden vom Gesicht gespült, aber der leblose Ausdruck blieb. Eine Bank wurde herbeigeschleppt und an der Hauswand aufgestellt. Nachdem man mit Mühe den riesigen Körper Martyn Petrowitschs hochgehoben hatte, setzte man ihn hin, den Kopf an die Wand gelehnt. Der Bursche Maximka trat näher, liess sich auf einem Knie nieder, streckte das andere Bein weit nach hinten und stützte mit einer etwas theatralischen Pose den Arm seines ehemaligen Herrn. Jewlampija, totenbleich, stand unmittelbar vor dem Vater, ihre grossen Augen unbeweglich auf ihn gerichtet. Anna und Sljotkin kamen nicht nahe heran. Alle schwiegen, alle warteten auf etwas. Schliesslich vernahm man abgerissene, knatternde Laute in Charlows Kehle - es klang, als habe er sich verschluckt... Dann machte er eine schwache Bewegung mit der rechten Hand (Maximka stützte die linke), öffnete das rechte Auge, und während er langsam um sich schaute - gleichsam wie ein Betrunkener im schweren Rausch -, stöhnte er und stammelte krächzend: ‹Bin zer-bro-chen› und fügte nach kurzem Nachdenken hinzu: ‹Da ist es, das schwar-ze Fohlen!› Blut strömte plötzlich im Schwall aus seinem Munde - der ganze Körper begann zu zittern...

‹Ende!› dachte ich. Aber Charlow öffnete noch einmal das Auge - immer das rechte (das linke Lid rührte sich nicht mehr, wie bei einem Leichnam) - und brachte, den starren Blick auf Jewlampija gerichtet, kaum hörbar hervor: ‹Nun, Töchterchen..., ich kann dich nicht ver...›

Kwizinski rief mit einer kurzen Handbewegung den Popen herbei, der noch immer auf der Haustreppe stand. Der Alte kam näher, sich mit seinen schwachen Knien in der Soutane verheddernd. Plötzlich begannen Charlows Beine und Leib wild zu zucken, das Gesicht verkrampfte sich stossartig von unten nach oben - und genauso verzerrte sich Jewlampijas zitterndes Gesicht. Maximka bekreuzigte sich...

Mir wurde unheimlich zumute, ich lief zum Tor und presste mich, ohne mich umzuschauen, mit der Brust dagegen. Eine Minute später hörte ich hinter mir aus allen Mündern ein leises Summen - und ich begriff, dass Martyn Petrowitsch tot war.

Der Balken hatte ihm das Genick gebrochen und die Brust, wie sich bei der Obduktion zeigte, völlig zerschmettert.

29

‹Was hatte er ihr sagen wollen, als er starb?› fragte ich mich, als ich heimritt. ‹‚Ich kann dich nicht ver...fluchen?' Oder meinte er, er könne ihr nicht verzeihen?› Der Regen hatte wieder eingesetzt, aber ich ritt im Schritt. Ich hatte den Wunsch, möglichst lange allein zu sein, ich wollte mich ungestört meinen Gedanken überlassen. Souvenir war auf einem von Kwizinskis Ackerwagen heimgefahren. So jung und leichtsinnig ich damals auch war, aber die plötzliche allgemeine, nicht nur vereinzelte Veränderung, die immer in allen Herzen durch den unerwarteten oder erwarteten (ganz gleich) Eintritt des Todes, seine Feierlichkeit, Würde und Wahrhaftigkeit hervorgerufen wird, konnte den Eindruck auf mich nicht verfehlen. Ich war tief betroffen...

Aber bei alledem hatte mein verwirrter kindlicher Blick zugleich vieles bemerkt. Ich hatte wahrgenommen, wie Sljotkin das Gewehr eiligst und scheu, gleichsam verstohlen beiseite gelegt hatte, wie er und seine Frau augenblicklich zu Gegenständen einer zwar stummen, aber allgemeinen Isolierung geworden waren, wie es leer um sie geworden war... Auf Jewlampija erstreckte sich diese Absonderung nicht, obwohl ihre Schuld wahrscheinlich nicht geringer als die ihrer Schwester war. Jewlampija erweckte sogar ein gewisses Mitleid, als sie sich dem verstorbenen Vater zu Füssen warf. ‹Haben den Alten beleidigt›, sagte ein grauhaariger grossköpfiger Bauer, der sich wie ein Richter in alten Zeiten mit beiden Händen und dem Bart auf einen langen Stab stützte. ‹Habt euch versündigt! Habt ihn gekränkt!› Das Wort ‹gekränkt› wurde sofort von allen angenommen wie ein unwiderrufliches Urteil. Ich begriff: das war des Volkes Urteilsspruch. Ich bemerkte auch, dass Sljotkin anfangs nicht den Mut hatte, etwas anzuordnen. Ohne seinen Befehl wurde der Körper hochgehoben und ins Haus getragen. Ohne ihn zu fragen, begab sich der Pope in die Kirche, um die benötigten Dinge zu holen, und der Dorfälteste ins Dorf, um ein Gefährt in die Stadt zu schicken. Selbst Anna Martynowna entschloss sich nicht, im gewohnten Herrschaftston Anweisung zum Aufstellen des Samowars zu erteilen, damit warmes Wasser zum Waschen des Toten vorhanden sei. Ihr Befehl klang wie eine Bitte, und sie bekam eine grobe Antwort.

Mich beschäftigte dauernd die Frage, was er eigentlich seiner Tochter hatte sagen wollen. Wollte er ihr verzeihen oder wollte er sie verfluchen? Ich entschied mich schliesslich für Verzeihung.

Drei Tage danach wurde Martyn Petrowitsch beigesetzt. Die Ausgaben für das Begräbnis trug meine Mutter, die seinen Tod sehr betrauerte und befohlen hatte, keine Kosten zu scheuen. Sie selbst fuhr nicht zur Kirche, denn sie wollte nicht, wie sie sich ausdrückte, die beiden nichtswürdigen Weiber und den widerlichen Sljotkin zu Gesicht bekommen; aber mich, Kwizinski und Shitkow, den sie übrigens fortan nicht anders als einen Waschlappen bezeichnete, schickte sie hin. Souvenir durfte ihr nicht mehr vor die Augen kommen, und sie war noch lange zornig über ihn und nannte ihn den Mörder ihres Freunds. Diese Ungnade war für ihn sehr fühlbar; er ging ständig in dem Raum neben dem Zimmer meiner Mutter auf Zehenspitzen hin und her, verfiel einer nervösen und unwürdigen Melancholie, zuckte zusammen und flüsterte: ‹Erbarmen!›

In der Kirche und während des Begräbnisses fühlte sich Sljotkin, wie mir schien, wieder Herr der Situation. Er traf Anordnungen, war so geschäftig wie ehedem und achtete eifrig darauf, dass keine Kopeke unnütz ausgegeben wurde, obwohl er sie gar nicht aus seiner eigenen Tasche bezahlte. Maximka, in einem neuen, ebenfalls von meiner Mutter gestifteten Kasack, sang auf dem Chor mit einer so hohen Tenorstimme, dass niemand an der Aufrichtigkeit seiner Ergebenheit für den Verstorbenen zweifeln konnte. Die beiden Schwestern trugen, wie es sich gehört, Trauerkleider, schienen jedoch mehr verwirrt als verbittert zu sein, zumal Jewlampija. Anna machte ein demütiges und scheinheiliges Gesicht. Im übrigen bemühte sie sich nicht, Tränen zu vergiessen, sondern strich nur unablässig mit ihrer schönen, harten Hand über Haare und Wangen. Jewlampija war tief in Gedanken versunken. Die allgemeine unwiderrufliche Distanzierung und Verurteilung, die ich an Charlows Todestag bemerkt hatte, schien mir auch jetzt auf den Gesichtern aller in der Kirche Anwesenden zum Ausdruck zu kommen, in allen ihren Bewegungen, in ihren Blicken - aber noch zurückhaltender und gleichsam teilnahmsloser. Alle diese Menschen schienen zu wissen, dass die Versündigung der Charlowschen Familie nunmehr in die Befugnisse des einzig gerechten Richters gefallen war und dass es folglich für sie keinen Anlass zur Beunruhigung mehr gab. Sie beteten hingegeben für die Seele des Verstorbenen, den sie bei seinen Lebzeiten nicht sonderlich geliebt, den sie sogar gefürchtet hatten. Sein Tod war allzu jäh eingetreten.

‹Hätte er sich wenigstens zu Tode getrunken›, sagte in der Vorhalle ein Bauer zu einem anderen.

‹Auch wer nicht trinkt, kann dem Rausch verfallen›, antwortete dieser. ‹Wie's der Zufall will.›

‹Gekränkt haben sie ihn›, wiederholte der erste Bauer das entscheidende Wort.

‹Gekränkt›, sagten es ihm die anderen nach.

‹Aber der Verstorbene hat euch doch selbst unterdrückt!› fragte ich einen Bauern, von dem ich wusste, dass er zu Charlows Gut gehörte.

‹Er war ein Herr, gewiss›, antwortete der Bauer, ‹und trotzdem - man hat ihn gekränkt.›

‹Gekränkt!› hörte man es wieder in der Menge.

Am Grabe stand Jewlampija ebenfalls wie

verloren da, in schweren Gedanken tief versunken. Ich bemerkte, dass sie sich zu Sljotkin, der sie einige Male anredete, genauso verhielt wie ehedem zu Shitkow - sogar noch abweisender.

Einige Tage danach verbreitete sich in unserer Umgebung das Gerücht, dass Jewlampija Martynowna Charlowa für immer ihr elterliches Haus verlassen, Schwester und Schwager den ihr zugesprochenen Teil des Guts überlassen und nur einige hundert Rubel genommen habe.

‹Hat sie offenbar ausgezahlt, die Anna›, bemerkte meine Mutter. ‹Nur du und ich›, fügte sie hinzu, zu Shitkow gewandt, mit dem sie Pikett spielte (er ersetzte ihr Souvenir), ‹wir beide haben Hände, die nicht zuzugreifen verstehen.›

Shitkow schaute verlegen auf seine mächtigen Pranken... ‹Ja, ja, können nicht zugreifen›, mochte er denken.

Bald darauf verlegten Mutter und ich unseren ständigen Wohnsitz nach Moskau, und es vergingen viele Jahre, bis ich Gelegenheit hatte, die beiden Töchter Martyn Petrowitschs wiederzusehen.

30

Aber ich sah sie wieder. Mit Anna Martynowna traf ich aus einem ganz gewöhnlichen Anlass zusammen. Als ich nach dem Ableben meiner Mutter unser Dorf besuchte, in dem ich über fünfzehn Jahre nicht gewesen war, erhielt ich vom Schlichter (damals wurde in ganz

Russland von einer Schlichtungskommission mit einer bis heute nicht vergessenen Langsamkeit die Festsetzung der Grenzen des freien Landes zwischen den einzelnen Gütern vorgenommen) die Aufforderung, mich mit den übrigen Besitzern unseres Guts zu einer Beratung auf dem Hof der Gutsbesitzerin Anna Sljotkina einzufinden. Die Tatsache, dass Mütterchens ‹Unflat› mit den schwarzen Augen, die wie gedörrte Pflaumen aussahen, nicht mehr auf dieser Welt vorhanden war, betrübte mich offen gestanden nicht im geringsten, aber es interessierte mich, seine Witwe wiederzusehen. Sie galt als vorzügliche Gutsherrin. Und in der Tat: der Gutshof, die Gebäude und das Wohnhaus (ich schaute unwillkürlich auf das Dach, es war aus Eisen) – alles war in bester Ordnung, sauber, aufgeräumt, wo nötig, bunt angestrichen, wie bei einer Deutschen. Anna Martynowna war selbstverständlich gealtert, aber der besondere, zauberhafte Reiz ihrer herben, gleichsam bösen Schönheit, der mich einmal so erregt hatte, war noch nicht ganz von ihr gewichen. Gekleidet war sie auf ländliche Art, aber geschmackvoll. Sie empfing uns nicht liebenswürdig – das Wort passte nicht zu ihr –, aber höflich. Als sie mich, den Zeugen jenes schrecklichen Geschehens, erblickte, bewegte sie nicht einmal eine Augenbraue. Weder meiner Mutter noch ihres Vaters, ihrer Schwester oder ihres Mannes tat sie die mindeste Erwähnung; es war, als habe sie Wasser im Mund.

Sie hatte zwei Töchter, beide sehr hübsch und gut gewachsen, mit lieben Gesichtern, fröhlichen und freundlichen schwarzen Augen.

Auch ein Sohn war da, der ein wenig nach dem Vater geraten war, aber ein Bursche, der sich sehen lassen konnte.

Während der Auseinandersetzungen zwischen den Besitzern behielt Anna Martynowna ihre Ruhe und Würde und zeigte sich weder besonders widerspenstig noch besonders habgierig. Aber keiner verstand sich besser als sie auf die Wahrung seiner Vorteile, und keiner konnte seine Rechte überzeugender geltend machen und verteidigen als sie. Alle ‹einschlägigen› Gesetze, sogar die Ministerialerlasse, waren ihr gut bekannt. Sie sprach wenig und mit leiser Stimme, aber jedes Wort traf ins Ziel. Es endete damit, dass wir uns mit allen ihren Forderungen einverstanden erklärten und ihr so viel Zugeständnisse machten, dass man nur staunen konnte. Auf der Rückfahrt schalten sich einige der Gutsbesitzer sogar selbst; alle stöhnten und schüttelten die Köpfe.

‹Ist das ein schlaues Weib!› sagte einer.

‹Eine durchtriebene Person!› mischte sich ein anderer, weniger delikater Gutsbesitzer ein. ‹Macht dir ein weiches Bett, aber es schläft sich hart darin.›

‹Und zudem auch noch ein Geizkragen!› fügte ein dritter hinzu. ‹Ein Gläschen Wodka und einen Happen Kaviar je Mann - was ist denn das?›

‹Was ist von der zu erwarten?› platzte plötzlich ein Gutsbesitzer heraus, der bis dahin geschwiegen hatte. ‹Weiss denn nicht jedermann, dass sie ihren Mann vergiftet hat?›

Zu meiner Verwunderung hielt es niemand für nötig, eine so scheussliche, unwahre, auf nichts begründete Anschuldigung zurückzuweisen. Es erstaunte mich um so mehr, als alle trotz der eben erwähnten tadelnden Ausdrükke Hochachtung vor Anna Martynowna empfanden, den undelikaten Gutsbesitzer nicht ausgeschlossen. Der Schlichter wurde sogar pathetisch.

‹Setze sie auf einen Thron›, rief er, ‹sie wäre eine Semiramis oder Katharina die Zweite! Gehorsam der Bauern - vorbildlich. Erziehung der Kinder - vorbildlich! Ein Kopf! Ein Hirn!›

Semiramis und Katharina beiseite, aber es war nicht daran zu zweifeln, dass Anna Martynowna ein sehr glückliches Leben führte. Von ihr selbst, von ihrer Familie, von ihrem ganzen Hauswesen ging innere und äussere Zufriedenheit, die wohltuende Ruhe seelischen und körperlichen Wohlbefindens aus. Ob sie dieses Glück verdiente - das war eine andere Frage. Übrigens stellt man derartige Fragen nur in der Jugend. Alles auf Erden, das Gute wie das Schlechte, wird dem Menschen nicht nach seinen Verdiensten zuteil, sondern infolge gewisser noch nicht bekannter, aber logischer Gesetze, auf die ich sogar kaum hinzuweisen mich erkühne, obwohl mir zuweilen scheint, dass ich sie dunkel ahne.

31

Ich erkundigte mich bei dem Schlichter nach Jewlampija Martynowna und erfuhr, dass sie nach dem Verlassen des Hauses spurlos verschwunden sei und sich wahrscheinlich schon längst in die Gefilde der Seligen emporgeschwungen habe.

So drückte sich unser Schlichter aus. Ich bin jedoch überzeugt, dass ich Jewlampija gesehen habe, dass ich ihr begegnet bin. Das kam so:

Vier Jahre nach meinem Wiedersehen mit Anna Martynowna nahm ich mir eine Sommerwohnung in Murino, einem Dörfchen bei Petersburg, das mittelbegüterte Landhausbesitzer zu schätzen wissen. Die Jagd in der Umgebung von Murino war nicht schlecht, und ich war fast jeden Tag mit dem Gewehr unterwegs. Ich hatte damals einen Kumpan, einen gewissen Wikulow, der aus dem Kleinbürgertum stammte, ein sehr gewitzter, braver Bursche, aber, wie er von sich selbst sagte, ‹eine völlig verlorene Existenz›. Wo und was war dieser Mensch nicht schon alles gewesen! Nichts konnte ihn in Erstaunen setzen, alles kannte er, aber er liebte nur Jagd und Wein.

Eines Tages, als wir beide nach Murino zurückkehrten, kamen wir an einem einzeln stehenden Haus an der Kreuzung zweier Wege vorbei, das von einem hohen, kaum Einblick gewährenden Staketenzaun umgeben war. Ich sah dieses Haus nicht zum ersten Male. Es hatte schon immer meine Neugier erregt. An ihm war etwas Geheimnisvolles, Verschlossenes, Finster-Stummes, etwas, das an ein Gefängnis oder Spital erinnerte. Von der Strasse aus konnte man nur das steile, dunkelgestrichene Dach sehen. Im ganzen Zaun gab es nur ein Tor, und auch dieses war immer fest verschlossen, nie hörte man dahinter einen Laut. Dennoch spürte man, dass das Haus unbedingt von jemandem bewohnt war, denn es machte keineswegs den Eindruck eines verlassenen Gebäudes. Im Gegenteil, alles an ihm war so dauerhaft, so fest gefügt und stark, als ob es sogar eine Belagerung aushalten könne.

‹Was ist das für eine Festung?› fragte ich meinen Gefährten. ‹Wissen Sie es nicht?›

Wikulow kniff verschmitzt die Augen zusammen.

‹Ein seltsamer Bau, nicht? Der hiesige Polizeichef hat eine Menge Einnahmen von ihm.›

‹Wie das?›

‹Na, halt so. Von der Sekte der Geissler - die ohne Popen leben. Vielleicht haben Sie schon von ihnen gehört?›

‹Ja, habe ich gehört.›

‹Nun, hier haust ihre oberste Mutter.›

‹Eine Frau?›

‹Ja - die Mutter, nach ihrer Auffassung die Gottesgebärerin.›

‹Sind Sie bei Troste?›

‹Was ich Ihnen sage. Streng sei sie, heisst es..., eine Obristin! Schaltet und waltet über Tausende. Am liebsten würde ich alle diese Gottesgebärerinnen... Aber wozu lange reden!›

Er rief seinen Pegaschka, einen erstaunlichen Hund, mit vorzüglichem Spürsinn, aber ohne jeden Begriff von Anstand beim Jagen. Wikulow war gezwungen, ihm die Hinterpfote zu umbinden, damit er nicht so ungestüm dahinraste.

Seine Worte blieben mir im Gedächtnis. Ich machte zuweilen absichtlich einen Umweg, um an dem geheimnisvollen Haus vorbeizugehen. Als ich eines Tages neben ihm war, klapperte plötzlich - o Wunder! - der Riegel des Tors, ein Schlüssel quietschte im Schloss; dann ging das Tor leise auf, der grosse Kopf eines Pferds mit geflochtener Mähne unter einem bemalten Krummholz wurde sichtbar, und ohne Eile rollte ein kleiner Wagen, wie ihn Händler und reisende Kaufleute zu benutzen pflegen, auf die Strasse. Auf dem Lederkissen des Wagens sass auf meiner Seite ein Mann von etwa dreissig Jahren; er hatte ein bemerkenswert schönes und wohlgestaltetes Aussehen, trug eine saubere schwarze Joppe und hatte die schwarze Mütze tief in die Stirn gezogen. Mit gemessenen Bewegungen lenkte er das wohlgenährte Pferd, das breit wie ein Ofen war.

Neben dem Mann sass auf der anderen Seite des Wagens eine Frau hohen Wuchses in kerzengrader Haltung. Ihren Kopf bedeckte ein wertvoller schwarzer Schal. Bekleidet war sie mit einer kurzen olivgrünen Samtjacke und einem dunkelblauen wollenen Rock. Die beiden weissen Hände, manierlich über der Brust verschränkt, stützten einander.

Als der Wagen auf der Strasse eine Biegung nach links machte, befand sich die Frau nur zwei Schritte von mir entfernt. Sie wandte ein wenig den Kopf - und ich erkannte sie: es war Jewlampija Charlowa. Ich erkannte sie augenblicklich, ich schwankte nicht eine Sekunde, denn es gab keinen Zweifel: solche Augen wie die ihren und besonders einen Mund mit so hochmütig und sinnlich geschwungenen Lippen hatte ich bei keinem anderen Menschen gesehen. Ihr Gesicht war länger und hagerer, die Haut dunkler geworden. Hier und da kamen Fältchen zum Vorschein, aber besonders verändert war der Gesichtsausdruck. Es ist schwer mit Worten wiederzugeben, bis zu welchem Grad selbstbewusst, streng und stolz er geworden war. Nicht einfaches, ruhiges Machtbewusstsein, sondern ein Übermass von Macht sprach aus jedem Zug. In dem flüchtigen Blick, den sie mir zuwarf, drückte sich eine seit langem bestehende, altgewordene Gewöhnung aus, nur verehrungsvollem, widerspruchslosem Gehorsam zu begegnen. Diese Frau war offenkundig nicht von Verehrern, sondern von Sklaven umgeben. Sie hatte sichtlich die Zeit vergessen, wo einer ihrer Befehle oder Wünsche nicht sofort erfüllt worden war.

Ich nannte sie laut bei Vor- und Vatersnamen. Sie zuckte kaum merklich zusammen und sah mich ein zweites Mal an, nicht erschrokken, sondern verächtlich und zornig. ‹Wer wagt es, mich zu beunruhigen?›, und kaum die Lippen öffnend, stiess sie ein Befehlswort aus. Der neben ihr sitzende Mann fuhr zusammen, schlug mit einem Schwung das Lenkseil auf das Pferd, das sich in raschem, scharfem Trab vorwärtsbewegte, und der Wagen verschwand.

Seitdem habe ich Jewlampija nicht wieder getroffen. Auf welche Weise Martyn Petrowitschs Tochter zur Gottesgebärerin der Geissler geworden ist, das geht über meine Vorstellung. Aber wer weiss, vielleicht wurde sie die Begründerin einer Anschauung, die einmal nach ihr Jewlampijismus genannt werden wird oder auch jetzt schon so heisst? Alles ist möglich, alles kommt vor.

Das also wollte ich Ihnen von unserem Steppenkönig Lear, seiner Familie und seinen Taten erzählen.»

Der Erzähler schwieg. Wir redeten noch ein wenig über den Fall, dann trennten wir uns, und jeder ging heim.

Nach dem Tode

(Clara Militsch)

1

Im Frühling des Jahres 1878 lebte in Moskau in einem kleinen Holzhause auf der Schabolowka-Strasse ein junger Mann von etwa fünfundzwanzig Jahren namens Jakob Aratow.

Er wohnte mit seiner Tante Platonida Iwanowna zusammen, einer alten Jungfer von etwas mehr als fünfzig Jahren, der Schwester seines Vaters. Sie führte den Haushalt und verwaltete Aratows Vermögen, wozu er selbst völlig unfähig war. Andere Verwandte besass er nicht. Einige Jahre zuvor war sein Vater, ein unbegüterter Edelmann aus dem Gouvernement T., mit ihm und Platonida Iwanowna nach Moskau übersiedelt; er hatte sie übrigens immer Platoscha genannt, und der Neffe nannte sie auch so.

Der alte Aratow war aus dem Dorfe, in dem die drei bis dahin ständig gewohnt hatten, verzogen und hatte sich in der Hauptstadt niedergelassen, um seinem Sohn das Universitätsstudium zu ermöglichen, auf das er ihn selbst vorbereitet hatte. Er kaufte für einen geringen Preis ein Häuschen in einer der Strassen am Stadtrand und richtete sich dort mit allen seinen Büchern und ‹Präparaten› wohnlich ein. Und Bücher wie Präparate besass er in Mengen, denn er war ein Mann von nicht geringer Gelehrsamkeit, der ‹geborene Sonderling›, wie sich die Nachbarn ausdrückten. Er beschäftigte sich mit Chemie, Mineralogie, Entomologie,

Botanik und Medizin. Freiwillige Patienten behandelte er mit Kräutern und metallischen Pulvern, die er nach der Methode des Paracelsus selbst erfunden hatte. Mit derartigen Pulvern hatte er seine junge, hübsche, aber allzu zarte Frau, die er leidenschaftlich liebte und die ihm den einzigen Sohn geboren hatte, ins Grab gebracht. Mit den gleichen metallischen Pulvern schädigte er auch ganz gehörig die Gesundheit seines Sohnes, die er im Gegenteil zu kräftigen wünschte, da er in dessen Organismus Blutarmut und Anlage zu Schwindsucht, einen Erbteil der Mutter, festgestellt hatte.

Den Namen eines ‹Schwarzkünstlers› erhielt er unter anderem, weil er sich für einen Nachkommen - selbstverständlich in direkter Linie - des berühmten Bruce hielt, dem zu Ehren er seinen Sohn auch Jakob genannt hatte. Er war die Güte selbst, hatte aber ein schwermütiges, zaghaftes, scheues Wesen und eine Neigung für alles Geheimnisvolle, Mystische. Ein halblautes «Ah!» war sein üblicher Ausruf. Mit diesem «Ah!» auf den Lippen starb er auch - zwei Jahre nach der Übersiedlung nach Moskau.

Sein Sohn Jakob hatte äusserlich keine Ähnlichkeit mit dem Vater, der unansehnlich, plump und ungelenk gewesen war; er erinnerte eher an seine Mutter. Er besass die gleichen feinen, anmutigen Züge, die gleichen weichen, aschfarbenen Haare, die gleiche kleine, gebukkelte Nase, die gleichen vollen kindlichen Lippen und grossen, grünlich-grauen, verschleierten Augen mit dichten Wimpern. Doch im Wesen glich er dem Vater. Obwohl ihm nicht ähnlich, zeigte Jakobs Gesicht Züge des väterlichen Ausdrucks. Auch hatte er die gleichen knotigen Hände und eine eingefallene Brust wie der alte Aratow, den man übrigens keinen alten Mann nennen darf, da er noch nicht einmal fünfzig Jahre alt wurde.

Noch zu seinen Lebzeiten war Jakob in die Naturwissenschaftliche Fakultät der Universität eingetreten, hatte jedoch das Studium nicht beendet - nicht aus Faulheit, sondern weil man nach seinen Begriffen auf der Universität nicht mehr erlernen könne als daheim durch eigenes Studium. Und nach einem Diplom strebte er nicht, da er nicht in den Staatsdienst einzutreten wünschte. Er mied seine Kommilitonen und lernte kaum einen von ihnen kennen. Er hielt sich auch von den Frauen fern und lebte ganz für sich, in seine Bücher vergraben. Zu Frauen hatte er keine Beziehungen, obwohl sein Herz voller Zartsinn war und alles Schöne ihn fesselte. Er erwarb sogar ein englisches Album mit Gravüren und weidete sich (o Schande!) an den dort abgebildeten bezaubernden weiblichen Schönheiten wie zum Beispiel an Gulnare und Medora, Gestalten aus Byrons ‹Korsar›. Aber angeborene Schamhaftigkeit hielt ihn zurück. Er bewohnte das ehemalige väterliche Arbeitszimmer; dort schlief er auch. Sein Bett war das gleiche, in dem sein Vater gestorben war.

Eine grosse Lebenshilfe, unersetzliche Gefährtin und Freundin war für ihn die Tante, jene Platoscha, mit der er kaum zehn Worte am Tage wechselte, ohne die er jedoch keinen Schritt allein gehen konnte. Sie war eine Person mit langen Zähnen und glanzlosen Augen in einem länglichen, blassen Gesicht, das ständig einen halb bekümmerten, halb sorgenvoll ängstlichen Ausdruck zeigte. Sie trug immer das gleiche graue Kleid und den gleichen grauen Schal, der nach Kampfer roch, huschte unhörbar wie ein Schatten durch das Haus, seufzte, flüsterte Gebete - ihr Lieblingsgebet bestand nur aus den beiden Worten: «Helf Gott!» - und waltete und schaltete geschäftig in der Hauswirtschaft, hütete jede Kopeke und kaufte alles selbst ein. Ihren Neffen vergötterte sie; ständig bekümmerte sie sich um seine Gesundheit und war immer in Angst - nicht um sich, sondern um ihn. Kaum meinte sie das Nahen einer Krankheit an ihm zu bemerken, trat sie sofort leise in sein Zimmer und stellte ihm eine Tasse Brusttee auf seinen Schreibtisch und fuhr ihm mit ihren Händen, die weich wie Watte waren, streichelnd über den Rücken.

Jakob fühlte sich durch diese Fürsorge nicht belästigt - den Brusttee trank er ohnehin nicht - und nickte nur zustimmend. Im übrigen konnte er sich mit seiner Gesundheit keineswegs brüsten. Er war sehr sensibel, nervös, argwöhnisch, litt an Herzklopfen, zuweilen an Atemnot. Wie sein Vater glaubte er, dass es in der Natur wie in der menschlichen Seele Geheimnisse gebe, die man manchmal ahnen könne, die zu ergründen jedoch unmöglich sei. Er glaubte an die Existenz gewisser Kräfte und Schwingungen, die manchmal segensreich, zumeist aber feindselig seien, aber zugleich glaubte er auch an die Wissenschaft, ihren Wert und ihre Bedeutung.

In der letzten Zeit hatte er sich leidenschaftlich mit der Photographie beschäftigt. Der Geruch der dabei verwendeten Säuren beunruhigte die alte Tante sehr, wiederum nicht um ihretwillen, sondern wegen ihres Jascha und seiner schwachen Brust. Aber bei all seiner Nachgiebigkeit war er eigensinnig genug, darauf zu bestehen, seine Lieblingsbeschäftigung fortzusetzen. Platoscha fügte sich, seufzte nur öfter als zuvor und flüsterte: «Helf Gott!», wenn sie seine vom Jod gefärbten Finger sah.

Wie schon gesagt, scheute Jakob den Umgang mit Kommilitonen. An einen einzigen von ihnen schloss er sich jedoch ziemlich eng an und sah ihn oft, sogar nachdem dieser die Universität absolviert und eine Stellung angenommen hatte, die ihm übrigens wenig Pflichten auferlegte. Er hatte sich einen Posten beim Bau der Erlöserkirche verschafft, ohne selbstverständlich eine Ahnung von Architektur zu haben. Dieser einzige Freund Aratows hiess Kupfer und war ein derart zum Russen gewordener Deutscher, dass er kein Wort Deutsch verstand und andere sogar als ‹Deutsche› beschimpfte. Kupfer hatte offensichtlich nichts mit ihm gemein. Er war ein schwarzgelockter rotbäckiger, lustiger und geschwätziger Bursche und ein grosser Liebhaber der gleichen weiblichen Gesellschaft, die Aratow so mied. Zwar frühstückte Kupfer des öfteren bei ihm, nahm am Mittagessen teil und borgte sich sogar, da er unvermögend war, kleine Summen bei ihm, aber das war es nicht allein, was den ungezwungenen jungen Deutschen zu seinen fleissigen Besuchen des abgelegenen Häuschens in der Schabolowka-Strasse veranlasste. Vielleicht zog es ihn zu Jakob wegen dessen seelischer Reinheit und wegen seines Idealismus, als Gegensatz zu dem, was er jeden Tag antraf und sah. Vielleicht kam in dieser Neigung für den ‹idealischen› Jüngling trotz allem

Kupfers deutsches Blut zum Ausdruck. Jakob hinwiederum gefiel Kupfers treuherzige Offenheit. Ausserdem war der junge Einsiedler insgeheim interessiert und sogar erregt, wenn Kupfer von Theateraufführungen, Konzerten, Bällen, überhaupt von jener fremden Welt erzählte, an der er ständig teilnahm und in die einzudringen Jakob sich nicht entschliessen konnte; doch waren Kupfers Erlebnisse nicht imstande, in Jakob den Wunsch zu wecken, all das aus eigener Erfahrung kennenzulernen. Platoscha mochte Kupfer ebenfalls gern; sie fand ihn zwar zuweilen über Gebühr unkonventionell, fühlte und begriff aber instinktiv, dass er ihrem teuren Jakob aufrichtig verbunden war, und deshalb litt sie nicht nur den lauten Gast, sondern war ihm gewogen.

2

In der Zeit, von welcher die Rede ist, hatte sich in Moskau eine verwitwete grusinische Fürstin eingefunden, eine undefinierbare, fast verdächtige Persönlichkeit. Sie war schon über vierzig und in ihrer Jugend wahrscheinlich eine Blüte jener besonderen östlichen Schönheit gewesen, die so schnell verwelkt. Jetzt puderte und schminkte sie sich und färbte die Haare blondgelb. Über die Fürstin waren allerhand nicht ganz vorteilhafte und nicht ganz deutliche Gerüchte im Umlauf. Ihren Mann hatte nie jemand kennengelernt, und in keiner Stadt hielt sie sich für längere Zeit auf. Sie besass weder Kinder noch Vermögen, lebte jedoch auf grossem Fusse, ob auf Borg oder anders; sie unterhielt einen sogenannten Salon und empfing eine ziemlich gemischte Gesellschaft, zumeist Jugend. Alles in ihrem Hause, angefangen bei ihren eigenen Toiletten, den Möbeln, den Speisen bis zu Equipage und Dienerschaft, trug das Merkmal mangelnder Qualität, des Unechten und Provisorischen, aber weder die Fürstin selbst noch ihre Gäste verlangten offenbar nach etwas Besserem.

Die Fürstin galt als Liebhaberin von Musik und Literatur; sie begönnerte Schauspieler und Künstler. Und tatsächlich interessierte sie sich für deren Probleme, konnte sich sogar dafür begeistern, und ihr Enthusiasmus war nicht einmal ganz geheuchelt. Ohne Zweifel besass sie ein lebhaftes Gefühl für alles Schöne. Zudem war sie sehr zugänglich, liebenswürdig, ohne Hochmut und Verstellung und, was viele nicht vermuteten, im Wesen sehr gütig, weichherzig und nachsichtig... Seltene Eigenschaften, und um so wertvoller namentlich bei Persönlichkeiten dieser Art! «Die Frau taugt nichts», äusserte sich ein kluger Herr über sie, «aber sie kommt unbedingt ins Paradies. Weil sie alles verzeiht, wird auch ihr alles vergeben werden.» Es hiess von ihr auch, dass sie in jeder Stadt, aus der sie verzog, ebensoviel Schulden wie Menschen zurückliess, denen sie Wohltaten erwiesen hatte. Ein weiches Herz lässt sich eben in jede Richtung biegen.

Wie zu erwarten war, geriet Kupfer in ihren Kreis und kam ihr nahe; böse Zungen behaupteten: zu nahe. Er selbst äusserte sich über sie stets freundlich, ja sogar mit Respekt. Er nannte sie ein Goldstück von Frau - was man darunter auch verstehen mochte - und glaubte fest an ihre Kunstliebe, ja an ihr Kunstverständnis. Als er einmal nach dem Essen bei Aratows von der Fürstin und ihren gesellschaftlichen Veranstaltungen erzählt hatte, begann er auf Jakob einzureden, wenigstens einmal sein Einsiedlerleben aufzugeben und ihm, Kupfer, zu gestatten, ihn seiner Freundin vorzustellen. Jakob wollte zuerst nichts davon hören.

«Du meinst wohl», rief Kupfer, «es sei von einer förmlichen Vorstellung die Rede? Nein, so wie du hier sitzt, einfach im Jackett, nehme ich dich mit und bringe dich zu einer ihrer Abendgesellschaften. Dort geht es wirklich zwanglos zu, Bruder. Du bist Gelehrter, liebst Literatur und Musik» (in Aratows Zimmer stand tatsächlich ein Pianino, auf dem er hin und wieder einige Akkorde mit verminderter Septime anschlug), «und all das findest du bei ihr in Hülle und Fülle. Du triffst dort sympathische Menschen ohne Vorurteile. Ja, und schliesslich darf man in deinen Jahren und bei deinem Äusseren» (Aratow schlug die Augen nieder und winkte mit der Hand ab), «ja, ja, ja, darf man bei deinem Äusseren den gesellschaftlichen Verkehr, die Welt nicht so meiden. Ich bringe dich ja nicht zu Generalen. Übrigens kenne ich gar keine Generale! Sträube dich nicht, Täubchen! Sittlichkeit ist eine gute, achtbare Sache…, aber warum der Askese verfallen? Du willst ja schliesslich kein Mönch werden!»

Aratow setzte jedoch seinen Widerstand fort. Aber unerwartet bekam Kupfer in Platonida Iwanowna eine Hilfe. Obwohl sie die Bedeutung des Wortes ‹Askese› nicht recht verstand, fand sie dennoch, dass es für Jaschenka nicht schlecht sei, sich zu zerstreuen, Menschen kennenzulernen und sich zu zeigen. «Um so mehr», fügte sie hinzu, «als ich Fjodor Fjodorowitsch vertraue. Er wird dich nicht an einen schlechten Ort führen.»

«Ich werde ihn wohlbehalten wieder zurückbringen», rief Kupfer.

Ungeachtet ihres Vertrauens sah ihn Platonida Iwanowna beunruhigt an. Aratow errötete bis zu den Ohren, widersetzte sich aber nicht mehr.

Es endete damit, dass ihn Kupfer am nächsten Tage zum Salon der Fürstin mitnahm. Aber Aratow blieb nicht lange. Erstens traf er dort etwa zwanzig Gäste an, Herren und Damen, die ihm zwar sympathisch, aber dennoch fremd waren; das machte ihn verlegen, obwohl er sich sehr wenig an der Unterhaltung zu beteiligen brauchte, wovor er die meiste Angst gehabt hatte. Zweitens missfiel ihm die Fürstin, obgleich sie ihn sehr freundlich und schlicht empfangen hatte. Alles an ihr erregte sein Missfallen: das geschminkte Gesicht, die gebrannten Locken, die heisere, süssliche Stimme, das kreischende Lachen, das Spiel der Augen, das zu tiefe Dekolleté und die dicken, glänzenden Finger mit den vielen Ringen... In eine Ecke gedrückt, musterte er bald mit raschen Blicken die Gesichter der Gäste, ohne sie voneinander zu unterscheiden, bald starrte er auf seine Füsse. Als sich schliesslich ein zugereister Pianist mit ausgemergeltem Gesicht, überlangen Haaren und einem Monokel unter den zusammengekniffenen Augenbrauen an den Flügel setzte und weitausholend die Hände auf die Tasten schlug, mit dem Fuss aufs Pedal trat und die ‹Phantasie über Wagnerische Themen› von Liszt herunterzuschludern begann, hielt es Aratow nicht länger aus und verzog sich. Der Eindruck, den er mitnahm, war verwirrend und bedrückend, aber in ihm schwang auch etwas ihm selbst Unbegreifliches, doch Bedeutsames und sogar Beunruhigendes mit.

3

Kupfer kam am nächsten Tage zum Mittagessen. Den vorangegangenen Abend erwähnte er kaum und machte Aratow nicht einmal Vorwürfe wegen seines hastigen Aufbruchs, bedauerte nur, dass er nicht das Souper abgewartet habe, bei dem Champagner gereicht worden war (von Nischnij-Nowgoroder Herkunft, nebenbei gesagt). Kupfer hatte wahrscheinlich begriffen, dass seine Absicht, den Freund aufzurütteln, vergebens gewesen und dass Aratow einfach nicht der geeignete Mensch für diese Art Gesellschaft und Lebensweise war.

Auch Aratow brachte nicht das Gespräch auf die Fürstin und ihren Salon. Platonida Iwanowna wusste nicht, ob sie sich über den Misserfolg dieses ersten Versuchs freuen oder ob sie ihn bedauern sollte. Sie kam am Ende zu dem Schluss, dass Jaschas Gesundheit unter derartigen Ausflügen nur leiden könne, und beruhigte sich.

Kupfer ging sofort nach dem Essen und liess sich danach eine ganze Woche nicht sehen. Nicht weil er Aratow wegen der missglückten Empfehlung schmollte – das brachte der gutmütige Bursche gar nicht fertig –, sondern weil er offenbar eine Beschäftigung gefunden hatte, die seine ganze Zeit und alle seine Gedanken in Anspruch nahm, denn er kam auch in der Folgezeit selten zu den Aratows, war zerstreut, sprach wenig und verschwand bald wieder.

Aratow setzte sein gewohntes Leben fort, aber in seiner Seele stak, wenn man sich so ausdrücken darf, ein Häkchen. Er wollte sich immer etwas ins Gedächtnis zurückrufen, wusste aber nicht recht, was eigentlich – und dieses ‹etwas› bezog sich auf den Abend bei der Fürstin. Dabei hatte er nicht den geringsten Wunsch, zu ihr zurückzukehren, und die Gesellschaft, von der er in ihrem Hause einen Teil zu Gesicht bekommen hatte, stiess ihn mehr denn je ab. So vergingen an die sechs Wochen.

Und da stand eines Morgens Kupfer wieder vor ihm, diesmal mit einem etwas verlegenen Gesicht. «Ich weiss», begann er mit erzwungenem Lachen, «dass dein damaliger Besuch nicht nach deinem Geschmack verlaufen ist, aber ich hoffe, dass du trotzdem auf meinen Vorschlag eingehen... und mir meine Bitte nicht abschlagen wirst.»

«Worum handelt es sich?» fragte Aratow.

«Also weisst du», fuhr Kupfer fort und wurde immer lebhafter, «hier gibt es eine Gesellschaft von Theaterfreunden und Schauspielern, die von Zeit zu Zeit Lesungen, bunte Abende, sogar Theateraufführungen zu wohltätigen Zwecken veranstalten...»

«Und die Fürstin nimmt daran teil?» unterbrach ihn Aratow.

«Die Fürstin beteiligt sich stets an gemeinnützigen Unternehmungen, aber das hat nichts zu sagen. Wir planen eine literarisch-musikalische Matinee..., und auf dieser Matinee kannst du ein Mädchen hören..., ein ungewöhnliches Mädchen!... Wir sind uns noch nicht ganz einig: ist sie eine Rachel oder eine Viardot, weil sie ebenso vorzüglich singt wie rezitiert und spielt... Ein Talent erster Klasse, Brüderchen! Ich übertreibe nicht. Also, was ist..., nimmst du ein Billett? Fünf Rubel, erste Reihe.»

«Und woher ist dieses erstaunliche Mädchen so plötzlich gekommen?» fragte Aratow.

Kupfer grinste: «Das kann ich nicht sagen... In der letzten Zeit hat sie bei der Fürstin gewohnt. Die Fürstin, weisst du, nimmt alle solche unter ihre Fittiche... Du hast das Mädchen sicherlich an jenem Abend gesehen.»

Aratow verspürte in seinem Inneren ein schwaches Zucken, sagte aber kein Wort.

«Sie hat sogar irgendwo in der Provinz ein Engagement gehabt», fuhr Kupfer fort; «wie gesagt, sie ist für die Bühne geboren. Na ja, du wirst sie sehen!»

«Wie heisst sie?» fragte Aratow.

«Clara...»

«Clara?» unterbrach ihn Aratow zum zweiten Male. «Nicht möglich!»

«Warum nicht möglich? - Clara... Clara Militsch. Es ist nicht ihr eigentlicher Name..., aber man nennt sie so. Sie wird eine Romanze von Glinka, etwas von Tschaikowskij singen, danach liest sie den Brief aus ‹Eugen Onegin›. Was ist? Nimmst du ein Billett?»

«Wann geht die Sache vor sich?»

«Morgen..., morgen um halb zwei, in einem privaten Saal in der Ostoschenka... Ich komme und hole dich ab. Ein Billett zu fünf Rubel?... Da, hier..., nein..., das ist eins zu drei Rubeln...

Hier. Da ist auch ein Programm. Ich gehöre zu den Veranstaltern.»

Aratow verlor sich in Gedanken. Platonida Iwanowna, die in diesem Augenblick ins Zimmer kam, geriet plötzlich in grosse Unruhe, als sie ihm ins Gesicht sah. «Jascha!» rief sie. «Was ist mit dir? Warum bist du so verwirrt? Fjodor Fjodorowitsch, was haben Sie ihm mitgeteilt?»

Aber Aratow liess seinen Freund nicht auf die Frage der Tante antworten. Er griff rasch nach dem ihm entgegengestreckten Billett und befahl Platonida Iwanowna, Kupfer sofort fünf Rubel zu geben.

Diese wunderte sich und blinzelte, händigte jedoch Kupfer das Geld schweigend aus. Der Ton, in dem Jaschenka sie angeherrscht hatte, war ungewöhnlich streng gewesen.

«Ich sage dir, du wirst dein blaues Wunder erleben!» rief Kupfer und stürzte zur Tür. «Warte morgen auf mich.»

«Hat sie schwarze Augen?» rief ihm Aratow nach.

«Wie Kohle!» krächzte Kupfer vergnügt und verschwand.

Aratow ging in sein Zimmer. Platonida Iwanowna verharrte auf der Stelle und wiederholte flüsternd: «Helf Gott! Gott steh uns bei!»

4

Der grosse Saal des Privathauses in der Ostoschenka-Strasse war schon zur Hälfte voller Besucher, als Aratow und Kupfer dort eintrafen. In dem Saale wurden zuweilen Theateraufführungen veranstaltet, aber diesmal waren weder Kulissen noch ein Vorhang zu sehen. Die Veranstalter der Matinee hatten sich darauf beschränkt, an einem Ende des Saals ein Podium zu errichten, auf das sie ein Fortepiano, zwei Notenständer, einige Stühle und einen Tisch mit Wasserkaraffe und Glas gestellt hatten. Die Tür, die in das Künstlerzimmer führte, war mit rotem Tuch verhangen.

In der ersten Reihe sass bereits die Fürstin in einem grellgrünen Kleid. Aratow nahm etwas entfernt von ihr Platz und verbeugte sich kaum merklich vor ihr. Das Publikum war sozusagen bunt gemischt; zumeist bestand es aus studierender Jugend. Kupfer trug als einer der Veranstalter eine weisse Schleife am Aufschlag seines Fracks. Er rannte hin und her und kümmerte sich angestrengt um alles. Die Fürstin, sichtlich aufgeregt, schaute sich lächelnd nach allen Seiten um und sprach mit ihren Nachbarn. Sie war nur von Herren umgeben.

Als erster erschien ein Flötist von schwindsüchtigem Aussehen auf dem Podium und spie, Verzeihung, blies angestrengt ein ebenso schwindsüchtiges Stücklein. Zwei Zuhörer riefen: «Bravo!» Dann las ein dicker Herr mit Brille, dem Aussehen nach bieder und sogar düster, im Bass eine Skizze von Stschedrin. Man applaudierte der Skizze, nicht ihm. Danach trat der Pianist auf, den Aratow schon kannte, und paukte die gleiche Lisztsche Phantasie auf die Tasten. Der Pianist wurde eines Hervorrufs gewürdigt. Er verneigte sich, eine Hand auf die Stuhllehne gestützt. Nach jeder Verbeugung schleuderte er die Haare nach hinten, ganz wie Liszt. Endlich, nach einer ziemlich langen Pause, bewegte sich das rote

Tuch an der Tür hinter dem Podium, wurde weit auseinander geschlagen, und es erschien Clara Militsch. Im Saal wurde lebhaft applaudiert. Zaghaft ging sie zum vorderen Teil des Podiums, machte halt und verharrte regungslos, die langen, schönen Hände ohne Handschuhe vor sich haltend; sie machte keinen Knicks, neigte nicht den Kopf und lächelte nicht.

Sie war etwa neunzehn, gross, etwas breitschultrig, aber gut gewachsen. Nach dem Typ ihres dunklen Gesichts konnte man sie für eine Jüdin oder eine Zigeunerin halten. Nicht sehr grosse schwarze Augen unter fast zusammengewachsenen Brauen, eine gerade, etwas aufgestülpte Nase, feine Lippen mit schönem, aber scharfem Schwung, ein grosser schwarzer, anscheinend schwerer Zopf, eine niedrige, unbewegte, gleichsam steinerne Stirn, winzige Ohren, alles in allem ein versonnenes, fast strenges Gesicht. Ein leidenschaftliches, eigenwilliges Geschöpf, wohl kaum gutherzig, wohl kaum sehr intelligent, aber begabt – das war der allgemeine Eindruck.

Sie blickte einige Zeit vor sich hin, aber plötzlich straffte sie sich, schüttelte die Benommenheit von sich und überflog die Reihen der Zuhörer mit einem starren, doch unaufmerksamen, gleichsam nach innen gekehrten Blick. «Was für tragische Augen sie hat!» bemerkte ein hinter Aratow sitzender grauhaariger Stutzer mit dem Gesicht einer Kokotte aus Reval, ein in ganz Moskau bekannter Agent und Spitzel. Der Stutzer war dumm und wollte eine witzelnde Bemerkung machen, aber er sagte die Wahrheit.

Aratow, der seit Claras Auftritt keinen Blick von ihr gelassen hatte, entsann sich jetzt erst, dass er sie tatsächlich bei der Fürstin gesehen hatte. Und er hatte sie nicht nur gesehen, sondern er hatte sogar bemerkt, dass sie einige Male ihre dunklen, starren Augen mit besonderer Inständigkeit auf ihn richtete. Und auch jetzt – oder schien es ihm nur so? – war ihm, als ob sie sich freue, als ob sie erröte, nachdem sie ihn in der ersten Reihe erblickt hatte. Wiederum schaute sie ihn unverwandt an. Dann ging sie, ohne sich umzuwenden, zwei Schritte auf das Fortepiano zu, an dem ihr Begleiter, der langmähnige Ausländer, bereits Platz genommen hatte. Sie sollte Glinkas Romanze ‹Kaum hab' ich dich zum ersten Mal gesehen...› vortragen. Sie begann sofort zu singen, ohne die Haltung der Arme zu ändern und ohne auf die Noten zu schauen. Sie hatte eine klangvolle, weiche Altstimme, sprach den Text deutlich und betont aus, sang korrekt, ohne Abweichungen, aber sehr ausdrucksvoll. «Mit Überzeugung singt das Mädel!» sagte der gleiche, hinter Aratow sitzende Stutzer, und wieder sagte er die Wahrheit.

Bravorufe und Wünsche nach einer Wiederholung wurden ringsum laut, aber sie warf nur einen raschen Blick auf Aratow, der weder rief noch applaudierte – ihm hatte ihr Gesang nicht sonderlich gefallen –, machte eine kleine Verbeugung und ging, ohne den ihr hingehaltenen Arm des langhaarigen Pianisten zu nehmen. Man rief sie heraus. Es dauerte eine Weile, bis sie wieder erschien. Mit den gleichen unschlüssigen Schritten trat sie an das Fortepiano, flüsterte dem Begleiter einige Worte zu, worauf dieser nicht die vorbereiteten, sondern andere Noten suchte und vor sich hinstellen musste. Dann sang sie in Tschaikowskijs Vertonung ‹Nur wer die Sehnsucht kennt...›

Dieses Lied sang sie anders als das erste, mit halber Stimme, gleichsam erschöpft, aber bei der Zeile ‹Weiss, was ich leide...› schlug ihre Stimme plötzlich in ein klangvoll heisses Rufen um. Die Schlusszeile ‹Weiss, was ich leide...› flüsterte sie fast. Das letzte Wort sang sie schmerzlich gedehnt. Das Lied machte auf die Zuhörer weniger Eindruck als die Romanze von Glinka; trotzdem wurde eifrig geklatscht. Dabei tat sich Kupfer besonders hervor. Er hatte eine spezielle Methode, die Handflächen beim Schlagen wie kleine Fässchen zu wölben, was einen ungewöhnlich lauten Schall zur Folge hatte. Die Fürstin übergab ihm ein grosses, struppiges Bukett für die Sängerin. Aber sie schien Kupfers gebeugte Gestalt und seine ausgestreckte Hand mit dem Bukett überhaupt nicht zu bemerken, sondern drehte sich um und ging hinaus. Auch diesmal wartete sie nicht auf den Pianisten, der noch schneller als zuvor aufgesprungen war, um sie hinauszubegleiten. Allein dastehend, blieb ihm nichts anderes übrig, als seine Mähne so schwungvoll nach hinten zu werfen, wie es wahrscheinlich Liszt selbst nicht gelungen wäre.

Während Clara sang, beobachtete Aratow ihr Gesicht. Er hatte das Gefühl, als seien ihre Augen unter den gesenkten Lidern wiederum auf ihn gerichtet. Aber besonders beeindruckte ihn die Starre dieses Gesichts, der Stirn, der Brauen. Erst bei ihrem leidenschaftlichen Aufschrei bemerkte er den warmen Schimmer ihrer weissen, makellosen Zähne zwischen den geöffneten Lippen.

Kupfer trat zu ihm. «Na, Bruder, wie findest du sie?» fragte er, vor Vergnügen strahlend.

«Gute Stimme», antwortete Aratow, «aber nicht richtig geschult; singen kann sie noch nicht.» (Weiss der Himmel, warum er dies sagte und welchen Begriff von Schulung er besass!)

Kupfer wunderte sich. «Nicht richtig geschult», wiederholte er gedehnt. «Nun, das kann sie ja nachholen. Aber welch beseelter Vortrag! Warte es ab, du wirst gleich ‹Tatjanas Brief› von ihr hören.»

Er eilte fort. Aratow dachte: «Beseelt! Mit diesem starren Gesicht!» Er fand, dass sie sich wie eine Magnetisierte, wie eine Somnambule hielt und bewegte... Und zugleich hatte sie ohne Zweifel, ja ohne Zweifel nur ihn angesehen.

Inzwischen nahm die Matinee ihren Fortgang. Nochmals trat der dicke Herr mit der Brille auf. Ungeachtet seines seriösen Aussehens stellte er sich als Komiker vor und las eine Szene von Gogol, erhielt aber diesmal nicht ein einziges Zeichen von Beifall. Abermals kam und verschwand der Flötist, dröhnte der Pianist. Ein zwölfjähriger Knabe mit pomadisierten und gekräuselten Haaren, aber mit Tränenspuren auf den Backen fiedelte irgendwelche Variationen auf der Geige. Merkwürdig mutete es an, dass in den Pausen zwischen den Darbietungen und Lesungen hin und wieder vereinzelte Töne eines Waldhorns aus dem Künstlerzimmer drangen. Das Instrument fand jedoch keine Verwendung. Später stellte sich heraus, dass der Musikfreund, der sich berufen fühlte, Waldhorn zu blasen, im Augenblick, als er vor das Publikum treten sollte, Angst bekommen hatte. Und da erschien endlich Clara Militsch wieder.

Sie hielt einen Band Puschkin in der Hand, blickte aber während des Vortrags nicht ein einziges Mal hinein. Sie war offenbar ängstlich, das kleine Buch zitterte etwas in ihren Fingern. Aratow bemerkte auch einen Ausdruck von Schwermut, der sich jetzt in ihren Zügen ausprägte. Die erste Zeile, ‹Ich schreibe Ihnen..., was denn mehr?›, sprach sie ganz schlicht, fast naiv - und dabei streckte sie mit einer kindlichen, aufrichtigen, hilflosen Gebärde beide Hände nach vorn. Dann übersteigerte sie das Tempo ein wenig, aber schon bei den Versen ‹Ein andrer? Nein! Nie wird mein Herz auf Erden einem anderen gehören!› hatte sie sich in der Gewalt. Sie wurde lebhafter, und als sie die Zeile rezitierte, ‹Mein ganzes Leben lege ich als Unterpfand in deine Hand›, bekam ihre bis dahin ziemlich dumpfe Stimme einen triumphierenden, kühnen Klang, und ihre Augen waren ebenso kühn und gerade auf Aratow gerichtet. Mit der gleichen Hingabe setzte sie die Lesung fort. Erst am Ende wurde ihre Stimme wieder leise, und in ihrem Klang wie auf ihrem Gesicht kam die frühere Schwermut zum Ausdruck. Die letzten vier Zeilen verpatzte sie völlig, das Puschkin-Bändchen entglitt ihrer Hand, und sie entfernte sich rasch.

Das Publikum klatschte wie besessen und rief sie heraus. Ein kleinrussischer Seminarist brüllte so laut: «Mylytsch! Mylytsch!», dass ihn ein Nachbar höflich und besorgt bat, «den künftigen Diakon in sich zu schonen». Aratow war sofort aufgestanden und hatte sich zum Ausgang gewandt. Kupfer holte ihn ein. «Erbarmen, wohin eilst du?» rief er. «Soll ich dich Clara vorstellen?»

«Nein, danke», erwiderte Aratow hastig und begab sich fast fluchtartig heim.

5

Seltsame, ihm selbst unklare Empfindungen durchwogten ihn. Tatsache war es, dass ihm auch Claras Rezitation nicht restlos gefallen hatte, obwohl er sich selbst nicht im klaren war, aus welchem Grunde eigentlich. Ihr Vortrag hatte ihn unruhig gemacht, er hatte etwas Scharfes, Unausgeglichenes darin verspürt. Es war ihm, als habe ihre Rezitation etwas in ihm zerstört; sie kam ihm wie eine Vergewaltigung vor. Und wozu diese starren, unverwandten, fast zudringlichen Blicke? Wozu? Was hatten sie zu bedeuten?

Aratows Bescheidenheit liess auch nicht einen Augenblick den Gedanken in ihm aufkommen, dass er diesem seltsamen Mädchen gefallen haben könne, dass er imstande sei, ein Gefühl wie Liebe, wie Leidenschaft einzuflössen... Ja, und er selbst stellte sich ganz und gar nicht so eine als die noch unbekannte Frau vor, der er sich ganz ergeben, die auch ihn lieben, seine Braut, seine Gattin werden würde... Er träumte selten davon. Er war an Leib und Seele unberührt, aber die reine Gestalt, die dann in seiner Vorstellung vor ihm stand, ähnelte im Wesen einer anderen Gestalt – der Gestalt seiner verstorbenen Mutter, an die er sich kaum erinnerte, deren Porträt er jedoch wie ein Heiligtum hütete. Es war ein von einer ihrer benachbarten Freundinnen ziemlich kunstlos ausgeführtes Aquarell, aber nach allgemeiner Überzeugung von verblüffender Ähnlichkeit. Das gleiche zarte Profil, die gleichen guten, hellen Augen, die gleichen seidigen Haare, das gleiche Lächeln, den gleichen klaren Ausdruck sollte die Frau haben, auf die zu hoffen er sich nicht einmal erkühnte.

Und diese Schwarze mit dem dunklen Gesicht, den zerzausten Haaren, dem Flaum auf der Lippe war bestimmt eine überspannte Person, die nicht viel taugte..., eine ‹Zigeunerin›. (Aratow konnte sich keine schlimmere Bezeichnung denken.) Was hatte sie mit ihm zu tun?

Und dennoch ging ihm diese schwarze ‹Zigeunerin›, deren Gesang und Rezitation, ja deren Äusseres ihm so wenig zusagten, nicht aus dem Kopf. Er begriff sich selbst nicht, er ärgerte sich über sich. Unlängst hatte er Walter Scotts Roman ‹St. Ronan's Well› gelesen (eine Gesamtausgabe der Werke Walter Scotts befand sich in der Bibliothek seines Vaters, der den englischen Romanschreiber als seriösen, fast gelehrten Schriftsteller geschätzt hatte). Die Heldin dieses Romans hiess Clara Mowbray. Krassow, ein Lyriker der vierziger Jahre, hatte ein Gedicht auf sie geschrieben, das mit den Worten endete:

Unglückliche Clara! Wahnwitzige Clara!
Unglückliche Clara Mowbray!

Aratow kannte auch dieses Gedicht. Jetzt kamen ihm diese Worte unaufhörlich ins Gedächtnis... «Unglückliche Clara! Wahnwitzige Clara!...» (Daher hatte er sich auch so gewundert, als ihm Kupfer den Namen Clara Militsch genannt hatte.)

Selbst Platonida Iwanowna bemerkte - nicht etwa eine Veränderung in Jakobs Stimmung - in ihm war eigentlich auch keine Veränderung vor sich gegangen -, wohl aber eine gewisse Unrast in seinen Blicken und Worten. Sie fragte ihn behutsam über die literarische Matinee aus, an der er teilgenommen hatte, murmelte etwas, seufzte, betrachtete ihn von vorn, von der Seite, von hinten, schlug sich plötzlich mit den Händen auf die Schenkel und rief: «Nun, Jascha! Ich sehe, was mit dir los ist!»

«Was denn?» fragte Aratow.

«Du bist sicher auf dieser Veranstaltung einem dieser Schleppenweiber begegnet...» (Platonida Iwanowna nannte alle Damen so, die modische Kleider trugen), «angeschmiertes Frätzchen..., und so verzieht sie das Schnütchen und so schneidet sie ihre Grimassen» (Platonida Iwanowna stellte das alles dar), «und mit den Augen rollt sie so...» (Auch das machte sie vor, indem sie mit dem Zeigefinger grosse Kreise in die Luft zeichnete.) «Das bist du nicht gewöhnt, und du hast dir was eingebildet..., aber das macht nichts, Jascha, das hat ga-a-ar nichts zu bedeuten! Trinke eine Tasse Tee auf die Nacht..., und Schluss damit!... Helf Gott!»

Platonida Iwanowna verstummte und entfernte sich. Solch lange, lebhafte Rede hatte sie ihr Lebtag nicht gehalten.

«Tante dürfte recht haben», dachte Aratow, «es kommt alles von der Ungewohntheit...» (Tatsächlich hatte er zum ersten Male die Beachtung einer weiblichen Person auf sich gezogen..., jedenfalls hatte er es früher nicht bemerkt.) «Man darf sich nicht gehenlassen.»

Und er nahm sich wieder seine Bücher vor. Bevor er sich ins Bett legte, trank er eine Tasse Lindenblütentee und schlief die ganze Nacht gut und traumlos. Am nächsten Morgen widmete er sich wieder der Photographie, als sei nichts geschehen...

Aber gegen Abend wurde er erneut aus seiner Seelenruhe aufgestört.

6

Ursache: ein Bote brachte ihm einen in einer unordentlichen und grossen weiblichen Handschrift geschriebenen kurzen Brief folgenden Inhalts:

«Wenn Sie erraten, wer Ihnen schreibt, und wenn es Sie nicht verdriesst, kommen Sie morgen nach dem Essen, gegen fünf Uhr, zum Twerskoj-Boulevard, und warten Sie. Man wird Sie nicht lange aufhalten. Aber es ist sehr wichtig. Kommen Sie.»

Keine Unterschrift. Aratow erriet sofort, wer die Schreiberin war – und eben das verstörte ihn. «So ein Unsinn!» sagte er fast laut vor sich hin. «Das hat mir grade noch gefehlt! Natürlich gehe ich nicht hin.»

Er liess den Boten rufen, erfuhr aber von ihm nur, dass ihm der Brief von einer Zofe auf der Strasse eingehändigt worden sei. Aratow hiess ihn gehen, las den Brief noch einmal und schleuderte ihn auf den Boden... Aber nach einer Weile hob er ihn wieder auf und las ihn noch einmal. Wiederum rief er: «Unsinn!», warf aber den Brief nicht mehr auf die Erde, sondern steckte ihn in eine Schublade.

Aratow nahm seine übliche Beschäftigung wieder auf, begann dies, begann jenes, aber die Arbeit ging ihm nicht von der Hand. Er merkte plötzlich, dass er auf Kupfer wartete. Wollte er ihn ausfragen oder ihm vielleicht Mitteilung von dem Brief machen? Aber Kupfer liess sich nicht sehen. Dann griff Aratow zur Puschkin-Ausgabe, las ‹Tatjanas Brief› und überzeugte sich noch einmal, dass diese ‹Zigeunerin› den wirklichen Sinn dieses Briefs völlig missverstanden hatte. Und Kupfer, dieser Narr, der schreit: «Rachel! Viardot!» Dann trat Aratow an sein Pianino, schlug geistesabwesend den Deckel hoch, versuchte aus dem Gedächtnis die Melodie Tschaikowskijs nachzuspielen, klappte aber vor Ärger den Deckel sofort wieder zu und ging zur Tante, in deren überheiztem Zimmer es immerzu nach Minze, Salbei und anderen Heilkräutern roch und wo es so viele verschiedene Teppiche, Etageren, Bänkchen, Kissen und Polstersessel gab, dass sich jemand, der es nicht gewöhnt war, nur mit Mühe im Zimmer umdrehen und atmen konnte.

Platonida Iwanowna sass am Fenster und strickte einen Schal für ihren Jaschenka (im Verlauf seines Lebens war es genau der achtunddreissigste). Sie war sehr erstaunt. Aratow kam selten zu ihr. Wenn er etwas benötigte, rief er jedesmal mit seiner hellen Stimme aus seinem Zimmer: «Tante Platoscha!» Sie liess ihn indessen Platz nehmen und spitzte in Erwartung seiner ersten Worte die Ohren. Sie blickte ihn an, mit dem einen Auge durch die Brille, mit dem anderen darüber hinweg. Sie erkundigte sich nicht nach seinem Befinden und bot ihm keinen Tee an, denn sie merkte, dass die Ursache seines Besuchs eine andere war. Aratow druckste zuerst etwas herum, dann kam er ins Reden. Er sprach von seiner Mutter, vom gemeinsamen Leben der Eltern und wie sie sich kennengelernt hatten. All das wusste er sehr genau, aber er hatte den Wunsch, darüber zu sprechen. Leider hatte Platoscha überhaupt keine Gabe, eine Unterhaltung zu führen. Sie antwortete sehr einsilbig und schien den Verdacht zu haben, dass Jascha aus einem anderen Grunde zu ihr gekommen war.

«Was denn!» wiederholte sie und bewegte ihre Stricknadeln schnell, fast ärgerlich. «Man weiss ja: deine Mutter war eine Taube..., ein richtiges Täubchen..., und dein Vater hat sie geliebt, wie es einem Ehemann geziemt, ehrlich und treu bis zum Grabe. Und nie hat er eine andere Frau geliebt», fügte sie mit erhobener Stimme hinzu und nahm die Brille ab.

«War sie schüchtern?» fragte Aratow nach einer kleinen Weile.

«Selbstverständlich. Wie es sich für eine Frau gehört. Die Dreisten sind erst in der letzten Zeit aufgekommen.»

«Zu Ihrer Zeit hat es keine Dreisten gegeben?»

«Gab es, wo nicht! Aber wer war das? Irgendwelche schamlosen Herumtreiberinnen streunten umher und drehten sich nach jedem

Manne um. Beisst er nicht an, ihnen macht es nichts aus. Kein Grund zur Trauer. Mal kommt schon ein Dummkopf und fällt ihnen in die Arme. Anständige Männer verachteten solche Frauenzimmer. Könntest du dir vorstellen, so eine Person jemals in unserem Hause gesehen zu haben?»

Aratow antwortete nicht und ging in sein Zimmer zurück. Platonida Iwanowna blickte ihm nach, schüttelte den Kopf, setzte die Brille wieder auf, strickte am Schal weiter..., aber mehr als einmal liess sie die Nadeln in den Schoss sinken und schaute nachdenklich vor sich hin.

Auch Aratow kam bis zum späten Abend mit seiner Arbeit nicht weiter; es wurde nichts daraus, immer wieder grübelte er mit dem gleichen Ärger, der gleichen Erbostheit über das Briefchen der ‹Zigeunerin› nach, über das verlangte Stelldichein, zu dem er gewiss nicht gehen würde. Auch nachts beunruhigte sie ihn. Immer sah er ihre Augen vor sich, diese bald zusammengekniffenen, bald weit geöffneten Augen mit ihren unverwandt auf ihn gerichteten Blicken - und diese starren Züge mit ihrem bezwingenden Ausdruck...

Am folgenden Morgen wartete er - er wusste auch nicht warum - die ganze Zeit auf Kupfer. Fast hätte er ihm einen Brief geschrieben... Wieder kam er nicht zu seiner Arbeit. Dauernd ging er in seinem Zimmer auf und ab. Auch nicht einen einzigen Augenblick liess er den Gedanken in sich aufkommen, zu diesem törichten Rendezvous zu gehen... Aber um halb vier Uhr, nach dem hastig hinuntergeschlungenen Mittagessen, zog er sich plötzlich den

Mantel an, stülpte sich die Mütze auf, stahl sich heimlich vor der Tante rasch auf die Strasse hinaus und ging zum Twerskoj-Boulevard.

7

Aratow traf dort nur wenige Spaziergänger. Es war feuchtes und ziemlich kaltes Wetter. Er bemühte sich, nicht über sein Tun nachzudenken, und zwang sich, seine Aufmerksamkeit allen Dingen, die ihm ins Auge fielen, zuzuwenden, ja er redete sich ein, genauso spazierenzugehen wie die Vorbeikommenden. Der Brief, den er gestern erhalten hatte, befand sich in seiner Seitentasche. Aratow fühlte ihn ständig. Er ging zweimal über den Boulevard, musterte aufmerksam jede ihm begegnende weibliche Gestalt und hatte dauernd Herzklopfen. Als er Müdigkeit verspürte, setzte er sich auf eine Bank. Plötzlich kam ihm der Gedanke: «Und wenn nun der Brief nicht von ihr, sondern von jemand anderem, von einer anderen Frau geschrieben worden ist?» Tatsächlich hätte ihm dies völlig gleich sein sollen, aber er musste sich selbst gestehen, dass er es nicht wünschte. «Das wäre wirklich sehr dumm», dachte er, «noch dümmer als das!» Eine nervöse Unruhe kam über ihn; er begann zu frieren, nicht äusserlich, sondern innerlich wurde ihm kalt. Mehrere Male zog er die Uhr aus der Westentasche, blickte auf das Zifferblatt, steckte sie zurück und vergass sofort wieder, wieviel Minuten vor fünf Uhr es gewesen waren. Er hatte das Gefühl, als sähen ihn alle Vorbeigehenden ganz sonderbar an, mit einer gewissen spöttischen Verwunderung und Neugier. Ein Strassenköter lief zu ihm, beschnüffelte seine Füsse und wedelte mit dem Schweif. Doch Aratow scheuchte ihn mit einer ärgerlichen Armbewegung fort. Am lästigsten wurde ihm ein Handwerkerlehrling in einem gestreiften Kittel, der sich auf der anderen Seite des Boulevards auf eine Bank gesetzt hatte und ihn unentwegt ansah, mal pfeifend, mal sich kratzend; seine in grossen zerrissenen Schuhen steckenden Füsse baumelten hin und her. «Sicher wartet sein Meister auf ihn», dachte Aratow, «und der Faulpelz hält hier Maulaffen feil.»

Aber in diesem gleichen Augenblick hatte er das Gefühl, jemand komme auf ihn zu und stehe ganz dicht hinter ihm..., etwas Warmes wehte ihn von dorther an...

Er schaute sich um: sie!

Er erkannte sie sofort, obwohl ein dichter dunkelblauer Schleier ihre Züge verhüllte. Augenblicklich sprang er von der Bank auf und blieb stehen. Er brachte kein Wort über die Lippen. Auch sie schwieg. Er fühlte sich sehr befangen..., aber sie war es nicht weniger. Aratow konnte durch den Schleier bemerken, dass sie totenbleich war. Aber sie sprach als erste.

«Danke», begann sie mit stockender Stimme, «danke, dass Sie gekommen sind. Ich hatte nicht geglaubt...» Sie machte eine leichte Drehung und ging auf dem Boulevard weiter. Aratow folgte ihr.

«Sie verurteilen mich vielleicht», fuhr sie fort, ohne den Kopf zu wenden. «Meine Handlungsweise ist wirklich sehr seltsam..., aber ich habe viel von Ihnen gehört..., doch nein! Das ist nicht der Grund, weshalb ich... Wenn Sie wüssten... Ich möchte Ihnen so vieles sagen, mein Gott!... Aber wie soll ich es tun..., wie soll ich es tun?»

Aratow ging neben ihr, einen halben Schritt zurück. Er sah nicht ihr Gesicht; er sah nur ihren Hut und einen Teil des Schleiers... und die lange schwarze, schon abgetragene Mantille. All sein Ärger - über sich wie über sie - kam plötzlich wieder. Die ganze Lächerlichkeit, die ganze Abgeschmacktheit dieser Begegnung, dieser Erklärungen zwischen Menschen, die einander völlig unbekannt waren, mitten auf dem belebten Boulevard, wurden ihm plötzlich deutlich.

«Ich habe Ihrer Aufforderung Folge geleistet», begann er seinerseits. «Ich bin nur deshalb hergekommen, gnädiges Fräulein» (ihre Schultern zuckten kaum merklich - sie bog auf den Seitenweg ab - er folgte ihr), «um herauszufinden, um zu erfahren, welchem seltsamen Missverständnis zufolge Sie sich an mich zu wenden beliebten, einen Ihnen fremden Menschen..., der nur deshalb erriet - wie Sie sich in Ihrem Briefe ausdrückten -, dass Sie es waren, die ihm schrieb..., es nur deshalb erriet, weil es Ihnen gefiel, ihm während der literarischen Matinee eine zu... deutliche Beachtung zu schenken.»

Die ganze Rede wurde von Aratow mit der gleichen lauten, aber nicht ganz festen Stimme gehalten, mit der sehr junge Menschen im Examen eine Frage beantworten, auf die sie gut vorbereitet sind. Er war zornig, und der Zorn hatte ihm auch die gewöhnlich nicht sehr freie Zunge gelöst.

Sie ging mit etwas verlangsamten Schritten

auf dem Seitenweg weiter. Aratow folgte ihr und sah wie zuvor nur die getragene Mantille und den Hut, der auch nicht ganz neu war. Seine Eigenliebe litt unter der Vorstellung, dass sie jetzt denken musste: «Es kostete mich nur einen Wink, und gleich kam er angelaufen.»

Aratow schwieg. Er wartete auf ihre Antwort, doch sie sagte kein Wort.

«Ich bin bereit, Sie anzuhören», begann er wieder, «und würde mich sehr freuen, wenn ich Ihnen irgendwie von Nutzen sein könnte..., obwohl es mich immerhin erstaunt, muss ich gestehen..., bei meinem zurückgezogenen Leben...»

Aber bei seinen letzten Worten drehte sich Clara plötzlich zu ihm um, und er erblickte ein so verschrecktes, so tieftrauriges Gesicht mit so hellen, grossen Tränen in den Augen, mit so schmerzlichem Ausdruck um die geöffneten Lippen - und so schön war dieses Gesicht! -, dass er unwillkürlich stockte und selbst eine Art Schreck bekam - und Mitleid und Rührung verspürte.

«Ach, warum..., warum sind Sie so...», sagte sie mit bezaubernd aufrichtiger und wahrhaftiger Kraft. Und wie bewegend klang ihre Stimme! «Konnte es Sie wirklich beleidigen, dass ich mich an Sie wandte?... Haben Sie wirklich nichts begriffen?... Ach, Sie haben nichts begriffen. Sie haben kein Verständnis für meine Worte; weiss Gott, welche Vorstellung Sie sich von mir machen! Sie haben gar nicht daran gedacht, was es mich kostete, Ihnen zu schreiben... Sie waren nur um sich selbst besorgt, um Ihre Würde, um Ihre Ruhe!... Und habe ich denn...» (Sie presste ihre Hände vor den Lippen so fest zusammen, dass man das Geräusch der Gelenke hörte.) «Genau als hätte ich irgendwelche Forderungen an Sie gestellt, genau als wären zuvor Erklärungen nötig... ‹Gnädiges Fräulein...›, ‹es erstaunt mich...›, ‹wenn ich Ihnen von Nutzen sein kann...› Ach, ich Wahnwitzige!... Ich habe mich in Ihnen, in Ihrem Gesicht getäuscht!... Als ich Sie zum ersten Male sah... Da stehen Sie... Und wäre es nur ein Wort! Aber nicht ein einziges Wort?»

Sie verstummte. Ihr Gesicht wurde plötzlich flammend rot und bekam ebenso überraschend einen bösen und dreisten Ausdruck. «Herrgott, ist das alles dumm!» rief sie plötzlich mit einem schneidenden Lachen. «Wie dumm ist unsere Begegnung! Wie bin ich dumm!... Und Sie auch!... Pfui!»

Sie machte eine verächtliche Handbewegung, als ob sie ihn weit von sich weise, lief an ihm vorbei, verliess den Boulevard und verschwand.

Diese Handbewegung, dieses beleidigende Lachen, dieser letzte Ausruf brachten Aratow sofort wieder in seine frühere Stimmung und erstickten das Gefühl in ihm, das in ihm aufgekommen war, als sie sich mit Tränen in den Augen zu ihm gewandt hatte. Er geriet wieder in Zorn, und es fehlte nicht viel, so hätte er dem davongeeilten Mädchen nachgerufen: «Aus Ihnen mag eine gute Schauspielerin werden, aber warum sind Sie auf den Gedanken gekommen, mit mir Komödie zu spielen?»

Mit grossen Schritten kehrte er nach Hause zurück. Obwohl während des ganzen Wegs sein Ärger und Unwille anhielten, drängte sich gleichzeitig durch all diese unguten, feindseligen Gefühle wider seinen Willen die Erinnerung an das zauberhafte Gesicht, das er nur einen Augenblick gesehen hatte. Er stellte sich sogar die Frage: «Warum habe ich ihr nicht geantwortet, als sie nur ein einziges Wort von mir verlangte? Ich bin nicht dazu gekommen», dachte er, «sie liess mir keine Zeit, ein Wort zu sagen..., und welches Wort hätte ich auch sagen sollen?»

Aber er schüttelte sofort wieder den Kopf und sprach missbilligend vor sich hin: «Komödiantin!»

Und trotzdem fühlte sich der unerfahrene, sensible junge Mann, der in seiner Eigenliebe zuerst so gekränkt war, nunmehr durch die Leidenschaft, die er hervorgerufen hatte, zugleich in gewisser Weise geschmeichelt...

«Aber dafür ist jetzt, in diesem Augenblick», fuhr er in seinen Überlegungen fort, «selbstverständlich alles zu Ende... Ich musste ihr lächerlich erscheinen.»

Dieser Gedanke war ihm unangenehm, und er wurde abermals ärgerlich - auf sie... und auf sich. Nachdem er daheim angekommen war, schloss er sich in seinem Zimmer ein. Er wollte Platoscha nicht sehen. Die gute Alte ging zweimal an seine Tür, presste das Ohr an das Schlüsselloch, seufzte nur und flüsterte ihr Gebet.

«Es hat begonnen», dachte sie, «und er ist erst fünfundzwanzig Jahre..., ach, zu früh, zu früh!»

8

Den ganzen folgenden Tag war Aratow sehr missgestimmt.

«Was hast du denn, Jascha?» sagte Platonida Iwanowna zu ihm. «Du bist ja heute so zerrupft?» In der originellen Ausdrucksweise der alten Dame traf dieses Wort den inneren Zustand Aratows ziemlich genau. Er konnte nicht arbeiten und wusste selbst nicht, was er wollte. Bald wartete er abermals auf Kupfer; ja, er hatte den Verdacht, dass Clara seine Adresse von Kupfer erfahren hatte (und wer sonst hätte ihr viel von ihm mitteilen können?), bald war er sich im Zweifel, ob die Begegnung mit ihr wirklich so enden musste. Bald stellte er sich vor, dass sie ihm noch einmal schreiben werde, bald fragte er sich, ob er ihr nicht einen Brief schreiben solle, in dem er ihr alles erklärte, denn er wollte trotz alledem keine unvorteilhafte Meinung über sich hinterlassen – aber was eigentlich sollte er erklären? Dann steigerte er sich fast in einen Zustand des Abscheus vor ihr, vor ihrer Aufdringlichkeit, ihrer Dreistigkeit. Doch da sah er wieder jenes unsagbar rührende Gesicht vor sich, und er vernahm ihre bezaubernde Stimme. Er rief sich ihren Gesang, ihre Rezitation ins Gedächtnis zurück und war sich nicht klar, ob er mit seinem pauschalen Urteil recht gehabt hatte. Mit einem Wort: ein zerrupfter Mensch!

Schliesslich hatte er von diesem ganzen Hin und Her genug, und er beschloss, sich, wie man sagt, zusammenzureissen und die ganze Geschichte zu vergessen, da sie ohne Zweifel seine Arbeit behinderte und seine Ruhe störte.

Aber es fiel ihm nicht leicht, den Entschluss durchzuführen. Mehr als eine Woche verging, bis er wieder ins rechte Gleis kam. Zum Glück liess sich Kupfer nicht blicken; es hatte den Anschein, als sei er nicht in Moskau. Nicht lange vor der ‹Affäre› hatte Aratow begonnen, sich mit Malerei für photographische Zwecke zu befassen; mit verdoppeltem Eifer nahm er die Beschäftigung wieder auf.

So verstrichen unmerklich zwei bis drei Monate – abgesehen von einigen, wie die Ärzte sagen, Rückfällen, die zum Beispiel darin bestanden, dass er einmal fast der Fürstin einen Besuch gemacht hätte. Aratow wurde wieder der frühere Aratow. Nur tief unter der Oberfläche seines Daseins lag etwas Schweres und dunkel Geheimnisvolles und begleitete ihn auf Schritt und Tritt. So schwimmt ein grosser Fisch, der soeben am Angelhaken angebissen hat, aber noch nicht aus dem Wasser gezogen ist, auf dem Grund eines tiefen Flusses genau unter dem Boot, in dem der Fischer sitzt, die starke Angelrute in der Hand.

Doch da stiess Aratow eines Tages, als er die nicht mehr ganz neuen ‹Moskauer Nachrichten› überflog, auf folgenden Bericht aus Kasan:

«Mit schmerzlichem Bedauern», schrieb ein lokaler Korrespondent, «verzeichnen wir in der Chronik unseres Theaters die Kunde vom plötzlichen Ableben der begabten Schauspielerin Clara Militsch, der es gelungen war, in der kurzen Zeit ihres Engagements zum Liebling unseres anspruchsvollen Publikums zu werden. Unsere Betrübnis ist um so stärker, als Fräulein Militsch ihrem jungen, so viel versprechenden Leben selbst ein Ende gesetzt hat, indem sie sich vergiftete. Der Vorfall war von erschrekkender Wirkung, weil die Künstlerin das Gift im Theater nahm. Man brachte sie heim, aber dort verschied sie zum allgemeinen Bedauern. In der Stadt gehen Gerüchte um, dass unerwiderte Liebe sie zu dieser schrecklichen Tat veranlasst hat.»

Aratow legte die Zeitung leise auf den Tisch. Äusserlich blieb er vollkommen ruhig, aber etwas versetzte ihm gleichzeitig einen Stoss gegen Brust und Kopf und griff dann langsam auf alle Gliedmassen über. Er erhob sich, blieb eine Weile auf dem gleichen Fleck stehen, setzte sich wieder hin, las den Bericht noch einmal. Dann stand er abermals auf, legte sich auf das Bett, verschränkte die Hände hinter dem Kopf und schaute wie betäubt lange auf die Wand. Die Wand löste sich allmählich auf..., verschwand..., und er sah den Boulevard unter dem grauen Himmel vor sich und *sie* in der schwarzen Mantille... Dann sah er sie auf dem Podium, sah sogar sich selbst neben ihr...

Was ihm im ersten Augenblick einen so heftigen Stoss gegen die Brust versetzt hatte, stieg jetzt höher, stieg bis zur Kehle empor. Er wollte husten, wollte jemanden rufen, aber seine Stimme versagte, und zu seiner eigenen Verwunderung rannen ihm unaufhaltsam die Tränen aus den Augen. Was hatte die Tränen bewirkt? Mitleid? Reue? Oder hatten einfach die Nerven der plötzlichen Erschütterung nicht standgehalten? Sie war doch für ihn ein Nichts gewesen. Oder etwa nicht?

«Vielleicht ist das alles gar nicht wahr?» kam ihm plötzlich ein tröstender Gedanke. «Man muss sich erkundigen. Aber bei wem?

Bei der Fürstin? – Nein, bei Kupfer..., bei Kupfer? Es heisst doch, er sei gar nicht in Moskau? Ganz gleich, erst mal zu ihm!»

Mit diesen Überlegungen kleidete sich Aratow rasch an, nahm eine Droschke und fuhr zu Kupfer.

9

Er machte sich keine Hoffnung, dass er ihn antreffen werde..., doch er traf ihn an. Es stimmte: Kupfer war einige Zeit nicht in Moskau gewesen, aber er war schon vor einer Woche zurückgekehrt und hatte sich sogar vorgenommen, Aratow zu besuchen. Er begegnete ihm mit gewohnter Treuherzigkeit und schickte sich an, ihm etwas zu erklären, aber Aratow unterbrach ihn sofort mit der ungeduldigen Frage: «Hast du gelesen? Ist es wahr?»

«Was soll wahr sein?» antwortete Kupfer verlegen.

«Die Nachricht über Clara Militsch.»

Kupfers Gesicht drückte Bedauern aus. «Ja, ja, Bruder, es ist wahr: hat sich vergiftet. Ein Jammer!»

Aratow schwieg. «Du hast es wohl auch in der Zeitung gelesen?» fragte er dann. «Oder bist du vielleicht selbst in Kasan gewesen?»

«Stimmt, ich bin nach Kasan gefahren; die Fürstin und ich haben sie dorthin begleitet. Sie ist da aufgetreten und hatte grossen Erfolg. Aber ich bin dort nicht bis zur Katastrophe geblieben..., ich war in Jaroslawl.»

«In Jaroslawl?»

«Ja. Ich bin der Fürstin dahin gefolgt... Sie hat sich jetzt in Jaroslawl niedergelassen.»

«Aber du bist genau informiert?»

«Aufs genaueste..., aus erster Hand! Ich habe in Kasan ihre Familie kennengelernt. Aber gemach, mein Freund, die Nachricht scheint dich mächtig aufzuregen. Dabei entsinne ich mich, dass dir Clara seinerzeit gar nicht gefallen hat. Zu Unrecht! Sie war ein wunderbares Mädchen..., nur zu starrsinnig, eine Fanatikerin! Wollte immer mit dem Kopf durch die Wand. Ich habe mich sehr um sie gegrämt.»

Aratow brachte kein Wort über die Lippen, er liess sich auf einen Stuhl sinken. Ein wenig später bat er stockend, ihm alles zu erzählen.

«Was?» fragte Kupfer.

«Na ja..., alles», antwortete Aratow zögernd. «Was du von ihrer Familie weisst..., und alles übrige. Alles, was du weisst.»

«Und das interessiert dich? Bitt'schön!»

Und Kupfer, dessen Gesicht keineswegs anzusehen war, dass er sich sehr um Clara grämte, begann zu erzählen.

Aus seinem Bericht erfuhr Aratow, dass Clara Militsch in Wirklichkeit Katerina Milowidowa hiess; dass ihr verstorbener Vater staatlich angestellter Zeichenlehrer in Kasan gewesen war, schlechte Porträts und Bilder auf Bestellung gemalt... und ausserdem für einen Trunkenbold und Haustyrannen gegolten hatte... «Man denke, ein gebildeter Mensch!» (Hier lächelte Kupfer selbstgefällig über den Wortwitz, den er gemacht hatte.) Nach seinem Tode verblieben seine aus einer Kaufmannsfamilie stammende Witwe, «ein ganz dummes Frauenzimmer, wie aus einer Komödie von Ostrowskij», und eine Tochter, weit älter als

Clara und ihr völlig unähnlich, «ein sehr kluges und bemerkenswertes, aber krankes und etwas schwärmerisches Mädchen..., und von einer erstaunlichen Bildung, mein Lieber! Witwe und Tochter wohnten, ohne Not zu leiden, in einem schmucken Häuschen, das sie vom Verkauf der schlechten Porträts und Gemälde erworben hatten. Clara - oder Katja, wenn du willst - beeindruckte jedermann von Kindheit an durch ihre Begabung, hatte aber ein störrisches, launenhaftes Wesen und zankte sich ständig mit dem Vater. Sie hatte einen leidenschaftlichen Hang zum Theater gehabt und war im Alter von sechzehn Jahren mit einer Schauspielerin aus dem Elternhause geflohen...»

«Mit einem Schauspieler?» unterbrach ihn Aratow.

«Nein, nicht mit einem Schauspieler, sondern mit einer Schauspielerin, an die sie sich eng angeschlossen hatte... Allerdings hatte diese Schauspielerin einen Gönner, einen reichen alten Herrn, der sie nur deshalb nicht heiratete, weil er selbst verheiratet war - ja, und die Schauspielerin war, glaube ich, auch eine verheiratete Frau.»

Ferner erfuhr Aratow von Kupfer, dass Clara bereits in Provinztheatern gespielt und gesungen hatte, bevor sie nach Moskau gekommen war, dass sie nach dem Verlust ihrer Freundin (deren Gönner entweder gestorben war oder sich mit seiner Frau wieder ausgesöhnt hatte - Kupfer wusste es nicht genau) die Fürstin kennengelernt hatte, diese goldene Frau, «die du, mein Freund Jakob Adrejitsch», fügte der Erzähler verzückt hinzu, «nicht nach Gebühr zu schätzen wusstest»; dass Clara schliesslich ein Engagement in Kasan angeboten worden sei und sie es angenommen habe, obwohl sie zuvor beteuert hatte, Moskau niemals zu verlassen. «Erstaunlich, wie rasch sie sich die Liebe der Kasaner erwarb. Bei jeder Vorstellung - Blumen und Geschenke! Blumen und Geschenke! Ein Getreidehändler, eine der wichtigsten Persönlichkeiten im Gouvernement, verehrte ihr sogar ein goldenes Tintenfass.»

Kupfer erzählte dies alles sehr lebhaft und unsentimental. Zuweilen unterbrach er seinen Bericht mit Fragen: «Warum willst du das wissen?» oder: «Wozu das?», wenn Aratow, der ihm mit brennender Aufmerksamkeit zuhörte, immer mehr und mehr Einzelheiten verlangte. Schliesslich war alles gesagt. Kupfer verstummte und belohnte sich für seine Mühe mit einer Zigarre.

«Und warum hat sie sich vergiftet?» fragte Aratow. «In der Zeitung stand geschrieben...»

Kupfer breitete die Arme weit auseinander. «Nun..., darüber vermag ich nichts zu sagen..., ich weiss es nicht, die Zeitung lügt. Clara hat ein beispielhaftes Leben geführt..., keine Liebesaffären gehabt..., und wieso auch bei ihrem Stolz! Stolz war sie wie der Teufel selbst - und unzugänglich. Eine Fanatikerin! Hart wie Stein. Ob du es mir glaubst oder nicht, aber solange ich sie näher kannte, habe ich niemals in ihren Augen Tränen gesehen.»

«Aber ich habe sie gesehen», dachte Aratow.

«Nur eins», fuhr Kupfer fort. «In der letzten Zeit bemerkte ich eine grosse Veränderung an ihr: sie wurde so apathisch, verlor ihre Spannung und schwieg stundenlang. Man konnte ihr kein Wort entlocken. Einmal fragte ich sie: ‹Es hat Sie doch wohl niemand beleidigt, Katerina Semjonowna?› Denn ich kannte ihren Charakter: eine Beleidigung konnte sie nicht ertragen. Sie schwieg. Keine Antwort. Sogar die Erfolge auf der Bühne heiterten sie nicht auf. Man überschüttete sie mit Blumen – und sie lächelte nicht einmal! Auf das goldene Tintenfass warf sie nur einen raschen Blick und schob es beiseite. Sie beklagte sich, dass ihr niemand die nach ihrer Auffassung richtige Rolle schreibe. Und den Gesang gab sie völlig auf. Ich bin schuld, Bruder..., ich teilte ihr damals mit, dass du an ihrer Stimme die Schulung vermisst hast. Aber trotzdem..., warum sie sich vergiftet hat, das ist unfasslich. Ja, und unter welchen Umständen sie sich vergiftet hat!...»

«In welcher Rolle hatte sie den grössten Erfolg?» Aratow wollte wissen, in welcher Rolle sie zum letzten Male aufgetreten war, aber aus irgendeinem Grunde fragte er etwas anderes.

«Soweit ich mich entsinne, spielte sie Ostrowskijs ‹Grunja›. Aber ich wiederhole dir: keinerlei Liebesaffären! Bedenke eins: sie wohnte im Hause ihrer Mutter... Du weisst, es gibt derlei Kaufmannshäuser: in jeder Ecke ein Heiligenschrein und ein Lämpchen davor, erstickender Mief, säuerlicher Geruch, Stühle entlang der Saalwände, Geranien vor den Fenstern; kommt ein Gast, schreit die Hausfrau ach und weh, als dringe ein Feind ein. Wie wären da Tändeleien und Liebeleien möglich? Manchmal wurde sogar ich nicht eingelassen. Ihre Magd, ein kräftiges Weibsbild im baumwollenen Sarafan und mit einem Hängebusen, verstellte mir im Flur den Weg und knurrte:

‹Wohin?› Nein, ich begreife einfach nicht, warum sie sich vergiftet hat. Sie hatte wahrscheinlich das Leben satt», schloss Kupfer seine Betrachtungen wie ein Philosoph.

Aratow sass da, den Kopf gesenkt. «Kannst du mir die Adresse dieses Hauses in Kasan geben?» sagte er schliesslich.

«Kann ich, aber wozu? Willst du etwa einen Brief dorthin schreiben?»

«Vielleicht.»

«Nun, wie du willst. Nur wird dir die Alte nicht antworten, sie kann weder lesen noch schreiben. Möglicherweise die Schwester..., oh, die Schwester ist ein kluges Mädchen! Aber ich muss mich trotzdem über dich wundern, Bruder. Ehedem die Gleichgültigkeit in Person..., und jetzt dieses Interesse! Kommt alles von deiner Einschichtigkeit, mein Bester!»

Aratow antwortete nichts auf diese Bemerkung und ging, nachdem er die Kasaner Adresse erhalten hatte.

Als er zu Kupfer gefahren war, hatte sein Gesicht den Ausdruck der Erregung, Verwunderung, Erwartung gezeigt... Jetzt ging er mit gleichmässigen Schritten, niedergeschlagenen Augen, den Hut in die Stirn gezogen, seines Wegs. Fast jeder Entgegenkommende begleitete ihn mit forschenden Blicken, aber er bemerkte die Vorbeigehenden nicht..., anders als auf dem Boulevard!...

«Unglückliche Clara! Wahnwitzige Clara!» klang es in ihm.

10

Den nächsten Tag verbrachte Aratow indessen in ziemlicher Ruhe. Er konnte sich sogar seinen üblichen Beschäftigungen widmen. Nur eins: sowohl bei der Arbeit als auch in der freien Zeit dachte er ständig an Clara und an alles, was ihm Kupfer tags zuvor erzählt hatte. Zugegeben, seine Gedanken waren ebenfalls ziemlich ruhiger Art. Er meinte, das seltsame Mädchen interessiere ihn nur vom psychologischen Standpunkt, als eine Art Rätsel, dessen Lösung das Nachdenken lohne. «Ist mit einer ausgehaltenen Schauspielerin geflohen», überlegte er, «hat sich von dieser Fürstin begönnern lassen, bei der sie offenbar wohnte – und keinerlei Liebesaffären? Kaum zu glauben!... Und Kupfer sagt: ‹Stolz!› Aber erstens wissen wir...» (Aratow hätte sagen sollen: «...haben wir in Büchern gelesen»), «wissen wir, dass sich Stolz mit leichtsinnigem Lebenswandel verträgt, und zweitens, wie konnte ein so stolzes Mädchen jemanden zu einem Stelldichein auffordern, wobei sie annehmen musste, dass er ihr Verachtung bezeigen könne..., und sie ihr ja auch bezeigte!..., noch dazu an einem öffentlichen Ort..., auf dem Boulevard!»

Aratow rief sich die ganze Szene auf dem Boulevard ins Gedächtnis zurück, und er fragte sich: «Stimmt es, dass ich Clara Verachtung bezeigt hatte? Nein», entschied er. «Es war ein anderes Gefühl..., ein Gefühl der Verständnislosigkeit..., des Misstrauens schliesslich und endlich... Unglückliche Clara!» klang es von neuem in seinem Kopf. «Ja, unglückliche...», entschied er abermals. «Es ist das am meisten entsprechende Wort. Und wenn es so ist, war ich ungerecht. Sie sagte ganz richtig, dass ich sie nicht verstünde. Schade! Da ging ein vielleicht beachtenswertes Geschöpf so dicht an mir vorbei..., und ich nützte die Gelegenheit nicht, ich stiess sie zurück... Nun, nichts zu machen! Das ganze Leben liegt noch vor mir. Bitte, es werden noch ganz andere Begegnungen kommen!»

«Aber aus welchem Grunde hat sie gerade mich erwählt?» Er blickte in den Spiegel, an dem er eben vorbeiging. «Was ist an mir Besonderes? Bin ich denn ein hübscher Mann? Ein Gesicht wie alle Gesichter... Übrigens ist auch sie keine Schönheit... Keine Schönheit..., doch welch ausdrucksvolles Gesicht! Starr..., doch ausdrucksvoll! Solch einem Gesicht bin ich noch nie begegnet. Und Talent hat sie zweifellos..., das heisst, hatte sie. Wild war es, unentwickelt, sogar roh..., aber zweifellos ein Talent. Auch in dieser Hinsicht war ich ungerecht gegen sie.»

Aratow versetzte sich in Gedanken auf die literarisch-musikalische Matinee und stellte fest, dass er sich ausserordentlich deutlich an jedes von ihr gesungene und gesprochene Wort erinnerte, an jede Intonation... «Das wäre nicht der Fall, wenn sie kein Talent gehabt hätte.»

«Und jetzt ist das alles im Grab, in das sie sich selbst gestossen hat... Aber ich habe nichts damit zu tun... Ich bin nicht schuld! Lächerlicher Gedanke, ich sei schuld!»

Aratow ging es abermals durch den Kopf, dass sie ja von seinem Benehmen während der Begegnung unzweifelhaft enttäuscht sein musste, falls bei ihr ‹etwas Gewisses› vorhanden gewesen war... Daher auch ihr grausames Auflachen beim Abschied. «Ja, und ist der Beweis erbracht, dass sie sich aus unglücklicher Liebe vergiftet hat? Das sind doch nur die Zeitungsschreiber, die bei jedem derartigen Todesfall unglückliche Liebe annehmen... Menschen mit einem Charakter, wie ihn Clara hatte, bekommen das Leben sehr leicht über..., es wird ihnen zu langweilig. Ja, langweilig. Kupfer hat recht: sie hatte das Leben einfach satt.»

«Ungeachtet der Erfolge, der Ovationen?» Aratow versank in Gedanken. Die psychologische Analyse, der er sich widmete, bereitete ihm sogar ein gewisses Vergnügen. Jeder Berührung mit Frauen bis dahin fremd, ahnte er gar nicht, wie bedeutungsvoll diese spannende Untersuchung der weiblichen Psyche für ihn war.

«Das heisst also», fuhr er in seinen Überlegungen fort, «dass die Kunst sie nicht befriedigte, die Leere ihres Lebens nicht ausfüllte. Wirkliche Künstler leben nur für die Kunst, für die Bühne..., alles andere verblasst vor dem, was sie für ihre Berufung halten... Sie war eine Dilettantin.»

Hier wurde Aratow erneut nachdenklich. «Nein, das Wort ‹Dilettantin› liess sich nicht mit diesem Gesicht, mit dem Ausdruck dieses Gesichts, dieser Augen verbinden...»

Und wieder erstand vor ihm Claras Bild mit den auf ihn gerichteten Augen voller Tränen, mit den vor den Lippen zusammengepressten Händen...

«Ach, nicht nötig, nicht nötig», flüsterte er. «Wozu das?»

So verging der Tag. Während des Essens unterhielt er sich angeregt mit Platoscha, fragte sie über die Vergangenheit aus, an die sie sich übrigens schlecht erinnerte und von der sie nur unzusammenhängend zu berichten wusste, da sie nicht sehr redegewandt war und im Laufe ihres Lebens fast nichts ausser ihrem Jascha zur Kenntnis genommen hatte. Sie freute sich lediglich, dass er an diesem Tage so freundlich und zärtlich war. Gegen Abend war er so ruhig geworden, dass er mit der Tante einige Kartenpartien spielte.

So verlief der Tag..., dagegen die Nacht!

11

Sie liess sich gut an; er schlief rasch ein, und als die Tante auf Zehenspitzen zu ihm trat, um den Schlafenden dreimal zu bekreuzigen - das tat sie jede Nacht -, lag er da und atmete ruhig wie ein Kind. Aber gegen Morgen hatte er einen Traum.

Aratow träumte:

Er geht unter einem niedrigen Himmel über eine kahle, mit Felsblöcken übersäte Steppe. Zwischen den Blöcken windet sich ein schmaler Pfad, auf dem er dahinschreitet.

Plötzlich steigt vor ihm etwas wie ein feines Wölkchen in die Höhe. Als er genau hinsieht, wird das Wölkchen zu einer Frau in einem weissen Gewand mit einem leuchtenden Gürtel um die Hüften. Sie strebt von ihm fort. Er kann weder ihr Gesicht noch ihr Haar sehen, ein langer Schleier verhüllt beides. Er will sie unbedingt erreichen und ihr in die Augen blikken. Aber sosehr er sich beeilt, sie geht rascher als er.

Auf dem Pfad liegt ein breiter, flacher Stein, der einer Grabplatte gleicht. Er versperrt den Weg. Die Frau bleibt stehen. Aratow läuft auf sie zu. Sie dreht sich zu ihm, aber er sieht ihre Augen trotzdem nicht..., sie sind geschlossen. Ihr Gesicht ist weiss, schneeweiss, die Arme hängen unbeweglich herab. Sie gleicht einer Statue.

Langsam, ohne sich zu verbiegen, lehnt sie sich zurück und lässt sich auf die Platte sinken... Und jetzt liegt Aratow neben ihr, lang ausgestreckt wie die steinerne Gestalt eines Grabmals - auch seine Hände sind gefaltet wie die eines Leichnams.

Aber da richtet sich die Frau plötzlich auf und geht weiter. Aratow will sich ebenfalls erheben, doch er ist nicht imstande, sich zu rühren und die Hände auseinander zu falten - er kann ihr nur verzweifelt nachblicken.

Da wendet sich die Frau unvermutet um, und er sieht lichte, lebendige Augen in einem lebendigen, aber unbekannten Gesicht. Sie lacht, sie lockt ihn mit einer Handbewegung..., aber er kann sich noch immer nicht bewegen.

Sie lacht noch einmal - und entfernt sich schnell, fröhlich den Kopf wiegend, auf dem ein Kranz aus kleinen roten Rosen leuchtet.

Aratow bemüht sich zu schreien, will diesen schrecklichen Alptraum verscheuchen...

Plötzlich wird alles ringsum dunkel..., und die Frau kommt zu ihm zurück. Jetzt ist es nicht mehr die unbekannte Gestalt aus Stein..., es ist Clara. Sie bleibt vor ihm stehen, die Arme gekreuzt, und sieht ihn streng und forschend an.

Ihre Lippen sind zusammengepresst, aber Aratow meint ihre Worte zu hören: «Wenn du wissen willst, wer ich bin, fahre dorthin!»

«Wohin?» fragt er.

«Dorthin!» vernimmt er wieder die geisterhafte Stimme. «Dorthin!»

Aratow erwachte.

Er richtete sich im Bett auf, zündete die auf dem Nachttisch stehende Kerze an, stand jedoch nicht auf und sass lange da, ganz erstarrt vor Kälte und langsam rings um sich blickend. Ihm schien, dass sich mit ihm etwas ereignet hatte, seitdem er sich hingelegt hatte, dass etwas in ihn eingedrungen..., sich seiner bemächtigt hatte. «Ja, ist denn das möglich?» flüsterte er unbewusst. «Gibt es denn solche Macht?»

Es hielt ihn nicht länger im Bett. Leise kleidete er sich an und ging bis zum Morgen im Zimmer auf und ab. Und ganz seltsam: an Clara dachte er keinen Augenblick. Er hatte sich entschlossen, am nächsten Tag nach Kasan zu fahren, und dachte nur an diese Reise.

Er überlegte, wie er sie bewerkstelligen, was er mitnehmen werde, wie er dort alles erfragen und erfahren und sich beruhigen werde. «Fährst du nicht», stritt er mit sich selbst, «verlierst du vielleicht den Verstand.» Er fürchtete es, er hatte Angst vor seinen Nerven. Er war überzeugt, dass alle Einbildungen verfliegen würden wie dieser nächtliche Alptraum, sobald er dort alles mit eigenen Augen sehen werde. «Alles in allem werde ich eine Woche unterwegs sein», dachte er, «und was ist schon eine Woche? Aber anders komme ich von dieser Sache nicht los.»

Die aufgegangene Sonne erhellte das Zimmer, doch das Tageslicht verjagte nicht die Schatten, die sich in der Nacht auf ihn gelegt hatten, und änderte nichts an seinem Entschluss.

Platoscha traf beinahe der Schlag, als er ihr seinen Entschluss mitteilte. Sie kauerte sich sogar hin, weil ihr die Beine einknickten. «Wieso nach Kasan? Warum nach Kasan?» flüsterte sie und glaubte nicht recht zu hören. Ihre Verwunderung wäre nicht grösser gewesen, wenn sie erfahren hätte, dass ihr Jascha die Bäckerin von nebenan heiraten oder nach Amerika fahren werde. «Und für lange nach Kasan?»

«In einer Woche bin ich wieder da», antwortete Aratow mit einer halben Wendung zur Tante, die noch immer auf dem Boden hockte.

Platonida Iwanowna wollte noch etwas erwidern, aber Aratow schrie sie plötzlich in einer ganz unerwarteten und ungewöhnlichen Weise an. «Ich bin kein Kind mehr», rief er und wurde ganz blass; seine Lippen bebten, und die Augen funkelten böse. «Ich werde sechsundzwanzig, ich weiss, was ich tue; mir steht es frei, zu tun, was ich will! Ich gestatte niemandem... Geben Sie mir Geld für die Reise, packen Sie mir Wäsche und Anzug in meinen Koffer..., und quälen Sie mich nicht! Ich komme ja in einer Woche zurück, Platoscha», fügte er mit sanfterer Stimme hinzu.

Platoscha erhob sich ächzend und schleppte sich, ohne noch zu widersprechen, in ihr Zimmer. Jascha hatte ihr einen Schreck eingejagt. «Ich weiss nicht mehr, wo mir der Kopf steht», sagte sie zur Köchin, die ihr half, Jaschas Sachen einzupacken. «Mein Kopf ist der reinste Bienenkorb; mir ist, als schwirrten und summten Bienen um mich, ich kenne mich nicht mehr aus. Nach Kasan fährt er, du meine Güte, nach Ka-sa-an!»

Die Köchin hatte tags zuvor beobachtet, dass der Hausknecht lange mit einem Schutzmann über irgend etwas gesprochen hatte. Sie wollte den Vorfall eigentlich ihrer Herrin mitteilen, wagte es aber nicht und dachte bloss: «Nach Kasan? Wenn nur nicht irgendwohin weiter!»

Platonida Iwanowna war derart aus ihrer Ruhe gebracht, dass sie nicht einmal ihr übliches Gebet über die Lippen brachte. In solcher Not konnte auch der Herrgott nicht helfen.

Am gleichen Tage fuhr Aratow nach Kasan.

12

Kaum war er in dieser Stadt angelangt und hatte sich ein Zimmer in einem Gasthof genommen, als er sich schon auf die Suche nach dem Haus der Witwe Milowidowa machte. Während der ganzen Reise hatte er sich in einer Art Erstarrung befunden, was ihn im übrigen nicht hinderte, alles Erforderliche zu bewerkstelligen, in Nischnij-Nowgorod von der Eisenbahn auf den Dampfer umzusteigen, auf den Haltestellen zu essen, und so weiter. Er war noch immer der Überzeugung, dass sich *dort* alles klären werde. Darum verscheuchte er alle Erinnerungen und Vorstellungen und konzentrierte seine Gedanken auf die Rede, mit der er Claras Angehörigen den Grund seiner Reise erklären wollte.

Nachdem er schliesslich das Ziel seines

Strebens erreicht hatte, liess er sich anmelden. Man liess ihn ein - voller Bedenken und Furcht, aber man liess ihn ein.

Das Haus der Witwe Milowidowa war tatsächlich so, wie es Kupfer geschildert hatte, und die Witwe selbst glich genau einer der Kaufmannsfrauen Ostrowskijs, obwohl sie die Witwe eines Beamten war; ihr Mann hatte im Range eines Kollegienassessors gestanden.

Aratow entschuldigte sich zuerst wegen des Freimuts und der Seltsamkeit seines Besuchs und erläuterte dann nicht ohne Mühe in der vorbereiteten Rede, warum er den Wunsch habe, alles Wissenswerte über die so früh verstorbene begabte Schauspielerin zu erfahren. Ihn leite nicht müssige Neugier, sondern tiefe Sympathie für ihr Talent, dessen Verehrer er gewesen sei (er sagte tatsächlich: Verehrer); schliesslich sei es sündhaft, das Publikum nicht wissen zu lassen, was es verloren habe - und warum sich die Hoffnungen, die man auf sie gesetzt hatte, nicht erfüllten.

Frau Milowidowa unterbrach Aratow nicht; sie begriff wohl kaum, was der Unbekannte zu ihr sagte, sondern glotzte ihn nur mit grossen Augen an und fand im übrigen, dass er ein friedfertiges Aussehen habe, anständig gekleidet sei und nicht den Eindruck eines Windbeutels mache, der Geld erbetteln wolle.

«Sie sprechen von Katja?» fragte sie, sobald Aratow verstummt war.

«Ganz richtig..., von Ihrer Tochter.»

«Und Sie sind deswegen aus Moskau hergekommen?»

«Ja.»

«Nur deshalb?»

«Nur deshalb.»

Frau Milowidowa zuckte plötzlich zusammen. «Ja, Sie sind Schriftsteller? Schreiben für Zeitschriften?»

«Nein, ich bin kein Schriftsteller und habe auch bis jetzt nichts veröffentlicht.»

Die Witwe senkte den Kopf. Sie wusste nicht, was sie sagen sollte.

«Das heisst also..., aus eigenem Verlangen?» fragte sie plötzlich. Aratow fand nicht sofort eine Antwort.

«Aus Mitgefühl, aus Verehrung für das Talent», sagte er schliesslich.

Das Wort ‹Verehrung› gefiel Frau Milowidowa.

«Gewiss doch!» stiess sie seufzend aus. «Ich bin zwar ihre Mutter, und sie hat mir grossen Kummer gemacht... Das Unheil kam so plötzlich, aber ich muss sagen: ungebärdig war sie immer, und sie hat auch so geendet! Solche Schande!... Sie können sich denken, was das für eine Mutter bedeutet. Man muss noch dankbar sein, dass sie christlich beerdigt worden ist...» Frau Milowidowa bekreuzigte sich. «Von klein auf war sie widerspenstig, verliess ihr Elternhaus und ging schliesslich unter die Komödiantinnen. Jeder weiss, dass ich ihr nicht mein Haus verbot, ich liebte sie ja. Schliesslich war ich trotz alledem ihre Mutter. Sie sollte nicht bei fremden Menschen wohnen und von deren Gnade abhängen.» Hier traten der Witwe die Tränen in die Augen. «Und wenn Sie, mein Herr», begann sie von neuem und wischte sich die Tränen mit dem Zipfel ihres Halstuchs ab, «wirklich die Absicht haben und nichts Unehrenhaftes gegen uns im Schilde führen, sondern uns im Gegenteil Beachtung erweisen, dann sprechen Sie am besten mit meiner anderen Tochter. Sie kann Ihnen alles besser erzählen als ich... Annotschka!» rief Frau Milowidowa. «Annotschka! Komm mal her! Hier ist ein Herr aus Moskau, der uns wegen Clara zu sprechen wünscht.»

Im Nebenzimmer bewegte sich etwas, aber niemand kam herein. «Annotschka!» rief die Witwe jetzt noch einmal. «Anna Semjonowna! Komm rein, hörst du nicht?»

Die Tür tat sich leise auf, und auf der Schwelle erschien ein schon ältliches Mädchen; es sah kränklich aus und war nicht schön, hatte jedoch sehr sanfte, traurige Augen. Aratow erhob sich und stellte sich vor, wobei er sich auf seinen Freund Kupfer berief.

«Aha! Fjodor Fjodorowitsch!» sagte das Mädchen leise und liess sich still auf einem Stuhl nieder.

«Na also, dann unterhalte dich mit dem Herrn», sagte Frau Milowidowa und stand schwerfällig auf. «Er hat die Mühe auf sich genommen, eigens aus Moskau herzukommen, wünscht Mitteilungen über Clara zu erhalten. Mich entschuldigen Sie bitte, mein Herr», fügte sie zu Aratow gewandt hinzu; «ich gehe, ich muss mich jetzt um die Hauswirtschaft kümmern. Mit Annotschka können Sie sich gut verständigen, sie wird Ihnen vom Theater wie von allem übrigen erzählen. Sie ist mein kluges Mädel, gebildet, spricht französisch und liest Bücher, ist genauso gut wie ihre tote Schwester. Sie hat sie ja erzogen, kann man sagen..., sie war die ältere, na ja, und hat sich ihrer angenommen.»

Frau Milowidowa entfernte sich. Mit Anna Semjonowna allein geblieben, wiederholte Aratow seine Rede, begriff aber auf den ersten Blick, dass er es mit einem wirklich gebildeten Mädchen und nicht mit einem Kaufmannstöchterchen zu tun hatte. Deshalb holte er bei seinen Erläuterungen weit aus und gebrauchte andere Ausdrücke, doch zum Schluss wurde er selbst erregt, errötete und fühlte sein Herz pochen. Anna hörte ihm schweigend zu, eine Hand auf die andere gelegt. Das traurige Lächeln wich nicht von ihrem Gesicht..., ein bitterer, noch nicht verheilter Schmerz sprach aus diesem Lächeln.

«Sie kannten meine Schwester?» fragte sie.

«Nein, eigentlich habe ich sie nicht gekannt», antwortete Aratow. «Ich bin ihr begegnet und habe sie einmal gehört..., aber es genügte, Ihre Schwester ein einziges Mal zu sehen und zu hören...»

«Sie wollen ihre Biographie schreiben?» fragte Anna wieder.

Aratow hatte dieses Wort nicht erwartet, antwortete jedoch sofort: «Warum nicht? Hauptsächlich will ich das Publikum in Kenntnis setzen...»

Anna liess ihn mit einer Handbewegung verstummen.

«Wozu? Das Publikum hat ihr ohnehin viel Leid zugefügt; Katja begann ja erst zu leben. Aber wenn Sie selbst...» (Anna schaute ihn an und lächelte abermals auf ihre traurige, aber schon entgegenkommendere Art..., als denke sie: «Ja, du flösst mir Vertrauen ein»), «wenn Sie selbst soviel Anteil an ihr nehmen, so kommen Sie doch bitte heute abend nach dem

Essen wieder. Jetzt bin ich nicht imstande..., es kommt so plötzlich... Ich will mich zusammennehmen und werde es versuchen..., ach, ich habe sie so sehr geliebt!»

Anna wandte sich ab; sie war nahe daran, aufzuschluchzen.

Aratow erhob sich rasch, dankte für das Anerbieten und versicherte, dass er unbedingt kommen werde..., unbedingt. Er ging, tief beeindruckt von der stillen Stimme, den sanften, traurigen Augen, sich verzehrend in quälender Erwartung.

13

Als Aratow bereits am Nachmittag zu den Milowidows zurückkam, unterhielt er sich volle drei Stunden mit Anna Semjonowna. Frau Milowidowa hatte sich gleich nach dem Essen – um zwei Uhr – schlafen gelegt und ruhte bis zum Tee um sieben Uhr. Aratows Gespräch mit Claras Schwester war eigentlich keine Unterhaltung, denn sie sprach fast allein, zuerst stockend und verlegen, dann mit ungehemmter Erregtheit. Sie hatte ihre Schwester offensichtlich vergöttert. Das Vertrauen, das ihr Aratow eingeflösst hatte, wuchs und wurde immer stärker; sie gab jede Zurückhaltung auf und brach sogar zweimal lautlos in Tränen aus. Er schien ihr ihrer offenherzigen Mitteilungen und Gefühlsregungen wert zu sein..., in ihrem eigenen inhaltslosen Dasein hatte sie etwas derartiges nie erlebt!... Und er..., er sog jedes ihrer Worte in sich ein.

Vieles, was er erfuhr, erkannte er aus dem,

was Anna verschwieg; manches ergänzte er selbst.

In ihrer Kindheit war Clara zweifellos ein schwieriges Kind gewesen. Als junges Mädchen wurde sie etwas sanfter, blieb aber eigensinnig, aufbrausend, empfindlich. Besonders getrübt war ihr Verhältnis zum Vater, den sie wegen seiner Trunksucht und Unbegabtheit verachtete. Er fühlte dies und verzieh es ihr nicht. Ihr musikalisches Talent zeigte sich schon früh. Der Vater förderte es nicht, für ihn gab es nur eine Kunst: die Malerei, in der er zwar selbst wenig Erfolg hatte, die aber ihn und die Familie ernährte. Die Mutter wurde von Clara geliebt, doch geringschätzig wie eine Kinderfrau. Die Schwester war ihr Abgott, obwohl sie sich auch mit ihr stritt und sie sogar manchmal biss... Hinterher kniete sie sich allerdings vor ihr nieder und küsste die gebissenen Stellen. Sie war ganz - Feuer, ganz - Leidenschaft und ganz - Widerspruch: rachsüchtig und gütig, grossherzig und übelwollend; sie glaubte an das Schicksal, aber sie glaubte nicht an Gott (diese Worte flüsterte Anna voller Entsetzen); sie liebte alles Schöne, kümmerte sich aber nicht um ihre eigene Schönheit und kleidete sich unachtsam; sie litt nicht, dass ihr junge Männer den Hof machten, las jedoch in Büchern nur die Seiten, die von Liebe handelten; sie wollte nicht gefallen und liebte keine Zärtlichkeiten, vergass aber erwiesene Freundlichkeiten so wenig wie Beleidigungen; sie hatte Furcht vor dem Tode und gab sich selbst den Tod! Manchmal sagte sie: «So einen, wie ich will, treffe ich nicht..., und andere brauche ich nicht!»

«Und wenn du ihn triffst?» fragte Anna.

«Treffe ich ihn, nehme ich ihn.»

«Und wenn er sich nicht nehmen lässt?»

«Dann mache ich ein Ende mit mir, denn es würde bedeuten, dass ich nichts tauge.»

Claras Vater... (zuweilen fragte er seine Frau im Zustande der Trunkenheit: «Von wem hast du diesen schwarzen Satan? - Von mir nicht!»), Claras Vater, bestrebt, sie möglichst schnell loszuwerden, versprach sie einem reichen, jungen Kaufmann zur Frau, einem Dummkopf, der sich zu den ‹Gebildeten› zählte. Zwei Wochen vor der Hochzeit (Clara war ganze sechzehn Jahre alt) ging sie zu ihrem Bräutigam, die Arme gekreuzt und mit den Fingern auf die Ellbogen pochend (ihre Lieblingspose), und haute ihm plötzlich - klatsch! - mit ihrer grossen, kräftigen Hand auf seine rosige Wange. Er sprang hoch und riss nur den Mund auf..., es muss gesagt werden, dass er sterblich in sie verliebt war... Er fragte: «Wofür?» Sie lachte laut auf und ging ihrer Wege.

«Ich befand mich ebenfalls im Zimmer», erzählte Anna, «und war Zeugin. Ich lief ihr nach und sagte zu ihr: ‹Um Himmels willen, Katja, wie konntest du so etwas tun?› Und sie gab mir zur Antwort: ‹Wenn er ein richtiger Mann wäre, hätte er mich verprügelt, aber der..., dieser Schlappschwanz! Fragt auch noch: ‚Wofür?' Wenn du liebst und keine Vergeltung übst, dann dulde und frage nicht: ‚Wofür?' Nichts bekommt er von mir, in alle Ewigkeit nichts!› Sie wurde also nicht seine Frau. Bald danach lernte sie hier jene Schauspielerin kennen und verliess unser Haus. Mütterchen weinte, doch Vater sagte nur: ‹Gut, dass die störrische Ziege aus dem Haus ist!› und machte keine Anstalten, sie zu suchen. Vater hatte kein Verständnis für Clara. Mich hat sie am Abend vor ihrer Flucht», fügte Anna hinzu, «in ihrer Umarmung fast erstickt. Immerzu wiederholte sie: ‹Ich kann nicht anders! Ich kann nicht anders! – Mir bricht das Herz, aber ich kann nicht anders. Euer Käfig ist zu klein für meine Flügel! Ohnehin entgeht niemand seinem Schicksal...›»

«Danach», erzählte Anna weiter, «haben wir uns nur selten gesehen. Als Vater starb, kam sie für zwei Tage her, nahm nichts vom Erbe und verschwand wieder. Wir waren ihr eine Last..., ich sah es deutlich. Dann kam sie bereits als Schauspielerin nach Kasan.»

Aratow begann Anna nach dem Theater auszufragen, nach den Rollen, die Clara gespielt hatte, nach ihren Erfolgen. Anna antwortete ausführlich, aber mit immer gleicher, bekümmerter, wenn auch lebhafter Anteilnahme. Sie zeigte Aratow sogar eine Photographie, auf der Clara im Kostüm einer ihrer Rollen dargestellt war. Auf dem Bild blickte sie zur Seite, als ob sie sich von den Zuschauern abwende. Der mit einem Band durchflochtene dicke Zopf fiel wie eine Schlange auf den nackten Arm hinab. Aratow betrachtete das Bild lange. Er fand sie ähnlich, fragte, ob Clara auch an literarischen Veranstaltungen teilgenommen habe, und erfuhr, dass es nicht der Fall gewesen war, dass sie die Aufregung des Theaters, der Bühne gebraucht hatte... Eine andere Frage brannte ihm auf den Lippen.

«Anna Semjonowna!» rief er schliesslich, nicht laut, aber mit besonderer Eindringlichkeit. «Sagen Sie, ich beschwöre Sie, sagen Sie, warum hat sie sich..., warum hat sie sich zu dieser schrecklichen Tat entschlossen?»

Anna blickte vor sich hin. «Ich weiss es nicht», sagte sie nach einigen Sekunden. «Bei Gott, ich weiss es nicht», fügte sie schnell hinzu, als sie merkte, dass Aratow die Arme auseinander breitete, als glaube er ihr nicht. «Seit sie hierherkam, war sie versonnen und verdüstert. Sie hatte offenbar in Moskau etwas erlebt, was ich nicht erraten konnte. Aber an jenem schicksalhaften Tage war sie im Gegenteil... zwar nicht heiterer, aber ruhiger als gewöhnlich. Ich hatte nicht einmal irgendwelche Vorgefühle», setzte Anna mit bitterem Lächeln hinzu, als mache sie sich deshalb Vorwürfe.

«Sehen Sie», begann sie von neuem. «Katja war es gleichsam von Geburt an beschieden, unglücklich zu sein. Seit der frühesten Jugend war sie davon überzeugt. Stützt den Kopf auf die Hand und sagt nachdenklich: ‹Ich habe nicht lange zu leben!› Sie hatte Vorahnungen. Stellen Sie sich vor: sie sah sogar voraus, manchmal im Traum, manchmal auch so, was mit ihr geschehen werde. ‹Kann ich nicht leben, wie ich will, so ist es auch nicht nötig›, war ihre ständige Redensart. ‹Unser Leben liegt ja in unserer Hand.› Und sie bewies es.»

Anna barg das Gesicht in den Händen und verstummte.

«Anna Semjonowna», so begann Aratow, nachdem er etwas gewartet hatte. «Sie haben vielleicht gehört, was die Zeitungen als Ursache bezeichneten...»

«Unglückliche Liebe?» unterbrach ihn Anna und zog mit einem Ruck die Hände vom Gesicht. «Das ist Verleumdung, Verleumdung und Erfindung!... Meine unberührte, unzugängliche Katja!... Katja, und eine unglückliche, zurückgewiesene Liebe?! Und ich hätte es nicht gewusst?... Alle waren in sie verliebt, alle..., doch sie... Und wen hätte sie liebgewinnen sollen? Wer von allen diesen Männern war ihrer wert? Wer kam jenem Ideal der Ehrlichkeit, Wahrhaftigkeit, Reinheit, hauptsächlich der Reinheit nahe, das ihr bei allen ihren Mängeln ständig vor Augen stand?... Sie zurückweisen..., sie...»

Annas Stimme brach. Ihre Finger zitterten ein wenig. Ihr Gesicht war plötzlich rot geworden..., rot vor Unwillen. Und in diesem Augenblick - aber nur einen Augenblick - sah sie ihrer Schwester ähnlich.

Aratow begann sich zu entschuldigen.

«Hören Sie», schnitt sie ihm das Wort ab. «Ich wünsche unter allen Umständen, dass auch Sie selbst nicht an diese Verleumdung glauben und sie, wenn möglich, zerstreuen. Sie wollen doch einen Aufsatz über sie schreiben, nicht? Da haben Sie Gelegenheit, ihr Andenken zu verteidigen. Deshalb spreche ich auch so offen mit Ihnen. Hören Sie: Katja hat ein Tagebuch hinterlassen.»

Aratow zuckte zusammen. «Ein Tagebuch», flüsterte er.

«Ja, ein Tagebuch..., das heisst, es besteht nur aus einigen Seiten. Katja schrieb nicht gern. Monatelang trug sie überhaupt nichts ein..., auch ihre Briefe waren immer ganz kurz. Aber sie schrieb immer die Wahrheit, sie hat niemals gelogen. Lügen! Bei ihrem Selbstgefühl! Ich..., ich will Ihnen dieses Tagebuch zeigen. Stellen Sie selbst fest, ob es auch nur eine Andeutung von unglücklicher Liebe enthält!»

Anna holte hastig aus dem Tischkasten ein dünnes Heftchen von etwa zehn Seiten, nicht mehr, und streckte es Aratow hin. Dieser griff begierig danach, erkannte die unregelmässige, schwungvolle Handschrift jenes nicht mit Namen versehenen Briefes, schlug es aufs Geratewohl auf, und sein Blick fiel sofort auf folgende Zeilen:

«Moskau. Dienstag, den... Juni. Sang und las auf einer literarischen Matinee. Heute ist für mich ein bedeutungsvoller Tag. *Er muss mein Schicksal entscheiden.»* (Und diese Worte waren zweimal unterstrichen.) «Wieder erblickte ich...» (Hier folgten einige mit Sorgfalt unleserlich gemachte Zeilen. Und dann:) «Nein! Nein! Nein!... Muss wieder anfangen, wenn nur...»

Aratow liess die Hand fallen, in der er das Heft hielt, und sein Kopf senkte sich langsam zur Brust.

«Lesen Sie!» rief Anna. «Warum lesen Sie nicht? Lesen Sie von Anfang an... Dazu braucht es nur fünf Minuten, auch wenn sich das Tagebuch über zwei Jahre erstreckt. In Kasan hat sie nichts mehr eingetragen...»

Aratow erhob sich langsam vom Stuhl und stürzte plötzlich vor Anna auf die Knie.

Diese war vor Staunen und Schreck ganz starr.

«Geben Sie..., geben Sie mir dieses Tagebuch», sagte Aratow mit ersterbender Stimme und streckte beide Hände zu Anna hin. «Geben Sie es mir..., und die Photographie... Sie haben gewiss noch eine zweite – das Tagebuch schikke ich Ihnen zurück..., aber ich brauche es, brauche es...»

In seinem Flehen, in den verzerrten Zügen seines Gesichts war ein Ausdruck voller Verzweiflung, ja ein Ausdruck wie Wut, wie Schmerz... Und er litt tatsächlich. Es war, als habe er nicht voraussehen können, dass solch Unheil über ihn kommen, dass er gepeinigt um Gnade, um Rettung flehen könne...

«Geben Sie es», wiederholte er.

«Ja... Sie..., Sie waren in meine Schwester verliebt?» sagte Anna schliesslich.

Aratow kniete noch immer vor ihr.

«Ich habe sie im ganzen zweimal gesehen..., glauben Sie mir!... Und wenn mich nicht Gründe veranlassten, die ich selbst weder verstehen noch richtig erklären kann..., wenn ich nicht im Banne einer Macht stände, die stärker ist als ich..., würde ich Sie nicht bitten..., wäre ich nicht hierher gekommen. Ich brauche es..., ich muss... Sie haben ja selbst gesagt, dass ich verpflichtet sei, das Andenken an sie zu wahren.»

«Und Sie waren nicht in meine Schwester verliebt?» fragte Anna zum zweiten Male.

Aratow antwortete nicht sofort und wandte sich zur Seite, als ob ihn etwas schmerze.

«Nun ja, ich war es! Ich war es! Ich bin auch jetzt in sie verliebt...», rief er mit der nämlichen Verzweiflung.

Im Nebenzimmer wurden Schritte laut.

«Stehen Sie auf..., stehen Sie auf!» sagte Anna rasch. «Mütterchen kommt.»

Aratow erhob sich.

«Da, nehmen Sie das Tagebuch und die Photographie! Gott mit Ihnen! – Arme, arme Katja... Aber das Tagebuch will ich wiederhaben», fügte sie lebhaft hinzu. «Und wenn Sie etwas schreiben, schicken Sie es mir, unbedingt... Hören Sie?»

Das Erscheinen der Frau Milowidowa befreite Aratow von der notwendigen Antwort. Er konnte nur noch flüstern: «Sie sind ein Engel. Danke! Ich schicke Ihnen alles, was ich schreiben werde.»

Frau Milowidowa war noch so verschlafen, dass sie nichts erriet. So reiste denn Aratow von Kasan ab, die Photographie in der Seitentasche seines Überrocks. Das Heft hatte er Anna zurückgegeben, aber, ohne dass sie es merkte, die Seite herausgerissen, auf der sich die unterstrichenen Worte befanden.

Auf der Rückfahrt nach Moskau beherrschte ihn wieder die gleiche Erstarrung. Wenn er sich insgeheim auch freute, dass er das Ziel seiner Reise erreicht hatte, schob er dennoch jeden Gedanken an Clara bis zur Heimkehr von sich. Weit öfter dachte er an ihre Schwester Anna. «Ein wunderbares, sympathisches Geschöpf!» dachte er. «Welch feines Verständnis, welch liebendes Herz, welche Uneigennützigkeit! Wie können bei uns, in der Provinz – noch dazu in solchem Milieu! – solche Mädchen erblühen! Sie ist kränklich, nicht hübsch, und jung ist sie auch nicht mehr, doch was für eine grossartige Freundin wäre sie für einen ordentlichen, gebildeten Mann! Das wäre jemand, in den man sich verlieben sollte!...» So dachte Aratow..., aber nach der Ankunft in Moskau nahm die Angelegenheit eine ganz andere Wendung.

14

Platonida Iwanowna freute sich unsäglich über die Rückkehr ihres Neffen. Was nicht alles war ihr während seiner Abwesenheit durch den Kopf gegangen! «Zumindest nach Sibirien!» hatte sie vor sich hin geflüstert, während sie regungslos in ihrem Zimmerchen sass. «Nicht weniger als ein Jahr!» Zudem hatte ihr auch noch die Köchin Angst gemacht, die aus zuverlässigster Quelle erfahren haben wollte, dass bald der eine, bald der andere junge Mann aus der Nachbarschaft verschwunden sei. Jaschas völlige Unschuld und Unbescholtenheit beruhigten die alte Dame keineswegs. «Weil er – was gibt es nicht alles! – sich mit Photographieren abgibt..., na ja, das genügt schon. ‹Fasst ihn!›»

Und siehe da, ihr Jascha war heil und unbeschädigt zurückgekehrt! Sie merkte freilich, dass er magerer und das hübsche Gesicht etwas spitzer geworden war, aber das war begreiflich. Ohne ihre Obhut! Doch sie wagte nicht, ihn über seine Reise auszuforschen. Beim Mittagessen stellte sie nur die Frage: «Ist Kasan eine schöne Stadt?»

«Ja», antwortete Aratow.

«Dort leben wohl nur Tataren?»

«Nicht nur Tataren.»

«Hast du dir keinen Chalat, so ein Gewand, mitgebracht?»

«Nein.»

Damit endete das Gespräch.

Aber sobald sich Aratow in seinem Zimmer allein befand, hatte er augenblicklich das Gefühl, als greife etwas von allen Seiten nach ihm, als befinde er sich *in der Gewalt* eines anderen

Lebens, eines anderen Wesens. Wenn er Anna auch in jenem Ausbruch plötzlicher Verzükkung gesagt hatte, dass er in Clara verliebt sei, so kam ihm doch dieses Wort jetzt selbst sinnlos und unbeherrscht vor. Nein, verliebt ist er nicht! Und wie könnte er sich auch in eine Tote verlieben, die ihm sogar bei Lebzeiten nicht gefallen, die er fast vergessen hatte? - Nein! Aber er befindet sich in der Gewalt..., in ihrer Gewalt... Er gehört sich selbst nicht mehr. Sie hat ihn genommen und so fest in ihrem Griff, dass er nicht einmal versucht, sich durch Spott über seine Torheit zu befreien. Er ist auch nicht fähig, in sich, wenn schon nicht die Gewissheit, dann wenigstens die Hoffnung zu wecken, dass dies alles vorübergehen wird, dass es nur die Nerven sind. Auch das Forschen nach beweisbaren Gründen oder etwas anderem hilft ihm nicht. «Treffe ich ihn, nehme ich ihn», erinnert er sich Claras Worte, die ihm Anna übermittelt hatte. Und da, sie hat ihn genommen. «Aber sie ist doch tot? Ja, ihr Körper ist gestorben, doch die Seele? Ist sie nicht unsterblich?... Bedarf sie körperlicher Organe, um ihre Macht zu zeigen? Der Magnetismus hat uns den Einfluss einer lebenden menschlichen Seele auf eine andere lebende Menschenseele gezeigt... Warum soll dieser Einfluss nicht nach dem Tode fortdauern - falls die Seele weiterlebt? - Doch mit welchem Ziel? Was kann sich daraus ergeben? Können wir überhaupt das Ziel all dessen, was um uns vorgeht, erfassen?»

Diese Gedanken beschäftigten Aratow so sehr, dass er beim Tee Platonida Iwanowna plötzlich fragte, ob sie an die Unsterblichkeit der Seele glaube.

Die Tante verstand seine Frage zuerst überhaupt nicht, doch dann bekreuzigte sie sich und antwortete: «Wie könnte die Seele nicht unsterblich sein?»

«Wenn es so ist, kann sie dann nach dem Tode wirksam werden?» fragte Aratow wiederum.

Die alte Dame antwortete, die Seele könne für uns beten, das heisst, nachdem sie in Erwartung des Jüngsten Gerichts alle Wandlungen überstanden habe. Doch die ersten vierzig Tage verbleibe sie an dem Ort, wo ihr der Tod widerfahren sei.

«Die ersten vierzig Tage?»

«Ja, und dann beginnen die Wandlungen.»

Aratow wunderte sich über die Kenntnisse der Tante und ging in sein Zimmer. Und wieder fühlte er die gleiche Macht über sich. Diese Macht äusserte sich auch darin, dass ihm unaufhörlich Claras Bild vor Augen schwebte, bis zu den winzigsten Einzelheiten, bis zu solchen Einzelheiten, die er zu ihren Lebzeiten gar nicht bemerkt zu haben meinte: er sah..., sah ihre Finger, Nägel, die von den Schläfen auf die Wangen herabfallenden Haarsträhnen, ein kleines Muttermal unter dem linken Auge; er sah die Bewegungen ihrer Lippen, Nasenflügel, Brauen; er sah ihren Gang und die Haltung ihres ein wenig nach rechts geneigten Kopfes – alles sah er. Er hatte keineswegs ein Wohlgefallen an diesem Anblick; er war nur ausserstande, all das nicht zu sehen und aus seinen Gedanken zu vertreiben.

In der ersten Nacht nach seiner Rückkehr träumte er jedoch nicht von ihr – er war sehr müde und schlief wie erschlagen. Aber sobald er aufwachte, trat sie wieder in sein Zimmer und blieb, als sei sie die Herrin, als habe sie sich durch ihren freiwilligen Tod dieses Recht erkauft, ohne ihn zu fragen und seine Erlaubnis zu benötigen.

Er nahm ihre Photographie, reproduzierte und vergrösserte sie. Dann richtete er sie für das Stereoskop ein. Es bereitete ihm viel Mühe, doch schliesslich gelang es ihm. Er zuckte zusammen, als er durch das Glas ihre Gestalt erblickte, die den Anschein des Körperlichen erhalten hatte. Aber diese Gestalt war grau, gleichsam mit Staub bedeckt. Zumal die Augen! Die Augen blickten immerfort zur Seite, als wendeten sie sich ab. Er betrachtete sie lange Zeit, als warte er darauf, dass sie sich auf ihn richteten – er blinzelte sogar absichtlich; die Augen blieben jedoch unbeweglich, und die ganze Gestalt nahm das Aussehen einer Puppe an.

Er trat zurück, warf sich in einen Sessel, holte die aus dem Tagebuch herausgerissene Seite mit den unterstrichenen Wörtern hervor und dachte: «Es heisst, Verliebte küssen die von lieber Hand geschriebenen Zeilen, doch mich gelüstet nicht danach, und auch die Handschrift erscheint mir nicht schön. Aber diese Zeile enthält das Urteil über mich.»

Dabei kam ihm das Versprechen in den Sinn, das er Anna wegen des Aufsatzes gegeben hatte. Er setzte sich an den Tisch und begann ihn zu schreiben; doch alles klang so verlogen, so pathetisch... vor allem, so verlogen, als glaube er weder an das, was er schrieb, noch an die eigenen Gefühle..., ja auch Clara selbst erschien ihm unbekannt und unbegreiflich. Er bekam die Gestalt nicht in den Griff. «Nein!» dachte er und warf die Feder beiseite, «entweder ist das Schreiben überhaupt nicht meine Sache oder ich muss noch warten.»

Er rief sich seinen Besuch bei den Milowidows ins Gedächtnis zurück und Annas Erzählung, der gütigen, wunderbaren Anna... Das von ihr ausgesprochene Wort ‹unberührt› traf ihn plötzlich, als ob ihn etwas versenge und erleuchte. «Ja», sagte er laut, «sie, die Unberührte - und ich, ein Unberührter - das ist es, was ihr diese Macht verleiht!»

Abermals beschäftigten ihn die Gedanken über die Unsterblichkeit der Seele und über das Leben nach dem Tode. Hiess es nicht in der Bibel: ‹Tod, wo ist dein Stachel?› Und bei Schiller: ‹Auch die Toten sollen leben.› Und bei Mickiewicz meinte er gelesen zu haben: ‹Ich werde lieben bis ans Ende der Zeiten und am Ende der Zeiten.› Ein englischer Schriftsteller hat gesagt: ‹Die Liebe ist stärker als der Tod!›

Am stärksten war Aratow von dem Bibelspruch berührt. Er wollte die Stelle suchen, wo diese Worte standen. Eine Bibel besass er nicht. Er ging zu Tante Platoscha und bat um ihre Bibel. Die Tante wunderte sich, holte aber ein uraltes, in Leder gebundenes Buch mit verzogenem Deckel, Metallschliessen, ganz mit Wachs betropft, hervor und händigte es Aratow ein. Er trug es in sein Zimmer und fand bei der langen Suche nach dem Spruch einen anderen: ‹Niemand hat grössere Liebe denn die, dass er sein Leben lässt für seine Freunde› (Joh 14,13).

Er dachte: «Nicht richtig gesagt. Es müsste heissen: ‹Niemand hat grössere Macht...› Wenn sie sich nun gar nicht meinetwegen das

Leben genommen hat? Wenn sie nur deshalb ein Ende mit sich gemacht hat, weil ihr das Leben zur Last wurde? – Wenn sie schliesslich überhaupt nicht zu dem Stelldichein gekommen war, um Liebeserklärungen zu machen oder zu hören?»

Aber in diesem Augenblick sah er Clara vor sich, wie sie sich auf dem Boulevard von ihm trennte... Er entsann sich des schmerzlichen Ausdrucks ihres Gesichts, ihrer Tränen, ihrer Worte: «Ach, Sie haben nichts begriffen!...» Nein, er konnte nicht daran zweifeln, weswegen und für wen sie ihre Seele ins Grab gelegt hatte...

So verging der ganze Tag, bis zur Nacht.

15

Aratow legte sich frühzeitig hin; er hatte zwar kein sonderliches Verlangen nach Schlaf, hoffte jedoch, im Bett Ruhe zu finden. Der angespannte Zustand seiner Nerven hatte ihn stärker erschöpft als die körperliche Ermüdung nach der Reise und langen Fahrt. Trotz seiner grossen Müdigkeit konnte er jedoch nicht einschlafen. Er versuchte zu lesen, doch die Zeilen verschwammen vor seinen Augen. Er löschte die Kerze. Im Zimmer wurde es finster. Trotzdem blieb er ohne Schlaf und lag mit offenen Augen da... Plötzlich schien es ihm, dass ihm jemand etwas ins Ohr flüstere... «Das Klopfen des Herzens, das Strömen des Bluts», dachte er... Aber das Geflüster wurde zur zusammenhängenden Rede. Jemand sprach russisch, hastig, klagend und unverständlich. Kein einziges

Wort war zu erfassen... Aber es war Claras Stimme!

Aratow öffnete die Augen, richtete sich auf, stützte sich auf den Ellbogen... Die Stimme wurde schwächer, setzte jedoch ihre klagende, hastige, wie zuvor unverständliche Rede fort...

Es war unzweifelhaft Claras Stimme!

Irgendwessen Finger liefen in leichten Arpeggien über die Tasten des Pianinos... Dann sprach wieder die Stimme. Gedehntere Laute wurden hörbar..., es klang wie Stöhnen..., immer das gleiche Stöhnen. Und dann wurden die Worte vernehmbar: «Rosen... Rosen... Rosen...»

«Rosen...», wiederholte Aratow flüsternd. «Ach ja! Es sind die Rosen, die ich auf dem Kopf jener Frau im Traum gesehen habe.»

«Rosen», ertönte es von neuem.

«Bist du es?» fragte Aratow flüsternd.

Die Stimme verstummte plötzlich.

Aratow wartete..., wartete - und liess den Kopf auf das Kissen sinken.

«Eine Halluzination des Gehörs», dachte er. «Aber wenn sie nun - wenn sie wirklich hier in der Nähe ist?... Würde ich erschrecken, wenn ich sie sähe? Oder erfreut sein? Aber wovor sollte ich erschrecken! Worüber erfreut sein? Doch nur über den Beweis, dass eine andere Welt existiert, dass die Seele unsterblich ist... Und wenn ich übrigens sogar etwas erblickte, könnte es doch auch eine optische Halluzination sein...»

Er zündete die Kerze an, überflog, nicht ohne eine gewisse Furcht, mit einem schnellen Blick das ganze Zimmer... und sah nichts Ungewöhnliches. Er stand auf, ging zum Stereoskop..., wieder dieselbe graue Puppe mit den nach der Seite blickenden Augen. Aratows Furchtgefühl machte einem Gefühl des Ärgers Platz. Er sah sich anscheinend in seinen Erwartungen getäuscht - und diese Erwartungen kamen ihm plötzlich lächerlich vor. «Das wird mir zu dumm!» murmelte er, legte sich wieder ins Bett und löschte die Kerze. Abermals herrschte tiefe Dunkelheit.

Aratow nahm sich vor, einzuschlafen, doch eine neue Empfindung ergriff ihn. Ihm schien, als stehe jemand mitten im Zimmer, unfern von ihm, und atme kaum merklich. Er drehte sich rasch um und öffnete die Augen. Aber was konnte er in dieser undurchdringlichen Finsternis schon sehen! Er suchte die Streichhölzer auf dem Nachttischchen..., und plötzlich meinte er zu spüren, dass ein sanfter, lautloser Hauch das ganze Zimmer und ihn selbst, ihn selbst durchdringe, und in seinen Ohren klang deutlich das Wort: «Ich!»

«Ich! - Ich!...»

Einige Augenblicke vergingen, bevor es ihm gelang, die Kerze anzuzünden.

Wieder war niemand im Zimmer, und er vernahm nichts anderes als das stossende Pochen des eigenen Herzens. Er trank ein Glas Wasser und verharrte regungslos, den Kopf auf die Hand gestützt. Er wartete.

«Ich werde warten», dachte er. «Entweder ist das alles Unsinn..., oder sie ist hier. Es kann nicht sein, dass sie mit mir spielt wie die Katze mit der Maus!» Er wartete, wartete lange..., so lange, dass die Hand, mit der er den Kopf stützte, einschlief..., aber nichts von dem, was er zuvor verspürt hatte, wiederholte sich. Zweimal fielen ihm die Augen zu... Er öffnete sie sofort wieder..., zumindest glaubte er sie zu öffnen. Allmählich richteten sich seine Blicke auf die Tür und verweilten auf ihr. Die Kerze brannte herunter. Im Zimmer wurde es wieder dunkel, nur die Tür schimmerte als länglicher Fleck durch das Halbdunkel. Und jetzt bewegte sich dieser Fleck, wurde kleiner, verschwand..., und an seiner Stelle erschien auf der Schwelle der Tür eine weibliche Gestalt. Aratow schaut genau hin... Clara! Und diesmal schaut sie ihn an, bewegt sich auf ihn zu..., auf dem Kopf ein Kranz aus roten Rosen.

Er zitterte am ganzen Leibe, richtete sich auf...

Vor ihm stand seine Tante in einer weissen Nachtjacke und auf dem Kopf ein Häubchen mit einer grossen roten Schleife.

«Platoscha!» brachte er mit Mühe über die Lippen, «sind Sie es?»

«Ich bin's», antwortete Platonida Iwanowna. «Ich, mein Jascha, ich.»

«Warum sind Sie gekommen?»

«Du hast mich aufgeweckt. Zuerst hast du immerzu gestöhnt, und dann hast du plötzlich geschrien: ‹Hilfe! Rettet mich.›»

«Ich habe geschrien?»

«Ja, geschrien und geröchelt: ‹Hilfe!› Ich dachte: ‹Um Gottes willen, er wird doch nicht krank sein!› Da bin ich gekommen. Bist du gesund?»

«Völlig gesund.»

«Dann hast du also nur schlecht geträumt. Soll ich etwas Weihrauch anzünden?»

Aratow sah die Tante noch einmal genau an und lachte hellauf. Die gute alte Dame in der

Nachtjacke, mit der Haube und dem erschrokkenen, langen Gesicht sah tatsächlich sehr komisch aus. All das Geheimnisvolle, was ihn umgeben, was ihn bedrückt hatte - dieser ganze Spuk war mit einem Schlage verweht.

«Nein, Platoscha, Täubchen, nicht nötig», sagte er. «Verzeihen Sie bitte, dass ich Sie wider Willen aufgestört habe. Schlafen Sie wohl, auch ich werde schlafen.»

Platonida Iwanowna blieb noch eine Weile, sie zeigte auf die Kerze, brummte: «Warum löschst du sie nicht aus? Wie leicht kann ein Unheil geschehen!» und ging, konnte sich jedoch nicht enthalten, ihn wenigstens von weitem zu bekreuzigen.

Aratow schlummerte augenblicklich ein und schlief bis zum Morgen durch. Er stand in guter Stimmung auf. Obwohl ihm irgend etwas leid tat, fühlte er sich leicht und frei. «Romantische Hirngespinste, sonst nichts!» sagte er zu sich selbst und lächelte. Er schaute kein einziges Mal in das Stereoskop, auch nicht auf das herausgerissene Blatt. Gleich nach dem Frühstück begab er sich jedoch zu Kupfer.

Was ihn dorthin zog, war ihm nur undeutlich bewusst.

16

Aratow traf seinen sanguinischen Freund zuhause an. Er schwätzte ein wenig mit ihm, warf ihm vor, dass er ihn wie die Tante ganz vergessen habe, vernahm neue Lobeshymnen auf die goldene Frau, die Fürstin, von der Kupfer soeben ein mit Fischschuppen besticktes Käppchen aus Jaroslawl erhalten hatte..., und plötzlich gestand er, vor Kupfer sitzend und ihm gerade in die Augen blickend, dass er nach Kasan gereist sei.

«Du bist nach Kasan gefahren? Warum denn?»

«Ja, siehst du, ich wollte Nachrichten sammeln über diese..., diese Clara Militsch.»

«Über die Schauspielerin, die sich vergiftet hat?»

«Ja.»

Kupfer schüttelte den Kopf. «Da sieht man, was du für einer bist! Noch dazu klammheimlich! Klappert tausend Werst hin und zurück ab, und wozu? He? Wenn dabei noch Interesse für eine Frau im Spiele wäre, könnte ich alles verstehen. Alles! Jegliche Verrücktheit!» Kupfer fuhr sich mit den Fingern durch die Haare. «Aber um weiter nichts, als Material zu sammeln, wie man das bei euch Wissenschaftlern nennt... Gehorsamer Diener! Dafür gibt es das Statistikkomitee! – Na, und was, hast du die Alte und die Schwester kennengelernt? Nicht wahr, ein wunderbares Mädchen!»

«Wunderbar», bestätigte Aratow. «Sie hat mir viel Interessantes mitgeteilt.»

«Hat sie dir erzählt, wie sich Clara vergiftet hat?»

«Das heisst..., wie denn?»

«Na, auf welche Art und Weise.»

«Nein..., sie war noch so bekümmert... Ich wagte nicht, sie allzusehr auszufragen. Aber war es denn was Besonderes?»

«Gewiss, das war es. Stell dir vor: sie musste an jenem Tage spielen... und spielte. Vor dem ersten Akt trank sie ein Fläschchen Gift aus, das sie ins Theater mitgebracht hatte, und so spielte sie denn auch den ganzen Akt. Mit Gift im Leibe! Welche Willenskraft! Welcher Charakter! Und es heisst, nie habe sie mit solchem Gefühl, mit solchem Feuer ihre Rolle gespielt. Die Zuschauer ahnten nichts, applaudierten, riefen sie heraus... Doch sobald sich der Vorhang gesenkt hatte, fiel sie dort an Ort und Stelle, auf der Bühne hin. Krämpfe... Krämpfe..., und nach einer Stunde war es aus mit ihr. Habe ich dir denn das nicht erzählt? Es stand ja auch in den Zeitungen.»

Aratows Hände wurden plötzlich eiskalt. In seiner Brust bebte es.

«Nein, das hast du mir nicht erzählt», sagte er schliesslich. «Weisst du nicht, was für ein Stück es war?»

Kupfer überlegte. «Man hat mir das Stück genannt..., es handelt von einem Mädchen, das enttäuscht worden ist..., dürfte wohl ein Drama gewesen sein. Clara war für dramatische Rollen geboren..., ihr ganzes Äusseres... Aber wo willst du denn hin?» unterbrach sich Kupfer, als er sah, dass Aratow nach der Mütze griff.

«Ich fühle mich nicht recht wohl», antwortete Aratow. «Leb wohl! Ich komme ein andermal wieder.»

Kupfer hielt ihn fest und sah ihm ins Gesicht. «Du bist ja das reinste Nervenbündel, Bruder! Schau dich doch nur an..., bist ja kreideweiss geworden!»

«Ich fühle mich nicht wohl», wiederholte Aratow, machte sich von Kupfers Hand los und ging fort. Erst in diesem Augenblick wurde ihm bewusst, dass er nur deshalb zu Kupfer gegangen war, um über Clara zu sprechen...

«Über die wahnwitzige, über die unglückliche Clara!...»

Sobald er jedoch daheim war, beruhigte er sich wieder – bis zu einem gewissen Grade.

Die Umstände, unter denen Claras Tod erfolgt war, hatten zuerst eine erschütternde Wirkung auf ihn hervorgerufen, aber dann erschien ihm dieses Spiel, ‹mit Gift im Leibe›, wie sich Kupfer ausgedrückt hatte, als widerwärtige Angabe, als Effekthascherei, und er bemühte sich, nicht daran zu denken, weil er fürchtete, ein Gefühl in sich zu wecken, das an Abscheu grenzte.

Als er beim Essen Platoscha gegenübersass, entsann er sich plötzlich ihres nächtlichen Auftritts, erinnerte sich an ihre kurze Nachtjacke, das Häubchen mit der grossen Schleife (wozu eine Schleife an einer Nachthaube?!), an die ganze komische Gestalt, vor der sich alle seine Erscheinungen in nichts aufgelöst hatten wie die Gestalten eines Zauberballetts beim Pfiff des Maschinisten. Er veranlasste Platoscha sogar, noch einmal zu erzählen, wie sie seinen Schrei vernommen, sich erschreckt habe, aufgesprungen sei, nicht gleich ihre und seine Tür habe finden können, und so weiter. Abends spielte er mit ihr Karten und ging in sein Zimmer, etwas bedrückt, aber doch ziemlich ruhig.

Aratow dachte nicht an die bevorstehende Nacht und hatte keine Angst vor ihr; ja, er war überzeugt, dass er sie in bester Ruhe verbringen werde. Von Zeit zu Zeit kam ihm der Gedanke an Clara, doch rief er sich sofort ins Gedächtnis zurück, wie ‹effektvoll› sie sich umgebracht hatte, und schob die Erinnerung an sie von sich. Diese ‹ungebührliche› Handlungsweise vertrug sich nicht mit dem Bild, das er von ihr bewahrte. Als er einen raschen Blick in das Stereoskop warf, hatte er sogar das Gefühl, sie blicke nur deshalb zur Seite, weil sie sich schäme.

Genau über dem Stereoskop hing das Bild seiner Mutter an der Wand. Aratow nahm es herab, schaute es lange an, küsste es und barg es behutsam in einem Kästchen. Warum er dies tat? Weil sich das Bild nicht in der Nachbarschaft dieser Frau befinden sollte oder aus einem anderen Grunde..., darüber gab sich Aratow keine Rechenschaft. Das Bild der Mutter erweckte in ihm die Erinnerung an seinen Vater..., an den Vater, den er in diesem selben Zimmer, in diesem Bett hatte sterben sehen. «Was meinst du zu alledem, Vater?» wandte er sich in Gedanken an ihn. «Du hast für all das Verständnis gehabt, du hast auch an Schillers Geisterseher geglaubt. Gib mir einen Rat!»

«Vater hätte mir geraten, mir alle diese Flausen aus dem Kopf zu schlagen», sagte Aratow laut und nahm sich ein Buch vor. Er konnte aber nicht lange lesen. Eine Schwere im ganzen Körper fühlend, legte er sich früher als üblich ins Bett, völlig überzeugt, dass er unverzüglich einschlafen werde.

So geschah es auch, aber seine Hoffnungen auf eine friedliche Nacht waren ungerechtfertigt.

17

Noch vor Mitternacht hatte er einen ungewöhnlichen, bedrohlichen Traum:

Er befindet sich in einem reichen Gutshaus,

dessen Besitzer er ist. Er hat das Gut und das dazugehörige Land kürzlich gekauft. Und immerzu muss er denken: «Ja, jetzt ist alles gut, aber es wird ein schlimmes Ende nehmen!» Neben ihm hüpft liebedienernd ein kleiner Mann, sein Verwalter; dauernd grinst er, verneigt sich und will Aratow zeigen, wie vorzüglich sein Haus und seine Besitzung verwaltet werden. «Bitt'schön, bitt'schön», sagt er, bei jedem Worte kichernd, «schauen Sie nur, wie vortrefflich alles bei Ihnen eingerichtet ist! Da die Pferde..., wahre Prachtspferde!» Und Aratow erblickt eine Reihe riesiger Rösser. Sie stehen in ihren Boxen, mit dem Rücken zu ihm. Vortreffliche Mähnen und Schweife. Doch als Aratow an ihnen vorbeigeht, wenden ihm die Gäule die Köpfe zu und fletschen widerlich die Zähne. «Gut», denkt Aratow, «aber es wird ein schlimmes Ende nehmen!» - «Bitt'schön, bitt'schön», plappert der Verwalter weiter. «Darf ich in den Garten bitten. Sehen Sie sich die herrlichen Äpfel an! Wirklich wunderbare Äpfel, rot und rund!» Aber sobald Aratow einen Blick auf die Früchte wirft, werden sie runzelig und fallen vom Baum. «Wird böse enden!» denkt er. «Und da liegt der See!» schnattert der Verwalter. «Blau und glatt. Und hier haben wir noch einen goldenen Nachen..., belieben Sie, eine kleine Spazierfahrt zu machen?... Er schwimmt von selbst.» - «Ich setze mich nicht hinein», denkt Aratow, «wird ein schlimmes Ende nehmen.» Trotzdem besteigt er den Nachen. Auf seinem Boden liegt zusammengekrümmt ein kleines Geschöpf mit dem Aussehen eines Affen. Es hält ein Fläschchen mit dunkler Flüssigkeit in den Pfoten. «Machen Sie sich bitte keine Sorgen», schreit der Verwalter vom Ufer herüber... «Es ist nichts. Es ist der Tod. Glückliche Fahrt!» Das Boot bewegt sich rasch vorwärts, doch plötzlich erhebt sich ein Wirbelwind; ganz anders als gestern das lautlose, sanfte Wehen, nein, ein schwarzer, schrecklicher, heulender Sturm. Alles ringsum gerät durcheinander - und Aratow erblickt in der wirbelnden Finsternis Clara im Theaterkostüm: sie führt ein Fläschchen an die Lippen. Man hört in der Ferne Bravorufe, und eine grobe Stimme schreit Aratow ins Ohr: «Aha, du meinst, dass es als Komödie enden würde? Nein, es ist eine Tragödie! Eine Tragödie!»

Am ganzen Leibe zitternd, erwacht Aratow. Im Zimmer ist es halbdunkel. Von irgendwoher kommt mattes Licht und liegt als trauriger, stiller Schein über allen Gegenständen. Aratow macht sich keine Gedanken über die Quelle des Lichts, er fühlt nur eins: Clara ist hier, in diesem Zimmer... Er spürt ihre Gegenwart..., er befindet sich wieder und für immer in ihrer Gewalt!

Seinem Munde entringt sich der Schrei: «Clara, du hier?»

«Ja!» ertönt es deutlich im regungslosen Schimmer des Zimmers.

Aratow wiederholt lautlos seine Frage.

«Ja!» erklingt es abermals.

«Ich will dich sehen!» ruft er und springt aus dem Bett.

Einige Augenblicke stand er mit nackten Füssen auf dem kalten Boden, ohne sich von der Stelle zu rühren. Seine Blicke irrten umher: «Wo denn? Wo?» flüsterten seine Lippen.

Nichts zu sehen, nichts zu hören...

Er blickte um sich und stellte fest, dass das schwache Licht, das das Zimmer erhellte, von einem Nachtlämpchen in der Ecke kam, das mit einem Blatt Papier abgedeckt war. Offenbar hatte es Platonida Iwanowna hingestellt, während er schlief. Er spürte auch den Geruch von Weihrauch..., wahrscheinlich ebenfalls das Werk ihrer Hände.

Er kleidete sich schnell an. Im Bett bleiben und schlafen war undenkbar. Dann verharrte er mitten im Zimmer, die Arme gekreuzt. Das Empfinden von Claras Anwesenheit war stärker denn je.

Und da sagte er leise, aber feierlich und getragen, wie man Beschwörungen spricht: «Clara, wenn du wirklich hier bist, wenn du mich siehst, wenn du mich hörst - erscheine!... Wenn die Macht, die ich über mir fühle, wirklich *deine* Macht ist - erscheine! Wenn du verstehst, wie bitter ich es bereue, dass ich dich nicht begriffen, dich zurückgestossen habe - erscheine! Wenn das, was ich gehört habe, wirklich deine Stimme ist; wenn das Gefühl, das mich beherrscht, Liebe ist; wenn du nunmehr gewiss bist, dass ich dich liebe, ich, der bisher nicht wusste, was Liebe ist, ich, der keine einzige Frau erkannt hat; wenn du weisst, dass ich dir nach deinem Tode in leidenschaftlicher, unwiderstehlicher Liebe verfallen bin; wenn du nicht willst, dass ich den Verstand verliere - dann erscheine, Clara!»

Aratow hatte das letzte Wort kaum ausgesprochen, da fühlte er, dass jemand von rückwärts - wie damals auf dem Boulevard - schnell an ihn herantrat und die Hand auf seine Schulter legte. Er drehte sich um; er sah niemanden. Aber das Gefühl *ihrer* Anwesenheit war so deutlich, so unzweifelhaft, dass er erneut schnell um sich blickte...

Was war das? In seinem Sessel, zwei Schritte von ihm entfernt, sass ein Frau, ganz in Schwarz. Der Kopf war zur Seite gewandt, wie im Stereoskop... Sie ist es! Es ist Clara! Aber welch strenges, welch trauriges Gesicht!

Aratow liess sich leise auf die Knie nieder. Ja, er hatte damals recht gehabt: weder Furcht noch Freude war in ihm, nicht einmal Verwunderung... Sogar sein Herz begann ruhiger zu schlagen. Nur das eine Gefühl, der eine Gedanke beherrschte ihn: «Ah! Endlich! Endlich!»

«Clara», sagte er mit schwacher, jedoch gleichmässiger Stimme, «warum siehst du mich nicht an? Ich weiss: du bist es..., aber ich könnte auch denken, dass meine Phantasie ein Bild geschaffen hat, das *jenem* ähnlich ist...» (Er wies mit der Hand in Richtung des Stereoskops.) «Beweise mir, dass du es bist... Wende dich mir zu, sieh mich an, Clara!»

Claras Hand hob sich langsam... und senkte sich wieder.

«Clara! Clara! Wende dich mir zu!»

Und Claras Kopf wandte sich langsam um, die gesenkten Lider hoben sich, und die dunklen Sterne ihrer Augen richteten sich auf Aratow.

Er wich etwas zurück, und über seine Lippen drang ein langgedehntes, zitterndes «Ah!».

Clara sah ihn starr an..., aber ihre Augen, ihre Züge zeigten den gleichen versonnenstrengen, fast unwilligen Ausdruck wie zuvor. Mit dieser Miene war sie damals bei der literarischen Matinee auf dem Podium erschienen, bevor sie Aratow erblickt hatte. Und ebenso wie damals errötete sie plötzlich, belebte sich ihr Gesicht, entzündeten sich ihre Blicke - und ein frohes, triumphierendes Lächeln öffnete ihre Lippen...

«Mir ist verziehen!» rief Aratow. «Du hast gesiegt... Nimm mich! Ich bin dein, und du bist mein!»

Er stürzte auf sie zu, er wollte diese lächelnden, diese triumphierenden Lippen küssen - und er küsste sie; er fühlte ihre heisse Berührung, fühlte sogar die feuchte Kühle ihrer Zähne... Ein Schrei der Verzückung erfüllte das halbdunkle Zimmer.

Die herbeigeeilte Platonida Iwanowna fand ihn in Ohnmacht. Er lag auf den Knien, den Kopf auf dem Sessel, die nach vorn gestreckten Hände hingen kraftlos herab; das blasse Gesicht atmete die Ruhe unermesslichen Glücks.

Platonida Iwanowna fiel neben ihm nieder, umfasste seinen Körper, stammelte: «Jascha! Jascha! Mein Jascha!» Sie versuchte, ihn mit ihren dürren Händen aufzurichten, er rührte sich nicht. Da begann Platonida Iwanowna mit schriller Stimme zu schreien. Die Magd kam herbeigelaufen. Zu zweit richteten sie ihn in die Höhe, setzten ihn in den Sessel, bespritzten ihn mit Wasser, zusätzlich mit geweihtem...

Er kam zu sich. Aber alle Fragen der Tante beantwortete er nur mit einem Lächeln, und sein Gesicht zeigte einen so seligen Ausdruck, dass ihr Erschrecken noch stärker wurde und sie bald ihn, bald sich bekreuzigte... Aratow schob schliesslich die Hand beiseite und sagte mit immer der gleichen glückseligen Miene: «Was ist denn mit Ihnen, Platoscha?»

«Nein, mit dir; was ist dir widerfahren, Jaschenka?»

«Mir? - Ich bin glücklich..., glücklich, Platoscha..., das ist alles. Ich möchte mich jetzt hinlegen und schlafen.» Er wollte aufstehen, fühlte jedoch in den Beinen und im ganzen Körper eine solche Schwäche, dass er ohne Hilfe der Tante und der Magd nicht imstande war, sich auszukleiden und ins Bett zu legen. Dafür schlief er ganz schnell ein. Sein Gesicht bewahrte noch immer den gleichen glückseligen, verzückten Ausdruck. Nur war sein Gesicht sehr blass.

18

Als Platonida Iwanowna am nächsten Morgen zu ihm kam, befand er sich im gleichen Zustand; auch die Schwäche war geblieben, und er zog es sogar vor, im Bett zu bleiben. Die Blässe seines Gesichts gefiel Platonida Iwanowna ganz und gar nicht. «Was ist das bloss, mein Gott!» musste sie denken. «Das blutleere Gesicht, Bouillon weist er zurück, liegt da und lächelt und behauptet, er fühle sich wohl!»

Auch auf das Frühstück verzichtete er.

«Was ist denn mit dir, Jascha?» fragte sie ihn wieder. «Hast du die Absicht, den ganzen Tag im Bett zu bleiben?»

«Warum nicht?» antwortete Aratow zärtlich.

Selbst seine Zärtlichkeit missfiel Platonida Iwanowna. Aratow sah aus wie ein Mensch, der ein grosses, für ihn sehr erfreuliches Geheimnis erkannt hat und es eifersüchtig bei sich behält und bewahrt. Er wartete auf die Nacht, weniger mit Ungeduld als mit Neugier. «Was weiter?» fragte er sich. «Was wird nunmehr geschehen?» Er hatte aufgehört, sich zu wundern und zu zweifeln. Er war sich gewiss, mit Clara in enge Verbindung getreten zu sein. Er zweifelte nicht daran, dass sie sich liebten. Aber was konnte aus solcher Liebe werden? Er erinnerte sich an den Kuss, und ein wunderbar kalter Schauer überlief ihn rasch und süss. «Einen solchen Kuss», musste er denken, «haben auch Romeo und Julia nicht ausgetauscht! Das nächste Mal jedoch werde ich mich zusammennehmen..., ich werde sie besitzen... Sie kommt mit einem Kranz kleiner Rosen auf den schwarzen Locken...»

«Aber wie weiter? Zusammenzuleben ist uns verwehrt. Folglich muss ich sterben, um mit ihr zusammen zu sein? Ob sie nicht deswegen gekommen ist? Ob sie mich nicht *so* nehmen will? - Nun, was ist dabei? Sterben, dann sterben. Der Tod schreckt mich jetzt nicht im mindesten. Er kann mich doch nicht vernichten. Im Gegenteil, nur *so* und *dort* werde ich glücklich sein - so glücklich wie nie im Leben und wie auch sie es nicht war... Wir sind beide ja - unberührt! - Oh, dieser Kuss!»

Platonida Iwanowna kam immer wieder in Aratows Zimmer; sie beunruhigte ihn nicht mit Fragen, sondern sah ihn nur an, flüsterte etwas, seufzte und ging wieder. - Aber da verweigerte er auch das Mittagessen. Das war ein ganz schlechtes Zeichen. Die alte Dame wandte sich an ihren Bekannten, den Bezirksarzt, an den sie nur deshalb glaubte, weil er kein Trinker war und eine Deutsche geheiratet hatte.

Aratow wunderte sich, dass sie ihn zu ihm brachte, doch Platonida Iwanowna bat ihren Jaschenka so inständig, Paramon Paramonytsch (so hiess der Arzt) zu erlauben, ihn zu untersuchen - und wenn auch nur zu ihrer Beruhigung! -, dass Aratow zustimmte. Paramon Paramonytsch fühlte ihm den Puls, warf einen Blick auf die Zunge, fragte dies und das und erklärte schliesslich, dass er unbedingt ‹auskultiert› werden müsse. Aratow war in so nachgiebiger Stimmung, dass er damit einverstanden war. Der Arzt entblösste taktvoll die Brust, klopfte behutsam, horchte, machte: «Hm, hm», verschrieb Tropfen und eine Mixtur und riet ihm vor allem, sich ruhig zu verhalten und starke Aufregungen zu meiden.

«Schau einer an!» dachte Aratow. «Nun, Bruder, da bist du zu spät gekommen.»

«Was fehlt Jascha?» fragte Platonida Iwanowna, als sie dem Arzt auf der Türschwelle einen Drei-Rubel-Schein aushändigte.

Der Bezirksarzt, der sich wie alle modernen Mediziner - zumal solche, die Uniform tragen - gern mit gelehrten Ausdrücken wichtig machte, erklärte ihr, dass ihr Neffe alle ‹dioptrischen Symptome einer nervösen Kardialgie› zeige, auch etwas ‹Febris› sei vorhanden.

«Drück dich doch einfacher aus, Väterchen!» schnitt ihm Platonida Iwanowna das Wort ab. «Schrecke mich nicht mit deinem Latein; du bist nicht in der Apotheke.»

«Das Herz ist nicht in Ordnung», erklärte der Arzt, «na ja, und ein bisschen Fieber», und wiederholte seinen Rat, was Ruhe und Enthaltsamkeit betraf.

«Also nichts Gefährliches?» fragte Platonida

Iwanowna streng. («Pass auf, fall nicht wieder ins Latein!»)

«Bislang nicht vorauszusehen.»

Der Arzt ging und liess Platonida Iwanowna ganz niedergeschlagen zurück; sie liess aber die Arznei aus der Apotheke holen. Trotz ihrer Bitte nahm sie Aratow nicht ein. Er wies auch den Brusttee zurück.

«Warum beunruhigen Sie sich so, Täubchen?» sagte er zu Platonida Iwanowna. «Seien Sie versichert, ich bin jetzt der gesündeste und glücklichste Mensch auf der Welt.»

Sie schüttelte nur den Kopf.

Gegen Abend stieg sein Fieber ein wenig. Trotzdem bestand er darauf, dass sie nicht bei ihm im Zimmer blieb, sondern bei sich schlief. Platonida Iwanowna gehorchte, doch sie kleidete sich nicht aus und legte sich nicht hin. Sie sass im Sessel, lauschte angespannt und flüsterte ihr Gebet.

Sie begann eben etwas einzuschlummern, als sie plötzlich ein furchtbarer, gellender Schrei weckte. Sie sprang in die Höhe, stürzte in Aratows Zimmer - und fand ihn wie gestern auf dem Boden liegend.

Aber er kam nicht wie nachts zuvor wieder zu sich, sosehr man sich auch um ihn bemühte. Noch in der gleichen Nacht bekam er hohes Fieber, verbunden mit einer Entzündung des Herzens.

Einige Tage danach verschied er.

Ein seltsamer Umstand war mit seiner zweiten Ohnmacht verbunden. Als man ihn hochhob und umbettete, kam in seiner fest geschlossenen rechten Hand eine kleine Strähne schwarzer, von einer Frau stammender Haare zum Vorschein. Woher stammten diese Haare? Anna Semjonowna besass eine solche Strähne von Claras Haar, aber weshalb hätte sie Aratow ein ihr so teures Andenken aushändigen sollen? Hatte sie die Strähne vielleicht in das Tagebuch gelegt und sie nicht bemerkt, als sie es ihm gab?

In den wirren Reden vor dem Ende nannte sich Aratow «Romeo nach der Vergiftung», sprach von einer vollzogenen, vollkommenen Ehe; sagte, dass er jetzt wisse, was Wonne sei. Besonders schrecklich war für Platoscha die Minute, als Aratow, ein wenig zu sich kommend, sie neben seinem Bett sah und zu ihr sagte: «Tantchen, warum weinst du? – Dass ich sterben muss? Weisst du nicht, dass die Liebe stärker ist als der Tod?... Tod! Tod, wo ist dein Stachel? Nicht weinen – freuen sollst du dich – so wie ich mich freue...»

Und wieder leuchtete auf dem Gesicht des Sterbenden jenes glückselige Lächeln, vor dem es der armen Alten so graute.

Die Erzählung des Vaters Alexej

Es mögen wohl zwanzig Jahre her sein, als ich den Auftrag erhielt, die ziemlich zahlreichen Güter meiner Tante zu besuchen und dort eine Betriebsrevision vorzunehmen. Ich hielt es überall für meine Pflicht, die Bekanntschaft der Ortsgeistlichen zu machen. Sie erwiesen sich allesamt als Menschen gleichen Schlages und waren gleichsam über einen Leisten geschlagen. Fast auf einem der letzten von mir besichtigten Güter stiess ich jedoch auf einen Pfarrer, der keine Ähnlichkeit mit seinen Amtsbrüdern hatte. Er war ein sehr alter, schon gebrechlicher Mann. Hätte ihn nicht das inständige Bitten seiner Gemeinde, die ihn liebte und verehrte, gewaltsam zurückgehalten, wäre er wohl längst aus dem Amte geschieden.

Zwei Eigentümlichkeiten fielen mir an Vater Alexej (so nannte man den Pfarrer) auf. Erstens erbat er nichts für sich selbst, sondern erklärte rundweg, dass er in keiner Weise bedürftig sei, und zweitens erblickte ich noch nie ein menschliches Gesicht mit einem so bekümmerten, völlig teilnahmslosen, man möchte sagen ‹zerschlagenen› Ausdruck. Der Form nach war das Gesicht vom üblichen bäuerlichen Typ: zerfurchte Stirn, kleine graue Augen, grobschlächtige Nase, Knebelbärtchen, erdige, verbrannte Haut... Doch der Ausdruck!... Welch ein Ausdruck!... In den trüben Augen war das Leben fast erloschen, nur ein trauriger

Rest glomm darin. Die Stimme war ebenfalls leblos und matt. Als ich mich wegen einer Unpässlichkeit für einige Tage niederlegen musste, kam Vater Alexej an den Abenden zu mir. Wir plauderten nicht, sondern wir spielten Schwarzen Peter. Das Kartenspiel schien ihn noch mehr abzulenken als mich. Als ich eines Abends einige Male nacheinander verloren hatte (worüber sich Vater Alexej nicht wenig freute), brachte ich die Rede auf sein früheres Leben, auf jenes Leid, das eine so sichtbare Spur auf seinem Gesicht hinterlassen hatte. Obwohl sich Vater Alexej zuerst lange sträubte, erzählte er mir schliesslich seine Geschichte. Ich musste wohl aus irgendeinem Grunde seine Zuneigung erworben haben, sonst wäre er nicht so offenherzig zu mir gewesen.

Ich will mich bemühen, die Erzählung mit seinen eigenen Worten wiederzugeben. Vater Alexej sprach sehr einfach und klar, mied jeden kirchlichen Schwulst und gebrauchte keine provinziellen Redewendungen. Ich bemerkte nicht zum ersten Male, dass sich russische Menschen aller Stände und Ränge, wenn sie das Schicksal zerbrochen und demütig gemacht hat, gerade auf solche Art ausdrücken.

«Ich hatte eine gute, brave Frau», so begann er, «die ich von Herzen liebte. Acht Kinder schenkte sie mir, doch starben fast alle in frühester Jugend. Einer meiner Söhne brachte es bis zum Bischof. Er ist vor kurzem in seinem Bistum verstorben. Von dem anderen Sohn – Jakob ward er geheissen – will ich Ihnen jetzt erzählen. Ich gab ihn ins Seminar, in die Stadt T., und erhielt bald sehr erfreuliche Berichte über ihn. Er war in allen Fächern der beste Schüler. Auch daheim als Kind zeichnete er sich durch seinen Fleiss und seine Bescheidenheit aus. Manchmal war den ganzen Tag nichts von ihm zu merken, immer sass er über einem Büchlein und las. Niemals bereitete er mir oder seiner Mutter die geringsten Unannehmlichkeiten, so ein stiller, artiger Junge war er. Nur hin und wieder fiel er in eine Besinnlichkeit, die nicht zu seinen Jahren passte; und gesundheitlich war er ein Schwächling. Einmal widerfuhr ihm etwas Seltsames. Zehn Jahre war er damals. Bei Morgengrauen entfernte er sich aus dem Hause - genau an Peter und Paul war es - und blieb fast den ganzen Vormittag verschwunden. Schliesslich kam er zurück. Wir fragten ihn beide: ‹Wo warst du?› - ‹Im Wald›, sagte er, ‹bin ich spazierengegangen. Da bin ich einem grünen Männlein begegnet, das sich lange mit mir unterhalten und mir schmackhafte Nüsse gegeben hat.› - ‹Was für ein Männlein denn?› fragten wir. ‹Ich weiss nicht›, sagte er, ‹ich habe es nie zuvor gesehen. Ein kleiner alter Mann mit einem Höcker, er trippelte hin und her und lachte dauernd, und ganz grün war er, wie ein Blatt.› - ‹Wie›, sagten wir, ‹auch das Gesicht war grün?› - ‹Ja, das Gesicht und die Haare und sogar die Augen.›

Nie hatte unser Sohn gelogen, doch jetzt zweifelten wir an ihm, ich wie meine Frau. ‹Du bist gewiss im Walde eingeschlafen, wo die Sonne hinbrannte, und hast jenen Alten im Traum gesehen.› - ‹Nein, ich habe nicht geschlafen›, sagte er, ‹bestimmt nicht. Ihr glaubt mir wohl nicht?› fragte er. ‹Hier in meiner Tasche habe ich noch eine Nuss zurückbehalten.›

Jakob zog die Nuss aus der Tasche und zeigte sie uns. Es war eine kleine rauhhäutige Kugel in der Art einer Kastanie, doch hatte sie keine Ähnlichkeit mit unseren gewöhnlichen Nüssen. Ich versteckte sie und hatte immer die Absicht, sie dem Arzt zu zeigen, doch verlor sie sich, und später fand ich sie nicht mehr.

Wir gaben ihn also ins Priesterseminar, und wie ich Ihnen schon sagte, erfreute er uns mit seinen Erfolgen, so dass ich wie meine Frau annehmen konnten, es müsse einmal ein tüchtiger Mann aus ihm werden. Wenn er in den Ferien nach Hause kam, war es eine Freude, ihn anzuschauen: so wohlgestalt war er, keinerlei Makel war an ihm. Allen gefiel er, und alle wünschten uns Glück. Nur blieb er dünn und schmächtig, und im Gesicht hatte er keine richtige Farbe.

Er war fast neunzehn Jahre alt geworden, und bald war sein Studium zu Ende, da erhielten wir plötzlich einen Brief von ihm, in dem er schrieb: ‹Väterchen und Mütterchen, seid nicht böse auf mich; gestattet mir, einen weltlichen Beruf zu ergreifen. Mein Herz zieht es nicht zum geistlichen Stand, ich scheue die Verantwortung und fürchte die Sünde. Zweifel sind in mir wach geworden. Ohne Eure elterliche Einwilligung und ohne Euren Segen wage ich nichts zu unternehmen, doch sage ich Euch das eine, ich habe Furcht vor mir selbst, denn ich habe angefangen, über vieles nachzudenken.›

Ich kann Ihnen nicht sagen, lieber Herr, wie sehr mich der Brief bekümmerte. Es war mir, als habe mir jemand einen Spiess gegen das Herz gestossen, denn ich sah, dass ich keinen Nachfolger in meinem Amt haben würde. Der älteste Sohn war Mönch geworden, und dieser wünschte ganz und gar unseren Stand zu verlassen. Es schmerzte mich um so mehr, weil in unserer Pfarrei seit fast zweihundert Jahren alle Priester aus unserer Familie stammten. Aber ich dachte: ‹Wider den Stachel lässt sich nicht löcken. Es muss ihm wohl so vorbestimmt sein. Was wäre das auch für ein Hirte, der den Zweifel in sich trägt!› Ich beriet mich mit meiner Frau und schrieb ihm in diesem Sinne: ‹Jakob, mein Sohn, überlege es Dir gut - zehnmal miss, ehe Du trennst -, die Schwierigkeiten im weltlichen Dienst sind gross, Kälte und Hunger wirst Du auszustehen haben, und man wird Dein Herkommen gering schätzen. Und wisse im voraus: niemand wird Dir die Hand zur Hilfe reichen. Gib acht, dass Du Dir hinterher keine Vorwürfe machen musst. Du weisst selbst, es war immer mein Wunsch, dass Du einmal an meine Stelle trätest. Doch wenn Du wirklich an Deiner Berufung zweifelst und im Glauben schwankend geworden bist, dann kommt es mir nicht zu, Dich zu halten. Der Wille des Herrn geschehe! Ich wie Deine Mutter, wir versagen Dir nicht unseren Segen.›

Jakob antwortete mir mit einem dankerfüllten Brief: ‹Du hast mich froh gemacht, Väterchen. Es ist meine Absicht, mich dem Gelehrtenberuf zu widmen. Auch Fürsprache besitze ich. Ich will die Universität besuchen und Doktor werden, denn ich fühle eine tiefe Neigung zur Wissenschaft.›

Als ich Jakobs Brief gelesen hatte, wurde ich noch bekümmerter. Bald danach konnte ich meinen Schmerz auch nicht mehr mit jemandem teilen. In selbiger Zeit erkältete sich meine liebe Frau sehr stark und starb - ob infolge der Erkältung oder ob sie der Herr aus Liebe zu sich nahm, ich weiss es nicht. Ich weinte mir fast die Augen aus. Nun war ich Witwer und stand allein. Gerne wäre auch ich in die Grube gefahren, aber die Erde ist hart - sie öffnet sich nicht jedem. Da wartete ich auf den Sohn. Er hatte mich benachrichtigt, dass er noch einmal nach Hause kommen werde, bevor er nach Moskau fahre. Und richtig, er kam in sein Elternhaus. Doch blieb er nicht lange. Als ob ihn etwas treibe, so zog es ihn nach Moskau zu seiner geliebten Universität. Ich begann ihn wegen seiner Zweifel auszuforschen, wollte wissen, was es denn für eine Bewandtnis damit habe, doch erhielt ich keine langen Erläuterungen von ihm. Ein Gedanke hatte sich in ihm eingenistet und verdrängte alles andere. ‹Den Nächsten will ich helfen!› sagte er. Da fuhr er also von mir weg, und wissen Sie, nicht einen Groschen nahm er von mir an, bloss etwas Kleidung packte er ein. Er verliess sich ganz auf sich selbst. Und nicht ohne Grund. Das Examen bestand er mit Auszeichnung, trat in die Universität ein und gab Privatunterricht. In den alten Sprachen war er sehr beschlagen. Und was denken Sie! Kam er doch auf die Idee, mir Geld zu schicken. Mein Herz wurde richtig froh. Natürlich nicht wegen des Geldes. Ich schickte es ihm zurück und schalt ihn sogar aus. Nein, ich war froh, weil ich sah, der Junge macht seinen Weg. Aber meine Freude dauerte nicht lange.

Er kam zum ersten Male auf Urlaub. Was musste ich erleben! Ich kannte meinen Jakob nicht wieder. Verdrossen und mürrisch war er geworden, kein Wort war aus ihm herauszubekommen. Auch sein Gesicht hatte sich verändert. Er sah, schätze ich, um zehn Jahre älter aus. Auch früher war er schüchtern gewesen, das stimmt. Bei jedem Anlass war er scheu geworden und wie eine Jungfer errötet. Hatte er einem jedoch ins Gesicht geblickt, dann merkte man, wie rein sein Herz und wie sauber sein Gemüt war. Aber jetzt war es etwas anderes. Nicht vor Scham, nein, vor Furcht war er scheu, gleichsam wie ein Wolf. Und immer schaute er einen von unten her an. Kein Lächeln, kein Gruss - wie ein Stein. Machte ich den Versuch, ihn auszufragen, dann schwieg er oder brauste auf. Ich kam auf den Gedanken, dass er wohl gar dem Trunk ergeben oder - Gott behüte! - von Leidenschaft zum Kartenspiel ergriffen sei oder dass ihn vielleicht die Schwäche für das weibliche Geschlecht befallen habe. In den Jünglingsjahren üben die Liebesversuchungen eine starke Wirkung aus, und in einer so grossen Stadt wie Moskau gibt es genug schlechte Beispiele und Gelegenheiten! - Aber nein, es war nichts dergleichen zu bemerken. Er trank nur Kwass und Wasser. Dem weiblichen Geschlecht schenkte er keine Beachtung, überhaupt wollte er von den Menschen nichts wissen. Aber was das Bitterste für mich war: er besass nicht mehr das alte Vertrauen zu mir; er äusserte eine Gleichgültigkeit, als ob ihm alles, was zu ihm gehörte, zuwider sei. Selbst wenn ich das Gespräch auf die Wissenschaften brachte, konnte ich keine richtige Antwort von ihm erhalten. Die Kirche besuchte er, doch auch dabei ging es nicht ohne Seltsamkeit ab. Überall war er finster und verdrossen, nur hier in der Kirche schmunzelte er die ganze Zeit. So lebte er an die sechs Wochen bei mir, dann fuhr er wieder nach Moskau.

Ein paarmal schrieb er mir von dort. Aus seinen Briefen bekam ich den Eindruck, dass er sich wieder in der Hand hatte. Doch stellen Sie sich mein Erstaunen vor, lieber Herr! Plötzlich im härtesten Winter, vor den heiligen zwölf Nächten, erschien er bei mir. Auf welche Art? Wie? Was? Ich wusste, dass in dieser Zeit keine Ferien waren. ‹Kommst du von Moskau?› fragte ich. ‹Von Moskau.› – ‹Ja, wie denn, und die Universität?› – ‹Die Universität habe ich verlassen.› – ‹Verlassen?› – ‹Ja, genau, wie du sagst.› – ‹Für immer?› – ‹Für immer.› – ‹Ja, bist du denn krank, Jakob?› – ‹Nein›, sagte er, ‹krank bin ich nicht, Väterchen; aber bitte regen Sie mich nicht auf, Väterchen, und fragen Sie nicht so viel. Sonst gehe ich fort, und keiner sieht mich wieder.›

‹Nicht krank›, hatte mein Jakob gesagt, und dabei sah er aus, dass ich mich entsetzte. Sein Gesicht war furchterregend, verdüstert, gar nicht mehr menschlich. Die Wangen waren eingefallen, die Backenknochen standen hervor, nichts als Haut und Knochen, die Stimme klang ganz hohl. Und die Augen!... Allmächtiger Gott! was waren das für Augen! Diese fürchterlichen, wild blickenden Augen, die nach allen Seiten auswichen, so dass man den Blick nicht erfassen konnte. Die Brauen waren zusammengezogen, und die Lippen waren ebenfalls seitwärts hinabgebogen... Was war denn nur mit meinem keuschen Joseph geschehen, mit meinem stillen, bescheidenen Jakob? Ich fasste es nicht. ‹War er etwa gar von

Sinnen gekommen?› dachte ich. Er ging umher wie ein Gespenst, nachts schlief er nicht. Manchmal packte es ihn plötzlich, dann stellte er sich in eine Ecke und stand da wie versteinert... Unheimlich! Zuweilen drohte er mir auch, aus dem Hause zu gehen, wenn ich ihn nicht in Ruhe liesse..., aber ich war doch sein Vater! Meine letzte Hoffnung wurde zerstört, und ich sollte schweigen? Als sich einmal Gelegenheit bot, begann ich Jakob mit flehentlichen Bitten zu bestürmen und ihn beim Andenken seiner verstorbenen Mutter zu beschwören: ‹Sage mir doch, deinem leiblichen und geistigen Vater, was mit dir ist, mein Jakob? Töte mich nicht, erkläre mir alles, erleichtere dein Herz! Hast du vielleicht eine Christenseele zugrunde gerichtet? Dann tue Busse!›

‹Nun, Väterchen›, sagte er plötzlich zu mir, ‹du hast mein Herz gerührt, ich will dir die ganze Wahrheit sagen.› Das Gespräch ging in der Nacht vor sich. ‹Ich habe keines Christen Seele verdorben – meine eigene Seele geht zugrunde.›

‹Wie denn?›

‹Ja, so...› Hier blickte mich mein Jakob zum ersten Male an. ‹Siehst du, schon seit vier Monaten...›, begann er, doch plötzlich verschlug es ihm die Sprache. Er begann schwer zu atmen.

‹Was ist denn seit vier Monaten? Sprich doch, quäle mich nicht so.›

‹Es ist jetzt der vierte Monat, dass ich ihn sehe.›

‹Ihn? Welchen ‚ihn'?›

‹Nun ja, das... was man nachts nicht bei Namen nennen soll.›

Mir wurde ganz kalt. Ich zitterte. ‹Wie?› sagte ich, ‹du siehst *ihn*?›

‹Ja.›

‹Jetzt siehst du ihn auch?›

‹Ja.›

‹Wo?› Und dabei wagte ich nicht, mich umzudrehen. Wir sprachen beide im Flüsterton.

‹Dort.› Jakob wies mit den Augen die Richtung. ‹Dort, in der Ecke!›

Ich nahm mich zusammen und blickte hin. Nichts war da. ‹Aber da ist doch nichts, Jakob, ich bitte dich!›

‹Du siehst nichts, aber ich sehe es.›

Ich schaute noch einmal hin..., wieder nichts. Da erinnerte ich mich plötzlich des alten Männleins im Walde, das ihm die Kastanie geschenkt hatte.

‹Wie sieht er denn aus?› sagte ich. ‹...grün?›

‹Nein, nicht grün, sondern schwarz.›

‹Mit Hörnern?›

‹Nein, wie ein Mensch, nur ganz schwarz!› Während Jakob so sprach, klapperten seine Zähne; er war totenbleich und schmiegte sich voll Furcht an mich. Seine Augen wollten fast herausspringen. Er starrte immerzu in die Ecke.

‹Aber das ist doch der Schatten, es kommt dir nur so vor›, sagte ich. ‹Es ist das Dunkel vom Schatten, und du nimmst es für einen Menschen. Anders kann es doch nicht sein!›

‹Nein, ich sehe ja seine Augen! Da, wie er sie verdreht! Sieh doch, jetzt hebt er die Hand, ruft mich hin!›

‹Jakob, Jakob, versuche zu beten, die Anfechtung wird vorübergehen. Gott wird aufstehn und seine Widersacher zerstreuen!›

‹Ich habe es versucht›, sagte er, ‹aber es hat nichts genützt.›

‹Halt, halt ein, Jakob, sei nicht kleingläubig.

Ich werde Weihrauch anzünden, ein Gebet verlesen, geweihtes Wasser rings um dich sprengen.›

Jakob winkte mit der Hand ab.

‹Ich glaube weder an deinen Weihrauch noch an dein Weihwasser. Sie helfen mir nicht einen Pfifferling. Ich kann mich jetzt nicht mehr von *ihm* losmachen. Seitdem er heuer im Sommer an einem verfluchten Tage zu mir kam, ist er unveränderlich mein Begleiter geblieben, und es gibt keine Möglichkeit, ihn loszuwerden. So, nun weisst du es, Vater. Wundere dich nun nicht mehr über mein Benehmen und quäle mich nicht.›

‹An welchem Tage ist er denn zu dir gekommen?› fragte ich ihn und bekreuzte ihn immerzu. ‹Doch nicht etwa damals, als du vom Zweifel schriebst?›

Jakob stiess meinen Arm zurück.

‹Lass mich in Ruhe, Väterchen›, sagte er. ‹Ärgere mich nicht, sonst wird es nur noch schlimmer. Wenn es noch lange so weitergeht, tue ich mir etwas an.›

Sie können sich vorstellen, lieber Herr, wie mir bei diesen Worten zumute war. Ich entsinne mich, dass ich die ganze Nacht weinte. ‹Womit›, dachte ich, ‹habe ich solchen Zorn des Herrn verdient?›»

Vater Alexej holte ein gewürfeltes Schnupftuch aus der Tasche, schneuzte sich und wischte sich verstohlen über die Augen.

«Da wurde unser Dasein bejammernswert», fuhr er fort. «Ich hatte nur noch den einen Gedanken, er möge nicht davonlaufen oder sich, Gott bewahre, tatsächlich ein Leid antun. Auf Schritt und Tritt bewachte ich ihn, doch hatte ich Angst, mich mit ihm in Gespräche einzulassen.

Damals wohnte nicht weit von uns in der Nachbarschaft die Witwe eines Obersten, Marfa Sawischna mit Namen. Ich hegte grosse Achtung für sie, weil sie ungeachtet ihrer Jugend und ihres hübschen Aussehens eine vernünftige, ruhige Frau war. Ich machte ihr oft meine Aufwartung. Sie verachtete mich nicht wegen meines niedrigen Ranges. Vor Kummer und Leid wusste ich mir keinen Rat, und da sagte ich mir: ‹Gehe zu ihr hin und erzähle ihr alles.› Zuerst war sie sehr erschrocken und zitterte am ganzen Leibe, aber dann begann sie nachzudenken. Lange sass sie schweigend neben mir. Schliesslich äusserte sie den Wunsch, meinen Sohn zu sehen und sich mit ihm zu unterhalten. Ich fühlte, dass ich ihrem Wunsch entsprechen sollte, denn hier war nicht weibliche Neugier am Werke, sondern etwas anderes.

Als ich heimgekehrt war, redete ich Jakob eindringlich zu: ‹Geh doch mal mit mir zur Frau Oberst!› Aber er sträubte sich mit Händen und Füssen. ‹Ich gehe nicht hin›, sagte er, ‹um keinen Preis! Worüber soll ich mit ihr sprechen?› Er schrie mich geradezu an. Schliesslich brach ich jedoch seinen Widerstand. Ich spannte den Schlitten an, brachte Jakob zu Marfa Sawischna und liess ihn, wie ich es mit ihr besprochen hatte, mit ihr allein. Ich wunderte mich selbst darüber, dass er so schnell zugestimmt hatte. Nun, ganz gleich, wir würden ja sehen.

Drei oder vier Stunden später kehrte mein Jakob heim. ‹Na›, fragte ich ihn, ‹wie hat dir unsere Nachbarin gefallen?› Er gab mir keine

Antwort. Ich machte noch einen Versuch, etwas aus ihm herauszubekommen. ‹Eine wohltätige Dame›, meinte ich; ‹ist sie nett zu dir gewesen?› - ‹Ja›, sagte er, ‹sie ist nicht wie die anderen.› Ich sah, dass er sanfter geworden war. Da entschloss ich mich, ihn zu fragen... ‹Und wie ist es mit der Erscheinung?› sagte ich. Jakob schaute mich mit einem Blicke an, der wie ein Peitschenhieb auf mich wirkte, und brachte wieder kein Wort hervor. Um ihn nicht noch mehr aufzuregen, machte ich, dass ich aus dem Zimmer kam. Eine Stunde danach ging ich jedoch an seine Tür und schaute durch das Schlüsselloch... Und was denken Sie? Mein Jakob schlief! Er lag im Bett und schlief! Da bekreuzigte ich mich viele Male. ‹Lieber Gott, bring Glück und Segen über Marfa Sawischna!› Offenbar hatte sie verstanden - das Täubchen -, sein verhärtetes Herz zu rühren.

Am folgenden Tage sah ich, wie Jakob seine Mütze aufsetzte. Ich wollte ihn fragen, wohin er gehe, aber nein, lieber nicht fragen..., sicher geht er zu ihr!... Und richtig - Jakob begab sich zu Marfa Sawischna und blieb noch länger bei ihr als am Vortag. Und am nächsten Tage wieder. Und abermals am übernächsten Tage. Ich bekreuzigte ihn im Geiste, denn ich sah, dass in meinem Sohn eine Veränderung vor sich ging; auch sein Gesicht bekam einen anderen Ausdruck. Man konnte ihm schon wieder in die Augen schauen, ohne dass er sich abwandte. Zwar zeigte sich noch die alte Verzagtheit an ihm, aber die frühere Verzweiflung, die frühere Verstörtheit waren verschwunden.

Kaum hatte ich jedoch etwas Mut fassen können, als wieder alles mit einem Male in die

Brüche ging. Jakob zeigte die gleiche wilde Scheu wie früher, und erneut wurde es unmöglich, sich ihm zu nähern. Er schloss sich im Kämmerchen ein und blieb allein. Zu Marfa Sawischna ging er nicht mehr. ‹Ob er sie vielleicht beleidigt hat›, dachte ich, ‹und sie hat ihm das Haus verwiesen? Aber nein›, beruhigte ich mich, ‹wenn er auch ein unglücklicher Mensch ist, doch so weit lässt er sich nicht gehen. Und sie ist auch nicht so eine.›

Schliesslich hielt ich es nicht länger aus und fragte ihn: ‹Was ist denn mit unserer Nachbarin, Jakob, du hast sie wohl ganz vergessen?›

Aber er fuhr mich an. ‹Nachbarin? Du willst wohl gar, dass *er* sich über mich lustig macht?›

‹Was sagst du?›

Da ballte er sogar die Fäuste und geriet in eine furchtbare Wut. ‹Jawohl›, rief er, ‹früher hat er nur so vor mir gestanden, aber jetzt beginnt er zu lachen und die Zähne zu blecken. – Fort, geh fort!›

An wen er seine Worte richtete, weiss ich nicht. Ich hielt mich kaum noch auf den Füssen, so erschrocken war ich. Sie müssen sich vorstellen: sein Gesicht war feuerrot, Schaum stand ihm vor dem Munde, er röchelte; es war, als würge ihn jemand.

Noch am gleichen Tage fuhr ich trostlos und verlassen zu Marfa Sawischna. Ich traf sie in grosser Betrübnis. Sogar ihr Aussehen hatte sich verändert; ihr Gesicht war schmaler geworden. Aber über meinen Sohn wollte sie nicht mit mir sprechen. Sie sagte nur, dass hier keines Menschen Macht Hilfe bringen könne. ‹Beten Sie für ihn, Väterchen!› Und sie gab mir hundert Rubel. ‹Für die Armen und Kranken

Ihres Sprengels›, sagte sie. Und wiederholte: ‹Beten Sie für ihn!› Mein Gott, als ob ich nicht von mir aus auch ohnehin Tag und Nacht gebetet hätte...»

Vater Alexej zog wieder sein Tuch hervor und wischte seine Tränen ab, doch tat er es diesmal ganz offen. Er seufzte ein wenig und setzte dann seine traurige Erzählung fort.

«Nun rollten wir mit Jakob wie ein Schneeklumpen den Berg hinunter. Wir sahen beide den Abgrund vor uns, aber wir wussten nicht, wo wir uns festhalten und was wir tun sollten. Es war auch nicht möglich, seinen Zustand länger zu verbergen. Das ganze Kirchspiel war erregt, weil sich der Sohn des Pfarrers als Besessener erwies. Man meinte, es gehöre sich, der Behörde Bericht zu erstatten. Und man hätte es auch bestimmt getan, aber meine Pfarrkinder - es sei ihnen gedankt! - hatten Mitleid mit mir. Unterdessen verging der Winter, und es wurde Frühling. Und Gott schickte uns einen so schönen, lichten Frühling, wie er seit Menschengedenken nicht dagewesen war. Tagelang Sonnenschein, Windstille und Wärme.

Da kam mir ein guter Gedanke. Ich wollte Jakob überreden, mit mir nach Woronesch, zu den Reliquien des heiligen Mitrofan zu wallfahrten. ‹Wenn auch dieses letzte Mittel nicht hilft›, dachte ich, ‹dann bleibt mir nur noch eine Hoffnung: das Grab.›

Einmal sass ich gegen Abend auf der Treppe vor dem Haus. Die Abendröte leuchtete am Himmel, die Lerchen sangen, die Apfelbäume standen in voller Blüte, die Wiese grünte. Während ich so dasass, dachte ich darüber nach, wie ich Jakob meine Absicht mitteilen könne.

Plötzlich, ich sehe nicht recht, kommt er auch vor das Haus. Er steht eine Weile da, blickt umher, seufzt und hockt sich neben mich auf eine Stufe. Ich erschrak richtig vor Freude – aber nur für mich. Er sass da, schaute in die Abendröte und blieb ebenfalls stumm. Rührung schien ihn zu ergreifen. Die Falten auf seiner Stirn verschwanden, die Augen leuchteten sogar auf... Nur wenig fehlte, und eine Träne hätte sich gelöst.

Als ich solche Veränderung an ihm wahrnahm, da fasste ich – es sei mir verziehen! – neuen Mut. ‹Jakob›, sagte ich, ‹höre mich an und werde nicht böse...› Und ich erzählte ihm von meinem Wunsch, miteinander zum heiligen Mitrofan zu wandern. Von uns bis Woronesch, meinte ich, seien es nicht mehr als anderthalbhundert Werst. Und wie angenehm werde es sein, wenn wir uns beide in der Frühlingsfrische vor Tagesanbruch ergehen und durch die grünen Wiesen wandern würden. Und wenn wir dann froh ans Ziel gelangten, würden wir bei den Gebeinen des heiligen Wundertäters beten. Vielleicht – wer weiss? – würde Gott sich unser erbarmen. Jakob würde wieder gesund werden. Solcher Beispiele gebe es viele.

Stellen Sie sich mein Glück vor, lieber Herr! Jakob willigte ein. ‹Gut›, sagte er, ohne sich umzuwenden, und schaute immerzu in den Himmel. ‹Ich bin einverstanden. Gehen wir!› Ich war wie erstarrt. ‹Freund!› rief ich, ‹Täubchen! Wohltäter!› Aber er fragte nur: ‹Wann wandern wir?› – ‹Ja, wenn du willst, morgen schon›, sagte ich.

So begannen wir denn am nächsten Tage

unsere Wanderung. Wir hingen uns die Ränzchen über, nahmen die Stäbe zur Hand und gingen los. Volle sieben Tage befanden wir uns auf Wanderschaft. Die ganze Zeit war uns das Wetter wohlgesinnt, es war wie ein Wunder. Keine Hitze, kein Regen; die Mücken stachen nicht, der Staub juckte nicht. Und mit jedem Tag bekam mein Jakob ein besseres Aussehen. Ich muss hinzufügen, dass Jakob früher unter freiem Himmel *jenen* nie erblickte, er fühlte ihn nur hinter sich, dicht hinter dem Rücken; allerdings kroch sein Schatten seitlich hervor, was meinen Sohn sehr aufregte. Doch diesmal ereignete sich nichts dergleichen. Auch in den Herbergen, in denen wir übernachteten, machte sich nichts bemerkbar. Zwar sprachen wir wenig miteinander, aber es war uns auch so schon wohl zumute, zumal mir. Ich sah, mein armer Junge erwachte zu neuem Leben. Ich kann Ihnen nicht beschreiben, lieber Herr, was ich damals fühlte.

Schliesslich erreichten wir Woronesch, und nachdem wir uns gesäubert und gewaschen hatten, begaben wir uns in die Kathedrale zum Wundertäter. Ganze drei Tage gingen wir fast nicht aus dem Gotteshaus. Wieviel Messen hörten wir an, wieviel Kerzen stellten wir auf! Alles war schön und gut. Die Tage vergingen in Gottesfurcht, in den Nächten blieb es still. Mein Jakob schlief wie ein Knäblein. Er begann von selbst mit mir zu reden. Manchmal fragte er: ‹Väterchen, siehst du etwas?› und lächelte. ‹Nichts sehe ich›, sagte ich. ‹Und ich›, sagte er, ‹ich sehe auch nichts!› Was sollte man mehr verlangen; meine Dankbarkeit für den Wundertäter war grenzenlos.

Als drei Tage vergangen waren, sagte ich zu Jakob: ‹Nun, jetzt ist die Sache wieder in Ordnung, mein Söhnchen, bei uns ist Feiertag. Es bleibt nur noch eins zu tun: beichte und nimm das Abendmahl. Und dann mit Gott nach Hause! Wenn du dich gehörig ausgeruht hast, kannst du ein wenig in der Wirtschaft mithelfen, damit du wieder zu Kräften kommst, und dann werden wir uns umtun und dir eine Stellung suchen oder dergleichen. Marfa Sawischna›, sagte ich, ‹wird uns sicherlich dabei behilflich sein.›

‹Nein›, erwiderte Jakob, ‹warum sollen wir sie deswegen behelligen. Aber warte, ich will ihr ein Ringlein von der Hand des heiligen Mitrofan mitbringen.›

Als ich dies hörte, fasste ich vollends Mut. ‹Gib acht!› sagte ich. ‹Nimm einen silbernen, keinen goldenen; das ist ein Verlobungsring!› Mein Jakob errötete und wiederholte nur, man dürfe sie nicht behelligen. Mit allem andern war er einverstanden.

Am folgenden Tage gingen wir in die Kathedrale. Mein Jakob beichtete und betete so inbrünstig wie nie zuvor. Und dann begab er sich zum Abendmahl. Ich stand etwas abseits. Kaum spürte ich den Boden unter den Füssen. Den Engeln im Himmel konnte nicht wohler sein. Plötzlich denke ich, ich sehe nicht recht. Was soll das bedeuten? Mein Jakob hat die Hostie genommen, aber er geht nicht weiter, um vom geweihten Wasser zu trinken. Er hat mir den Rücken zugewandt… Ich zu ihm hin. ‹Jakob›, sage ich, ‹was stehst du denn da herum?› Da wendet er sich plötzlich um…

Ob Sie's mir glauben, ich sprang vor Entsetzen zurück. Schon oft hatte er ein furchterregendes Aussehen gezeigt, aber jetzt war sein Gesicht geradezu tierisch, scheusslich. Bleich wie der Tod, die Haare gesträubt, die Augen verdreht... Vor Grauen versagte mir sogar die Stimme. Ich will reden und kann nicht, bin wie tot... Da, jetzt stürzt er aus der Kirche! Ich ihm nach... Er läuft geradewegs zur Herberge, wo wir übernachtet haben, wirft den Ranzen über die Schultern und eilt davon. Wohin? Ich schreie ihm nach: ‹Jakob, was hast du? Bleib stehen, warte!› Doch Jakob rannte, gleichsam als Antwort, nur noch schneller davon. Wie ein Hase stob er über die Felder.

Ich hatte keine Möglichkeit, ihn einzuholen. Er schwand mir aus den Augen. Ich drehte sofort um und mietete einen Wagen. Ich zitterte am ganzen Leibe und konnte nur immerzu sagen: ‹Lieber Gott, lieber Gott!› Es war mir unbegreiflich, was plötzlich über ihn gekommen war. Ich fuhr den Weg, der nach Hause führte, denn ich dachte, sicher ist er in dieser Richtung gelaufen. Und richtig. Fast sieben Werst hinter der Stadt sah ich ihn mit grossen Schritten dahinstürmen. Ich holte ihn ein, sprang vom Wagen und eilte zu ihm hin. ‹Jakob, mein Jakob!› Er blieb stehen, wandte mir das Gesicht zu, doch bohrte sich sein Blick in den Boden, und die Lippen blieben fest zusammengepresst. Was ich auch sagen mochte, er stand da wie ein Götzenbild. Man merkte kaum noch, dass er atmete. Schliesslich ging er wieder seines Wegs. Was sollte ich tun? Ich folgte ihm und blieb an seiner Seite.

Ach, war das eine Fahrt, lieber Herr! So froh wir nach Woronesch hingewandert waren, so schrecklich wurde die Rückkehr. Wenn ich ihn anredete, fletschte er nur über die Schulter weg die Zähne, wild und scheu wie ein Tiger oder eine Hyäne. Ich begreife heute noch nicht, dass ich damals nicht den Verstand verlor. Doch schliesslich, eines Nachts in einer verräucherten Bauernstube – er sass auf der Schlafbank, liess die Füsse herabhängen und äugte nach allen Seiten umher –, da fiel ich vor ihm auf die Knie nieder, fing bitterlich an zu weinen und bat ihn flehentlich: ‹Richte deinen alten Vater nicht endgültig zugrunde, lass ihn nicht in Verzweiflung fallen; erzähle mir, was dir widerfahren ist.› Er starrte mich an, als ob er nicht sehe, wer vor ihm kniete. Doch plötzlich begann er zu sprechen. Bis zum heutigen Tage klingt mir seine Stimme in den Ohren, so furchtbar war sie.

‹Höre, Väterchen›, sagte er, ‹willst du die reine Wahrheit wissen? Gut, du sollst sie vernehmen. Entsinnst du dich – als ich das Abendmahl nahm und die Hostie bereits im Munde hielt, stand plötzlich *er* in der Kirche, am hellichten Tag, vor mir wie aus der Erde gewachsen und flüsterte mir zu – früher hat er nie geredet –, flüsterte: ‚Spuck sie aus und zertritt sie!' So tat ich auch: spuckte sie aus und zertrat sie mit dem Fuss. Folglich bin ich jetzt auf ewig verloren, denn jedes Verbrechen wird verziehen, nur nicht ein Verbrechen wider den Heiligen Geist!›

Als mein Sohn diese schrecklichen Worte gesprochen hatte, wälzte er sich auf die Pritsche; ich aber sank zu Boden, meine Beine trugen mich nicht mehr...»

Vater Alexej verstummte für einen Augenblick und hielt die Hand vor die Augen.

«Was soll ich Sie und mich selbst noch länger quälen», fuhr er fort. «Ich schleppte mich mit dem Sohn bis nach Hause, und dort erreichte ihn auch bald der Tod und nahm mir meinen Jakob für immer. Einige Tage vor dem Ende nahm er weder Speise noch Trank zu sich. Immerzu lief er im Zimmer auf und ab und behauptete, dass es für seine Sünde keine Vergebung geben könne - doch *ihn* sah er jetzt nicht mehr. Warum sollte er meinem Herzenssohn noch nachstellen, nachdem er ihn vernichtet hatte? Als sich Jakob niederlegte, fiel er sogleich in Bewusstlosigkeit, und so, ohne zu beichten, ist er wie ein vernunftloser Wurm von diesem Leben in das ewige gegangen...

Aber ich kann nicht glauben, dass ihn der Herr streng gerichtet hat...

Ich mag schon deshalb nicht daran glauben, weil er so lieb aussah, als er im Sarg lag: er war wieder ganz jung und dem früheren Jakob ähnlich geworden. Sein Gesicht war so still und rein, die Haare hatten sich geringelt, und auf den Lippen lag ein Lächeln. Marfa Sawischna kam, um ihn anzuschauen, und sagte es auch. Sie stellte Blumen um ihn auf und legte ihm Blumen aufs Herz. Auch liess sie ihm auf ihre Kosten einen Grabstein errichten.

Ich aber blieb allein zurück... Aus diesem Grunde, lieber Herr, beliebten Sie auf meinem Gesicht so grossen Kummer zu sehen. Er schwindet niemals daraus und wird nie wieder vergehen.»

Ich wollte dem Vater Alexej ein Trostwort sagen, aber ich fand es nicht.

Bald danach trennten wir uns.

Welt-Ende

Ein Traum

Irgendwo in Russland.
Tief in den Wäldern ein schlichtes Bauernhaus.
Grosses, niedriges Zimmer.
Drei Fenster. Die Wände weissgekalkt.
Der Raum ist leer.
Vor dem Haus öde Ebene.
Mählich sich senkend, verliert sie sich in der Ferne.
Über ihr hängt wie ein Tuch
grauer, eintöniger Himmel.

Ich bin nicht allein.
Zehn Menschen weilen mit mir in der Stube.
Einfache, schlicht gekleidete Leute.
Schweigend, gleichsam verstohlen gehen sie
auf und ab, hin und her,
meiden sich, wechseln jedoch unablässig
angstvolle Blicke miteinander.
Keiner weiss, warum er in dieses Haus geraten,
wer der andere ist.
Die Gesichter zeigen Unruhe und Verzagtheit.
Nacheinander treten sie an die Fenster
und blicken gespannt hinaus,
als erwarteten sie etwas von dort.
Und wieder wandern sie wirr von Wand zu Wand.

Ein kleiner Knabe läuft aufgeregt
zwischen uns hin und her.
Von Zeit zu Zeit ertönt
seine hohe, kindliche Stimme:
«Väterchen, ich habe Angst!»

Bedrückend.
Auch mich packt die Angst.
Wovor?
Ich weiss es nicht.
Aber ich fühle:
Gewaltiges Unheil kommt auf uns zu.

Und der Knabe wimmert und wimmert.
Könnte man doch fort von hier!
Es ist stickig. Quälend. Bedrückend.
Keine Möglichkeit zu entkommen.

Der Himmel ist ein Leichentuch.
Der Wind steht.
Ist denn die Luft gestorben? Ist sie gestorben?
Plötzlich springt der Knabe an das Fenster
und schreit mit kläglicher Stimme:
«Seht doch, seht! Die Erde ist versunken!»
«Versunken?»
Es ist so.
Eben noch breitete sich vor dem Hause
weite Fläche –
jetzt steht es auf dem Gipfel
eines furchtbaren Bergs!
Der Horizont ist hinabgesunken,
in die Tiefe geglitten.
Dicht vor dem Hause öffnet sich der Boden
fast senkrecht
zu einem schwarzen, gähnenden Schlunde.

Alles drängt sich ans Fenster.
Entsetzen lässt unsere Herzen zu Eis erstarren.
«Da kommt es…, da ist es!» flüstert mein Nachbar.
Und wirklich: am weiten Rand der Erde
wallt es und wogt es,
kleine runde Hügel steigen und fallen.

«Das Meer!»
Alle denken wir es zugleich.
In Sekunden wird es uns alle verschlingen.
Aber wie kann es wachsen und steigen?
Diesen Schlund hinauf?
Und dennoch, es wächst, es wächst
ins Riesenhafte.
Jetzt sind es nicht mehr einzelne Wellenhäupter,
die da in der Ferne sich überrollen...,
eine geballte, ungeheure Woge
überwältigt das gesamte Erdenrund.
Sie fliegt auf uns zu!
Sie fliegt auf uns zu!
Wie eisiger Sturmwind fegt sie heran,
wirbelt in höllischer Finsternis.
Alles ringsum erbebt.
Und in dem heranjagenden riesigen Schwall
kracht es und donnert es,
gellt tausendkehlig eisernes Gebell...
Welch Brüllen und Heulen!
Das ist die Erde,
die vor Furcht und Schrecken heult.
Das ist ihr Ende.
Das ist unser aller Ende!

Der Knabe wimmert noch einmal hell auf.
Ich will mich an die Gefährten klammern -
aber schon sind wir alle erdrückt,
begraben,
überschwemmt,
davongetragen
von dieser tiefschwarzen, eisigen,
donnernden Woge!

Finsternis - ewige Finsternis...

Nachwort

«Ein Kopf, wie ich ihn nie zuvor gesehen hatte und wie man ihn nie wieder vergisst. Das Gesicht bezeugte entschieden russischen Typus. Es hatte dessen breite Backenknochen, die hier aber durch die edle, herrlich gewölbte breite Stirn und die mächtige Nase dominiert wurden. Über jene fiel nach links ein volles Büschel der etwas lang getragenen, auf der rechten Seite gescheitelten braunen Haare. Starke, fast schwarze Brauen beschatteten ein Paar grünlich-braune breitlidrige grosse Augen von eigentümlich schwermütig weichem Ausdruck. Ein brauner kurzer Schnurrbart zog sich bis unter die Mundwinkel über der etwas aufgeworfenen Oberlippe hin. Das wie die Wangen glattrasierte, volle, bestimmt gezeichnete Kinn schloss dies Antlitz nach unten hin ab», so porträtierte mit Worten und gleich danach auch mit dem Stift der Journalist und Zeichner Ludwig Pietsch das Gesicht eines Herrn, der ihm im November 1846 auf der Treppe des Journal-Leseinstituts in Berlin begegnete. Es ist der russische Edelmann Iwan Turgenjew, «der glückliche junge Russe, der beneidenswerte Freund Pauline Viardots», einer damals von der Jugend enthusiastisch gefeierten spanisch-französischen Sängerin.

«Noch während derselben Nacht», schreibt Pietsch weiter in ‹Wie ich Schriftsteller geworden bin›, «gelang es diesem, ohne jede Anstrengung seinerseits, die erste flüchtige Empfindung des Neides in die sehr entgegengesetzte der reinen Freude über sein Hiersein und des Wohlgefallens an seiner ganzen Persönlichkeit zu verwandeln. Er sprach das Deutsche rein und fliessend. Der leichte russische Akzent liess es wohl etwas fremdartig, aber nur desto anmutiger und einschmeichelnder klingen. Hatte er doch, nachdem er die Moskauer Universität besucht, zwei Jahre an der Berliner studiert; war ein eifriger Hörer und damals gläubiger Bekenner der Hegelschen Philosophie - zu den Füssen Karl Werders und Michelets sitzend - wenigstens *gewesen,* hatte auch wiederholt andere deutsche Städte zu kürzerem oder längerem Aufenthalte besucht. Er kannte Paris und Italien; bewies ein ebenso feines, tiefes und eigenartiges Gefühl und Verständnis für die Musik und Malerei wie für die Poesie und Literatur der Völker. Mit der deutschen schien er gründlich vertraut und von einer imponierenden Goethe-Festigkeit. Was er sprach, worüber es auch sein mochte, das war durch seinen Gehalt wie durch die Form der Darstellung immer gleich anziehend und fesselnd, hatte nicht nur den frischen Reiz der Neuheit und Originalität, sondern unterschied sich, wie ich sehr bald erkannte, wesentlich von jener Art der Gesprächs- und Darstellungsweise, die unter uns vormärzlichen Idealisten die vorherrschende war, durch eine überraschende sinnliche Gegenständlichkeit, durch die Fülle der feinen und genauen Beobachtungen der realen Natur und des Menschenlebens...»

In den folgenden Monaten kommt Pietsch, später einer der treuesten deutschen Freunde

Turgenjews, wiederholt mit ihm zusammen, lernt ihn näher kennen und schildert Wesen und Persönlichkeit des damals Achtundzwanzigjährigen mit den Worten: «Diese körperlich im gewaltigen Stil seiner Ahnherrn angelegte Gestalt war die eines Menschen von fast weiblicher Zartheit und Weichheit des Gemüts, dessen kräftigste Leidenschaft der tiefe Hass gegen das Unrecht, gegen die Brutalität, gegen die Unmenschlichkeit in jeder Form war und somit am heftigsten durch und gegen die Sünden und Frevel wider die Humanität, Recht und Wahrheit erregt werden musste. Und gerade diese sah er, wie in der Geschichte seines eigenen Hauses, überall in seinem ganzen Vaterlande unter der Regierung Nikolaus die unbedingte, grausame Herrschaft führen. Was Leibeigenschaft heisst, hatte er auf seinen elterlichen Besitzungen und denen seiner Nachbarn an der Quelle studieren können. Was brutale Geistesknechtschaft, gewaltsame Erstickung des geistigen Lebens einer ganzen grossen Nation sagen will - überall in Russland, in den glänzenden Hauptstädten und ihren Palästen wie in den Hütten des kleinsten Dorfes. So waren die Bilder aus dieser russischen Heimat unter allen, welche sein beredtes Wort in so scharfer Naturwahrheit und mit so poetischem Stimmungsreiz malte, doch immer nicht nur die lebendigsten, schon durch die Seltsamkeit und Neuheit des Gegenstands frappantesten, sondern auch die ergreifendsten. Wenn von einem versöhnlichen Element darin überhaupt die Rede sein konnte, so wurde das einzig durch die tiefe Liebe zur Natur hineingetragen, die sich zuweilen in solchen Heimatschilderungen, zugleich mit wahrem Malersinn auch für ihre intimsten, leisesten Schönheiten, bekundete. Immer aber erschien sein Wesen, selbst seine Heiterkeit wie von einem zarten, trübenden Schleier, von einer gewissen undefinierbaren Schwermut beschattet. Waren persönliche Erfahrungen die Ursache davon? Oder war diese Grundstimmung nur jenes allgemeine Erbteil seines Volks, aus dessen Liedern sie so vernehmlich herausklingt? Mir schien sie damals nur als eine Bestätigung mehr für meine Überzeugung, dass er zum Dichter geboren sei... Wie oft habe ich es ihm damals auf den Kopf zugesagt: ‹Sie sind ein echter Poet, ein grosser, ein einziger Erzähler. Sie müssen, wie Sie sprechen, auch schreiben. Ihr Volk und die ganze Welt wird Sie erkennen und bewundern.› Er aber wehrte alles lächelnd ab und versicherte - der Heuchler! -, er hätte nicht das Zeug zum Dichter.»

In der Tat wusste Turgenjew zu dieser Zeit keineswegs, wohin es ihn treiben, wozu er berufen sei. Die ersten Veröffentlichungen in Russland waren zwar erfolgt, hatten aber keinen Widerhall gefunden und befriedigten ihn selbst nicht.

Turgenjew stammte aus dem Gouvernement Orjol, jener fruchtbaren Landschaft Mittelrusslands, die auch die Heimat Tolstojs, Feths, Lesskows, Bakunins und mancher anderer bedeutender Männer der russischen Literatur war. Dort lag das Gut Spasskoje, das der Familie Lutinow gehörte und durch Erbschaft an die unverheiratete Warwara Petrowna Lutinowa fiel - im Alter von achtundzwanzig Jahren Herrin über Tausende von Leibeigenen und

Zehntausende von Morgen Land, das sie mit der gleichen Selbstherrlichkeit und Härte regierte wie der Zar das Reich. Als der junge Remonte-Offizier Sergej Nikolajewitsch Turgenjew zum Ankauf von Pferden nach Spasskoje kam, verliebte sich die nunmehr Dreissigjährige in ihn, den unbemittelten, aber stattlichen, eleganten und forschen Sprössling aus altem Adel. 1816 wurde sie seine Frau, keine glückliche Frau, denn sie war nur wegen ihres grossen Besitzes geheiratet worden. Der zweite Sohn aus dieser Ehe war der am 28.10.1818 geborene Iwan Sergejewitsch Turgenjew.

Ein Gutshaus mit vierzig Zimmern, Orangerie, Park, Ziergärten und ein Tross von leibeigenen Dienern, über die man nach Belieben schaltete und waltete, das war das Milieu, in dem der Knabe aufwuchs. Die Schönheit und Grösse der Natur und die brutale Wirklichkeit des Leibeigenenregimes, der Schlag der Nachtigallen und der Schlag der Knute auf den nackten Rücken der Bauern (auch der Knabe selbst wurde von seiner Mutter erbarmungslos gezüchtigt), Lieder und Seufzer, herrschaftliche Anmassung und sklavische Fügsamkeit, Komfort und Elend - das waren die Gegensätze, die sich im Knaben unverlöschlich einprägten und ihn schon bald über den Ausgleich durch Gewalt oder vernünftige Reformen nachzudenken zwangen.

1827 erwarben die Eltern ein Haus in Moskau, und man lebte bald in Spasskoje, bald in der Residenz. 1834 starb der Vater. Die hartherzige Mutter regierte allein. Turgenjew wurde in einer deutschen Pension in Moskau erzogen, besuchte von 1833 bis 1837 die Universitäten Moskau und Petersburg. Anschliessend hielt er sich einige Jahre in Deutschland auf, studierte in Berlin, wo er mit Bakunin die Wohnung teilte und Varnhagen von Ense, Bettina von Arnim, Humboldt kennenlernte, am geistigen Leben regen Anteil nahm und sich die weltanschauliche Grundlage für die Entscheidung der Frage erwarb, ob Russland im liberalen Geist des Westens den Anschluss an die europäische Kultur und Zivilisation vollziehen oder ob es in seiner Abgeschlossenheit verharren und der übrigen Welt seine Art aufzwingen solle.

Turgenjew entschied sich für Europa, für die Freiheit der Persönlichkeit, den zivilisatorischen Fortschritt und den Humanismus des Westens, ohne jedoch seinen russischen Ursprung zu vergessen oder sein Vaterland zu verleugnen. Das noch halb mittelalterliche Russland, in dem die selbstherrliche Gewalt des Zaren die Menschen herrschsüchtig und unterwürfig zugleich machte, war das Erlebnis seiner Kindheit und Jugend gewesen. Der Mann, der in Europa Bildung erworben und eine demokratische Denkweise sich angeeignet hatte, musste um seiner Liebe zu Russland und dessen Erneuerung willen sich zu denen gesellen, die gegen die Zustände eines überalterten politischen und gesellschaftlichen Systems in Russland kämpften.

Schon frühzeitig regte sich in Turgenjew der Drang zu dichterischem Schaffen. Gedichte, Verserzählungen und kleinere Dramen zeigten ihn abhängig von der romantischen Dichtung in Russland und Europa. 1843 wurde zur bedeutsamen Wende in seinem Leben. Er beendete eine Liaison mit Bakunins Schwester (die Bakunins waren Gutsnachbarn der Turgenjews), sein Poem ‹Parascha› erschien und wurde von Bjelinskij, dem massgeblichen liberalen Kritiker, wohlwollend besprochen, was zum persönlichen Kontakt mit Bjelinskij führte, und Turgenjew lernte Pauline Viardot kennen.

Pauline Viardot-Garcia, französische Sängerin spanischer Herkunft, war zum ersten Male als Sechzehnjährige in Brüssel als Konzertsängerin aufgetreten. 1839 hatte sie in der Pariser Oper in Verdis ‹Othello› mit riesigem Erfolg auf der Bühne debütiert. 1841 heiratete sie den zwanzig Jahre älteren Louis Viardot, Direktor der Italienischen Oper, und dann begann ihr Siegeszug durch die Hauptstädte Europas. Sie bezauberte die Zuhörer durch die Leidenschaftlichkeit ihres Gesangs, ihre Freunde durch ihr Temperament und ihren Esprit. 1843 gastierte sie in Petersburg. Auf einer Jagd in der Nähe Petersburgs lernte Turgenjew Louis Viardot kennen, der ein ebenso passionierter Jäger wie Turgenjew war. Turgenjew wurde Pauline vorgestellt und war von Stund an ihrem Zauber und dem Reiz ihrer starken Persönlichkeit verfallen.

In den folgenden Jahren verstärkte sich Turgenjews Bindung sowohl an Bjelinskij, den literarischen Mentor, als auch an Pauline Viardot, die begeisternde Frau. 1847 gab Turgenjew trotz dem Widerstand seiner Mutter eine Stellung als Kollegienassessor im Staatsdienst auf (sein älterer Bruder Nikolaj verzichtete ebenfalls auf seine Laufbahn als Gardeoffizier, lebte zu dieser Zeit mit einem Frl. Schwarz in Petersburg zusammen, die ihn tyrannisierte und der er die Füsse küsste, wie es hiess, und erteilte Privatunterricht) und folgte Pauline Viardot nach Paris. Er lebte mit ihr in ihrem Landhaus in Courtavenel bei Paris und schrieb dort jene nach und nach in Russland erschienenen Erzählungen, die 1852 unter dem Titel ‹Aufzeichnungen eines Jägers› als Buch herausgegeben wurden und Turgenjew über Nacht als Schriftsteller bekannt machten.

1850 war die Mutter gestorben. Keiner ihrer beiden Söhne weilte in ihrer Todesstunde bei ihr. Turgenjew erbte das Gut Spasskoje. Er war ein reicher, unabhängiger Mann geworden. Ein Gutsherr allerdings mit schlechtem Gewissen, der die sarkastische Frage Baburins, seiner eigenen Figur, ob er seine Leibeigenen freigelassen habe, achselzuckend verneinen musste. Wohl mit Recht, denn Turgenjew war kein altruistischer Schwärmer. Seine Aktion war das literarische Werk, und in der Tat trugen die ‹Aufzeichnungen eines Jägers› mehr zur Aufhebung der Leibeigenschaft in Russland bei als alle revolutionären Aktionen. Dostojewskij, der in der Zeit, als Turgenjew in der idyllischen Abgeschlossenheit Courtavenels bei seiner Freundin Pauline seine Geschichten vom Elend der russischen Leibeigenen schrieb, in der Festung sass (wo er die Geschichte ‹Der kleine Held› entwarf, das Gegenteil einer sozialkritischen Erzählung), zum Tode verurteilt, unter dem Galgen begnadigt und nach Sibirien verschickt wurde, hat Turgenjews Neigung für den Westen verurteilt und den fortschrittsgläubigen Liberalen in seinem Roman ‹Die Dämonen› später bitter verspottet. Turgenjew, der es sich unterdessen wohl sein liess und das

Leben eines reichen Müssiggängers führte, verzichtete auf Illegalität und Verschwörung, aber seine mit realistischer Schärfe und dichterischer Beschwingtheit geschriebenen Erzählungen erschütterten das Gefüge des imperialistischen Gewaltstaats von Nikolaus I.

Dessen Regierung war die Wirkung der ‹Aufzeichnungen eines Jägers› so unangenehm, dass sie einen Nachruf Turgenjews auf den 1852 erfolgten Tod Gogols zum Anlass nahm, Turgenjew zu verhaften, ihn eine Zeitlang in Arrest zu halten (wo er die Erzählung ‹Mumu› schrieb, die zarte, fast sentimentale Hundegeschichte mit der Explosivkraft einer Bombe) und dann auf sein heimatliches Gut Spasskoje zu verbannen.

Nach anderthalb Jahren erhielt Turgenjew seine Bewegungsfreiheit zurück. 1856 verliess er Russland und begab sich zu Pauline Viardot nach Paris, die inzwischen auch andere Männer zu begeistern verstanden hatte. Enttäuscht oder eifersüchtig reiste er im Frühjahr 1857 nach London, weilte im Sommer, als Pauline einem Knaben das Leben schenkte, in Sinzig am Rhein (Sinzig und das auf der gegenüberliegenden Rheinseite gelegene Linz bilden den Schauplatz der Erzählung ‹Assja›), fuhr zurück nach Paris, vertauschte es mit Rom und kam erst im Sommer 1858 auf seinem Gut Spasskoje zur Ruhe, wo er den in Rom begonnenen Roman ‹Das Adelsnest› zu Ende schrieb.

In den folgenden Jahren hielt er sich bald in Spasskoje, bald in Courtavenel oder in Vichy, Soden, Wiesbaden auf, unaufhörlich schaffend. Nach Petersburg und Moskau führten ihn Verhandlungen über die Herausgabe seiner Romane und Erzählungen, die zunehmend auf Kritik von links stiessen. Die Zuflucht blieb Paris und die Freundin.

Ende der fünfziger Jahre verlor Pauline Viardot ihre Stimme. Sie verabschiedete sich vom Pariser Publikum mit ihrer Glanzrolle in Glucks ‹Orpheus› und widmete sich fortan dem Gesangsunterricht. 1862 siedelte die Familie Viardot nach Baden-Baden um und kaufte sich dort ein Besitztum, auf dem Turgenjew bereits im Herbst als Gast weilte. Im Frühjahr 1863 machte auch er Baden-Baden zu seinem ständigen Aufenthalt, mietete eine Wohnung, erwarb später neben der Villa der Viardots Grundbesitz und liess sich von einem französischen Architekten 1867/68 ein Schlösschen erbauen.

Turgenjew lebte mit Pauline in abgeklärter Freundschaft, mit der Familie in Harmonie. Er half Louis Viardot beim Sammeln von Bildern und ging mit ihm auf die Jagd. Viardot, der inzwischen Russisch gelernt hatte, übersetzte Turgenjews Werke ins Französische. Pauline komponierte die Musik zu russischen Liedern oder zu kleineren Singspielen, für die Turgenjew die Texte schrieb und die von den Schülerinnen Paulines, die aus aller Welt zu ihr strömten, aufgeführt wurden, und bildete mit Turgenjew den Mittelpunkt eines literarisch wie musikalisch aufgeschlossenen Kreises, in dem zu weilen eine Ehre bedeutete, die selbst die Königin von Preussen zu würdigen wusste.

Das harmonische Leben in Baden-Baden endete mit dem Deutsch-Französischen Kriege von 1870/71. Erst nach dem Kriege fand man sich in Paris wieder zusammen. Bald war das

Haus Viardot-Turgenjew abermals eine Stätte der literarischen und geistig-künstlerischen Begegnung. Wie in Deutschland zu Storm und anderen, unterhielt Turgenjew in Paris Beziehungen zu Flaubert, Gautier, George Sand, Zola, Maupassant. Sein Werk, das sich in Russland zunehmender Beliebtheit erfreute, fand auch im Westen immer grössere Anerkennung. 1875 bezog er mit den Viardots in Bougival eine Villa am Ufer der Seine. Dort entstanden die letzten Erzählungen ‹Der Traum›, ‹Erzählung des Vaters Alexej›, ‹Nach dem Tode› und die ‹Senilia› genannten Gedichte in Prosa, immer wieder unterbrochen durch Kuren gegen eine Krankheit, die von den Ärzten als Gicht bezeichnet wurde und sich als Rückenmarkskrebs erwies. 1880 reiste Turgenjew zum letzten Male nach Russland zur Einweihung des Puschkin-Denkmals in Moskau. Er besuchte und versöhnte sich mit Tolstoj, mit dem es bei der Verschiedenheit zwischen dem westlichen liberalen Mann von Welt und dem bäuerlich starrsinnigen Tolstoj einmal fast zum Duell gekommen war, und in der Euphorie der Puschkin-Feier und nach Turgenjews festlicher Ansprache kam es sogar zu einer Versöhnung mit dem Erzfeind Dostojewskij.

Danach verliess Turgenjew Bougival nicht mehr. Im Frühjahr 1883 starb Louis Viardot. Es war kein erschütternder Vorfall. Pauline erteilte tags danach schon wieder Unterricht. Der schwerkranke Turgenjew wurde von ihr liebevoll gepflegt, und sie war neben ihm, als er am 22.8. des gleichen Jahres 1883 in Bougival starb. Pauline Viardots Leben endete erst im Jahre 1910.

Obwohl Turgenjew in Deutschland wie in Frankreich heimisch wurde, verlor er niemals die Verbindung zu Russland, wo er sich immer wieder für kürzere Zeit aufhielt, und nahm an den sozialen und politischen wie geistigen Fragen, die Russland bewegten, leidenschaftlich Anteil.

Seine Romane ‹Rudin› (1855), ‹Das Adelsnest› (1859), ‹Am Vorabend› (1860), ‹Väter und Söhne› (1862), ‹Rauch› (1867), ‹Neuland› (1877) schildern Russland und seine Menschen im Umbruch der Anschauungen und im Wechsel der Verhältnisse. Der Gegensatz zwischen aristokratischer Tradition und revolutionärer Ungebundenheit, zwischen altväterlicher Lebensart und jugendlicher Verachtung des Herkommens, zwischen alter und junger Generation findet in lebensvollen Gestalten eine Verkörperung. Eine von ihnen, der Medizinstudent Basarow aus ‹Väter und Söhne›, der Materialist und Gottesleugner, wird zum Typ des ‹Nihilisten›, der über Russland hinaus zum Verneiner aller überkommenen Werte und als revolutionärer Umstürzler zum Ausdruck einer über Turgenjew hinausreichenden geistigen und sozialen Situation wurde.

Bei aller entschiedenen Bejahung einer Notwendigkeit der liberalen Erneuerung Russlands hielt sich Turgenjew von den radikalen Elementen fern. Er blieb gemässigt und erstrebte eine Versöhnung zwischen Alt und Jung, zwischen der zarischen Selbstherrschaft und dem Fortschrittswillen der freiheitlich gesinnten Intelligenz. Turgenjew wusste, dass das alte Russland neben vielem Verdammenswerten auch eine menschliche Kultur und manche lobenswerte Eigenschaften besass, die es verdienten, einer neuen Zeit und Generation überliefert zu werden. Vielleicht aus der intimen Kenntnis Europas, das in seiner zivilisatorischen Hast und in seinem Hang zur Oberflächlichkeit, in seiner Sucht nach Prunk und seiner Gier nach Besitz die Werte wahrer Menschlichkeit verleugnete und seiner eigenen Ideale spottete, gewann Turgenjew den Blick für die unverbildete Natur und die vielfältige, oft vorbildliche, oft absonderliche und erschreckende, aber immer echte und ursprüngliche Wesensart der Russen. In zahlreichen Erzählungen, deren Form er meisterhaft beherrschte, hat Turgenjew diese russischen Menschen geschildert und uns ein getreues Abbild ihres unberechenbaren Wesens, ihrer kindlichen Einfalt und Frömmigkeit, aber auch ihrer Wildheit übermittelt.

Zu Turgenjews letzten Werken gehören die ‹Gedichte in Prosa›, kleine Betrachtungen und kurze Geschichten, in denen das grosse sprachliche Feingefühl des Dichters, die Güte des Humanisten und die Weisheit des Abgeklärten zur künstlerischen Einheit verschmelzen und der Ahnung des Dichters vom Untergang seiner Welt Ausdruck verleihen.

Die in diesem Bande vereinigten Erzählungen* sind zwischen 1857 und 1882 entstanden. Sie spiegeln die Fülle und Weite des dichterischen Schaffens und sind von Turgenjews per-

* In der Manesse Bibliothek der Weltliteratur findet man ausserdem die Erzählungen ‹Der Traum› und ‹Eine seltsame Geschichte› im Band ‹Seltsame Geschichten aus Russland›, ‹Mumu› im Band ‹Tiergeschichten› und ‹Die Sänger› im Band ‹Musikalische Novellen›.

sönlichem Leben nicht zu trennen. Sie bestätigen das Bild eines Mannes von Welt und europäischer Kultur, des liberalen, toleranten, humanistisch gebildeten Russen, wie Turgenjew von seinen Zeitgenossen und der Nachwelt gesehen wurde.

Aber das Bild bedarf der Ergänzung. Der gleiche Turgenjew, der in seinem dichterischen und publizistischen Schaffen die Grundsätze zivilisatorischer Bildung so überzeugend aussagte, war auch ein sehr empfindlicher, von Stimmungen abhängiger, oft verzagter, von Zweifeln geplagter und enttäuschter Idealist, der unter der Zwiespältigkeit seiner Stellung in der Welt litt. Er war Russe, untrennbar mit seinem Volk und seiner heimatlichen Erde verbunden, aber er konnte auch an Pauline Viardot schreiben: «Wäre ich ein Baum, wären Sie meine Wurzel und meine Krone.»

Er schilderte die Schönheit der russischen Natur, aber er verklärte sie aus der Entfernung und sah im Wachsenden zugleich das Verfallende. Er beschrieb die Kraft des russischen Menschen als schöpferisch, aber auch zugleich als selbstzerstörerisch. Er bejahte die Werte der zivilisierten, progressiven Gesellschaft, sah sie aber auch an ihren Widersprüchen zugrunde gehen.

Dieser andere, sensible und skeptische Turgenjew wurde bei der Auswahl der Erzählungen dieses Bandes ebenfalls berücksichtigt.

Sie beginnen mit einem Beispiel der meisterhaften Naturbeschreibung, der ‹Fahrt ins Waldgebiet› aus dem Jahre 1857, eine in Dijon entstandene Studie zu dem an Landschaftsschilderungen reichen Roman ‹Das Adelsnest›.

Die wuchernde Wildnis erschreckt den Betrachter und lässt ihn an seine eigene Vergänglichkeit denken. Und mit der Vision vom Untergang der Welt schliesst der Band. Das 1882 entstandene Gedicht in Prosa ‹Welt-Ende› – es wurde versucht, es in seiner rhythmischen Struktur wiederzugeben – gehört zu Turgenjews letzten Schöpfungen und zeigt ihn nicht nur als Meister einer bis in die letzten Details beherrschten sprachlichen Form, sondern auch in der Angst vor dem kommenden Unheil.

Der soziale Ankläger und Kämpfer für die Aufhebung der Leibeigenschaft kommt mit der zwischen 1872 und 1874 entstandenen Erzählung ‹Punin und Baburin› zu Wort, die wie viele andere Erzählungen von Turgenjew teilweise autobiographischen Charakter hat. Dass Baburin als republikanischer Bürger und nicht als Revolutionär gezeichnet ist, wurde Turgenjew von der radikalen Kritik zum Vorwurf gemacht.

Auch in den Erzählungen ‹Assja› (1857) und ‹Erste Liebe› (1860) spielen eigene Erlebnisse eine Rolle.

In Sinzig am Rhein, dem Schauplatz der Erzählung ‹Assja›, hielt sich Turgenjew im Juli 1857 auf, um zeitweilig Abstand von Pauline Viardot zu gewinnen, die in der vorangegangenen Zeit ihre Gunst dem Maler Ary Scheffer zugewendet hatte. Die Situation der Unentschlossenheit und der Zauber rheinischer Landschaft vereinten sich in der Geschichte des jungen, schwärmerischen Idealisten, der nicht mutig genug oder zu vernünftig ist, die ihm dargebotene Gunst eines jungen Mädchens anzunehmen; eine Onegin-Tatjana-Variante voll eigenartiger, durch das Landschaftserlebnis verdichteter Beschwingtheit.

‹Erste Liebe› zählte Turgenjew im Rückblick zu seinen Lieblingserzählungen. Es handelt sich um eine Episode aus dem eigenen Leben. Der Dichter sieht sich noch einmal als den naiven Knaben, der - blind vor Liebe - die Welt verklärt und entsetzt erwacht, als der Vater nimmt, was der Knabe erträumt hat.

‹Ein König Lear der Steppe›, 1869 in Karlsbad begonnen und 1870 in Weimar beendet, ist das Gegenstück zu Lesskows 1865 erschienener ‹Lady Macbeth von Mzensk›* und gehört wie diese zu den Höhepunkten russischer Erzählkunst. Wiederum aus der Ferne - noch dazu von Weimar aus! - erfasst Turgenjew eine russische Gestalt, deren Kraft kein Mass kennt und sich selbst zerstört.

Den Gegensatz zu dieser Heimkehr ins Urtümliche bildet die Erzählung ‹Nach dem Tode› (1882). Dem laizistischen Rationalisten, der sich dem Unfassbaren nicht verschloss, es aber begreifbar machen wollte, bot sich der Ausweg in Spiritismus und Okkultismus an. Turgenjew suchte ihn in einer Reihe seiner Alterserzählungen. Der Erzählung ‹Nach dem Tode› liegt allerdings ein wahrer Vorfall zugrunde. Die Sängerin Kadmina (1852-1881), Schülerin von Rubinstein, beendete ihr Leben, indem sie in der Rolle eines Stückes von Ostrowskij auf der Bühne in Charkow Gift nahm. Nach ihrem Tode verliebte sich ein Zoologe, den Turgenjew persönlich kannte, in die Tote, und seine Liebe nahm die Form einer Psychose an. Der

* Enthalten im Band Nikolaj Lesskow: ‹Meistererzählungen› in der Manesse Bibliothek der Weltliteratur.

Vorfall, der auch andere Schriftsteller zur literarischen Bearbeitung reizte, erhielt bei Turgenjew jene Ausgewogenheit zwischen Unglaublichem und Möglichem, die ihn als Meister der psychologischen Erzählung bestätigt.

Die an Dostojewskijs Erzählung ‹Wlass› aus dem ‹Tagebuch eines Schriftstellers› (1873) erinnernde ‹Erzählung des Vaters Alexej› (1877), dessen Sohn vom Teufel besessen ist, macht all das Unheimliche wieder zu einem psychiatrisch analysierbaren Fakt und entzieht es dem Bereich des Parapsychologischen, was den literarischen Wert dieser in der einfachen, klaren und bildhaften Sprache des Volks erzählten Geschichte erhöht.

In allen diesen Meistererzählungen kommt die Reaktion des mutigen kritischen Realisten wie des sensiblen Skeptikers auf die sozialen und geistigen Vorgänge seiner Zeit zur Geltung. Die Erinnerungen an die Kindheit, die Faszination der männlich starken Frau, die Lust des Entsagens oder auch der Unterwerfung (der Jugendfreund Bakunin empfand die Zerstörung als schöpferische Lust!), die Nichtigkeit des Menschen vor der Grösse der Natur, die Einsicht in die Begrenztheit des Fassbaren, Begreiflichen im psychischen Bereich und die daraus resultierende Neigung zum Übersinnlichen, ja zu parapsychologischen Phänomenen - dies alles verkörperte sich in Gestalten, die über ihre Zeit hinaus gültig bleiben und den hohen Rang des Erzählers Turgenjew in der Weltliteratur sichern.

Für Russland war er mehr als der formvollendete, meisterhafte Erzähler. Als seine Leiche nach der Überführung aus Frankreich 1883 in

Petersburg beigesetzt wurde, geleitete sie eine unübersehbare Menschenmenge zum Grabe und bekundete damit nicht nur die Liebe eines ganzen Volkes für seinen grossen Dichter, sondern auch den Willen zur Freiheit und menschlichen Würde, für die Turgenjew gelebt und geschrieben hatte.

Erich Müller-Kamp

Inhalt

manesse im dtv

Weihnachten · Prosa aus der Weltliteratur / dtv 24000

Kinder in der Weltliteratur / dtv 24001

Legenden der Maya
von Antonio Mediz Bolio.
Mit 120 Illustrationen / dtv 24002

Die steinerne Blume
Märchen russischer Dichter / dtv 24003

Chinesische Geister- und Liebesgeschichten
Ausgewählt von Martin Buber.
Mit 17 Illustrationen / dtv 24004

Das Kopfkissenbuch der Hofdame Sei Shonagon
Mit 50 Illustrationen / dtv 24005

Arthur Conan Doyle
Sherlock-Holmes-Geschichten / dtv 24006

Christian Morgenstern · Sämtliche Galgenlieder / dtv 24007

Anton Tschechow · Meisternovellen / dtv 24008

August Strindberg · Meistererzählungen / dtv 24009

Emily Brontë · Sturmhöhe / dtv 24010

Mark Twain · Meistererzählungen / dtv 24011

Jane Austen · Stolz und Vorurteil
Roman / dtv 24012

Maxim Gorki
Meisternovellen / dtv 24013

Mary Shelley · Frankenstein
Roman / dtv 24014

Honoré de Balzac · Eine dunkle Affäre
Roman / dtv 24015

Theodor Storm · Meistererzählungen /dtv 24016

Henry James · Die Drehung der Schraube
dtv 24017

manesse im dtv

Tuti-Nameh · Das Papageienbuch
Nach der türkischen Fassung übertragen von Georg Rosen
Nachwort von J. Christoph Bürgel
dtv 24018 (April 1993)

Inseln in der Weltliteratur
Herausgegeben von Anne Marie Fröhlich
Nachwort von Federico Hindermann
Mit 26 Illustrationen
dtv 24019 (Mai 1993)

Guy de Maupassant · Fünfzig Novellen
Ausgewählt und übersetzt von N. O. Scarpi
Nachwort von Joseph Halperin
dtv 24020 (Juni 1993)

Jerome K. Jerome · Drei Mann in einem Boot
Ganz zu schweigen vom Hund!
Aus dem Englischen übertragen von Trude Fein
Nachwort von Ernst Leisi
dtv 24021 (Juli 1993)

Irische Erzähler
Auswahl und Übertragung von Elisabeth Schnack
Nachwort von Sean O'Faolain
dtv 24022 (August 1993)

Jane Austen · Mansfield Park
Roman
Aus dem Englischen übersetzt von Trude Fein
Nachwort von Max Wildi
dtv 24023 (September 1993)

MANESSE BIBLIOTHEK DER WELTLITERATUR

Russische Autoren

Leonid N. Andrejew
Erzählungen
Deutsch von Paul Gebhard

Nikolaj Gogol
Meistererzählungen
Deutsch von Bruno Goetz

Iwan Gontscharow
Oblomow
Roman
Deutsch von Clara Brauner

Alexander Herzen
Kindheit, Jugend und Verbannung
Deutsch von Hertha von Schulz